GINETTE TREMBLAY
Collège de Maisonneuve

2e ÉDITION

ÉCONOMIE GLOBALE

Consultante
Catia Corriveau-Dignard
Collège Jean-de-Brébeuf

Chenelière
Éducation

Économie globale
2e édition

Ginette Tremblay

© 2006, 2001 Les Éditions de la Chenelière inc.

Éditeur : Luc Tousignant
Éditeur adjoint : Francis Dugas
Coordination : Lyne Larouche
Révision linguistique : Sylvain Archambault
Correction d'épreuves : Lucie Lefebvre
Conception graphique et infographie : Interscript
Conception de la couverture : So Design

**Catalogage avant publication
de Bibliothèque et Archives Canada**

Tremblay, Ginette

   Économie globale

   2e éd.

   Comprend un index.

   Pour les étudiants du niveau collégial.

   ISBN 2-7651-0458-1

   1. Macroéconomie. 2. Économie politique. 3. Politique économique. 4. Mathématiques économiques. 5. Macroéconomie - Problèmes et exercices. I. Titre.

HB173.T732 2006   339   C2006-940092-X

**Chenelière
Éducation**

7001, boul. Saint-Laurent
Montréal (Québec)
Canada H2S 3E3
Téléphone : (514) 273-1066
Télécopieur : (514) 276-0324
info@cheneliere.ca

ISBN 2-7651-0458-1

Dépôt légal : 2e trimestre 2006
Bibliothèque et Archives nationales du Québec
Bibliothèque et Archives Canada

Imprimé au Canada

1 2 3 4 5 ITG 10 09 08 07 06

Nous reconnaissons l'aide financière du gouvernement du Canada par l'entremise du Programme d'aide au développement de l'industrie de l'édition (PADIÉ) pour nos activités d'édition.

Gouvernement du Québec – Programme de crédit d'impôt pour l'édition de livres – Gestion SODEC.

L'Éditeur a fait tout ce qui était en son pouvoir pour retrouver les copyrights. On peut lui signaler tout renseignement menant à la correction d'erreurs ou d'omissions.

Dans cet ouvrage, le masculin est utilisé comme représentant des deux sexes, sans discrimination à l'égard des hommes et des femmes, et dans le seul but d'alléger le texte.

Avant-propos

En écrivant ce livre, j'ai gardé à l'esprit les commentaires que les étudiants de cégep m'ont faits au cours de mes 25 années d'enseignement. En outre, j'ai bénéficié d'un grand privilège car, étant mère de deux cégépiens capables de s'exprimer sans réserve, j'ai profité de leurs critiques éclairées.

Je me suis souvent demandé ce qui pouvait expliquer qu'un si grand nombre d'étudiants détestent l'économique et pourquoi la lecture de livres en traitant leur paraît si rebutante. Lorsque j'ai soulevé la question, on m'a répondu : « Trop long ! », « Ennuyant ! », « Difficile à comprendre ! » J'ai donc décidé d'écrire ce livre d'abord pour eux, ensuite pour leurs professeurs. Les chapitres sont courts et entrecoupés de pauses où des exercices permettent aux lecteurs de reprendre leur souffle et de vérifier leur compréhension. Le langage adopté convient aux cégépiens, sans pour autant être simpliste ; il leur permet aussi un certain enrichissement.

J'ai également tenu à situer dans le temps les événements et les théories. Plusieurs étudiants m'ont déjà avoué que, pour eux, tenter de comprendre l'économique, c'était comme essayer de suivre un film dont ils ont manqué le début. Dans une certaine mesure, je leur ai décrit le début du film. D'Adam Smith aux néolibéraux, il s'est produit bien des phénomènes qui peuvent expliquer, en partie, du moins, les grands débats de l'heure sur l'intervention de l'État ou la mondialisation. J'ai cherché le plus possible à présenter les différentes positions ainsi que les arguments qui les soutiennent. Ainsi, les étudiants pourront former eux-mêmes leur pensée et l'asseoir sur des arguments solides qui augmenteront leur crédibilité.

Par ailleurs, j'ai tenté d'outiller les étudiants pour qu'ils puissent, après ce cours, poursuivre leur quête de savoir de manière autonome ; ils pourront donc compter, entre autres, sur des références bibliographiques et sur des explications relatives aux outils statistiques. Tout le long de la lecture, la rubrique « Éviter le piège » met en lumière les erreurs les plus fréquentes que les étudiants (et même certains journalistes) commettent à l'occasion. Ces courts intermèdes ciblent la difficulté pour que les élèves s'en méfient. Outre la théorie, ce manuel contient des exercices à faire en cours de lecture ; les solutions sont données à la fin du manuel. Si les étudiants donnent une mauvaise réponse, ils doivent soit relire la section, soit s'arrêter quelques instants pour mieux se concentrer.

Finalement, on trouve à la fin des chapitres des lectures dirigées permettant aux étudiants d'élargir leur compréhension des événements contemporains. De nombreux exercices de différents niveaux s'ajoutent à ce manuel et portent sur la connaissance du vocabulaire, la compréhension de la théorie et l'approfondissement des outils d'analyse. Un réseau de concepts présenté sous forme de schéma et un résumé facilitent la structuration de la matière.

Pour que les étudiants réussissent leur cours d'économique, ils doivent y mettre du leur. En effet, la lecture seule étant insuffisante, la compréhension doit être évaluée régulièrement. Il faut aussi approfondir ses connaissances en écoutant les informations télévisées ou en lisant les journaux. Plus la compréhension d'une notion est sollicitée, plus il est facile de se souvenir de cette notion, et plus elle acquiert de la limpidité.

En somme, ce que je souhaite de tout cœur, c'est que ce manuel puisse faire progresser les étudiants dans leur compréhension du monde économique.

Ginette Tremblay

Table des matières

PARTIE 2 ····· DES OUTILS D'ANALYSE ÉCONOMIQUE

PARTIE 4 — L'ÉTAT DANS UNE ÉCONOMIE OUVERTE

INTRODUCTION À LA SCIENCE ÉCONOMIQUE

1.1 La science économique

1.1.1 L'objet d'étude de l'économique

L'une des plus fréquentes questions qui nous sont posées durant un premier cours d'économie porte sur la distinction entre l'« économique » et l'« économie ». Existe-t-il réellement une différence entre ces deux termes ? Le cas échéant, quelle est-elle ? L'économique est à l'économie ce que la sociologie est à la société, ce que la psychologie est aux comportements des êtres humains, et ainsi de suite. L'**économique** est donc la science qui étudie l'**économie,** c'est-à-dire la façon dont les êtres humains, devant faire face à des besoins illimités, s'organisent pour les satisfaire en fonction de ressources limitées. L'être humain doit donc produire, échanger, consommer afin de combler ses besoins.

Économique
Science qui étudie l'économie.

Économie
Activité exercée par les êtres humains pour combler leurs besoins illimités à partir de ressources limitées.

1.1.2 L'économique – une science

La notion de connaissance scientifique

L'économique est une science au même titre que la physique, l'astronomie ou la biologie, dans la mesure où les connaissances qui en découlent sont *vérifiables, démontrables par des raisonnements ou des témoignages incontestables.* Toutefois, aucune science n'est parfaite. C'est le cas de l'économique. Par exemple, le comportement d'un agent économique n'est pas toujours prévisible. Les sciences occultes, pour leur part, ne sont pas des sciences, car elles reposent sur des croyances, des doctrines ou des pratiques échappant justement à l'explication rationnelle (voir *Le Petit Larousse*). On ne peut pas prouver hors de tout doute l'existence des anges gardiens ou les dires des voyantes. C'est pour cette raison que de tels domaines ne peuvent être qualifiés de « scientifiques ».

ÉVITER LE PIÈGE

Mais attention ! Il ne faudrait cependant pas croire que toute parole prononcée par un économiste est une vérité en soi. Comme tout scientifique qui se respecte, il doit soumettre ses résultats au regard d'autrui et accepter la critique.

L'économique – une science humaine

Sciences humaines
Science qui étudie l'organisation collective des êtres humains.

L'économique appartient à la grande famille des **sciences humaines.** Ces dernières regroupent les sciences qui étudient les comportements humains, notamment la psychologie, la sociologie, l'anthropologie et les sciences politiques. Plus spécifiquement, c'est une science sociale, car elle étudie la façon dont les êtres humains s'organisent non pas individuellement mais collectivement pour répondre à leurs besoins matériels.

La macroéconomique et la microéconomique

Traditionnellement, l'étude de l'économie est divisée en deux branches majeures : la **macroéconomique** et la **microéconomique.** Cette dernière étudie le fonctionnement ou les comportements des agents économiques ou d'une industrie en particulier. Par exemple, on examinera le comportement général d'un consommateur ou celui d'un producteur selon qu'il est seul (dans un cas de monopole) ou en présence d'autres agents (il s'agit alors de concurrence). On peut s'intéresser à l'industrie de l'automobile ou à l'industrie pharmaceutique. La macroéconomique, pour sa part, tente d'expliquer les performances globales d'une économie : la croissance, le niveau des prix, l'emploi, la consommation ou les dépenses gouvernementales. Le cours d'économie globale, bien qu'il aborde cette discipline sous les deux angles, met davantage l'accent sur l'approche macroéconomique puisqu'on cherche à mieux comprendre l'économie dans sa globalité.

Les deux premiers chapitres du livre permettent de mieux cerner la science économique. Le chapitre 1 précise l'objet d'étude, l'utilité et la méthodologie. Le chapitre 2 résume, en fonction d'une approche historique, les modes d'organisation adoptés par les sociétés pour répondre aux questions économiques fondamentales : Quoi produire ? Comment produire ? Pour qui produire ?

> **Macroéconomique**
> Branche de l'économique qui a pour objet les performances globales de l'économie.
>
> **Microéconomique**
> Branche de l'économique qui a pour objet le fonctionnement d'un agent économique ou d'une industrie.

1.1.3 La problématique de la science économique

Éléments d'économique : La notion de production

De tout temps, les êtres humains ont dû produire des **biens** et des **services** afin de satisfaire leurs **besoins.** À l'aube de l'humanité, les besoins étaient liés à la subsistance, par exemple, manger ou se protéger du froid et des ennemis naturels. Au fil des ans, ils se sont diversifiés à un point tel qu'il est maintenant très difficile de distinguer l'essentiel du superflu. Ce qui paraissait superflu et même un luxe à une époque encore proche, comme la télévision ou la radio, est devenu indispensable à un citoyen s'il veut jouer pleinement son rôle dans la société. Au Canada, de nombreux sans-abri meurent de froid pendant l'hiver, ce qui n'est pas le cas en Floride. La notion de besoin est fort relative. Elle varie en fonction du temps, de l'espace, de la culture, et ainsi de suite. Un besoin pour l'un ne l'est pas nécessairement pour l'autre. Certains besoins sont primaires, c'est-à-dire essentiels à la vie. D'autres sont secondaires. Ils ne sont pas essentiels à la survie. Ils sont grandement influencés par la société de consommation de masse.

> **Bien**
> Objet découlant de la production.
>
> **Service**
> Produit intangible.
>
> **Besoin**
> Manque, désir.

Afin de faciliter l'analyse des phénomènes économiques, la science économique doit utiliser une terminologie précise. Les économistes s'entendent pour définir les « besoins économiques ou matériels » comme étant tous les désirs ou les manques que peuvent exprimer les individus ou les sociétés. C'est dans cette perspective qu'on peut parler de « besoins illimités ».

À tous ces besoins (les désirs, les manques à combler, etc.) correspondent des biens ou des services permettant d'y répondre. Lorsqu'on a mal à la tête continuellement (et qu'on éprouve le besoin d'être soulagé), on recourt aux services d'un médecin. Celui-ci tentera de poser un diagnostic et prescrira, au besoin, un médicament ou des traitements pour tenter de régler le problème. Le médecin ne produit pas les médicaments, il produit des services de santé comme les examens et les conseils. Si j'ai froid l'hiver, un manteau plus chaud comblera mon besoin de chaleur. Le manteau représente un bien destiné à satisfaire mon besoin de chaleur.

Mais d'où viennent tous ces biens et ces services destinés à combler des besoins ? Ce sont les ressources disponibles à l'intérieur d'une économie qui permettent à une société de faire des choix de production ou de consommation en fonction des besoins de ceux qui la composent (voir le chapitre 4).

Les ressources économiques et leur forme de rémunération

Ressources
Moyens dont la société dispose pour produire des biens et des services.

Ressources humaines
Activités humaines servant à la production de biens et de services.

Ressources physiques
Objets servant à la production de biens et de services.

Travail
Activité physique ou mentale vouée directement à la production de biens et de services.

Esprit d'entreprise
Contribution indirecte à la production de biens et de services ; c'est l'organisation de la production.

D'un point de vue économique, les **ressources** sont les moyens dont la société dispose pour produire les biens et les services destinés à satisfaire les besoins. Cependant, elles doivent parfois subir des transformations (souvent plusieurs) avant d'être utilisées.

C'est ce qui se passe pour le travailleur non spécialisé. Ce dernier doit nécessairement apprendre les rudiments de son travail avant de se mettre à produire. Ce travailleur subit une transformation dans la mesure où ses connaissances augmentent. La qualité des ressources est donc tout aussi importante que la quantité. Il en va de même pour le blé qu'on transforme d'abord en farine, puis en pain, puis en sandwich avant de satisfaire l'appétit d'un client au restaurant du coin. Compte tenu de la diversité des ressources, il importe de les distinguer.

On peut classifier les ressources en deux grandes catégories : les **ressources humaines** et les **ressources physiques.**

L'être humain est à la base de toute production. On peut donc diviser les ressources humaines en deux sous-catégories : le **travail** et l'**esprit d'entreprise.** Sans la contribution du travail, les ressources naturelles ne peuvent satisfaire nos besoins. Ainsi, la fabrication de puces électroniques à l'aide d'un robot requiert aussi le travail d'un technicien ou de l'ingénieur qui a conçu le mécanisme. Sans travail, il n'y a pas de production possible et, en conséquence, pas de biens et de services pouvant satisfaire nos besoins. Le travail correspond aux activités physiques ou mentales de l'être humain vouées directement à la production de biens et de services.

D'autres personnes contribuent aussi indirectement à la production. Il s'agit de celles qui élaborent et mettent sur pied des projets, et qui intègrent les diverses ressources pour produire des biens et des services. Cet esprit d'entreprise est une ressource indispensable à la production. Il fait référence à l'ensemble de l'organisation du travail en proposant des réponses à plusieurs questions : Quoi produire ? Comment produire ? Pour qui produire ? De nos jours, démarrer sa propre entreprise, si petite soit-elle, demande qu'on cerne parfaitement le produit visé. Par exemple, les exploitants d'une entreprise se spécialisant dans l'entretien de maisons devront se poser un certain nombre de questions. Opteront-ils pour l'entretien intérieur ou extérieur ? Réaliseront-ils de légers ou de gros travaux ? Offriront-ils leurs services toute l'année ou au cours d'une période de l'année ? Ils devront ensuite évaluer leurs besoins en ressources physiques et humaines avant d'en disposer au moment opportun. Cette capacité de mettre en œuvre un projet fait également partie des ressources humaines.

Ressources humaines : le travail

Considérons maintenant les ressources physiques. Une première catégorie englobe les **ressources naturelles.** Celles-ci proviennent de la terre, qu'il s'agisse du sol ou du sous-sol. On y trouve notamment les terres arables, les forêts, les cours d'eau, les minerais. Comme toutes les ressources, elles peuvent être utilisées telles quelles ou être transformées une fois ou plusieurs fois avant de devenir un bien destiné à satisfaire les besoins du consommateur.

Ressources naturelles
Ressources provenant de la terre : le sol et le sous-sol.

Ensuite, et surtout dans le cas des sociétés avancées, les outils, la machinerie, l'outillage, l'usine, les bâtiments, et ainsi de suite, sont des facteurs de production importants. On les appelle **capital** ou biens de production, car ces biens servent à produire d'autres biens. Ici on ne parle pas d'argent, on parle de contribution directe à la production.

Capital
Ensemble des biens de production, c'est-à-dire des biens qui servent à produire d'autres biens.

ÉVITER LE PIÈGE

Attention ! On parle d'éléments réels et non de monnaie sous une forme quelconque. Le papier monnaie ou la monnaie scripturale ne se mangent pas, ne s'habitent pas, ne sont pas un loisir en soi. Il faut se demander avec quoi on peut produire les biens et les services destinés à satisfaire les besoins matériels des êtres humains.

Il existe une dernière catégorie de ressources physiques plus abstraite qui permet à l'humanité de produire davantage de décennie en décennie : c'est le **capital technologique.** Heureusement qu'il ne faut pas tout réinventer tous les 10, 100 ou 1000 ans. Le bagage de connaissances, de techniques ou de technologie s'accroît sans cesse et permet la croissance économique (voir la section « Les possibilités de production », p. 9). C'est une ressource très importante qu'on classe dans les ressources physiques car elle rend le travail des êtres humains plus productif et les biens de production plus évolués.

Capital technologique
Ensemble des connaissances, des techniques ou de la technologie permettant la croissance de la production.

Le travail, l'esprit d'entreprise, les ressources naturelles transformées ou non, les machines sont tous des ressources qui servent à la production. Il ne s'agit pas de nier l'importance de la monnaie dans les économies avancées mais, comme on le verra dans le chapitre 8, la monnaie permet de faciliter les échanges et non de produire des biens et des services. La monnaie ne permet que d'acheter des ressources économiques pour les combiner.

Les différentes ressources, qu'elles soient humaines ou physiques, permettent de recevoir une rémunération. La production a une valeur et celle-ci doit être partagée entre les personnes qui contribuent à la créer ou qui rendent cette production possible. Chaque société se donne des règles pour répartir la production, certaines plus équitables que d'autres. Dans le chapitre 2, on s'intéressera au mode d'organisation d'une société qui permet de répartir la production ; ce chapitre porte sur les systèmes économiques. Dans les économies capitalistes avancées, le travail est rémunéré par le salaire, l'esprit d'entreprise, par le profit (ou le salaire dans une coopérative), les fournisseurs de ressources naturelles ou de biens de production touchent une rente ou des intérêts, et le capital technologique est parfois protégé par des brevets ou des droits d'auteur.

Cette description peut sembler très stricte, autant dans la classification des ressources que dans leur rémunération. Toutefois, dans la pratique, il est parfois difficile de trancher. Le but n'est pas de tout étiqueter exactement, mais plutôt de bien comprendre ce qui constitue le processus de production.

Comment peut-on distinguer le service du travail? Pour ce faire, il suffit de poser la question suivante: l'action sert-elle à satisfaire directement un besoin du consommateur? Si la réponse est oui, on parle d'un produit donc d'un service, par exemple, celui qui est rendu par l'esthéticienne que consulte le consommateur. Si la réponse est non, on parle d'une ressource qui servira à produire un bien ou un service destiné à satisfaire les besoins d'un consommateur. C'est le cas du travailleur de la construction qui produit des maisons. Le consommateur désire se procurer la maison et non consulter le travailleur.

La rareté relative des ressources

On définit le besoin économique en dehors de toute culture, de toute époque et de toute valeur. C'est un désir à satisfaire. Dans ce contexte, les besoins sont illimités. De nouveaux produits (des biens et des services) sont inventés chaque jour afin de satisfaire nos besoins. Certains individus ont de nombreux besoins, d'autres moins. Parfois, la société ou le travail influent sur la quantité de besoins qu'on cherche à satisfaire. De plus, la croissance de la population mène à la croissance des besoins. Qu'en est-il des ressources? À un moment donné, elles seront taries. L'économie mondiale ne peut produire une quantité illimitée de barils de pétrole par jour. Une économie régionale ne peut fournir une quantité illimitée de lits d'hôpitaux de soins de courte durée par semaine, et ainsi de suite. Les besoins étant illimités et les ressources étant limitées, on se trouve avec un problème de **rareté relative.** Elle impose une limite aux biens et services que l'on peut produire.

Rareté relative
Insuffisance relative découlant de besoins illimités par rapport à des ressources limitées.

On ne parle pas de rareté absolue. Le nombre d'automobiles est suffisamment élevé pour que l'automobile ne soit pas qualifiée de « rare ». Cependant, les ressources sont rares parce qu'elles nous imposent des choix. Le caractère limité de la production impose des choix. Il n'y a pas suffisamment de ressources affectées à la production d'automobiles pour que tous ceux qui en veulent une puissent l'avoir (à un prix nul ou très faible). Dans une société capitaliste avancée, c'est le prix qui créera le facteur de rationnement (voir les chapitres 2 et 8).

La rareté relative est au cœur même de l'économie. C'est la problématique (l'objet d'étude, l'angle sous lequel on aborde les problèmes) de l'économique : comment utiliser efficacement les ressources économiques limitées pour satisfaire le plus possible les besoins illimités de la population ?

Les possibilités de production

Comme on vient de le voir, à un certain moment, une société doit faire des choix quant aux biens et aux services qu'elle souhaite produire. On verra dans le prochain chapitre comment s'effectuent ces choix. Ces derniers dépendent, bien sûr, des ressources que la société possède, de sa richesse : les ressources naturelles sur son territoire, le degré de formation de sa main-d'œuvre, l'accès à la haute technologie. Le type de ressources d'une société conditionnera ses **possibilités de production,** c'est-à-dire ce qu'elle peut produire en utilisant pleinement et efficacement ses ressources.

Possibilités de production
Ce qu'une économie peut produire en utilisant efficacement toutes ses ressources.

Pour illustrer les possibilités de production d'une économie, on procédera à quelques simplifications qui n'enlèvent rien au raisonnement subséquent. Tout d'abord, on suppose que l'économie ne produit que deux biens. L'un représente les biens de production (les robots) et l'autre les biens de consommation (les automobiles). Ensuite, on présume que cette économie utilise efficacement toutes ses ressources, qui sont fixes tant d'un point de vue quantitatif que d'un point de vue qualitatif. Certaines ressources sont mobiles, c'est-à-dire qu'elles peuvent servir à diverses productions ; par exemple, l'électricité est très mobile comme ressource.

En suivant ces critères, on suppose une série de combinaisons de robots et d'automobiles qu'une économie fictive peut produire. La figure 1.1 (p. 10) présente les différentes possibilités de production de cette économie. Par exemple, si cette dernière engage toutes ses ressources dans la fabrication d'automobiles, elle pourra en produire 400 000. D'un autre côté, si toutes ses ressources sont allouées à la production de robots, elle pourra en fabriquer 100. Elle peut également choisir de produire une certaine quantité de ces deux produits. Le nombre d'automobiles et de robots serait évidemment moindre.

Au point A, l'économie utilise toutes ses ressources pour fabriquer des robots. Elle peut en construire 100, mais ne peut pas fabriquer d'automobiles. Aux points B, C et D, elle partage ses ressources pour obtenir les productions suivantes : 90 robots et 100 000 autos, 70 robots et 200 000 autos, 40 robots et 300 000 autos. Finalement, au point E, elle concentre toutes ses ressources dans la fabrication d'automobiles, soit 400 000.

À l'aide de ces données, il est possible de tracer une courbe qu'on appellera la **courbe des possibilités de production.** Chacun des points sur cette courbe représente un choix de productions possibles en utilisant efficacement toutes les ressources de l'économie (voir la figure 1.1, p. 10).

Courbe des possibilités de production
Courbe représentant les différentes combinaisons de deux biens que peut produire une économie qui utilise efficacement toutes ses ressources.

Pour une distance horizontale identique, la distance verticale est de plus en plus grande.

S'il vous est difficile de produire un énoncé concernant les points D et A, il convient de prêter une attention particulière à la section « La présentation des données – les tableaux et les graphiques », page 15. Le problème peut également venir de l'incompréhension du fait que la rareté relative des ressources impose des choix. Les ressources étant limitées, on ne peut tout produire. Chaque choix de production d'un bien implique le sacrifice d'une

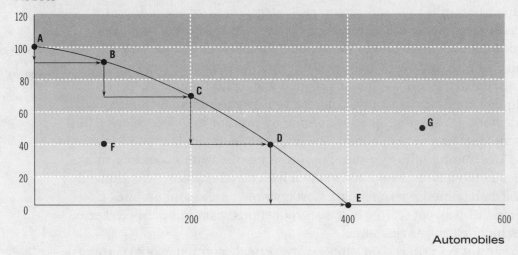

FIGURE 1.1   Les possibilités de production

a) Tableau des possibilités de production

	A	B	C	D	E
Robots	100	90	70	40	0
Automobiles (en milliers)	0	100	200	300	400

b) Courbe des possibilités de production

TEMPS
D'ARRÊT 1.2

Il s'agit ici d'interpréter la courbe des possibilités de production et les points situés sur la courbe et en dehors de la courbe.

En une phrase, que pouvez-vous dire concernant le point D ? Le point A ?

Comment pouvez-vous interpréter le point F ?

Comment serait-il possible d'atteindre le point G ?

autre production. Même en utilisant pleinement et efficacement les ressources, pour augmenter la production d'un bien ou d'un service, on doit sacrifier une certaine quantité d'un autre bien ou service. C'est ce qu'on appelle le **coût d'option.**

Coût d'option
(ou de renonciation)
Quantité d'un produit qu'on doit sacrifier pour augmenter la production d'un autre.

Lorsqu'on observe de près la courbe des possibilités de production, on se rend compte que la quantité de robots qu'il faut sacrifier pour produire 100 000 automobiles de plus augmente constamment. Au point A, toutes les ressources de l'économie étaient affectées à la production de robots, soit 100 robots. Pour fabriquer les 100 000 premières automobiles, il a fallu sacrifier 10 robots. Le point B indique qu'en utilisant toutes les ressources, on peut fabriquer 100 000 automobiles, mais seulement 90 robots. Pour obtenir 100 000 automobiles de plus, on se déplace au point C. À ce point, on fabrique 200 000 automobiles, soit 100 000 de plus qu'au point A, mais on ne peut fabriquer que 70 robots. Les 100 000 automobiles supplémentaires ont coûté 20 robots, soit 10 de plus que les 100 000 premières automobiles. Le coût d'option est passé de 10 à 20 robots. Pour les 100 000 automobiles suivantes, au point D, le coût d'option est de 30. En effet, si l'économie produit 300 000 automobiles, il ne lui reste des ressources que pour produire 40 robots, soit 30 de moins qu'au point C. Finalement, les 100 000 dernières automobiles font en sorte qu'il ne reste plus de ressources pour produire des robots, au point E. Cela correspond à un coût d'option de 40 robots.

Pourquoi ce coût d'option croît-il sans cesse ? Tout d'abord, les ressources utilisées dans la production de robots et d'automobiles ne sont pas les mêmes bien que certaines ressources soient parfaitement transférables d'une production à l'autre ; par exemple, les services d'un ouvrier non spécialisé ou d'un gardien de sécurité, l'acier ou le caoutchouc. Ce sont ces ressources qui seront transférées en premier. Le coût du transfert est quasi nul. Par contre, à un certain moment, les ressources exigées par l'autre production diffèrent de plus en plus de celles qui sont sacrifiées, ce qui implique un coût de plus en plus grand pour faire le transfert. On dit alors que la **mobilité des ressources** n'est pas parfaite. C'est pourquoi il en coûte de plus en plus cher pour passer du point A au point E. Le coût d'option est donc croissant.

Mobilité des ressources
Capacité d'une ressource à être transférée d'une production à une autre.

Maintenant, qu'en est-il des points situés en dehors de la courbe ? Tous les points situés sur la courbe des possibilités de production représentent des combinaisons de production exigeant l'utilisation efficace de toutes les ressources de l'économie. Le point F, qui se situe à l'intérieur de la courbe, engendre une production inférieure à celle de tous les points situés sur la courbe. On y produit soit moins de robots mais autant d'automobiles, soit moins d'automobiles mais autant de robots, ou moins des deux. Par conséquent, l'économie n'utilise pas toutes ses ressources ou ne le fait pas efficacement. Il y a sous-utilisation des ressources, ce qui crée du chômage. Pour satisfaire le plus de besoins possible, les économies devraient donc tenter de se situer sur leur courbe de possibilités de production. Le point G se situe également en dehors de la courbe des possibilités de production, mais à l'extérieur. Tous les points situés à en haut et à droite de la courbe des possibilités de production correspondent à une production supérieure de robots ou d'automobiles, ou des deux, si on les compare à la production correspondant aux points situés sur la courbe. Puisque, sur la courbe, on utilise toutes les ressources de l'économie, il est donc impossible, à court terme, de produire plus. À long terme, la seule façon d'y arriver consiste à augmenter la quantité ou la qualité des ressources, donc à établir une nouvelle courbe des possibilités de production située à la droite et plus haut que l'ancienne (voir la figure 1.2, p. 12). Cette nouvelle courbe représenterait une production supérieure.

Pourquoi faut-il toujours aller plus haut, plus loin ? En fait, la population mondiale fait face, qu'elle le veuille ou non, à une augmentation inéluctable de ses besoins. Cette augmentation découle de l'augmentation de la population à l'échelle planétaire. De plus, les développements technologiques et l'avancement scientifique de l'espèce humaine créent sans cesse de nouveaux besoins. De ce fait, des besoins qui augmentent en quantité et en diversité exercent une pression sur les besoins en ressources, dont certaines ne sont pas renouvelables. Cette pression engendre de nouveaux besoins en matière de ressources, bref une fuite en avant. Pour étudier chacun des aspects de ces changements économiques, des secteurs d'étude particuliers ont été conçus. On trouve l'économie de l'éducation, l'économie de la santé, l'économie du travail, l'économie régionale et beaucoup d'autres. On étudie également des industries ou des secteurs industriels particuliers comme l'énergie. On surveille de près les finances publiques. On se demande ce qu'Internet nous réserve. Bref, de nombreux champs d'étude sont apparus, qui analysent à la fois les besoins et les productions de ces différents secteurs qui soulèvent de nombreuses interrogations. La section suivante permet d'illustrer, à l'aide de quelques champs d'étude, toute la diversité de la science économique.

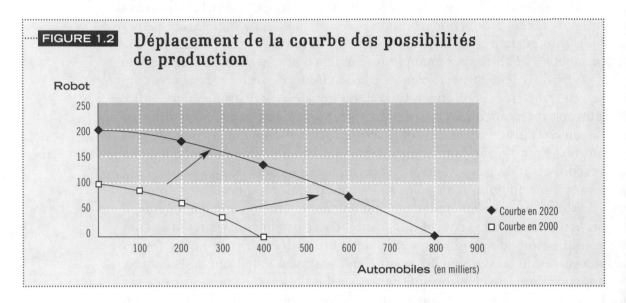

FIGURE 1.2 **Déplacement de la courbe des possibilités de production**

1.1.4 Les différentes approches ou théories

Les économistes sont loin d'être unanimes quand ils ont à interpréter la réalité économique. Il existe des écoles de pensée, c'est-à-dire des groupes de gens qui partagent les mêmes idées ou la même idéologie (système d'idées et de jugements explicites) pour expliquer les phénomènes économiques. Il existe également différentes approches. Certains préfèrent l'aspect politique de l'économique (l'économie politique). D'autres insistent davantage sur la rigueur mathématique qui la soutient (l'économétrie). Mais, qu'on soit de droite, de gauche, néo-libéral, marxiste ou keynésien, qu'on privilégie l'offre ou la demande pour expliquer les phénomènes, il ne faut pas perdre de vue qu'il n'y a qu'une et une seule réalité. Et la meilleure façon de la décoder est d'adopter l'approche scientifique la plus rigoureuse et la plus méthodique possible. Il faut constamment vérifier (ou valider) ses hypothèses, soumettre sa démarche à la critique en faisant preuve d'objectivité et d'ouverture d'esprit. C'est seulement dans ce contexte qu'on pourra faire avancer la connaissance.

1.2 La collecte et l'analyse des données

1.2.1 Un fait économique – définition

La première étape de la méthodologie propre à la science économique consiste à recueillir les **faits** pour pouvoir décrire les phénomènes à expliquer. Un fait se rapporte à une réalité incontestable et vérifiable : le nom d'un lieu ou d'un premier ministre, la date d'un événement important, le prix de l'essence à la station-service du coin, les différentes entreprises existant dans une région, le salaire minimum, le nombre de personnes âgées, le taux de mortalité infantile, et ainsi de suite. Tous ces éléments sont des faits. Il n'y a pas matière à interprétation.

Fait
Réalité incontestable et vérifiable.

On peut trouver le prix de l'essence trop élevé (c'est une opinion) mais on ne peut contester son niveau (c'est un fait). Il ne faut pas non plus confondre les faits et les prédictions. Dire que le taux de croissance de l'économie devrait se maintenir encore plusieurs années, c'est une prédiction. Dire que le taux de croissance de l'économie est positif (plus grand que zéro) depuis plusieurs années est un fait.

Il ne faut pas non plus mêler les faits avec les **jugements de valeur.** Un jugement de valeur qualifie de « désirable » ou de « non désirable » une situation ou un fait. Il consiste à apprécier un événement en fonction de certaines valeurs. Voici deux exemples : une personne soutient qu'un certain taux de chômage *ne fait pas de tort* car il oblige les travailleurs à accepter des emplois moins bien rémunérés ; une autre, qu'il est plus important de lutter contre la pauvreté des jeunes que contre celle des personnes âgées, car ils formeront la population de demain. Ces deux affirmations s'appuient sur des valeurs, ce qui consiste à porter des jugements. Le fait d'approuver ou non ces affirmations dépend des valeurs qu'on défend. Ainsi, certains pourraient tout aussi bien dire qu'il est plus important de lutter contre la pauvreté des aînés que contre celle des jeunes parce qu'ils ont travaillé toute leur vie pour bâtir la société d'aujourd'hui. Les opinions et les jugements de valeur ne sont pas des faits puisqu'ils sont discutables et ne sont pas partagés par tous. Il existe des milliers de personnes touchant de l'aide sociale au Canada, c'est un fait. Que ces personnes devraient ou non en toucher, c'est une opinion, un jugement de valeur.

Jugement de valeur
Jugement qualifiant de « désirable » ou de « non désirable » une situation ou un fait.

Il ne faut pas non plus confondre un fait avec une **hypothèse** ou une théorie. L'économique soulève de nombreuses questions sur les motifs et les manifestations des divers phénomènes économiques. Une hypothèse est un énoncé sous forme de réponse à une question soulevée. Elle peut être confirmée ou infirmée. Par exemple, la baisse des impôts des entreprises stimule davantage l'économie que les baisses des impôts des particuliers. Si l'hypothèse est vérifiée dans les faits, elle peut donner naissance à une théorie, qui est une tentative d'explication du réel. Il faut parfois plusieurs hypothèses vérifiées pour qu'une théorie soit acceptée, comme c'est le cas notamment pour le lien entre la consommation et le revenu, le lien entre les taux d'intérêt et l'épargne ou l'investissement, le lien entre le niveau des prix et le niveau de production, etc.

Hypothèse
Énoncé sous forme de réponse à une question soulevée.

Finalement, certains faits sont économiques et d'autres ne relèvent pas directement de l'économie. Comme on le disait au début du chapitre, l'économique s'intéresse à la rareté des ressources. Tous les phénomènes touchant les besoins matériels et les ressources productives relèvent de l'économique. Cependant, il existe des indicateurs qui ne concernent pas directement l'économique, mais qui peuvent éclairer grandement certains phénomènes économiques, tels que le taux de suicide chez les jeunes, les changements climatiques planétaires, les conflits armés dans le monde. L'économique s'intéresse à tous les faits qui, de près ou de loin, permettent de mieux comprendre l'univers qui nous entoure pour mieux gérer la rareté relative des ressources.

TEMPS
D'ARRÊT 1.3

Parmi les énoncés qui suivent, distinguez ce qui constituerait :

1. une opinion, un jugement de valeur ou une prédiction ;
2. un fait économique ;
3. une hypothèse ou une théorie.

a) Le ministre des Finances a présenté son budget la semaine dernière.

b) L'État intervient trop dans l'économie.

c) Le taux de chômage des jeunes devrait continuer de diminuer l'année prochaine.

d) Il existerait une relation inverse entre la taille de l'État et le taux de croissance de l'économie.

e) Le taux d'inflation se situe au-dessous de 3 % depuis plusieurs années.

1.2.2 La collecte des données

Les statistiques

Il existe des faits ou des phénomènes très faciles à observer, comme le nombre de personnes touchant de l'assurance-emploi, les taux d'intérêt de la Banque du Canada, le nombre d'entreprises dans l'industrie de l'aluminium au pays. Pourtant, la plupart des phénomènes économiques sont difficiles à mesurer directement. Pour ce faire, on utilise des statistiques qui proviennent, en partie, du recensement canadien, auquel tous les Canadiens sont censés répondre, et, en partie, de sondages (un échantillon de la population y répond) effectués par les divers organismes à qui on en a confié le mandat (voir le chapitre 3). Souvent, plusieurs statistiques différentes sont nécessaires pour cerner une réalité. Par exemple, on ne peut mesurer la santé des Canadiens avec une seule donnée. On utilise différents indicateurs : le taux de mortalité infantile, l'espérance de vie, le taux de morbidité, et ainsi de suite (voir la section 1.3). Afin de tracer un portrait de l'économie, on utilise des statistiques telles que le taux de croissance, le taux de chômage, le taux d'inflation. On peut ensuite comparer toutes ces données dans le temps, grâce aux séries chronologiques ou en fonction de différents pays afin de pouvoir évaluer les performances de notre économie.

L'utilisation adéquate des statistiques

ÉVITER LE PIÈGE

Attention! Tous ces indicateurs ou ces statistiques sont définis de façon précise, ce qui permet de les interpréter correctement. On ne définit pas un chômeur comme une personne qui ne travaille pas ou qui touche de l'assurance-emploi. Il existe de nombreux critères à respecter pour être considéré comme un chômeur, et l'assurance-emploi n'en fait pas partie (voir le chapitre 5).

Il ne faut pas employer les statistiques n'importe comment. La première chose à faire est de bien se renseigner sur leur définition et sur la façon dont elles ont été calculées. Tous pourront ainsi leur donner le même sens et en connaître les limites. Il faut également prendre garde aux unités utilisées : des millions, des milliards, des pourcentages, et savoir ce que ces unités représentent, par exemple, des dollars ou des individus. Dernière mise en garde : il faut vérifier les sources. Que ce soit dans Internet ou dans les revues, les statistiques sont nombreuses. Toutes n'ont pas la même valeur, et certaines ne sont pas du tout fiables. Il faut bien vérifier leurs sources. Regardez bien qui les a compilées, d'où elles sont tirées. Ces sources sont-elles fiables ? S'il n'y a pas de source, vous pouvez tout de suite mettre ces statistiques à la poubelle, pas même au recyclage. **Une donnée sans source n'a aucune valeur !** Ne tombez pas dans le piège de croire tout ce qui est écrit dans les journaux ou les revues, ou sur les sites Web. Soyez critique ! Dans le doute, consultez une personne-ressource. Il faut apprendre à reconnaître les sources fiables : Statistique Canada, la Banque du Canada, les différents ministères des gouvernements, les publications de l'OCDE, du FMI, de l'ONU, les économistes réputés, etc. Tout le long de ce livre, nous vous fournirons des données officielles et leurs sources.

La présentation des données – les tableaux et les graphiques

Les données brutes ont un aspect rébarbatif et ne renseignent guère. Il faut leur donner une forme facile à interpréter. La meilleure façon de le faire consiste à les regrouper sous forme de tableaux ou de graphiques. Si on parle d'une série chronologique, une droite ascendante indique qu'il y a eu croissance de la variable étudiée. Une courbe sinueuse révèle que la variable dépendante est très instable, qu'elle varie beaucoup dans le temps.

On peut vouloir comparer deux variables ou deux pays. En traçant plusieurs courbes sur un même graphique, on peut tirer des conclusions rapidement, d'un simple coup d'œil.

Un tableau, tout comme un graphique, doit comporter un titre évocateur qui indique clairement la relation entre les variables. Par exemple, *Le taux d'inflation : comparaison entre les pays du G7, de 1974 à 2005* ou *Le taux de croissance et le taux de chômage québécois, de 1960 à 2005.* Lorsqu'on étudie un tableau ou un graphique, on lit d'abord le titre afin de donner un sens à l'information véhiculée.

Le deuxième élément fondamental de tout tableau ou graphique a trait aux variables qu'ils contiennent. Qu'il s'agisse de dépenses de consommation, de produit intérieur brut (PIB), de temps ou de dépenses d'investissement, il faut nommer clairement chaque ligne et chaque colonne du tableau afin d'en faciliter la compréhension. Par exemple, les lignes peuvent représenter diverses variables dont on étudie l'évolution dans le temps. Chaque colonne peut alors correspondre à une année, à un mois ou à un trimestre. Le nom des variables est indiqué à gauche. Chaque ligne correspond à une variable et chaque colonne, à la valeur de cette variable durant une période donnée. Cette distinction est tout aussi valable pour les graphiques. Les variables correspondent alors aux axes. Habituellement, on situe le temps en abscisse (l'axe horizontal) et la variable dépendante en ordonnée (l'axe vertical). Ainsi, on peut lire le graphique de gauche à droite, comme un texte. La variable croîtra ou décroîtra dans le temps, selon qu'elle monte ou qu'elle descend. Comme on l'a déjà mentionné, les variables seules ne sont pas suffisantes, il faut qu'elles soient accompagnées d'unités : des dollars, des pourcentages, des mois, des nombres, par exemple. Ces unités doivent être placées sous le nom des variables dans les tableaux et les graphiques. Finalement, la source des données utilisées pour fabriquer les tableaux et les graphiques doit apparaître au-dessous de ceux-ci. Si des définitions sont nécessaires, il faut également les inscrire.

En utilisant le tableau de la figure 1.3, on peut concevoir un graphique qui permet de visualiser beaucoup plus facilement l'évolution des taux d'intérêt de 1995 à 2005. Le titre du graphique contient tous les éléments nécessaires à sa compréhension. Les variables sont bien identifiées avec leurs unités à la fois dans le tableau et sur les axes du graphique. Lorsqu'on parle de temps, on précise sur l'axe des x la période étudiée : les mois, les trimestres ou les années, car les unités parlent d'elles-mêmes. Chaque point sur le graphique correspond à une ligne sur le tableau, c'est-à-dire à un couple de valeurs. Par exemple, le premier point correspond à l'année 1995 et au taux d'intérêt de 4,2 %. Pour tracer ce point, il suffit de tirer une ligne verticale à partir de 1995 et une ligne horizontale à partir de 4,2 %. L'intersection de ces deux lignes donne le premier point. On procède ainsi pour chaque ligne du tableau, ce qui formera une série de points qu'on reliera par des segments de droite. On obtient alors la courbe représentant l'évolution des taux d'intérêt. Lorsqu'elle semble descendre de gauche à droite, on peut dire que les taux ont tendance à diminuer. Si elle semble monter de gauche à droite, alors les taux ont tendance à augmenter.

La corrélation et la relation de cause à effet

Une erreur courante lorsqu'on analyse des tableaux ou des séries de données est de penser que, parce qu'il existe une relation entre elles (une corrélation), l'une est nécessairement la cause de l'autre. Certaines variables augmentent en même temps. Parfois, lorsqu'une variable augmente, l'autre diminue. **Il ne faut surtout pas en conclure que l'une est la cause de l'autre.** Par exemple, au printemps, on aperçoit de plus en plus d'oiseaux. Au même moment, les tulipes sortent de terre. Peut-on en conclure que ce sont les tulipes qui attirent les oiseaux ou que les oiseaux font pousser les tulipes ? Ces deux **variables** sont **corrélées,** c'est-à-dire qu'elles varient ensemble, mais l'une

Variables corrélées
Variables qui varient ensemble.

n'est pas la cause de l'autre. C'est la chaleur qui fait revenir les oiseaux, et cette même chaleur fait pousser les tulipes. C'est la même chose en économie. Par exemple, on constate que, durant une certaine période, les dépenses gouvernementales G ont augmenté et que, durant la même période, le chômage a augmenté. Peut-on en conclure que plus l'État dépense, plus le chômage augmente ? Serait-ce plutôt le contraire ? Plus le chômage augmente, plus les dépenses de l'État augmentent. Ou bien ces deux variables ne seraient-elles pas liées à une troisième ? Il faut être très prudent dans l'interprétation des données statistiques. Une relation de cause à effet du

---

FIGURE 1.3 **Évolution des taux d'intérêt entre 1995 et 2005 (données fictives)**

a) **Tableau de l'évolution des taux d'intérêt entre 1995 et 2005**

Année	Taux d'intérêt (en pourcentage)
1995	4,2
1996	3,0
1997	2,9
1998	3,1
1999	4,0
2000	4,6
2001	5,0
2002	5,5
2003	4,7
2004	3,9
2005	3,5

b) **Courbe de l'évolution des taux d'intérêt**

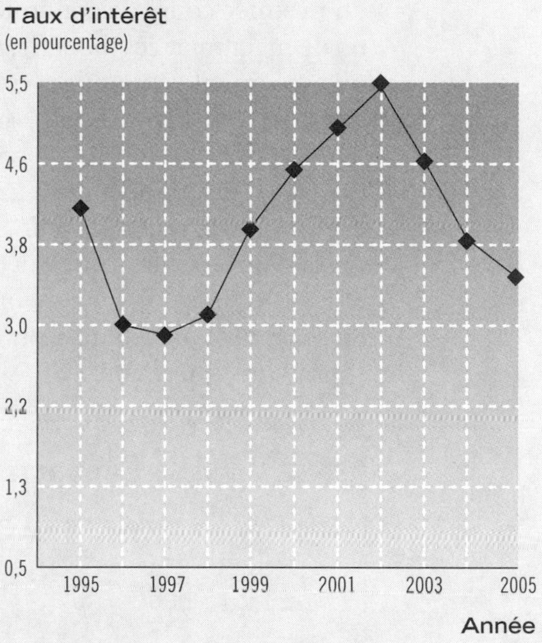

TEMPS
D'ARRÊT 1.4

Construisez un graphique à l'aide du tableau suivant et interprétez-le.

Prix de l'essence, de janvier à décembre 2005 (données fictives)

Mois	Prix (en dollars)	Mois	Prix (en dollars)
Janvier	0,9	Juillet	1,459
Février	0,95	Août	1,274
Mars	0,89	Septembre	1,199
Avril	0,87	Octobre	1,219
Mai	0,99	Novembre	1,044
Juin	1,01	Décembre	0,974

type « *A* est la cause de *B* » implique que, nécessairement, s'il n'y avait pas *B*, il n'y aurait pas *A*. Il faut être d'autant plus prudent qu'en économie, il y a tellement de variables qui se côtoient qu'on ne peut se contenter de raisonnements simplistes si on en considère deux à la fois. La plupart du temps, on parlera de corrélation et non de relation de cause à effet.

D'autres outils plus complexes

Certains outils très perfectionnés permettent de tenir compte des relations mutuelles existant entre de nombreuses variables. Pour décrire l'économie canadienne, on trouve un **modèle** comportant plus de 1000 équations simultanées. Les mêmes variables peuvent apparaître dans plusieurs équations. Par exemple, la consommation dépend du revenu mais, sur le plan national, les revenus dépendront de la consommation, car sans consommation, il n'y a pas de production et sans production, il n'y a pas de revenu. Il ne s'agit pas, dans un premier cours d'économique au collégial, d'être capable de comprendre ou de manipuler ces modèles, mais il faut être bien conscient du fait que décrire ou expliquer l'économie n'est pas simple. Il faut se méfier des raisonnements trop faciles.

Un autre outil fréquemment utilisé par les économistes est la régression. On place des données sur un graphique et on obtient un nuage de points. Plutôt que de relier ces points par des segments de droite, on cherche à trouver la courbe ou la droite qui traduit le mieux la relation [voir les figures 1.4 a) et 1.4 b)]. Ainsi, on peut savoir dans quelle mesure la consommation dépend du revenu, et on peut prévoir l'effet d'une augmentation du revenu disponible sur la consommation.

Modèles
Les modèles sont des abstractions qui permettent d'isoler certaines variables pour mieux les étudier.

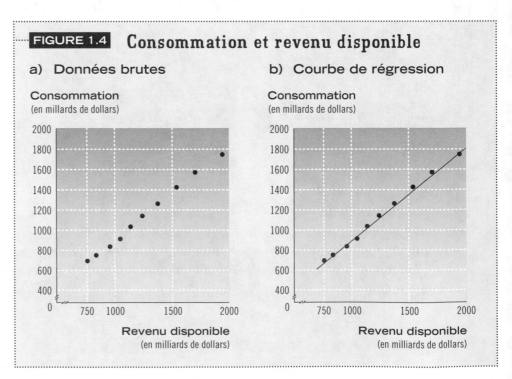

FIGURE 1.4 **Consommation et revenu disponible**

a) **Données brutes**

b) **Courbe de régression**

1.3 La construction de modèles et de théories

1.3.1 La compréhension des phénomènes économiques

Tous les outils étudiés auparavant permettent à l'économiste de vérifier des relations entre les variables. Les modèles et les théories sont construits dans le but de mieux comprendre les phénomènes économiques. La deuxième étape de la méthodologie propre à l'économique consiste à tenter de trouver des explications aux phénomènes économiques. Pourquoi l'économie fluctue-t-elle continuellement ? Pourquoi y a-t-il du chômage ou de l'inflation, ou les deux en même temps ? Pourquoi certaines régions sont-elles plus développées que d'autres ? Ce n'est qu'en répondant à ces questions que l'économiste peut suggérer des pistes de solutions. Si on ne comprend pas le fonctionnement de l'économie, on ne peut pas en améliorer le fonctionnement.

1.3.2 La validité des hypothèses

Une fois les faits recueillis et analysés, on peut vérifier la validité des hypothèses émises. Ces hypothèses reposent autant sur une première analyse des données que sur la réflexion quant aux causes possibles d'un phénomène.

Pour être acceptable, une hypothèse doit être vraisemblable. On ne pourrait supposer qu'une baisse généralisée des revenus et de la consommation stimule l'économie. Ce n'est pas vraisemblable. Par contre, dans le passé, certaines hypothèses vraisemblables ont été jugées fausses une fois qu'elles ont été confrontées à la réalité. Par exemple, les taux d'intérêt ne sont pas le principal déterminant de l'épargne. Les gens épargnent pour une multitude d'autres raisons beaucoup plus importantes : pour faire des achats importants dans le futur, parer à toute éventualité, préparer leur retraite, bénéficier de déductions d'impôt (RÉER)... et ils épargnent surtout quand ils ont de l'argent à épargner. C'est en confrontant cette hypothèse aux faits à l'aide de régressions ou d'autres outils d'analyse économique qu'on a pu l'invalider.

1.3.3 Les modèles et les théories

À force de poser des hypothèses et d'établir l'existence de relations entre différentes variables, on arrive à construire des modèles du fonctionnement de l'économie, un peu comme des modèles réduits. On perd certains détails, mais on garde une bonne vue d'ensemble. En intégrant certains modèles ou certaines lois les uns dans les autres, on obtient des théories. Il ne faut surtout pas oublier qu'une théorie n'est pas une vérité absolue, c'est une tentative d'explication de la réalité. Il faut donc la confronter aux faits, c'est-à-dire vérifier dans quelle mesure elle peut expliquer ce qu'il se passe ; cette étape permet aussi de déterminer ses limites. De nombreuses théories existent pour expliquer le fonctionnement de l'économie capitaliste : certaines mettent l'accent sur la demande, d'autres sur l'offre ; certaines accordent une grande importance à la monnaie, d'autres, à la concurrence ou au rôle du capital ou du travail. Les théories évoluent avec les époques, car la société se transforme, tout comme les phénomènes économiques. Si Marx, Keynes ou Smith vivaient encore, ils modifieraient probablement leurs théories pour tenir compte des nouvelles réalités, de l'information actuelle et des outils disponibles. Le postulat du chômage volontaire (le point de vue des économistes classiques) n'a pas survécu à la grande dépression, qui a également paralysé la « main invisible » d'Adam Smith. Les anciennes théories (keynésiennes) ne pouvaient expliquer la stagflation (la présence à la fois de chômage et d'inflation). Marx serait surpris de constater l'évolution du capitalisme et de ses contradictions. Bref, l'économique n'est pas une science exacte et, bien qu'elle soit fort utile, il est très important de toujours demeurer très critique.

1.3.4 La critique

C'est en soumettant ses travaux de recherche, ses hypothèses et ses théories à la critique que l'économiste agit en véritable scientifique. Cela peut se faire à l'occasion de colloques ou par l'entremise de revues spécialisées, partout où d'autres spécialistes ne partageant pas nécessairement les mêmes convictions peuvent jeter un regard le plus objectif possible sur les nouvelles hypothèses ou théories et faire ainsi avancer la connaissance. Ayant soumis ses théories aux faits, les ayant exposées à la critique, l'économiste peut dès lors formuler de nouvelles hypothèses pour tenter de rendre compte le plus exactement possible des réalités économiques.

1.4 Les interventions en fonction des objectifs de la société

1.4.1 Les objectifs de la société

Les objectifs de la société varient considérablement d'un organisme à un autre ou d'un groupe d'individus à un autre. Les priorités peuvent différer. Certains objectifs sont même en opposition, l'atteinte de l'un nuisant à l'atteinte de l'autre. Les grands objectifs macroéconomiques les plus souvent mentionnés sont la croissance, la stabilité des prix, le plein emploi, une juste répartition des revenus, un équilibre dans nos échanges avec les autres pays, un équilibre dans les finances publiques. Toutefois, d'autres grands objectifs économiques font de plus en plus souvent les manchettes : la protection de l'environnement à court et à long terme, l'établissement et le respect de règles d'éthique dans le développement de nouvelles technologies ou de nouveaux produits, une plus juste répartition mondiale de la richesse, le droit à une véritable et pleine information, et ainsi de suite. Ce n'est pas le rôle de l'économiste de décider des objectifs de la société. Il peut avoir son point de vue et le défendre, mais c'est à la société elle-même de définir ses priorités. Les citoyens peuvent le faire en élisant leurs gouvernements, en participant à la vie politique, en se tenant informés, en militant au sein de groupes de pression ou d'opposition, en participant à l'économie sociale en fonction des valeurs qu'ils privilégient et qu'ils souhaitent défendre.

1.4.2 Le rôle de l'économiste

Le rôle de l'économiste consiste à suggérer des pistes ou des moyens pour atteindre les objectifs susmentionnés. En comprenant bien les rouages de l'économie, il peut proposer des interventions à court, à moyen ou à long terme pour en améliorer le fonctionnement et atteindre les buts visés par la société. C'est ce qu'on appelle des « politiques économiques » ou des « interventions économiques » (voir les chapitres 9 et 10).

Dès le moment où le gouvernement ou la société décide des politiques économiques à appliquer, le système de valeurs intervient. Une politique économique vise nécessairement un objectif. Le choix de cet objectif et la façon de l'atteindre reposent sur des valeurs qui ne sont pas universelles. C'est la partie non scientifique de l'économique. À ce stade, l'économiste joue davantage un rôle politique qu'un rôle économique. Il faut en être bien conscient.

TEMPS D'ARRÊT 1.5

Précisez si les énoncés suivants véhiculent des valeurs ou des connaissances scientifiques.

a) La pauvreté est inacceptable dans une société développée.

b) Le taux de chômage fluctue en fonction de la croissance économique.

c) Le gouvernement devrait aider davantage les jeunes qui sont aux études.

d) Le vieillissement de la population entraînera une augmentation des coûts de la santé.

e) Les entreprises devraient payer davantage d'impôts, car elles utilisent les infrastructures que l'État a mises en place.

L'utilité de la science économique ···················· APPLICATION

1.5 La science économique dans sa diversité

1.5.1 L'économie du travail

L'économie du travail s'intéresse à ce qu'il se passe sur le marché du travail : la demande et l'offre de travail, le prix (le salaire). Elle étudie également l'aspect concurrentiel (le monopole ou le monopsone) et ses conséquences sur les diverses industries à court et à long terme en ce qui a trait aux déséquilibres : le surplus ou la pénurie de main-d'œuvre. Elle traite, entre autres, de chômage, de syndicalisation, de droit du travail, des caractéristiques socio-économiques des travailleurs. Diverses théories s'opposent concernant le lien entre le salaire et l'offre de travail par rapport aux revenus découlant de la sécurité du revenu. On essaie d'expliquer les taux de participation au marché du travail selon les avantages qui en découlent. Quel est l'effet du salaire minimum ? Est-il trop élevé ? Pour qui ? La réglementation nuit-elle à l'emploi ? La concurrence permet-elle d'orienter la main-d'œuvre de façon optimale, c'est-à-dire là où les besoins économiques sont les plus grands ? Autant de questions abordées par l'étude de l'économie du travail.

1.5.2 L'économie de l'éducation

La main-d'œuvre, comme toutes les autres ressources, peut varier non seulement en quantité, mais également en qualité. L'éducation est le moyen par lequel une économie peut augmenter ses chances de croissance économique. Les revendications des jeunes comme des moins jeunes concernant l'accès à une formation de qualité (prêts et bourses) sont des revendications dont la portée dépasse largement l'intérêt individuel de l'instruction. Il est clair qu'une scolarité élevée augmente significativement les possibilités d'accéder à des emplois mieux rémunérés et plus intéressants. Encore y a-t-il des domaines plus prometteurs que d'autres. D'autres facteurs jouent également un rôle important, par exemple, l'expérience et la discrimination. Néanmoins, l'économie de l'éducation correspond à la valeur supplémentaire que donne l'éducation au capital humain. Cette valeur supplémentaire profite aussi à l'entreprise et à l'économie tout entière. Elle permet de déplacer la courbe des possibilités de production vers la droite et le haut, tout comme une nouvelle technologie ou la découverte de nouvelles ressources naturelles. L'éducation est un bien semi-public, c'est-à-dire qu'elle profite à la personne qui s'instruit, mais elle profite également à toute la société. C'est pourquoi on demande à l'État de la subventionner en grande partie, bien qu'on demande une contribution (les frais de scolarité) aux gens qui en bénéficieront de façon plus particulière. Toutefois, cette contribution ne devrait pas empêcher l'accès aux études supérieures. Tout cela est matière à débat ; tout individu qui décide d'entreprendre des études supérieures fait face à un coût d'option important : le salaire qu'il pourrait gagner maintenant s'il se dirigeait vers le marché du travail. D'un autre côté, le taux de chômage est très élevé chez les jeunes peu scolarisés. L'économiste est en mesure d'apporter un éclairage sur l'éducation en exposant les multiples facettes de ce sujet.

1.5.3 L'économie de la santé

Le secteur de la santé fait la manchette des médias depuis plusieurs années, tant au Québec qu'au Canada ou aux États-Unis. Une main-d'œuvre en santé est plus productive et risque moins de se blesser. Vieillir en santé diminue considérablement les coûts futurs de la santé. Les frais élevés que la santé engendre suscitent des débats fort controversés. Le secteur privé devrait-il être autorisé à y jouer un rôle ? Qu'en est-il de l'accessibilité aux soins ? Planifions-nous adéquatement la demande future découlant du vieillissement de la population ? Devrait-on imposer un ticket modérateur ? Comment rémunérer les médecins ? Un grand hôpital sert-il mieux les besoins de la population que plusieurs petits ? Qu'en est-il de la prévention, de la recherche, de la formation des intervenants en santé ? Comment planifier les besoins en main-d'œuvre ou en matériel spécialisé ? Encore une fois, les ressources sont rares si on les compare aux besoins. Il faut donc étudier minutieusement leur allocation.

1.5.4 L'économie régionale

Le niveau de l'activité économique, les ressources physiques et humaines ainsi que les besoins diffèrent d'une région à l'autre. Une branche de l'économique s'intéresse au développement des régions. Diverses théories s'opposent en ce qui concerne le mode de développement à privilégier pour répondre le mieux possible aux besoins. Certaines misent sur le développement de grands centres urbains (des pôles de développement) pour favoriser des retombées en région. D'autres affirment que le développement des régions doit partir de la région elle-même en fonction de ses ressources et de ses besoins.

Économie régionale : établissement agricole

Une chose est certaine : les inégalités sont grandes. Il existe des poches de pauvreté importantes pour lesquelles aucune solution n'a été trouvée à ce jour. Qu'en est-il des gigantesques centres urbains comme Toronto ? Que faire pour hausser le niveau de l'activité économique et le niveau de vie d'une région comme la Gaspésie, éloignée des grands centres et pauvre en ressources ? L'économie régionale cherche des modèles de développement qui pourraient peut-être apporter des réponses à ce genre de questions.

1.5.5 Les finances publiques

L'accumulation des déficits des administrations publiques depuis 1970 a engendré de nombreux problèmes dans l'économie. C'est pourquoi, depuis les années 1990, les finances publiques monopolisent une large part de l'attention des médias. Les intérêts à payer sur la dette étaient devenus tellement élevés (voir le chapitre 10) que les gouvernements avaient perdu toute marge de manœuvre pour intervenir dans l'économie et s'attaquer aux principaux problèmes. La période de croissance économique sans précédent de la décennie de 1990 conjuguée aux hausses d'impôts et aux diminutions des dépenses publiques a permis aux gouvernements d'atteindre l'équilibre budgétaire et même de dégager des surplus. Plutôt que de parler sans cesse de compressions budgétaires, nos gouvernements se demandent plutôt ce qu'ils doivent faire des surplus : les affecter à la santé, à l'éducation, à la famille, à la réduction de la dette, à la réduction des impôts ? Aujourd'hui, chacun des budgets déposés et chacun des gestes faits par les gouvernements sont scrutés à la loupe, et les finances publiques demeureront longtemps au cœur des préoccupations des économistes et des citoyens.

1.5.6 L'économie sociale

L'économie sociale existe depuis fort longtemps, mais elle s'est particulièrement développée dans les années 1990 devant l'impuissance de nos gouvernements à régler certains problèmes majeurs touchant une couche importante de la population : la pauvreté, l'exclusion sous toutes ses formes, l'analphabétisme, l'itinérance, la désinstitutionnalisation précipitée, le décrochage scolaire, le chômage chronique, et ainsi de suite. De nombreux groupes ont vu le jour dans le but d'aider les laissés-pour-compte et de proposer des solutions afin de combler des lacunes évidentes au sein de notre société.

L'économie sociale ou l'économie solidaire trouve un écho, entre autres, dans les entreprises coopératives, les organismes à but non lucratif, les regroupements d'agriculteurs ou de jeunes, les communautés de travail, les groupes d'écologistes, les syndicats et chez les habitants de bidonvilles. Leurs objectifs visent à combler certains besoins socioéconomiques définis par la communauté de façon démocratique et directe. L'économie sociale agit par l'entremise de la coopération, de la solidarité, du partage et de l'action collective. Les regroupements œuvrent, entre autres, dans le domaine du logement, de l'équité collective en santé et en éducation, de l'agriculture, de l'environnement, de la culture, de l'électricité, de l'eau ou de l'aménagement du territoire.

L'économie sociale est devenue d'autant plus nécessaire que la mondialisation fait augmenter l'exclusion, la désinsertion, la pauvreté, le chômage chez les non qualifiés et la pauvreté dans les pays du Sud.

Dans les pays du Nord, l'essor économique découle, en partie, de l'écart grandissant entre le travail qualifié et le travail non qualifié. Certains individus sont carrément exclus du marché du travail car on n'a plus besoin d'eux. Dans les pays du Sud, la compétition entre les États fait augmenter la pauvreté et la majorité de la population souffre d'exclusion.

L'économie sociale ou solidaire veut prendre la relève de l'État et servir de levier au développement. Elle incite à la responsabilisation afin que les exclus soient les acteurs de leur propre développement et qu'ils contribuent à améliorer leur milieu de vie. Ce faisant, elle permet de participer à la vie sociale, de partager plus équitablement la richesse entre le Nord et le Sud. De plus, elle favorise la démocratisation, le développement durable, l'équité et la justice.

Au Québec, l'« approche entreprise » domine; elle vise la production de biens et de services dans des domaines qui ne relèvent pas du commerce. Il faut toutefois émettre certaines réserves. Dans les pays du Nord, l'économie sociale ne doit pas favoriser le désengagement de l'État. Elle doit combler des besoins socioéconomiques non vitaux qui ne sont pas pris en charge par l'État, comme « la culture, l'environnement, la revitalisation des milieux ruraux, l'exploitation forestière, l'habitation, les services aux personnes, etc.[1] ».

1.5.7 Les nouveaux secteurs d'activité économique

De nouvelles industries, de nouveaux secteurs d'activité économique voient le jour régulièrement. Certaines de ces industries naissantes ou en croissance jouissent parfois de l'aide ou de la protection des gouvernements pour atteindre leur vitesse de croisière, d'autres volent de leurs propres ailes dès le départ, comme le commerce sur le Web. Certaines industries voudraient bien que ces dernières soient réglementées pour ne pas avoir à faire face à une concurrence débridée. Certains économistes prônent la plus grande liberté possible pour les entreprises ainsi qu'une intervention minimale de l'État. D'autres, au contraire, voient l'État comme un chef d'orchestre qui

1. CSN, *L'économie sociale et le respect des responsabilités dévolues au secteur public : La question de l'aide à domicile*, document adopté par le Conseil confédéral de la CSN, mars 1997.

doit diriger de manière à favoriser l'équilibre sur les plans macroéconomique et microéconomique. Dans les chapitres 9, 10 et 11, quelques-unes de ces théories seront présentées.

1.5.8 La pensée économique

L'histoire de la pensée économique développée par l'étude des diverses théories économiques ayant existé au fil des ans permet de mieux comprendre l'évolution des théories visant à expliquer certains aspects de l'économie : le rôle de l'État, les divers systèmes économiques, etc.

1.6 Les bénéficiaires des sciences économiques

1.6.1 La science économique et le marché du travail

Les économistes sont omniprésents tant dans le secteur privé que dans le secteur public (voir *Lecture dirigée 1*, p. 26). Une formation en économique peut mener à d'autres professions comme le syndicalisme, la politique, le journalisme, l'enseignement, l'édition, le fonctionnariat, le travail en ambassade, la rédaction d'ouvrages. La sous-section suivante montre à quel point il peut être utile d'avoir des connaissances économiques de base, sans qu'il soit nécessaire d'être économiste ou de vouloir le devenir.

Les gens du milieu des affaires recourent souvent aux économistes pour prendre des décisions en fonction de la conjoncture : la demande, les taux d'intérêt, les finances publiques, l'endettement des consommateurs, les nouveaux marchés. Les grandes entreprises comme Hydro-Québec, Bell Canada ou les banques ont toutes des économistes à leur service.

1.6.2 L'économique – une science sociale

L'économique est surtout perçue comme une science, mais elle peut également aider le citoyen à mieux remplir son rôle : comprendre ou prévoir les grands enjeux internationaux, les guerres, les décisions des politiciens et les crises sociales ; mesurer les écarts et les retombées économiques des grandes décisions ; comprendre et juger les choix budgétaires des gouvernements ; voter de façon éclairée ; s'exprimer publiquement ; manifester si cela est nécessaire, et ce, de façon crédible ; ne pas répéter les arguments des autres ; construire sa propre argumentation, prendre position dans les grands débats de l'heure.

1.6.3 L'étude de l'économique sur le plan personnel

Plus spécifiquement, sur le plan individuel, étudier l'économique permet d'accroître la rigueur de son argumentation, d'être moins vulnérable à la propagande, de se faire ses propres idées, d'être mieux armé pour se défendre, de se débarrasser de ses préjugés, de développer sa confiance, de se sentir plus responsable, de chercher des solutions plutôt que des coupables.

1. Démontrez que les sujets d'études mentionnés dans ce texte relèvent bien de l'économique (besoins contre ressources).
2. Associez les organismes publics et privés aux problèmes économiques qui les préoccupent.

Profession : économiste

Choisir d'être économiste, c'est opter pour des possibilités d'emploi diversifiées et d'envergure. On peut faire carrière comme économiste dans de nombreux organismes publics et privés.

Dans le secteur public, on trouve des économistes à tous les niveaux du gouvernement : dans les ministères des Finances, au Conseil du Trésor, au Conseil Privé, dans les organismes parapublics, à Statistique Canada, dans les sociétés, à Hydro-Québec, à la Banque du Canada, etc.

Dans le secteur privé, les institutions financières, les grandes entreprises, les firmes d'experts-conseils, les organisations ouvrières et patronales, les grands journaux, les partis politiques, les organismes de développement et les organisations internationales offrent aux économistes des perspectives d'emploi et de carrière intéressantes. Veut-on analyser des problèmes tels que la pollution, la réglementation des industries, la tarification des services publics (les autoroutes, l'éducation, l'électricité, le transport) ? Quelle sera l'évolution des prix des matières premières ou du taux de change ? Quelles sont les stratégies d'investissement, de production et de prix les plus rentables pour les entreprises ? Doit-on débattre de l'inflation, du chômage, de la balance des paiements ou de l'aide aux pays en voie de développement ? Dans tous ces cas, l'expertise de l'économiste est éminemment requise.

Source : Université Laval, Département d'économique (www.ecn.ulaval.ca/pages/Carri%e8re/profession.html).

Les connaissances économiques nous permettent, en tant que citoyens, d'interpréter les programmes et les promesses des partis politiques, de comprendre les problèmes d'actualité tels que l'environnement ou l'exclusion sociale, de saisir les grands enjeux de l'heure et de nous comporter en fonction de ces derniers.

Elles nous préviennent, en tant que consommateurs, des risques liés à l'endettement, nous aident à évaluer la publicité et à comprendre pourquoi il vaut parfois mieux attendre avant de consommer. Elles nous permettent de mieux mesurer l'évolution de notre pouvoir d'achat pour mieux planifier nos dépenses de consommation.

Le fait de connaître l'économie nous permet, comme futurs travailleurs, de mieux choisir notre orientation ou notre profession : quelle est la demande pour tel produit, pour tel type de main-d'œuvre ? Quelles sont les conditions de travail dans ce secteur ? Quelles sont les perspectives d'avenir de tel ou tel marché ?

Finalement, en ce qui concerne la gestion de nos finances personnelles, l'économique peut nous aider, entre autres, à déterminer le bon moment pour emprunter et la bonne manière de placer notre argent.

Conclusion

L'économique couvre de nombreux domaines au cœur même de notre vie quotidienne. Elle soulève la nécessité, pour la société, de faire des choix. Mais comment une société peut-elle y arriver ? On ne fait pas de référendum sur le prix de l'essence ! Dans le prochain chapitre, nous verrons comment, de tout temps, les sociétés se sont organisées pour effectuer ces choix.

Schéma des principaux concepts

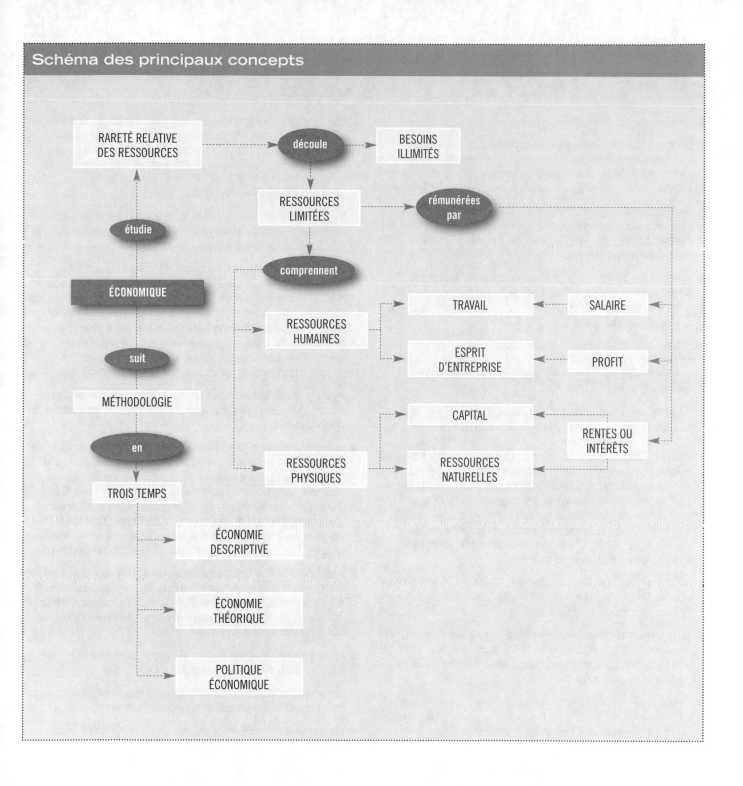

Résumé

- L'économique est la science qui étudie l'économie.

- Une connaissance scientifique est une connaissance vérifiable. L'économique est une science humaine. La macroéconomique étudie les performances globales de l'activité économique ; la microéconomique analyse les comportements des agents économiques et des industries.

- Les êtres humains doivent produire des biens et des services pour répondre à leurs besoins matériels. Ceux-ci correspondent aux désirs exprimés par les individus et les sociétés. Ils sont illimités, tandis que les ressources sont limitées.

- La production de biens et de services nécessite des ressources. On distingue les ressources humaines (le travail et l'esprit d'entreprise) des ressources physiques (les ressources naturelles, le capital et le capital technologique).

  Le travail est rémunéré par le salaire, l'esprit d'entreprise, par le profit, les ressources naturelles et le capital, par la rente ou les intérêts tandis que le capital technologique est protégé par des brevets ou des droits d'auteur.

- Les ressources étant limitées et les besoins illimités, la société fait face à la rareté relative des ressources par rapport aux besoins. L'économie, en utilisant pleinement et efficacement toutes ses ressources, ne peut satisfaire tous les besoins. Elle doit faire des choix qui constituent les possibilités de production. Ces choix peuvent être représentés sous forme de tableaux ou de graphiques. Par exemple, si l'économie ne produit que deux biens, qu'elle utilise pleinement et efficacement ses ressources et que certaines sont mobiles, un point à l'intérieur de la courbe suppose une mauvaise utilisation des ressources, et un point à l'extérieur de la courbe est impossible à atteindre avec les ressources actuelles.

  Les ressources n'étant pas parfaitement mobiles, il faut sacrifier de plus en plus d'unités d'un bien pour accroître la production d'un autre. Ce sacrifice s'appelle le « coût d'option ».

  Si les ressources changent quantitativement ou qualitativement, la courbe des possibilités de production peut se déplacer vers la droite et le haut, ce qui se traduit par la possibilité d'une plus grande production des deux biens.

- L'économique comporte différentes approches et écoles de pensée. C'est en comparant les diverses théories qu'on peut améliorer l'explication des phénomènes économiques et préciser les limites et les apports de chacune.

- Un fait ou un phénomène économique correspond à quelque chose de réel. Il n'est pas contestable ; on peut le vérifier. Ce n'est ni une opinion, ni un jugement, ni une prédiction, ni une hypothèse ou une théorie. Certains faits ne relèvent pas directement de l'économique, mais ils aident grandement à éclairer certains phénomènes économiques.

- La plupart des phénomènes économiques sont difficiles à mesurer directement. On utilise les statistiques provenant de sondages ou les données tirées de recensements. Pour cerner une réalité, il faut parfois plusieurs indicateurs statistiques. Les définitions sont alors importantes pour bien interpréter les statistiques. Il faut également prêter attention aux unités utilisées et à la provenance des statistiques.

- Pour qu'elles prennent tout leur sens, les statistiques sont regroupées sous forme de tableaux ou de graphiques. Lorsqu'on observe une relation entre deux variables, il ne faut pas tomber dans le piège qui consiste à penser que l'une est nécessairement la cause de l'autre. On dira que ces variables sont corrélées, mais leur lien n'est pas nécessairement une relation de cause à effet.

  Il existe des outils mathématiques beaucoup plus perfectionnés, comme les régressions et les systèmes d'équations, pour essayer d'expliquer la réalité économique.

- Une fois les faits recueillis, l'économiste tentera d'expliquer les phénomènes observés. C'est la deuxième étape de la méthodologie de la science économique. Pour ce faire, il posera des hypothèses vraisemblables, c'est-à-dire des réponses possibles aux questions qu'il se pose. Il vérifiera ensuite si les faits confirment son intuition et pourra ainsi établir des relations, des modèles, des théories expliquant des aspects du monde économique contemporain. Il pourra, sur la base de cette compréhension, tenter de prédire certains phénomènes.

  Il est également fondamental que l'économiste soumette son travail à la critique de ses pairs pour améliorer son travail et faire avancer la connaissance.

- La troisième étape de la méthodologie propre à la science économique est de proposer des interventions (des politiques économiques) visant à améliorer la situation économique. Les objectifs les plus souvent cités sont la croissance, le plein emploi, la stabilité des prix, le bon état des finances publiques, des échanges équilibrés avec les autres pays et une juste répartition des revenus. Le rôle de l'économiste n'est pas de choisir l'objectif à atteindre, bien qu'il puisse avoir son opinion, mais d'informer les décideurs des façons d'atteindre les objectifs visés.

- L'économie touche de très nombreux secteurs et soulève de nombreuses questions. C'est pourquoi l'économique se spécialise dans certains domaines : l'économie du travail, l'économie de l'éducation, l'économie de la santé, l'économie régionale, les finances publiques, l'économie sociale, le commerce dans Internet, etc.

- Les économistes sont très recherchés dans la société moderne, tant dans le secteur public que dans le secteur privé.

- Les gens du milieu des affaires ont besoin d'économistes pour prendre des décisions tenant compte de la conjoncture économique.

- L'économique comme science sociale aide les individus à être de meilleurs citoyens car elle leur permet de comprendre les grands enjeux, les décisions des gouvernements, les grands débats et, par la suite, d'y prendre part de façon éclairée.

- L'économique aide les individus à prendre leur place dans la société, à être de meilleurs citoyens, à devenir des consommateurs éclairés sur le marché du travail et en ce qui concerne la gestion de leurs finances personnelles.

Exercices

I BIEN COMPRENDRE LE VOCABULAIRE DE BASE

1 Comment appelez-vous :

a) la machinerie, l'outillage et l'équipement nécessaires au processus de production ?

b) la ressource humaine qui combine diverses ressources pour produire un bien ou un service ?

c) les unités de production d'un bien qui sont sacrifiées pour pouvoir augmenter la production d'un autre bien ?

d) les désirs matériels exprimés par les consommateurs ?

e) la catégorie de ressources à laquelle appartiennent les ressources naturelles ?

f) la branche de l'économique qui s'intéresse aux performances globales de l'économie ?

g) la problématique propre à l'économique ?

h) les diverses combinaisons de biens et de services qu'une économie peut produire si elle utilise efficacement toutes ses ressources ?

i) la qualité d'une ressource facilement transférable d'une production à une autre ?

j) la relation entre deux événements dont l'un est la conséquence de l'autre ?

2 Complétez les énoncés.

a) L'_____ est la science qui étudie l'économie.

b) L'économie est l'activité exercée par l'être humain pour satisfaire ses besoins _____ à l'aide des ressources _____.

c) _____ est la branche de l'économique qui étudie le comportement des agents économiques.

d) Une connaissance _____ peut être démontrée ou vérifiée de façon incontestable.

e) Les ressources humaines comprennent _____ et _____.

f) Les ressources _____ comprennent les ressources naturelles, le capital et _____.

g) Ce qui est nécessaire à la production de biens et de services s'appelle _____.

h) Un _____ est une production intangible.

i) Une _____ est une tentative d'explication d'un ou de plusieurs phénomènes.

j) Un _____ qualifie de « désirable » ou de « non désirable » une situation ou un fait.

II BIEN COMPRENDRE LA THÉORIE DE BASE

1 Cherchez l'erreur.

a) L'économique appartient à la grande famille des sciences sociales, plus spécifiquement aux sciences humaines.

b) La rareté relative provient du fait que les besoins divergent selon les individus.

c) Le profit sert à rémunérer le capital.

d) Les points situés à l'intérieur de la courbe des possibilités de production correspondent à une surutilisation des ressources.

e) Un point situé à l'extérieur de la courbe des possibilités de production est un point que l'économie atteindra dans l'avenir.

f) Le coût d'option étant décroissant, les rendements le sont également.

g) Toujours vouloir produire plus met en péril les générations futures.

h) L'effet du salaire minimum relève de l'économie des finances publiques.

i) L'économie de l'éducation, l'économie de la santé et l'économie sociale ne relèvent pas vraiment de la science économique car on ne peut les mesurer.

j) L'économique s'intéresse surtout aux économies qu'il est possible de réaliser grâce au commerce dans Internet.

k) L'économique n'est guère utile, car elle n'est pas une science exacte.

l) Une hypothèse est une tentative d'explication d'un phénomène.

m) La méthodologie propre à l'économique comporte quatre étapes : la description de la réalité, l'explication, l'intervention et la publication.

n) Une hypothèse est vraie jusqu'à ce qu'on démontre le contraire.

o) Les principaux objectifs économiques des sociétés sont la croissance, la stabilité des prix et le plein emploi.

2 Décrivez les situations suivantes en cinq lignes.

a) Vous devez préparer un court exposé démontrant que l'économique n'est pas uniquement une question d'argent.

b) Vous devez vous convaincre que bien que vous désiriez devenir avocat, le cours d'économique que vous suivez peut vous être utile.

c) Vous essayez de comprendre pourquoi votre professeur dit que les hamburgers sont rares alors qu'il y en a tant sur le marché.

d) Vous allez manifester contre la hausse des frais de scolarité, qui provoque un endettement trop lourd des étudiants. Construisez trois affiches à caractère économique soutenant votre cause.

e) Vous essayez de justifier le fait que les définitions sont importantes en science économique.

III APPROFONDIR LES OUTILS D'ANALYSE ÉCONOMIQUE

1 Choisissez la bonne réponse.

1. Un puits de pétrole correspond au type de ressources suivant :
   a) la terre.
   b) le capital.
   c) l'esprit d'entreprise.
   d) le travail.
   e) Aucune de ces réponses.

2. Les services d'un ingénieur correspondent au type de ressources suivant :
   a) la terre.
   b) le capital.
   c) l'esprit d'entreprise.
   d) le travail.
   e) Aucune de ces réponses.

3. Les pourboires déclarés d'un serveur correspondent au type de rémunération suivant :
   a) le salaire.
   b) le profit.
   c) les dividendes.
   d) les intérêts.
   e) Aucune de ces réponses.

4. Les dividendes versés par Bell Canada correspondent au type de rémunération suivant :
   a) le salaire.
   b) le profit.
   c) la rente.
   d) les intérêts.
   e) Aucune de ces réponses.

5. Parmi les postulats suivants, lequel n'est pas sous-jacent à la courbe des possibilités de production ?
   a) L'économie ne produit que deux biens et deux services.
   b) L'économie fonctionne à sa capacité maximale.
   c) Les profits sont maximaux.
   d) Les ressources sont fixes.
   e) Aucune de ces réponses.

6. La quantité d'un bien qu'il faut sacrifier pour augmenter la production d'un autre bien est :
   a) le coût d'option.
   b) le coût fixe.
   c) le coût variable.
   d) le coût total.
   e) Aucune de ces réponses.

2 Commentez les énoncés.

a) La parfaite mobilité des ressources impliquant un coût d'option croissant pour la production d'une unité supplémentaire explique la loi des rendements décroissants.

b) Les graphiques permettent de mieux visualiser les relations entre les variables.

c) Les statistiques économiques diffèrent d'une source à l'autre, c'est pourquoi il faut s'en méfier.

d) Le principal outil d'analyse de l'économiste est le graphique.

e) La régression permet d'expliquer les relations entre certaines variables et de faire des prédictions.

3 Suivez les directives.

a) Avec les données suivantes, construisez une courbe des possibilités de production.

Types de produits	A	B	C	D	E
Vaccins (en millions)	12	14	16	18	20
Bombardiers	10	9	7	4	1

b) Que représente le point C ?

c) Déterminez la zone où les ressources ne sont pas pleinement utilisées.

d) Déterminez un point impossible à atteindre et expliquez pourquoi.

4 Complétez les énoncés.

a) Il ne faut pas confondre une simple corrélation avec une relation _____.

b) Les politiques économiques visent à améliorer _____.

c) La technique visant à interroger l'ensemble de la population sur différents sujets s'appelle _____.

d) Les données peuvent être mises en forme à l'aide de _____ et de _____.

e) _____ est un organisme canadien important dans la collecte des données statistiques.

L'ÉCONOMIE GLOBALE – LES SYSTÈMES ÉCONOMIQUES

Les questions ou les choix fondamentaux

2.1 Les choix fondamentaux

Comme nous l'avons vu dans le chapitre 1, les ressources économiques sont insuffisantes pour satisfaire tous les besoins. L'être humain a dû faire face, de tout temps, à la nécessité de faire des choix. Pour bien comprendre la contrainte liée aux ressources disponibles, il suffit d'étudier la planification idéale des activités pour une semaine d'un élève de cégep. Celui-ci voudrait assister à tous ses cours, faire tous ses travaux et son étude, travailler 40 heures pour se payer une automobile et occuper ses loisirs avec ses amis, dormir au moins 12 heures par jour, manger, prendre soin de sa personne, faire des emplettes… Il doit aussi s'acquitter de certaines tâches domestiques et d'autres corvées. Il peut vouloir faire du bénévolat, participer à des activités sportives ou organisées et avoir du temps libre. Peut-il vraiment réaliser tous ses désirs ? Non, c'est impossible ! Il n'y a pas assez d'heures dans une semaine pour réaliser cet ambitieux programme. Alors, que lui reste-t-il à faire ? Des choix. Il doit établir ses priorités et mettre le reste de côté. Choisir est toujours douloureux ; cela signifie abandonner une possibilité pour en privilégier une autre. La durée limitée du temps correspond à une contrainte pour l'élève, car il ne peut satisfaire tous ses désirs. Il en est de même pour l'économie d'une région. Tous les désirs (les besoins) ne peuvent être satisfaits, car les ressources sont limitées. La société est contrainte de faire des choix. Elle devra décider quoi produire, quelle quantité produire, comment produire et pour qui produire. Il vaut la peine d'expliquer chacun de ces points avant d'aborder les diverses façons de s'organiser pour répondre aux questions soulevées.

2.1.1 Quoi produire et en quelle quantité ?

C'est en fonction des ressources qu'elle possède qu'une économie peut produire certains types de biens ou de services. Une économie ne possédant ni bauxite, ni hydroélectricité abondante, ni main-d'œuvre spécialisée a peu de possibilités de produire de l'aluminium. Le Groenland ne produira jamais de vin (à moins d'inventer le vin de lichens) parce que le climat et le sol ne le permettent pas. La **densité de population** étant très élevée au Japon, on imagine mal ce pays élevant de grands troupeaux de bovins et construisant des millions de maisons individuelles avec piscine creusée.

Densité de population
Nombre d'habitants par kilomètre carré.

L'efficacité économique commande qu'on produise les biens et les services qui requièrent les ressources les plus abondantes ou facilement disponibles. Au Japon, la terre arable et l'espace urbain sont rares. C'est pourquoi on produit peu de viande et les logements sont minuscules.

Il faut également tenir compte des besoins. Au Québec, en hiver, il faut chauffer les maisons et s'habiller chaudement. Partout dans le monde, il faut satisfaire certains besoins : manger, se vêtir, se mettre à l'abri du climat et des prédateurs, combattre la maladie, mettre en place des moyens de transport, s'alphabétiser, et bien plus encore.

Dans une économie, on doit produire des biens et des services en fonction des ressources disponibles et échanger les surplus de production contre des produits provenant d'économies qui produisent ce dont on a besoin (voir les chapitres 8 et 11). La production d'une économie dépend des besoins des agents économiques qui la composent, de ses partenaires commerciaux et des termes de l'échange qui en découlent.

Bien que les ressources soient limitées, de nombreux produits sont jetables après usage. Tout le monde ne mange pas à sa faim et, pourtant, on produit des gadgets dont l'utilité est douteuse. L'automobile risque de mettre en péril l'avenir de la planète et on en fabrique néanmoins de plus en plus chaque année.

En examinant de près les sociétés de consommation, on se demande qui décide de ce qu'il faut produire et de la quantité à produire. Nous tenterons de répondre à cette question un peu plus loin dans ce chapitre.

TEMPS D'ARRÊT 2.1

Parmi les énoncés suivants, déterminez ceux qui correspondent à la question fondamentale « Quoi produire ? »

a) Les cliniques d'esthétique se multiplient dans une région.

b) Les fabricants d'automobiles offrent de plus en plus de modèles quatre roues motrices.

c) Le marché de l'immobilier ralentit à cause des taux d'intérêt trop élevés.

d) Les consommateurs boycottent les stations-service qui vendent leur essence à un prix trop élevé.

e) Les jeeps font fureur.

2.1.2 De quelle manière produire (comment, où et quand)?

Une deuxième **question fondamentale** à laquelle toute société doit répondre porte sur la combinaison de ressources et de technologie qui sera utilisée pour produire les biens et les services devant satisfaire les besoins des populations. Où et quand la production s'effectuera-t-elle ?

Question fondamentale
Choix que doit exercer une société compte tenu de ses ressources limitées.

ÉVITER LE PIÈGE

« Comment produire ? » a trait à la manière dont s'effectuera la production et non, comme certains le pensent, à la quantité qu'il faut produire. C'est une erreur de confondre « comment » et « combien ».

La rareté relative suggère que, pour satisfaire les besoins de manière optimale, il faut travailler efficacement et utiliser le plus judicieusement possible les ressources. En d'autres termes, il faut privilégier l'utilisation des ressources abondantes et renouvelables et économiser le plus possible les ressources rares ou non renouvelables. Par exemple, dans l'Ouest canadien, l'agriculture se pratique de façon extensive. Il n'est pas nécessaire d'user les terres pour produire de façon intensive puisque la terre est une ressource abondante. Par contre, on se sert d'une machinerie très perfectionnée car la main-d'œuvre est rare. En effet, la densité de la population canadienne est très faible. Les jeunes désertent la terre pour travailler dans les centres urbains. Au contraire, en Chine, la main-d'œuvre est abondante. Il serait inefficace de mettre l'accent sur la haute technologie en agriculture, ce qui pourrait causer un chômage massif, alors que les ressources technologiques et la machinerie coûtent très cher. Il n'y a donc pas de formule universelle. Chaque économie doit utiliser ses ressources abondantes et économiser ses ressources rares. Il n'y a pas qu'une seule manière de le faire. C'est ce qu'on verra dans la prochaine section.

TEMPS D'ARRÊT 2.2

Parmi les énoncés suivants, déterminez ceux qui correspondent à la question fondamentale « Comment produire ? »

a) Des modifications transgéniques permettent de produire des concombres carrés qui se rangent mieux dans le réfrigérateur.

b) On produit de l'aluminium au Québec car l'électricité est bon marché.

c) On fabrique plus de voitures sous-compactes car le prix de l'essence est très élevé.

d) On peut maintenant effectuer presque tous nos achats par Internet.

e) Certaines compagnies de tabac augmentent la teneur en nicotine de leurs produits pour fidéliser la clientèle.

Remarque : certains énoncés peuvent correspondre à plus d'une question économique fondamentale.

2.1.3 La répartition de la production : pour qui produire ?

Pour qui produire ? Qui aura accès aux biens et aux services produits ? Voilà des questions dont les réponses ont varié dans le temps et dans l'espace. Certaines sociétés considèrent que la répartition doit se faire entre ceux qui ont participé au processus de production, ce qui exclut, par le fait même, tous ceux qui n'y ont pas contribué. D'autres sociétés considèrent que nul ne doit être exclu de cette répartition. Certains offrent des primes pour l'esprit d'entreprise, d'autres valorisent davantage le travail. Il ressort souvent que c'est le plus fort, le plus puissant ou le plus futé qui s'accapare la production. La richesse se transmet parfois de génération en génération, par exemple dans le cas de l'empire Péladeau. Que faire des productions non rentables mais nécessaires ? Que faire des personnes âgées ? Des personnes handicapées ? Quel rôle l'État doit-il jouer ? Pourquoi y a-t-il tant d'exclus ? Quels critères doit-on adopter pour répartir les biens et les services découlant de l'appareil productif ? Les réponses à toutes ces questions soulèvent des débats de fond dans toutes les sociétés. C'est alors que les valeurs interviennent : la justice, la liberté individuelle, le bien-être collectif…

Comment la société s'organise-t-elle pour répondre à toutes ces questions fondamentales ? Il existe de multiples façons d'y répondre, ce dont nous allons maintenant traiter.

TEMPS

D'ARRÊT 2.3

Précisez à quelle question économique fondamentale la société répond dans chacun des cas suivants.

a) On développe le transport en commun.

b) On hausse le salaire minimum.

c) On perfectionne de plus en plus les micro-ordinateurs.

d) Une entreprise décide de produire ses balles de golf en Haïti car la main-d'œuvre y est bon marché.

e) Un hôpital achète un nouveau tomodensitomètre (*scanner*).

f) La mode impose les jupes longues cette année.

g) Le gouvernement indexe les pensions de vieillesse.

h) Les grandes papetières font des coupes à blanc pour avoir du bois à meilleur marché.

i) Le Québec est un grand producteur d'hydroélectricité.

j) Être branché sur Internet est devenu incontournable au Québec.

k) On diminue les impôts de la classe moyenne.

l) On abolit toutes les taxes autres que les impôts sur le revenu.

m) On produit des autos fonctionnant à l'électricité.

n) On remplace les contremaîtres par des équipes de travailleurs responsables d'une certaine production.

o) On substitue les engrais naturels aux engrais chimiques.

p) On abolit les frais de scolarité.

Les systèmes économiques

ÉLÉMENTS D'ÉCONOMIQUE

2.2 Un système économique – définition

Un système est une sorte de « machine » constituée de composantes ayant chacune un rôle spécifique et un lien avec les autres composantes. Un **système économique** est un mode d'organisation que se donne une société pour répondre aux questions fondamentales : Quoi produire ? Comment produire ? Pour qui produire ? C'est, en quelque sorte, la façon d'organiser la production pour répondre aux besoins de la société. Un système est une notion abstraite. Il n'est pas facile de visualiser les mécanismes qui font en sorte qu'une réponse est apportée à chacune de ces questions. Il s'agit alors de décrire une machine dans laquelle on introduit des ressources (les intrants) et qui, à l'autre bout, produit et distribue des biens et des services (les extrants). Comme on le verra, aucun système n'est parfait, c'est-à-dire à la fois parfaitement efficace et juste. Les composantes d'un système économique sont les divers **agents économiques** : les consommateurs, les entreprises, l'État, les autres économies, leur rôle et le pouvoir qu'on leur attribue, et leurs interrelations. On tentera, dans les prochaines sections, de décrire la façon dont divers systèmes économiques permettent de répondre aux questions fondamentales mais, auparavant, certaines mises en garde doivent être apportées.

Système économique
Mode d'organisation d'une société visant à répondre aux questions fondamentales.

Agent économique
Personne physique ou morale qui joue un rôle dans l'activité économique.

ÉVITER LE PIÈGE

Avant de décrire les systèmes économiques, commençons par dire ce qu'ils ne sont pas. On confond souvent « régime politique » et « système économique ». Un régime politique définit les droits respectifs des individus et de l'État dans une société.

2.3 Le système économique et le régime politique

Dans une dictature (par opposition à une démocratie), la population n'élit pas ses gouvernants. Ceux-ci ont généralement pris le pouvoir par la force et gouvernent sans contrôle démocratique, c'est-à-dire sans que le peuple puisse sanctionner les décisions d'une façon ou d'une autre (par l'entremise de référendums, d'élections). De nombreuses dictatures sont militaires, en ce sens qu'elles sont soutenues par l'armée. Certains pays capitalistes ont une dictature comme régime politique, par exemple, le Chili à l'époque de Pinochet. Beaucoup de pays capitalistes sont des démocraties, notamment le Canada. Le capitalisme est un système économique qui peut coexister avec divers régimes politiques. Toujours au Chili, Allende voulait mettre en place un régime démocratique et un système économique socialiste. Alors, il faut faire attention de ne pas confondre les deux. Le propos de ce chapitre concerne l'organisation de l'économie et non le régime politique d'un pays.

2.4 Les caractéristiques de tout système économique

2.4.1 Les caractéristiques d'un système économique

Comment peut-on déterminer la nature d'un système économique dans lequel se développe une économie ? Il existe peu de systèmes économiques purs dans la réalité. De nombreux systèmes s'articulent autour de deux pôles. C'est pourquoi nous allons tout d'abord définir ces pôles pour ensuite, grâce à un bref historique, voir les diverses formes concrètes d'organisation dont se sont dotées les économies au cours des siècles.

Tout système économique possède deux caractéristiques : la propriété des moyens de production et une manière de coordonner l'activité économique.

2.4.2 La propriété privée ou collective des moyens de production

Lorsqu'on veut décrire le système économique qui a cours dans une économie, on doit d'abord se demander à qui appartiennent les moyens de production : la terre, le capital physique et le capital technologique. Les propriétaires sont-ils des individus ou des entreprises privées (appartenant à des individus) dont le but est de s'enrichir ? Ces ressources appartiennent-elles à des collectivités souvent représentées par l'État ou à des collectifs comme les coopératives, dont le but est de répondre aux besoins de leurs membres ?

TEMPS

D'ARRÊT 2.4

Il convient d'abord de préciser ce qu'on entend par « moyen de production ».

a) Formulez une définition générale de ce que sont les moyens de production.

b) Donnez des exemples de moyens de production.

c) Trouvez un synonyme de l'expression « moyens de production ».

Remarque : vous avez eu de la difficulté à répondre ? Faites bien attention ! L'étude de l'économique est cumulative. Ce qu'on apprend dans un chapitre servira tôt ou tard dans les autres chapitres. Êtes-vous sûr d'avoir bien maîtrisé le contenu du chapitre 1 ? Il ne faut pas attendre l'examen pour emmagasiner les connaissances. Celles du chapitre 1 sont nécessaires à la compréhension des chapitres subséquents, et ainsi de suite. Si vous étudiez au fur et à mesure, tout vous paraîtra plus facile.

Les propriétaires d'entreprises privées, sauf celles qui sont à but non lucratif, visent avant tout à maximiser leurs profits plutôt qu'à satisfaire les besoins, même si cela n'est pas nécessairement contradictoire, comme on le verra plus loin.

L'État peut agir au nom de la collectivité. Il peut posséder des entreprises comme Hydro-Québec, dont la mission première est d'approvisionner les Québécois en électricité, donc de répondre à un besoin. Il existe également des coopératives de production et des coopératives de consommation. Dans les coopératives de production, les membres sont les travailleurs, tandis que, dans les coopératives de consommation, ce sont les consommateurs. Le but des coopératives de production est de fournir à leurs membres du travail dans des conditions décentes, de manière à ce que les travailleurs aient accès aux biens et aux services dont ils ont besoin sans être dépendants des autres ou sans mettre en péril leur santé. Le but des coopératives de consommation est de permettre aux membres de combler leurs besoins en leur donnant accès à des biens et à des services de qualité, et ce, au meilleur prix possible. On pourrait dire, dans ce cas, que le profit est réalisé par les travailleurs ou les consommateurs.

2.4.3 La coordination de l'activité économique

Coordonner l'activité économique consiste, en quelque sorte, à organiser directement ou indirectement les activités de production, de consommation et d'échange afin que celles-ci maximisent la satisfaction des besoins, compte tenu des ressources disponibles. Bien que cela puisse sembler répétitif, c'est là toute la problématique de l'économique. Au cours de l'histoire, différents mécanismes ont servi à gérer l'activité économique : la coopération, les coutumes, les marchés, la planification centralisée ou décentralisée. Plusieurs de ces mécanismes ont coexisté soit dans le temps, soit dans l'espace.

La **coopération** date de plusieurs millénaires. Quand la survie est en jeu dans une tribu ou dans un petit groupe de personnes, tous doivent contribuer solidairement à la production de biens et de services, chacun selon ses moyens. De nos jours, des modèles de coopération existent encore, comme les caisses d'économie ou les coopératives de consommation et de production. À l'origine, ce sont toujours les groupes les plus démunis qui souhaitent partager leurs efforts et leurs avoirs pour accéder à un meilleur niveau de vie. La coopération peut coexister avec l'économie de marché et l'économie planifiée.

Coopération
Regroupement de travailleurs ou de consommateurs qui ont pour but de partager équitablement les profits de leurs activités.

MOUVEMENT DESJARDINS : La Coopérative (extraits)

Survol historique du Mouvement Desjardins

L'origine du Mouvement Desjardins remonte au 6 décembre 1900. Ce jour-là, à Lévis, Alphonse Desjardins fonde la première caisse populaire avec l'aide de son épouse, Dorimène, et de quelques concitoyens.

Pour Desjardins, c'est l'aboutissement de trois années de recherche et de correspondance avec les principaux représentants des caisses rurales et des banques populaires européennes. Inspirée des expériences allemandes, italiennes et françaises, la Caisse populaire de Lévis ne constitue pas moins un nouveau modèle de coopérative d'épargne et de crédit. Sa conception traduit une idée chère à Desjardins : organiser le crédit populaire sur la base de l'épargne populaire. Il entend ainsi combattre l'usure et offrir un véritable instrument d'organisation économique.

De 1900 à 1906, Desjardins ne fonde que trois autres caisses populaires, prenant tout le temps voulu pour expérimenter leur fonctionnement et pour s'assurer de leur viabilité. Il mène aussi de nombreuses démarches pour obtenir une reconnaissance juridique. En 1906, l'Assemblée législative de la province de Québec se rend à sa demande en votant la Loi des syndicats coopératifs.

C'est ainsi qu'en 1907, Desjardins entreprend de répandre les caisses sur l'ensemble du territoire québécois. Tous ses temps libres sont consacrés à des conférences, à des tournées de fondation et à la surveillance des caisses. Désireux de contribuer à l'amélioration des conditions de vie des classes populaires et d'apporter ainsi une solution à la question sociale, le clergé québécois donne un appui déterminant à ce mouvement d'organisation économique.

Lorsque Desjardins décède, le 31 octobre 1920, on compte plus de 140 caisses en activité regroupant 30 000 membres et possédant un actif de 6 millions de dollars. Le regroupement des caisses et la mise en place d'une structure organisationnelle caractérisent les années 1920 à 1932. C'est la nécessité d'instaurer un système d'inspection et de créer d'autres services qui pousse les caisses à se regrouper pour former des unions régionales (aujourd'hui les fédérations). Les premières naissent à Trois-Rivières, à Québec, à Montréal et en Gaspésie.

Les caisses sont rudement mises à l'épreuve au début de la crise des années trente, d'autant plus que les unions régionales ne disposent pas des ressources nécessaires pour leur donner tout le soutien technique et financier dont elles auraient alors besoin.

En 1932, les unions se regroupent à leur tour pour former une fédération provinciale (l'actuelle Confédération) qui assume l'inspection des caisses et bénéficiera d'une subvention gouvernementale.

C'est le début d'une ère nouvelle. Mieux financée et mieux structurée, l'organisation qui chapeaute le mouvement est maintenant en mesure de provoquer une relance. Par ailleurs, la crise qui perturbe l'économie québécoise depuis 1930 suscite de nombreuses réactions. Peu à peu, le clergé, les nationalistes, les enseignants universitaires et les dirigeants d'associations professionnelles se tournent vers la coopération pour réformer l'économie et mettre fin à la dépendance économique de la société canadienne-française. Cet engouement donne lieu à une vague de fondations de caisses populaires. La Deuxième Guerre mondiale engendre au Québec une prospérité économique qui favorise grandement cet essor.

[...]

La prospérité économique de l'après-guerre est propice à la consolidation et à la croissance financière des caisses populaires. Pendant que la Fédération provinciale perfectionne son système d'inspection et exerce un encadrement plus étroit, les unions régionales créent de nouveaux services pour soutenir le développement de leurs caisses affiliées. La Fédération provinciale songe aussi à créer des institutions offrant des services complémentaires à l'épargne et au crédit. Elle s'intéresse d'abord à l'assurance. En 1944 et 1948, elle planifie la création de la Société d'assurance des caisses populaires et de l'Assurance-vie Desjardins.

Dans les années cinquante, les caisses populaires jouent un rôle actif dans le prêt hypothécaire et contribuent à financer la vague de construction résidentielle de l'après-guerre. Pour répondre aux besoins de leurs sociétaires, les caisses devront réviser leur politique de prêt, fondée sur la notion de « crédit productif », et s'engager dans le crédit à la consommation.

La Révolution tranquille se traduit, au sein du Mouvement Desjardins, par le changement, la modernisation et la diversification.

[...]

Parallèlement, le Mouvement Desjardins s'engage à fond dans le domaine éducatif : création de l'Institut coopératif Desjardins (1963) et commandites de séries d'émissions éducatives à Radio-Canada (1958-1968).

[...]

Au tournant des années soixante-dix, les dirigeants du Mouvement Desjardins décident d'accroître leur participation dans l'orientation du développement économique du Québec.

Par une refonte du cadre juridique, ils renforcent le rôle de coordination de la Fédération provinciale et créent la Société d'investissement Desjardins et le Crédit industriel Desjardins.

Le Mouvement Desjardins fait ses premiers pas en informatique grâce au système informatique des caisses. Il pénètre aussi de nouveaux secteurs en développant des entreprises spécialisées dans la sécurité et le transport des valeurs, la promotion de l'éducation, la coopération internationale (Développement international Desjardins), la mise en valeur de son patrimoine et de son histoire, l'habitation, le courtage de valeurs mobilières.

[...]

En toile de fond, le Mouvement Desjardins complète le virage informatique. Après avoir acquis une franchise VISA en 1981, il assure le déploiement de son propre réseau de guichets automatiques.

Confédération des caisses populaires et d'économie Desjardins du Québec, 2000.

Pour en savoir plus sur le Mouvement Desjardins, consultez son site Web à l'adresse www.desjardins.com. Ce site comporte, entre autres, des études économiques fiables et des statistiques à jour.

Les **coutumes** ont très longtemps servi de base à la coordination de l'activité économique. La tradition orale perpétue, de génération en génération, le rôle de chacun dans la communauté. Qu'on parle de chasseurs cueilleurs, d'esclavagisme, de féodalité ou de castes, on obéit à des lois ancestrales qui, dès la naissance d'un individu, peuvent déterminer le sort qui lui est réservé. La division du travail se fait selon le sexe ou l'âge, ou par filiation. Les hommes chassent et fabriquent les armes et les outils, tandis que les femmes cueillent les racines, les petits fruits, les herbes et s'occupent des enfants et de l'alimentation. Une personne âgée partage son expérience et perpétue la tradition orale. Elle peut aussi réaliser des tâches légères. Parfois, certaines décident de s'éloigner pour mourir afin de ne pas devenir un fardeau pour la communauté. Un enfant issu de parents esclaves le devient inévitablement ; un enfant né de « sang bleu » est, par le fait même, anobli selon les volontés de Dieu. Les coutumes diffèrent d'une région et d'une époque à l'autre, mais elles assurent la cohésion de la société sur le plan économique, que les résultats en soient justes ou non.

La concurrence est apparue il y a environ 200 ans, en même temps que la Déclaration d'indépendance américaine. À l'époque, le courant dominant préconise la liberté la plus totale possible. On abolit l'esclavage, on inscrit dans la Constitution le droit du port d'arme afin que l'État n'empiète pas sur les libertés individuelles que sont la liberté de commerce et d'entreprise, et le droit à la propriété privée. C'est la course effrénée au profit. Que le plus fort gagne ! Rapidement, des fortunes s'érigent. Plusieurs le font toutefois sur le dos de ceux que la naissance a moins bien nantis ou que la nature a moins bien pourvus sur le plan des capacités physiques ou intellectuelles. Les réussites de certains relèvent d'une éthique très relative, pour ne pas dire inexistante. Beaucoup de fortunes reposent en effet sur le trafic d'alcool ou de stupéfiants, sur l'élimination des autochtones ou sur l'exploitation et la ruine provoquée des petits paysans. La concurrence consiste à laisser les producteurs et les consommateurs libres de produire, de vendre et d'acheter à un prix qui créera l'équilibre entre les désirs des uns et des autres. On verra dans la prochaine section le fonctionnement et les failles d'une économie basée sur la concurrence pure, qu'on appelle « économie de marché ».

La **planification** est une autre façon de gérer l'activité économique. Qu'elle soit centralisée ou décentralisée, elle consiste à dresser une liste des ressources disponibles ainsi qu'une liste de besoins (les désirs) prioritaires, et à répartir les ressources en fonction de ces priorités.

Coutume
Tradition s'étalant sur plusieurs générations.

Planification
Façon de gérer l'activité économique en dressant la liste des ressources et des besoins et en allouant les ressources en fonction des priorités.

2.5 Deux modèles théoriques de système économique

2.5.1 L'économie centralisée – le communisme

La propriété des moyens de production

Dans une **économie centralisée,** les moyens de production (le capital) appartiennent à la collectivité et l'État en est propriétaire en son nom. Des entreprises coopératives appartenant aux travailleurs peuvent aussi exister dans une telle économie. On parle donc ici de propriété collective des moyens de production.

Économie centralisée
Économie dans laquelle la propriété des moyens de production est collective et dont la réponse aux questions fondamentales est apportée par la planification.

La planification

C'est grâce à la planification qu'une économie centralisée répond aux questions fondamentales. On dit qu'une planification est centralisée lorsqu'un petit groupe de personnes, appelé « comité de planification », décide à lui seul de la production à réaliser dans chacune des entreprises du pays à court et à moyen terme en fonction des ressources disponibles. Une planification est dite décentralisée lorsque plusieurs groupes de personnes, sur les plans national et régionaux, s'occupent respectivement d'établir les besoins et de leur affecter les ressources disponibles.

Les failles de l'économie centralisée

Une planification centralisée n'est pas sans faille. Dans une économie avancée où la consommation est très diversifiée, il se révèle particulièrement difficile, même à l'aide d'ordinateurs, de gérer les millions de décisions que nécessite la planification de l'économie. Celle-ci peut même être paralysée à cause de goulots d'étranglement. Il suffit, par exemple, que les usines d'acier ne remplissent pas leurs quotas pour mettre en péril toutes les industries utilisant de l'acier. De plus, la planification exercée par un petit groupe de personnes peut difficilement satisfaire les besoins multiples de la population, comme en témoignaient les longues files d'attente devant les magasins offrant les produits de première nécessité en Russie ou en Pologne avant les réformes. Certains biens jugés secondaires par les planificateurs n'étaient tout simplement pas disponibles ou l'étaient après des mois ou des années d'attente.

Dans les pays communistes, les pénuries se traduisent par des files d'attente plutôt que par des hausses de prix.

2.5.2 L'économie de marché – le capitalisme pur

La propriété des moyens de production

Dans une **économie de marché,** les moyens de production appartiennent à des individus. On parle de propriété privée des moyens de production lorsque ceux-ci appartiennent à des entreprises privées et que les revenus qui en découlent vont aux individus qui possèdent le capital (les biens de production), d'où le nom « capitalisme ». Posséder du capital et en tirer des revenus est à la base même du capitalisme. La propriété privée des moyens de production permet au propriétaire d'en faire ce qu'il veut. On parle alors de libre entreprise, qu'il ne faut pas confondre avec les libertés individuelles. Le ou les propriétaires du capital produiront des biens ou des services qu'ils offriront sur un marché. C'est le marché qui détermine le prix auquel sera échangé un produit (voir le chapitre 3), et ce prix joue un rôle crucial dans l'organisation de l'économie.

> **Économie de marché**
> Économie de concurrence où les prix apportent les réponses aux questions fondamentales.

La gestion de l'économie – le rôle des prix

Dans une économie capitaliste, appelée également « économie de marché », aucune organisation politique ne fait l'inventaire des ressources et des besoins et n'alloue les ressources de manière à produire efficacement les biens et les services destinés à satisfaire les besoins de la population. Comment se fait-il alors qu'il n'y ait pas de pénurie ou de surplus catastrophiques ? Comment les besoins et la production peuvent-ils s'équilibrer ?

Peu importe la forme d'économie, il est toujours nécessaire de répondre aux questions fondamentales : « Quoi produire ? », « Comment produire ? » et « Pour qui produire ? ». Adam Smith, grand économiste du XVIIIᵉ siècle, parlait d'une main invisible qui assurait l'ajustement entre les millions de décisions des producteurs et des consommateurs et permettait l'atteinte de l'équilibre. Comme on le verra plus loin, cet équilibre ne se situe pas toujours sur la courbe des possibilités de production. Cette « main invisible » n'était en fait que le système de prix qui permettait, lorsqu'il y avait concurrence, de répondre aux questions fondamentales.

Quoi produire ? La quantité de biens et de services produits dans une économie avancée est astronomique. Comme on l'a vu dans le chapitre 1, les besoins sont illimités. Alors comment peut-on en arriver à un équilibre entre ce que produisent les producteurs et ce que désirent acheter les consommateurs en l'absence de planification ? Comment peut-on

Les hausses et les baisses de prix traduisent les variations de l'offre et de la demande des titres.

éviter que se produise un surplus ou une pénurie de souliers, de poulets, de magnétoscopes, de téléphones cellulaires, et ainsi de suite, par rapport à ce que les consommateurs désirent acheter ? C'est grâce aux prix que l'ajustement peut se faire. Voici brièvement comment le système de prix joue son rôle.

Imaginez une lampe témoin qui s'allume lorsqu'il existe un déséquilibre entre la quantité demandée et la quantité offerte. Quand un produit n'est pas disponible en quantité suffisante pour répondre à la demande des consommateurs, son prix augmente. Cela décourage certains consommateurs, qui trouveront le produit trop cher, et cela encourage les producteurs à en produire davantage puisque c'est plus rentable. La pénurie se résorbe. On peut comparer cette situation à celle où une petite lumière s'allumerait pour avertir les uns et les autres qu'il faut apporter des changements à la production et à la consommation. De la même manière, si les consommateurs se lassent d'un produit ou le remplacent par un nouveau plus performant (par exemple, le disque en vinyle, qui a été remplacé par le disque compact), alors le prix chutera. La petite lumière rouge s'allumera, le prix diminuera pour avertir les producteurs que leur produit n'est plus en demande et qu'il vaudrait mieux qu'ils réduisent leur production ou qu'ils la changent carrément, car ce n'est plus rentable. De leur côté, certains consommateurs voudront profiter des bas prix avant d'adopter le nouveau produit. Le message étant envoyé, le surplus disparaîtra.

Comme on le verra un peu plus loin, ce système est loin d'être parfait ; il comporte des failles, mais, avant d'aborder ce sujet, voyons comment le système de prix permet de répondre efficacement à la question « Comment produire ? ».

TEMPS D'ARRÊT 2.5

Prévoyez la réaction du marché.

a) Les producteurs de blé ont connu une saison exceptionnelle.

b) La population demande de plus en plus de produits sans gras ni sucre.

c) Vous chaussez du 15 et vous ne trouvez jamais votre pointure dans un magasin ordinaire.

d) Pour ne pas perdre ses tomates invendues, un fermier baisse ses prix une heure avant la fermeture du marché.

e) La baisse du nombre de fumeurs incite les fermiers à cultiver le maïs.

Comment produire ? Quelles combinaisons de ressources faut-il utiliser pour produire de la façon la plus efficace possible, c'est-à-dire afin d'économiser les ressources qui sont moins abondantes ? Encore une fois, le système de prix permet de choisir les ressources les plus abondantes et d'économiser les ressources les plus rares.

L'objectif du producteur dans une économie de marché consiste à réaliser le plus de profit possible. On dit qu'il veut maximiser ses profits. Pour ce faire, il cherche toujours à abaisser ses coûts de production, soit ce qu'il doit dépenser pour produire un bien ou un service.

Pour qui produire ? Dans une économie de marché, comment se fait la distribution des biens et des services produits ? Il n'y a pas de système de coupons de rationnement comme durant la guerre. À cette époque, on a mis en place un système pour distribuer, selon les besoins, le beurre, la viande, le lait et les autres denrées de base devenues rares parce que l'industrie était mobilisée pour produire du matériel militaire. On distribuait des coupons à chaque famille, qui pouvait alors se procurer certains biens et services. En temps normal, les prix sont un facteur de rationnement, puisque la production appartient à ceux qui ont les moyens d'y mettre le prix. Toutefois, la distribution inégale des revenus dans la société crée des iniquités. C'est l'une des failles de l'économie de marché.

ÉVITER LE PIÈGE

Attention de ne pas confondre le prix auquel se vend un produit et ce qu'il en coûte au producteur pour le fabriquer. La différence entre les deux est le profit. À l'instar des produits, plus les ressources sont rares, plus leur prix est élevé. Plus les ressources sont abondantes, plus leur prix est faible. Dans le cas d'un prix donné par le marché, en choisissant les ressources les moins coûteuses, le producteur maximise ses profits et économise les ressources rares. S'il choisit la technologie la plus efficace, il produira à moindre coût et, encore une fois, il maximisera ses profits, soit la différence entre le prix auquel le produit se vend et les dépenses qu'il a effectuées pour le produire.

TEMPS D'ARRÊT 2.6

Dans chacune des situations suivantes, précisez de quelle façon les prix permettent à l'économie de produire de la manière la plus efficace.

a) On découvre une technique très bon marché pour extraire le pétrole des sables bitumineux.

b) Une entreprise transfère sa production de jouets en Amérique du Sud, car les salaires y sont très bas, la main-d'œuvre étant abondante et les emplois rares.

c) Les Japonais produisent plus de poissons que de bœufs.

d) Les Américains ont une agriculture hautement mécanisée.

Les failles de l'économie de marché

Bien que l'économie de marché permette l'équilibre de millions de décisions prises individuellement de façon à éviter tout surplus et toute pénurie, elle comporte certaines failles majeures en ce qui concerne la satisfaction des besoins matériels, l'allocation des ressources ainsi que la croissance.

Tout d'abord, comme on l'a vu précédemment en étudiant la façon dont l'économie de marché répond à la question « Pour qui produire ? », la répartition de la production se fait en fonction de l'importance ou de la valeur que la société accorde à la contribution d'un individu à la production. Cette situation engendre nécessairement une inégalité dans la répartition des revenus et de la richesse. En effet, tous n'ont pas les mêmes talents, ne font pas les mêmes efforts, ne possèdent pas la même richesse initiale et n'ont pas le même sens des valeurs.

Dans l'économie de marché, il n'existe pas de mécanisme pour tenir compte de ceux qui ne peuvent contribuer à la production, comme les personnes âgées, les personnes handicapées, les individus souffrant de discrimination, ceux dont les compétences ne sont pas requises sur le marché du travail, etc. De nombreux exclus vivaient dans la misère en cette époque du capitalisme pur aussi appelée « le laisser-faire », car ce système interdisait l'intervention de l'État dans l'économie pour que les forces du marché puissent agir librement. C'est pourquoi, au milieu des années 1940, l'État a décidé d'intervenir.

Une deuxième faille de l'économie de marché vient du fait qu'elle ne garantit pas pleinement l'efficacité économique qui lui permettrait de se situer sur la courbe des possibilités de production.

TEMPS D'ARRÊT 2.7

a) Vous rappelez-vous ce qu'un point sur la courbe des possibilités de production signifie ?

b) Si une économie n'est pas pleinement efficace, précisez où elle se situera sur la courbe des possibilités de production.

c) Expliquez pourquoi il vaut mieux qu'une économie se situe sur la courbe.

Bien public
Bien dont tous peuvent profiter, peu importe qui paye.

En effet, certains types de biens ne seront pas produits. C'est le cas des **biens publics,** c'est-à-dire les biens ou les services que l'économie ne produira pas du fait que personne n'est prêt à payer individuellement pour les obtenir. Pourquoi ? Parce que ces biens ou ces services profitent à tous, peu importe qui les paye. Contribueriez-vous au déneigement de l'autoroute 40 si toute la population pouvait en profiter, même les gens qui n'y auraient pas eux-mêmes contribué ? Qui paierait pour les services de police, dont tous peuvent profiter ? Le transport dans le Grand Nord n'étant pas rentable, ses communautés resteraient isolées. De nombreux autres biens et services essentiels ne seraient pas produits par les seules forces du marché, et de nombreux besoins économiques ne pourraient être satisfaits ; l'intervention de l'État est donc requise, car il est le seul à pouvoir faire payer tout le monde, par l'entremise des impôts, et à s'assurer que ces biens et services sont produits.

Externalité
Coût ou bénéfice découlant d'une production, assumé par la société mais non par l'entreprise.

Outre les biens publics, l'économie de marché présente des **externalités,** des coûts ou des bénéfices externes, qui faussent les règles du jeu en amenant les prix à véhiculer des messages imparfaits ou erronés. Prenons, par exemple, la production d'un vaccin. Le prix ne tient pas compte de toutes les économies en matière de santé que la société peut réaliser grâce à cette production. Ces bénéfices externes à l'entreprise ne se reflétant pas dans le prix du produit, sa valeur est sous-évaluée. Si le prix tenait compte des bénéfices externes, il serait plus élevé et inciterait ainsi les producteurs à en fabriquer davantage. L'économie de marché pure est incapable de tenir compte de ces bénéfices externes dans l'allocation des ressources. De la même manière, elle ignore les coûts externes, c'est-à-dire les coûts résultant de la production et qui ne sont pas assumés par l'entreprise. Ainsi, dans le cas d'une industrie très polluante comme celle des pâtes et papiers, l'économie de marché déterminera un prix ne tenant compte que des coûts de production et non des autres coûts assumés par la société : l'accroissement des soins de santé, la baisse de productivité au travail, etc. C'est pourquoi l'État se doit d'intervenir par des règlements ou des subventions afin d'encourager certaines productions ou certaines manières de produire quand le prix n'est pas une incitation suffisante.

Finalement, l'économie de marché pure n'est efficace que s'il y a **concurrence parfaite,** c'est-à-dire un nombre suffisamment élevé d'entreprises et de consommateurs pour que nul ne puisse à lui seul avoir une influence sur le prix. La présence de grandes entreprises détenant une part importante d'un marché ou l'existence de monopoles rend la concurrence imparfaite.

Pendant longtemps, Bell Canada a détenu le monopole du marché du téléphone. Si l'État n'était pas intervenu pour réglementer et surveiller ses agissements, Bell aurait pu fixer les prix au niveau qu'elle souhaitait et ne s'installer que dans les endroits rentables. La population aurait été ainsi prise en otage puisque les prix plus élevés auraient considérablement limité l'accès au service. Les besoins auraient alors été moins bien satisfaits.

Les grands syndicats peuvent également influer sur le marché par leurs agissements. En s'unissant, les travailleurs peuvent faire augmenter les salaires, donc les coûts de production, et l'entreprise, voulant conserver sa marge de profit, haussera le prix du produit, ce qui le rendra moins accessible à la population. L'économie se situera en-deçà de sa courbe des possibilités de production.

La troisième et dernière faille importante de l'économie de marché concerne l'instabilité qu'elle engendre. L'économie de marché laissée à elle-même a tendance à fluctuer, comme on le verra dans le chapitre 5. Ces fluctuations font alterner les périodes de croissance et les périodes de crise ou de récession, caractérisées par un taux de chômage élevé et de nombreuses faillites. À la suite de la crise des années 1930, on a confié à l'État le mandat de stabiliser l'économie et de veiller sur sa croissance (voir les chapitres 11 et 12).

TEMPS D'ARRÊT 2.8

À quelle faille de l'économie de marché correspond chacun des éléments suivants : la répartition inéquitable des revenus, l'instabilité économique ou l'inefficacité (les biens publics, les externalités, la concurrence) ? Justifiez votre réponse.

a) Les coupes à blanc de forêts par les grandes papetières.

b) L'armée canadienne.

c) L'augmentation du chômage en 1991.

d) La production d'une grande autoroute reliant Québec à Rimouski.

e) L'éclairage des rues.

f) L'empire de Bill Gates.

g) La retraite et les pertes de revenus que l'économie engendre.

h) Les nombreuses personnes analphabètes qui ne trouvent pas de travail.

i) Le développement du commerce dans Internet.

j) Le ralentissement de l'économie canadienne à la suite du ralentissement de l'économie américaine.

Un peu d'histoire

2.6 Les économies de subsistance ou l'économie traditionnelle

Économie de subsistance
Économie primitive où les besoins exprimés relèvent de la survie.

Les toutes premières économies ont été des **économies de subsistance**; la survie en était l'objectif principal. À des époques lointaines, les conditions n'étaient guère favorables à l'espèce humaine : les tribus devaient se déplacer au fil des saisons et au gré des migrations de troupeaux. C'était une période de nomadisme. Se nourrir et se protéger des intempéries et des prédateurs demeuraient les principaux besoins économiques. La chasse et la cueillette de petits fruits, de graines, de tubercules et de racines constituaient les principales activités économiques de cette époque appelée l'« époque des chasseurs cueilleurs ». Les biens de production se sont perfectionnés au cours des siècles ; sont alors apparus la sagaie, l'arc et les flèches, les lames tranchantes, les paniers tressés, par exemple, qui appartenaient à tous, chacun les utilisant selon son rôle dans la production. La coopération était de mise, car elle seule permettait la survie. Tous devaient contribuer à nourrir et à protéger le groupe, selon ses compétences. Le travail variait en fonction du sexe : les hommes chassaient tandis que les femmes s'occupaient de la cueillette et de la fabrication des vêtements, et veillaient sur les enfants. Avec la découverte de l'agriculture et de l'élevage, les peuplades se sont sédentarisées ; elles ont cessé de se déplacer pour demeurer longtemps au même endroit. La sédentarité a vu le jour. L'économie s'est transformée peu à peu. La possibilité de produire suffisamment afin de constituer des réserves pour nourrir la population est apparue et l'artisanat s'est développé. La spécialisation, le commerce et les échanges ont alors fait leur apparition. La sédentarisation a amené l'idée de propriété du sol comme fondement de la richesse et du pouvoir sur les autres. La guerre a permis d'augmenter la richesse par l'appropriation de la terre des autres. La richesse et la guerre ont donné naissance à l'esclavagisme. Au cours des guerres entre tribus, on capturait les ennemis plutôt que de les tuer. Ceux-ci devenaient des esclaves. La raison en est fort simple : un esclave produit davantage que ce qu'il consomme. Le fruit de son travail appartient à son propriétaire. L'esclavagisme est un système où les rapports de production sont basés sur l'appropriation des êtres humains. Ces derniers ont été utilisés dans l'agriculture, les mines, l'artisanat et le service domestique. Ils étaient considérés comme des objets de propriété et devenaient des sources de profit. Il y avait trois façons de devenir esclave : être né de parents esclaves, être fait prisonnier de guerre et être livré comme esclave à cause de difficultés financières. En 326 av. J.-C., l'esclavage pour dettes a été aboli. Les grandes civilisations grecque et romaine étaient des sociétés esclavagistes.

2.7 L'économie féodale

Le déclin de l'Empire romain a entraîné un retour généralisé à la terre. Celle-ci est redevenue la seule source de richesse. Un nouveau système économique est apparu, le féodalisme. Ce système était fondé sur des liens privés entre des hommes libres. Le seigneur avait l'autorité sur de grands domaines. Il concédait une terre (un fief) à un vassal, qu'il protégeait. Le vassal, en retour, servait militairement et dirigeait les paysans de son fief. Ceux-ci possédaient parfois leur terre, payaient des taxes et exécutaient les corvées commandées par le vassal. Entre le XIᵉ et le XIIIᵉ siècle, les technologies agraires ont progressé rapidement et ont permis d'augmenter la production alimentaire. Une nouvelle mentalité économique est alors apparue : l'investissement (dans les colonies) et le profit agricole ont constitué de nouvelles façons de s'enrichir sans faire la guerre.

2.8 Le mercantilisme économique

L'invention du métier à tisser et son perfectionnement ont mené au développement de l'industrie textile qui, à son tour, a entraîné la **spécialisation** de plusieurs métiers. Il en a découlé une division du travail où l'ouvrier remplaçait l'artisan. L'économie de consommation a vu le jour. Les maîtres artisans et les grands marchands ont formé une nouvelle classe : la bourgeoisie. L'idée du mercantilisme économique s'est répandue : elle consistait à favoriser un commerce d'exportation tout en limitant le plus possible l'importation. L'État intervenait directement dans l'économie en protégeant les industries nationales, en imposant des tarifs et en octroyant des monopoles aux industries et aux commerces des colonies. Il interdisait les industries de transformation dans les colonies pour ne pas nuire aux industries de la mère patrie. Les colonies sont alors devenues un réservoir de matières premières et un débouché de produits finis pour la mère patrie.

> **Spécialisation**
> Action de limiter ses activités à un domaine en particulier.

2.9 Le capitalisme sauvage

Au XVIIIᵉ siècle est survenue la révolution industrielle. L'abondance de nourriture a provoqué un accroissement démographique, ce qui a entraîné une hausse de la demande. Parallèlement, une révolution technologique s'est produite, ce qui a bouleversé le monde du travail ; la division des étapes de fabrication est alors apparue, ainsi que la mécanisation. De plus en plus de travailleurs œuvraient dans les manufactures. Ces emplois étaient peu rémunérés, peu valorisants, et les conditions de travail étaient pénibles. Deux classes sociales se sont alors démarquées : la bourgeoisie et le prolétariat. Ce type d'économie a subi régulièrement des fluctuations et a connu de graves crises économiques découlant de la surproduction et de la sous-consommation. En effet, le salaire des ouvriers était insuffisant pour absorber la production. Des idéologies égalitaires sont alors apparues : le syndicalisme et le féminisme, qui revendiquaient un meilleur partage économique et une justice sociale.

2.10 L'intervention de l'État

En 1933, Roosevelt a été amené à faire de nouveau intervenir l'État dans l'économie. Le *New Deal*, inspiré des théories keynésiennes (voir les chapitres 9, 11 et 12), a donné à l'État un rôle de régulateur, d'entrepreneur, de partenaire économique et de protecteur social : l'État providence.

Parallèlement, d'autres pays ont opté pour le socialisme, système dans lequel l'État possède les moyens de production et gère l'économie en fonction d'une planification centralisée (voir la section 2.5). Cependant, ce système a éclaté dès les années 1990. Pour les anciennes économies socialistes, une transition très difficile vers l'économie de marché débutait.

2.11 Les économies en transition

Pour effectuer la transition d'une économie centralisée à une économie de marché, il faut tout d'abord transférer la propriété étatique au secteur privé. Des questions se posent alors : comment faire ? Qui va l'avoir ? Il faut également libéraliser les prix, c'est-à-dire laisser l'offre et la demande en déterminer le niveau. La libéralisation des prix fait que la pénurie, qui, autrefois, se traduisait par de longues files d'attente, provoque une augmentation astronomique des taux d'inflation (la hausse des prix), qui peuvent atteindre 900 % ou plus. Les files d'attente disparaissent puisque l'accès n'est permis qu'à ceux qui peuvent se procurer le produit.

De plus, la mise en place de l'économie de marché requiert des institutions et des normes : un régime de propriété, des obligations, des règles comptables, des règles concernant les faillites, la fiscalité, le droit du travail, la protection contre le chômage, les régimes de retraite et le contrôle des systèmes bancaire et financier. Elle requiert aussi l'expertise des entrepreneurs. Cependant, les dirigeants d'entreprises étant traditionnellement évalués en fonction de leur capacité d'atteindre les objectifs établis par le plan, l'initiative et la créativité ne sont guère valorisées.

Les principaux problèmes qui apparaissent au cours de cette transition sont liés à l'obsolescence de l'appareil de production et des infrastructures, à l'insuffisance des industries légères, à l'absence de technologie électronique et informatique, à la pollution élevée ainsi qu'aux risques associés aux centrales nucléaires russes, bulgares et ukrainiennes. Le droit des affaires et des institutions de marché étant peu développé, l'incertitude juridique par rapport aux dettes, les problèmes financiers et monétaires et les difficultés concernant les modes de paiement retardent également la transition.

Changer de système économique ne se fait pas sans heurts. L'instabilité intérieure rend encore plus difficile cette transition. Le chômage, les difficultés d'adaptation à l'économie de marché, les pénuries, l'inflation et la réforme agraire combinés aux troubles nationaux et ethniques, aux risques de guerre civile, à la délinquance, à la mafia, au banditisme et à la corruption contrecarrent les interventions gouvernementales.

TEMPS D'ARRÊT 2.9

Savez-vous ce qu'est une réforme agraire ? Si oui, allez tout de même vérifier à la fin du chapitre si votre réponse est la bonne. Sinon, pourquoi ne pas vous être posé la question ? Ne lisez pas que des mots. Ceux-ci doivent avoir un sens pour que vous en reteniez quelque chose.

L'échec de la Bosnie, de la Tchétchénie et du Kosovo témoigne bien du peu de progrès réalisé dans la transition. Certains pays sont plus avancés que d'autres. C'est le cas de la Pologne et de la Hongrie. Ces pays ont appliqué plus tôt et plus fermement les réformes. L'inflation (la hausse des prix) s'est mise à diminuer graduellement. La part du secteur privé a augmenté. La situation de l'emploi s'est améliorée, bien que le chômage soit encore important dans certaines régions. La Russie, devant affronter une crise économique et politique, piétine. L'inflation gruge la masse monétaire, ce qui rend impossible la baisse du déficit du gouvernement. La capacité d'emprunt du gouvernement diminue en même temps que ses revenus provenant des taxes et des impôts. Dans ce contexte, il devient très difficile de réduire ses dépenses. Enfin, la baisse du prix des matières premières dont la Russie est un grand exportateur fait considérablement diminuer les rentrées d'argent.

Un nouveau contrat social est nécessaire pour surmonter tous ces obstacles. L'État doit changer de rôle. Les gouvernements central et régionaux doivent avoir des rôles bien définis.

Il faut consacrer une plus grande part du budget aux besoins sociaux plutôt qu'aux intérêts de groupes particuliers, de manière à viser l'équité dans la société, à combattre l'appropriation injuste des actifs et des revenus publics, et à favoriser l'accès universel à l'éducation, à la santé et à la sécurité de la retraite.

L'État doit s'occuper de la protection sociale et créer un environnement favorable à l'entreprise privée. Cela nécessite une transformation du système de propriété. Il faut restructurer l'industrie et favoriser la privatisation. La petite privatisation est plus facile à mettre en œuvre, ce qui explique pourquoi elle est déjà très avancée. Les petites entreprises sont rachetées par les salariés. Dans certains cas, il y a distribution gratuite ou vente directe à des entreprises nationales ou étrangères. Il faut ouvrir davantage l'économie aux autres pays pour la rendre plus compétitive. Le commerce nécessite également une réforme. Le capital doit pouvoir circuler librement. Dans le secteur financier, il faut favoriser l'entrée et la concurrence des banques étrangères tout en mettant en place une surveillance plus stricte et en soutenant la modernisation technologique. Il faut plus de transparence, et chacun doit rendre des comptes. Il faut aussi lutter contre la corruption à l'aide d'un système judiciaire efficace et transparent, un système fiscal simple et valable. Par ailleurs, il est important de combattre le travail au noir (non déclaré au gouvernement) pour s'assurer des revenus budgétaires nécessaires à la réalisation de toutes ces tâches.

Comme on peut le constater, effectuer la transition d'une économie centralisée à une économie de marché n'est pas chose simple, et elle est loin d'être terminée dans de nombreux pays de l'Europe centrale et de l'Est. Cuba et la Chine utilisent une approche différente : une politique de petits pas. L'ouverture à la petite privatisation connaît déjà des succès, mais les autorités ont décidé d'y aller lentement pour préserver les acquis de la révolution : l'équité, l'accès à la scolarité, la santé, et ainsi de suite.

LECTURE DIRIGÉE 2 .... 1. Révisez les notions relatives aux questions fondamentales et aux divers systèmes économiques et à leurs principales caractéristiques.
2. Le système économique chinois a subi de nombreuses modifications au fil des ans. Décrivez ces diverses modifications :
   a) en les situant dans le temps ;
   b) en expliquant leurs principales caractéristiques ;
   c) en montrant de quelle façon elles ont permis de répondre aux questions fondamentales.
3. Illustrez concrètement ces différentes modifications.
4. Discutez de l'efficacité des diverses modifications en matière de besoins et de ressources.

Le système économique chinois

Avant la fondation de la République populaire de Chine en 1949, la Chine était semblable à un géant totalement démuni. Avec sa population d'environ 500 millions d'habitants et son territoire de 9,6 millions de km², ses principaux chiffres de production annuelle maximale n'étaient que les suivants : 445 000 tonnes de filés de coton, 2,79 milliards de mètres de tissu, 61,88 millions de tonnes de charbon brut, 6 milliards de kWh d'électricité, 150 millions de tonnes de céréales et 849 000 tonnes de coton. Voilà le point de départ pour le développement de l'économie de la Chine nouvelle.

Plus de cinq décennies se sont écoulées. Aujourd'hui, grâce à une édification économique planifiée de grande envergure, la Chine est devenue l'une des grandes puissances économiques du monde dotées du plus fort potentiel de développement ; et dans l'ensemble du pays, son peuple est parvenu à une vie relativement aisée. De 1953 à 2000, la Chine a mené à bien successivement neuf plans quinquennaux et remporté des succès attirant l'attention du monde ; ceci a jeté une base solide pour le développement de son économie nationale. La réforme et l'ouverture vers l'extérieur mises en œuvre en 1979 ont impulsé à l'économie chinoise une croissance rapide sans précédent. Alors que l'humanité vient d'entrer dans le XXIᵉ siècle, l'économie chinoise a continué à connaître un développement stable et rapide. En 2002, le produit intérieur brut (PIB) a dépassé 10 billions de yuans, soit un rythme d'accroissement de 8 %.

La réforme du système économique fait partie des réformes les plus importantes de la Chine. Pendant les trois premières décennies qui ont suivi la fondation de la Chine nouvelle, le gouvernement chinois menait toujours un système d'économie planifiée. C'était la Commission pour la planification, un organe spécial de l'État, qui se chargeait de planifier et d'établir les objectifs dans tous les domaines du développement économique. Conformément à ces objectifs, les usines produisaient leurs quotas de produits, les régions rurales plantaient leurs cultures, et le secteur commercial faisait son approvisionnement et ses ventes. Les assortiments, les quantités et les prix étaient tous fixés par le secteur de planification. Ce système a permis à l'économie chinoise de se développer régulièrement tout en suivant le plan et l'objectif définis, mais en même temps a restreint gravement la vitalité et le rythme du développement de celle-ci. Vers la fin des années 70 du XXᵉ siècle,

les dirigeants chinois d'alors, ayant pris conscience de l'écart entre l'économie chinoise et son rythme de développement avec le reste du monde, ont pris une décision importante : réformer le système économique appliqué en Chine depuis plusieurs décennies.

En 1978, la réforme a débuté tout d'abord dans les régions rurales. Le système de responsabilité forfaitaire liée principalement à la production familiale a été mis en application. Les paysans, qui ont repris le droit d'utilisation de la terre, pouvaient organiser à leur guise les travaux des champs et disposer de leurs produits agricoles. C'était eux-mêmes qui décidaient ce qu'ils voulaient planter et combien ils voulaient planter. Ils avaient plus de marge de manœuvre en ce qui concernait l'exploitation des produits agricoles. L'achat planifié et unifié des produits agricoles par l'État a été éliminé, les prix de la plupart des produits agricoles ont été libéralisés, et de nombreuses politiques restrictives, abolies. Les paysans eurent la possibilité de développer une économie diversifiée et de créer des entreprises rurales. Leur initiative de production a été pleinement encouragée.

En 1984, la réforme du système économique s'est déplacée des régions rurales vers les villes.

Au terme d'un essai d'une dizaine d'années de réforme et d'ouverture vers l'extérieur, le gouvernement chinois a choisi, en 1992, une option de réforme encore plus claire, qui consiste à mettre sur pied un système socialiste d'économie de marché. D'après les documents promulgués officiellement par le gouvernement chinois, le contenu principal de la réforme du système économique est le suivant : il convient de donner la prépondérance au secteur public, tout en s'efforçant d'assurer un développement simultané de tous les autres secteurs de l'économie, de transformer encore davantage les mécanismes de gestion des entreprises d'État et d'établir un système d'entreprises modernes susceptibles de répondre aux besoins de l'économie de marché ; il est nécessaire de mettre en place un système de marché national unifié et ouvert permettant d'unir étroitement les marchés urbains et ruraux, les marchés intérieurs et extérieurs, de façon à optimiser la répartition des ressources ; il convient de transformer les fonctions du gouvernement en matière de gestion économique et d'établir un système accompli de contrôle macroéconomique,

▷

dans le cadre duquel on aura recours principalement à des moyens indirects pour assurer un fonctionnement sain de l'économie nationale ; il est nécessaire de mettre en place un système de distribution des revenus régi par le principe « à chacun selon son travail » et donnant la priorité à la rentabilité tout en restant équitable, de façon à encourager certaines localités et personnes à s'enrichir avant les autres, tout en s'efforçant de promouvoir la richesse de tous ; il est également nécessaire d'instaurer un système de sécurité sociale à plusieurs niveaux et d'offrir aux citadins comme aux ruraux des assurances sociales en rapport avec la situation de la Chine, de façon à promouvoir le développement économique et à stabiliser la société.

En 1997, le gouvernement chinois a développé aussi l'argument d'après lequel l'économie de propriété non publique faisait partie intégrante de l'économie socialiste chinoise, de façon à encourager les capitaux, les techniques et d'autres éléments de production à participer à la distribution des bénéfices, ce qui a permis à la réforme du système économique de faire un pas encore plus grand.

Jusqu'à l'année 2002, toutes les réformes ont progressé d'une manière ordonnée et remporté des succès remarquables. Dans la Chine d'aujourd'hui, le système socialiste d'économie de marché a été établi pour l'essentiel, le rôle fondamental joué par le marché dans la répartition des ressources s'est considérablement renforcé, et le système de macro-contrôle s'est perfectionné progressivement ; une disposition du développement commun constituée principalement par l'économie de la propriété publique et par l'économie de la propriété non publique comprenant l'économie individuelle et l'économie privée a été formée ; la croissance économique est passée graduellement d'un modèle extensif à un modèle intensif. Conformément aux plans prévus, un système socialiste d'économie de marché relativement complet sera établi en Chine en 2010, et celui de l'économie de marché socialiste, relativement achevé en 2020.

Centre d'Informations sur Internet de Chine, *La structure de l'État : Le système économique*, www.china.org.cn/french/83295.htm

Conclusion

Le Canada a adopté un système capitaliste mixte. Ce système semble vouloir s'imposer dans le monde, à des degrés divers. C'est pourquoi nous consacrerons le reste de cet ouvrage à décrire et à expliquer les performances globales de ce système et à étudier la façon dont l'État peut intervenir pour l'améliorer.

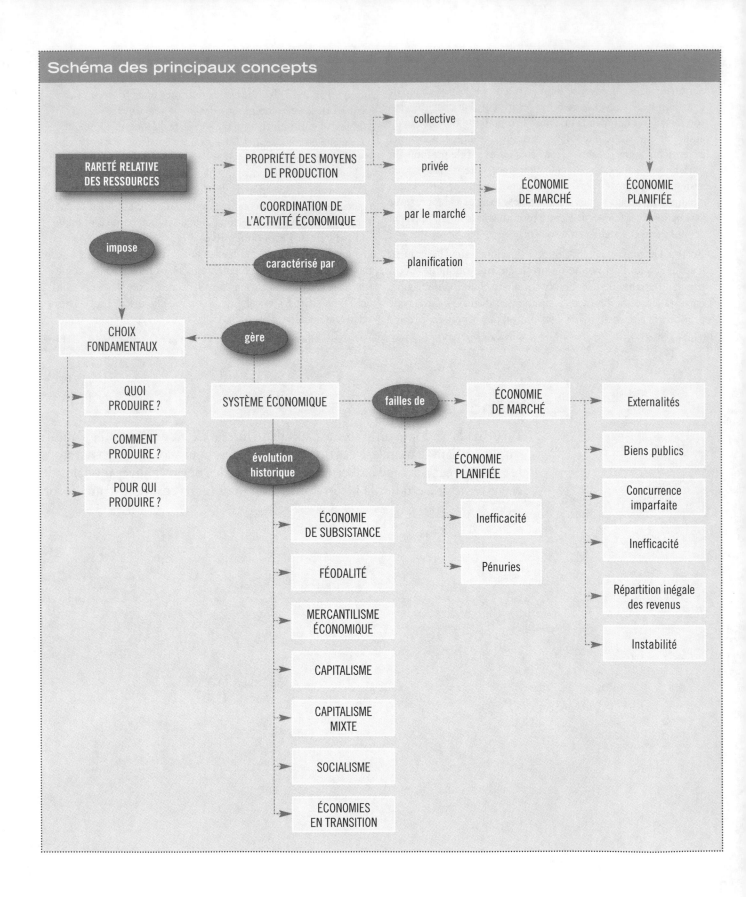

- La rareté relative des ressources oblige les sociétés à faire des choix fondamentaux : quoi, comment et pour qui produire ?

- Comme l'économie ne possède pas suffisamment de ressources pour satisfaire tous les besoins, elle doit choisir les biens et les services qu'elle produira (quoi produire ?). Ce que produira une économie dépend de ses ressources et des besoins spécifiques de sa population, et des échanges possibles avec les autres économies.

- La façon de produire (comment, où et quand produire ?) dépend des ressources disponibles dans une économie. L'efficacité commande qu'on utilise les ressources les plus abondantes tout en économisant les ressources les plus rares.

- La répartition de la production varie selon les économies (pour qui produire ?) : selon les besoins, la participation à la production, le fait de posséder ou non le capital, la richesse qu'on détient, etc.

- Un système économique est un mode d'organisation de la société qui permet de répondre aux questions fondamentales.

- Il est important de bien faire la distinction entre un système économique et un régime politique. Le système économique concerne la production et la consommation, tandis que le régime politique renseigne sur les personnes qui détiennent le pouvoir de réglementer une société : le peuple, l'armée, un dictateur, par exemple.

- Tout système économique comporte deux caractéristiques de base : la propriété des moyens de production, qu'elle soit privée ou collective, et un mode de coordination de l'activité économique reposant sur la coopération, les coutumes, les marchés ou la planification.

- Les systèmes économiques existants ou ayant existé oscillent entre deux pôles : l'économie centralisée, ou communisme, et l'économie de marché, ou capitalisme. Dans l'économie centralisée, les moyens de production appartiennent à la collectivité par l'entremise de l'État ou de coopératives. Dans l'économie de marché, la propriété des moyens de production revient à des particuliers, elle est privée. La planification est le mode de gestion d'une économie centralisée, tandis que les prix assurent la régulation de l'économie dans une économie de marché. Dans ce denier cas, le prix a un effet de rationnement des ressources et des produits. L'économie centralisée et l'économie de marché comportent des faiblesses. L'économie centralisée est souvent affectée par des goulots d'étranglement qui empêchent l'atteinte des objectifs fixés par le plan. Elle provoque souvent des pénuries, qui se traduisent par des files d'attente. L'économie de marché mène à une grande inégalité dans la répartition des revenus. Elle n'est pas parfaitement efficace et ne produit pas tous les biens et les services essentiels, comme les biens publics ou les biens non rentables. Elle ne tient pas compte des externalités, soit les bénéfices ou les coûts externes. L'absence de concurrence parfaite nuit également à son efficacité. De plus, l'économie de marché est particulièrement instable. Elle subit des fluctuations à la hausse et à la baisse.

- Les premières économies ont été des économies de subsistance où seuls les besoins primaires comptaient. La pêche, la chasse, la cueillette puis l'agriculture et l'élevage constituaient alors les principales activités économiques. La terre et les esclaves étaient les principales richesses.

- Une fois l'esclavage aboli, la terre est redevenue la seule richesse. Le féodalisme est apparu. Certains paysans étaient libres mais devaient exécuter des corvées et payer des impôts au vassal et au seigneur. Une nouvelle mentalité économique a vu le jour, fondée sur l'investissement (dans les colonies) et la notion de profit.

- Le mercantilisme a correspondu à l'époque de la spécialisation et de la division du travail. Les colonies fournissaient à la mère patrie les ressources dont elle avait besoin et lui achetaient les produits transformés, le tout sous la protection de l'État.

- La révolution industrielle a entraîné la multiplication des manufactures. Deux classes sociales sont apparues : la bourgeoisie, qui possédait les moyens de production, et le prolétariat, qui travaillait pour elle. Comme le salaire que les ouvriers recevaient était insuffisant pour absorber la production, de graves crises de surproduction ont donné naissance à des idéologies égalitaires.

- L'État est alors intervenu dans l'économie, sous la forme de l'État providence (le capitalisme mixte) ou du socialisme (l'économie centralisée).

- Plus récemment, au début des années 1990, les pays d'Europe centrale et d'Europe de l'Est ont vécu une grave crise politique et économique qui les a incités à passer de l'économie centralisée à l'économie de marché. Ce phénomène a nécessité l'émergence de la propriété privée des moyens de production et la libéralisation des prix pour que ceux-ci puissent refléter la rareté relative des ressources. Cette transition a causé de nombreux changements tant économiques que politiques et sociaux. De nombreux obstacles ralentissent encore la transition, qui est loin d'être achevée dans de nombreux pays.

Exercices

I BIEN COMPRENDRE LE VOCABULAIRE DE BASE

1 Comment appelez-vous :

a) le mode d'organisation d'une société visant à répondre aux questions fondamentales ?

b) les personnes physiques ou morales qui jouent un rôle dans l'activité économique ?

c) un bien que l'économie de marché ne produit pas spontanément parce que personne n'est prêt à en payer le prix, et ce, parce que tous en profitent, peu importe qui paye ?

d) une économie basée sur la survie ?

e) une économie où l'État comble les failles ?

f) les choix de base que doivent faire toutes les sociétés ?

2 Complétez les énoncés.

a) Une _____ appartient aux gens qui y travaillent.

b) Le capitalisme pur est également appelé

_____.

c) Les externalités correspondent aux _____ et aux _____ dont le prix ne tient pas compte.

d) La concurrence et la libre entreprise sont à la base de l'économie _____.

e) La planification est à la base de l'économie

_____.

f) Les deux caractéristiques de tout système économique sont _____ et

_____.

II BIEN COMPRENDRE LA THÉORIE DE BASE

1 Cherchez l'erreur.

a) Les questions fondamentales sont : « Quoi produire ? », « Comment produire ? », « Pour qui produire ? » et « Pourquoi produire ? »

b) Lorsqu'une société produit beaucoup de biens jetables, elle apporte sa réponse à la question « Comment produire ? »

c) Au Québec, les coopératives de consommation se trouvent principalement dans le commerce de détail.

d) Le manque d'emplois en région est une conséquence de la réponse apportée à la question « Pour qui produire ? »

e) Les questions fondamentales sont propres aux économies développées.

f) Dans les économies centralisées, les prix ne permettent de répondre qu'à la question « Quoi produire ? »

g) On dit que la concurrence est imparfaite lorsqu'elle engendre des failles que l'État doit combler.

h) Les coutumes permettaient de gérer l'économie dans les sociétés où avait cours le mercantilisme.

i) Les chasseurs cueilleurs ne se posaient pas de questions. Ils luttaient pour survivre.

j) La propriété collective des moyens de production concerne uniquement les économies centralisées ou communistes.

2 Décrivez les situations suivantes en cinq lignes.

a) Essayez d'expliquer ce qu'est un système sans faire référence à l'économie.

b) Après réflexion, précisez le type d'économie que vous privilégieriez. Justifiez votre réponse.

c) Expliquez pourquoi les réponses aux questions fondamentales ne peuvent être les mêmes partout.

d) Faites part de votre réflexion concernant la perpétuelle mutation des systèmes économiques.

e) Tentez d'expliquer comment la planification permet de répondre aux questions économiques fondamentales.

III APPROFONDIR LES OUTILS D'ANALYSE ÉCONOMIQUE

1 Illustrez, selon la courbe des possibilités de production :

a) les coûts et les bénéfices externes.

b) la question fondamentale « Quoi produire ? »

c) la transition des pays d'Europe centrale et d'Europe de l'Est vers l'économie de marché.

d) La question fondamentale « Comment produire ? »

DES OUTILS D'ANALYSE ÉCONOMIQUE

LA DEMANDE, L'OFFRE ET L'ÉQUILIBRE DES MARCHÉS

Qu'est-ce qu'un marché ?

3.1 Définitions

3.1.1 Un modèle

Dans ce chapitre, nous étudions un premier modèle économique, celui du marché. Dans le chapitre 1, nous avons déjà défini le modèle comme étant une représentation simplifiée de la réalité. Le but de créer des modèles est d'éliminer tous les petits détails qui nuisent à une vision globale des principales relations entre les variables de manière à mieux expliquer la réalité.

Si on regarde un dessin d'enfant, on voit ce qui est important pour lui. Papa a une barbe, maman a les cheveux frisés, tous les deux ont une tête, des bras, un tronc, des jambes. Ils sont grands par rapport à l'enfant. L'essentiel ressort de manière efficace. Il en est de même avec les modèles économiques. Ceux-ci ne traduisent pas tous les milliers de détails de la vie quotidienne, mais ils font ressortir l'essentiel. Un modèle est donc une abstraction qui permet de mieux cerner les variables importantes et leurs liens.

3.1.2 Qu'est-ce qu'un marché ?

Les modèles étant des abstractions, ils permettent d'isoler certaines variables pour mieux les étudier. Un premier modèle, celui du marché, comporte trois variables : la quantité demandée d'un bien ou d'un service, la quantité offerte et le prix. Ces variables sont liées. La fonction de demande, appelée plus simplement la « demande », décrit la relation entre le prix et la quantité demandée. La fonction d'offre, appelée l'« offre », décrit la relation entre le prix et la quantité offerte. Finalement, la mise en relation de ces deux fonctions permettra d'établir le prix et la quantité d'équilibre sur un marché.

Le marché correspond justement à la rencontre entre les demandeurs et les offreurs d'un produit. On parlera du marché du yogourt, de l'automobile, de l'aluminium, et ainsi de suite. Lorsqu'on le met sous forme graphique, on obtient la relation entre les comportements de ceux qui veulent acheter un produit (les demandeurs) et de ceux qui désirent le vendre (les offreurs). Avant d'aller plus loin, précisons ce qu'on entend par « demandeur » et « offreur ».

3.1.3 Qu'est-ce qu'un demandeur ?

Demandeur
Un demandeur est une personne physique ou morale qui souhaite acheter un produit ou une ressource.

Un **demandeur** est une personne physique ou morale qui souhaite se procurer un produit ou une ressource. Ce peut être un individu, une entreprise, une institution, une administration publique (un gouvernement) ou un importateur. Souhaiter obtenir un produit n'est pas suffisant pour être demandeur sur un marché ; il faut également avoir la capacité et la volonté de payer un certain prix. Telle personne pourrait être un demandeur sur le marché du prêt-à-porter, mais peut-être pas sur celui des grands couturiers.

3.1.4 Qu'est-ce qu'un offreur?

Un **offreur** est une personne physique ou morale qui souhaite vendre un produit ou une ressource sur un marché et qui est en mesure de le faire. Il ne suffit pas de prendre des commandes, il faut pouvoir livrer la marchandise. Lorsqu'un offreur dit qu'il est prêt à vendre 100 maisons s'il peut obtenir 200 000 $ par unité, il doit être capable de les construire dans les délais requis. Les offreurs et les demandeurs d'un produit interagissent sur le marché d'un produit. Le modèle de marché suppose que ces interactions se déroulent dans un marché en concurrence parfaite.

> **Offreur**
> Un offreur est une personne physique ou morale qui souhaite vendre un produit ou une ressource.

3.2 La concurrence parfaite

Le modèle de l'offre et de la demande fonctionne parfaitement à une condition: qu'il existe une concurrence parfaite sur le marché. Cette expression signifie: 1) que tous les participants possèdent toute l'information voulue; 2) qu'il n'y a pas de frais de transport; 3) que le nombre de demandeurs et d'offreurs est tellement grand qu'aucun d'eux ne peut avoir de l'influence sur le prix par ses seuls agissements. De plus, le produit doit être homogène, c'est-à-dire qu'il doit présenter les mêmes caractéristiques d'un offreur à un autre. Plus on s'éloigne de ces caractéristiques, plus le modèle s'éloigne de la réalité. Reprenons brièvement chacune de ces caractéristiques.

3.2.1 L'information complète

La première condition pour que la concurrence soit parfaite est que tous les offreurs et les demandeurs soient au courant des différents prix auxquels le produit peut se vendre. Ils connaissent également très bien le produit et tous ses **substituts,** ainsi que le prix des biens **complémentaires,** qui peut avoir de l'influence sur le consommateur dans ses achats. Un produit substitut est un produit qui peut en remplacer un autre pour satisfaire le même besoin. L'autobus et l'automobile sont des substituts éloignés tandis que le steak de contre-filet et le steak de faux-filet sont des substituts rapprochés. On dit que deux produits sont complémentaires lorsqu'on doit les consommer ensemble. Par exemple, l'automobile et l'essence ou les céréales et le lait.

> **Substitut**
> Un produit est un substitut d'un autre quand il peut le remplacer parfaitement.
>
> **Complémentaire**
> Un produit est complémentaire d'un autre quand on les consomme nécessairement en même temps.

TEMPS D'ARRÊT 3.1

a) Trouvez un substitut à chacun des produits suivants: une bicyclette, du porc, un chandail, un four à micro-ondes, un lave-vaisselle, du sirop d'érable, du cuir, de la fourrure, de l'ivoire, un téléphone.

b) Trouvez les produits complémentaires à chacun des produits suivants: une brosse à dents, une bicyclette, un ordinateur, un lecteur de disques compacts, un chauffe-eau, une piscine, un rosier, un avion, une course automobile.

Les demandeurs et les offreurs connaissent également toutes les caractéristiques du produit: la qualité, les normes de sécurité, le fonctionnement, les biens complémentaires essentiels, et ainsi de suite.

3.2.2 L'absence de frais de transport

La deuxième condition à respecter pour que la concurrence soit parfaite est qu'il n'existe pas de frais de transport susceptibles de modifier le coût du produit. De cette manière, tous les offreurs et les demandeurs, où qu'ils soient, se trouvent dans les mêmes conditions : il n'y a aucuns frais de livraison et pas de déplacement pour le consommateur. Seuls les coûts de production entrent en jeu, c'est-à-dire ceux liés à l'utilisation des ressources décrites dans le chapitre 1.

3.2.3 Le nombre d'offreurs et de demandeurs

La troisième condition pour que la concurrence soit parfaite est qu'il y ait un nombre si élevé d'offreurs et de demandeurs qu'aucun d'eux ne puisse, à lui seul, avoir une influence sur le prix. S'il n'y avait qu'un seul consommateur (dans le cas où le marché est un monopsone) ou qu'un seul producteur (dans le cas où le marché est un monopole), l'un ou l'autre pourrait aisément décider du prix. Au contraire, s'il y a un nombre élevé d'offreurs, l'un d'eux n'est pas assez important pour absorber les clients des autres ; il ne lui sert donc à rien de baisser son prix et, s'il s'avise de l'augmenter, l'ensemble des autres offreurs pourrait absorber sa clientèle. De la même manière, si les consommateurs sont nombreux, un seul ne peut boycotter un produit ; cela n'aurait pas d'effet sur le prix et il ne pourrait en acheter suffisamment pour créer une pénurie sur le marché.

3.2.4 Un produit homogène

Homogène
Un produit est homogène quand il est identique d'un producteur à l'autre.

L'étude du marché d'un produit nous amène à poser une dernière hypothèse : pour qu'il y ait concurrence parfaite, il faut que le produit offert soit identique d'un offreur à l'autre. On dira alors que le produit est **homogène.** Le lait, par exemple, qui est transporté vers une laiterie, est un produit homogène. En effet, on verse dans le même camion le lait de différents producteurs laitiers qui, eux-mêmes, mélangent celui de leurs vaches. On ne peut distinguer de qui provient ce lait. Il n'existe donc pas de publicité pour un producteur en particulier, car cela serait inutile. Pourquoi un agriculteur vanterait-il le lait de ses vaches ? Du lait, c'est du lait !

Évidemment, tous les produits ne sont pas aussi homogènes. Les automobiles, par exemple, varient beaucoup d'un modèle à l'autre et d'un fabricant à un autre, mais ce n'est pas bien grave. Il existe même plusieurs modèles chez un même fabricant. Le modèle de marché permet quand même de comprendre les mécanismes du marché et le fonctionnement de l'économie de marché dans son ensemble. C'est le sujet de la prochaine partie.

Le marché des biens et des services

Cette section comprend l'étude systématique du fonctionnement du marché des biens et des services, où les demandeurs sont les consommateurs et où les offreurs sont les entreprises. Plus loin, nous étudierons le marché de ressources, dont le marché du travail, et, enfin, sommairement, le marché monétaire.

3.3 La demande

3.3.1 La fonction de demande : définition

La **demande** est la relation qui existe entre le prix d'un produit et la **quantité demandée** de ce même produit au cours d'une période donnée. À chaque prix possible, le consommateur (ou demandeur) est prêt à acheter une certaine quantité d'un produit. On peut représenter la demande d'un produit sous la forme d'un tableau comprenant deux colonnes : la première montre le prix et la deuxième, la quantité demandée. On peut également utiliser une courbe où, exceptionnellement, la variable dépendante (la quantité demandée) est en abscisse et la variable indépendante (le prix) est portée en ordonnée. C'est une simple convention qui vaudra également pour l'offre. La figure 3.1 présente un exemple de demande.

Demande
La demande est la relation qui existe entre le prix et la quantité demandée d'un produit.

Quantité demandée
La quantité demandée est la quantité que désire acheter un consommateur à un prix en particulier.

FIGURE 3.1 **Demande de bonbons pour une semaine**

a)

Prix (en dollars)	Quantité demandée (en nombre de sacs)
1	14
2	12
3	10
4	8
5	6
6	4
7	2

b)

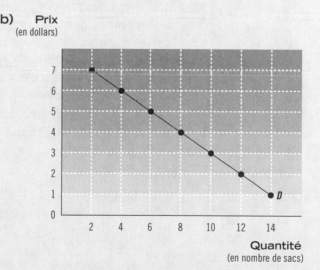

Cette figure représente la demande de sacs de bonbons pour une semaine ; la quantité demandée est placée en abscisse et le prix, en ordonnée. Chaque point correspond à la quantité demandée à un prix en particulier. Notez que la courbe de la demande est inclinée de la gauche vers la droite, c'est-à-dire qu'elle a une pente négative. Il existe une relation inverse entre la quantité demandée et le prix. Si le prix augmente, la quantité demandée diminue, et si le prix diminue, la quantité demandée augmentera.

3.3.2 La loi de la demande

Observons attentivement le tableau ou la courbe de la figure 3.1. Chacun des points de la courbe correspond à une ligne du tableau, c'est-à-dire à la quantité de sacs de bonbons que désire acheter un consommateur en fonction du prix auquel ces sacs pourraient se vendre. En reliant les points, on obtient la courbe de la demande de bonbons de cette personne. Si les bonbons se vendaient 1 $, elle serait prête à en acheter 14 sacs par semaine, à 2 $, elle en achèterait 12 sacs, à 3 $, elle en achèterait 10, à 4 $, elle en achèterait 8, à 5 $, elle en achèterait 6, à 6 $, elle en achèterait 4 et à 7 $, elle en achèterait 2. Comme la quantité demandée diminue lorsque le prix augmente, la courbe de la demande suit une pente négative. Il existe une relation inverse entre la quantité demandée et le prix du produit. C'est ce qu'on appelle la **loi de la demande.**

La loi de la demande est une question de gros bon sens, puisque le consommateur achète davantage un produit quand son prix est bas (par exemple, au moment d'un solde) et moins lorsqu'il augmente. Toutefois, les économistes expliquent ce phénomène de trois autres manières. Tout d'abord, l'**effet de revenu,** ou l'impression d'être plus riche, peut se manifester. Lorsque le prix d'un produit diminue, le consommateur peut acheter une plus grande quantité de ce produit avec le même revenu sans sacrifier la consommation d'un autre produit. Il se sent donc plus riche ; c'est comme s'il gagnait un meilleur salaire. Il y a aussi l'**effet de substitution.** Si le prix d'un produit diminue, le consommateur trouvera plus avantageux d'acheter ce produit plutôt qu'un de ses substituts. Par exemple, si le prix du brocoli diminue, le consommateur en mangera davantage et, par conséquent, la quantité demandée d'autres légumes plus chers diminuera. Finalement, la pente négative de la courbe de la demande peut également s'expliquer par le fait que l'utilité qu'on retire d'un produit diminue lorsque la quantité consommée augmente. Manger de la pizza un soir, c'est bon. En manger toute la semaine, cela devient désagréable. Après un mois de ce type de régime, même si elles étaient gratuites, on ne voudrait plus de pizzas. On appelle l'« utilité marginale » le plaisir découlant de la consommation d'une unité supplémentaire. Cette utilité diminue au fur et à mesure qu'on augmente sa consommation (c'est le principe de satiation, soit la pleine satisfaction d'un besoin). On dira que l'**utilité marginale** de ce produit est décroissante.

Loi de la demande
La loi de la demande nous dit qu'il existe une relation inverse entre le prix et la quantité demandée.

Effet de revenu
L'effet de revenu ou de richesse fait en sorte que l'on puisse acheter plus d'un produit lorsque son prix diminue sans pour autant sacrifier la consommation d'un autre produit.

Effet de substitution
L'effet de substitution se produit lorsque le consommateur achète davantage d'un produit parce que son prix diminue plutôt que d'acheter un de ses substituts.

Utilité marginale
L'utilité marginale est la satisfaction procurée par la consommation d'une unité supplémentaire d'un produit.

TEMPS D'ARRÊT 3.2

Parmi les énoncés suivants, déterminez ceux qui correspondent à l'effet de revenu, à l'effet de substitution ou à l'utilité marginale décroissante.

a) Je peux m'acheter plus de cornets de crème glacée sans me priver de quoi que ce soit d'autre depuis que leur prix a diminué.

b) J'ai dû acheter moins de t-shirts pour ne pas grever mon budget d'habillement depuis que leur prix a augmenté.

c) C'est agréable une bonne bière quand on vient de tondre le gazon, mais la quatrième que j'ai bue hier m'a donné mal au cœur !

d) Comme le prix d'entrée au cinéma est maintenant moins élevé le mardi, j'y vais plus souvent et je loue moins de cassettes vidéo.

e) Mon salaire n'a pas augmenté, mais le prix du litre d'essence oui. Alors, je ne peux plus voyager autant sans diminuer mes dépenses ailleurs.

3.3.3 «Toutes choses étant égales par ailleurs»

Un tableau représentant la demande ou une courbe de la demande n'est pas immuable. Qu'est-ce qui peut amener un changement? On a défini la demande comme la relation entre le prix (le facteur qui a le plus d'influence) et la quantité demandée. Pourtant, d'autres facteurs influent sur la demande, mais une courbe de la demande demeure inchangée lorsque aucun autre facteur que le prix n'a changé. Si certains facteurs autres que le prix changent, alors la demande va changer; celle-ci sera plus grande ou plus petite. C'est pourquoi on dira qu'une demande demeure inchangée, «toutes choses étant égales par ailleurs (TCÉÉPA)», tant qu'aucun autre facteur, à part le prix, n'a changé. Seul le prix varie. Lorsque les autres facteurs changent et font varier la demande, le tableau et la courbe de la figure 3.1 (p. 61), déjà analysés, ne sont alors plus valables.

ÉVITER LE PIÈGE

Attention! L'expression «toutes choses étant égales par ailleurs» ne signifie pas que seul le prix influe sur la quantité demandée. Elle signifie que seul le prix a changé dans l'analyse qui a été faite et que les autres facteurs qui influent sur la demande n'ont pas changé.

3.3.4 Les facteurs influant sur la demande

Les goûts et les besoins

Au fil des ans, les goûts et les besoins peuvent entraîner une **variation** (un changement) **de la demande.** L'utilisation de la bicyclette, des patins à roues alignées et de la trottinette s'est accrue de façon spectaculaire durant la dernière décennie. Par contre, l'usage du tabac a diminué. Les modes viennent et passent. C'est pourquoi, même si le prix ne varie pas, la quantité demandée de bicyclettes ou de bonbons peut changer dans le temps. Prenons comme exemple le marché des stylos. Si, à un même prix, la quantité demandée varie, alors mon tableau de la demande et ma courbe de la demande ne reflètent plus la réalité. Il faut concevoir un nouveau tableau ou une nouvelle courbe. La demande a soit augmenté, soit diminué. Si, relativement à chacun des prix, la quantité demandée est supérieure à ce qu'elle était, on dit que la demande a augmenté (voir la figure 3.2, p. 64). La nouvelle courbe se situera à la droite de l'ancienne. Si, relativement à chacun des prix, la quantité demandée est inférieure à ce qu'elle était, on dit que la demande a diminué (voir la figure 3.2). La nouvelle courbe se situera à la gauche de l'ancienne.

On remarque qu'à 1 $, la quantité demandée de stylos était de 80 dans la demande 1, de 60 dans la demande 2 et de 100 dans la demande 3. À un même prix, les quantités demandées sont donc différentes. C'est pourquoi on parle d'un «changement de la demande».

Le prix des produits substituts ou des produits complémentaires

En plus des goûts et des besoins, le prix des autres produits influera sur la demande d'un produit. Prenons comme exemple, dans le domaine des véhicules,

> **Variation de la demande**
> Une variation de la demande se produit quand la quantité demandée n'est plus ce qu'elle était à un prix déterminé.

FIGURE 3.2 Variation de la demande

a) Demande initiale

Demande de stylos 1	
Prix (en dollars)	Quantité demandée
0,50	100
1,00	80
1,50	60
2,00	40
2,50	20

b) Diminution de la demande

Demande de stylos 2	
Prix (en dollars)	Quantité demandée
0,50	80
1,00	60
1,50	40
2,00	20
2,50	0

c) Augmentation de la demande

Demande de stylos 3	
Prix (en dollars)	Quantité demandée
0,50	120
1,00	100
1,50	80
2,00	60
2,50	40

d) Trois demandes de stylos

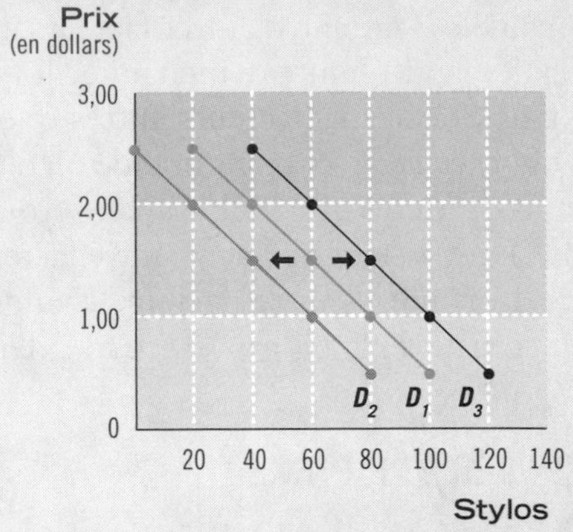

Cette figure représente trois demandes. La demande initiale [voir le tableau a)] correspond à la demande 1 (D_1). La demande 2 (D_2) [voir le tableau b)] est plus faible que la demande 1. Elle est située à la gauche de la demande 1. À chacun des prix, la quantité demandée est moindre. La demande 3 [voir le tableau c)] est située à la droite de la demande 1. Elle est plus grande. À chacun des prix, la quantité demandée est plus grande.

la demande d'automobiles familiales. Si le prix des fourgonnettes, produit substitut, diminue sensiblement, alors que celui des familiales est stable, la quantité demandée d'automobiles familiales diminuera, car les gens préféreront acheter des fourgonnettes. Si le prix des fourgonnettes augmente sensiblement, sans que le prix des familiales varie, la quantité demandée de familiales augmentera, car les gens préféreront acheter des familiales. Les changements de prix d'un bien substitut influent sur la demande d'un produit auquel il peut être substitué. Ils varient dans le même sens. Une augmentation du prix du produit substitut fera augmenter la demande du produit étudié, toutes choses étant égales par ailleurs. La nouvelle courbe de la demande se situera à la droite de l'ancienne. Une baisse du prix du bien substitut fera diminuer la demande du produit considéré, toutes choses étant égales par ailleurs. La nouvelle courbe de la demande se situera alors à la gauche de l'ancienne.

Si deux biens sont complémentaires, c'est-à-dire s'ils se consomment en même temps, les changements de prix de l'un influeront sur la demande de l'autre. Par exemple, si le prix de l'essence (le bien complémentaire) augmente beaucoup, la demande d'automobiles diminuera, toutes choses étant égales par ailleurs. La nouvelle courbe se situera à la gauche de l'ancienne. Si le prix des portemines diminue sensiblement, alors la demande de mines augmentera, toutes choses étant égales par ailleurs. La nouvelle courbe se situera à la droite de l'ancienne. La demande du produit varie dans le sens contraire de la variation du prix du bien complémentaire.

La taille de la population

On peut facilement concevoir que, si la population augmente, toutes choses étant égales par ailleurs, alors la demande pour des produits augmentera. Par exemple, il faudra plus de logements, de meubles et de vêtements. De la même manière, si la population diminue, la demande diminuera. Rappelons qu'une augmentation de la demande de logements, par exemple, signifie que, même si le prix des logements ne change pas, la quantité demandée sera plus grande au même prix.

Le revenu disponible

Un autre facteur qui influe grandement sur la demande est le revenu disponible, c'est-à-dire le revenu après impôts. Si mon revenu chute brutalement parce que je perds mon emploi, il est certain que, même si les prix n'ont pas changé, je vais vouloir acheter une quantité moindre de nombreux produits. Au contraire, si j'obtiens une promotion accompagnée d'une hausse de salaire appréciable, je vais désirer acheter plus de certains produits qu'auparavant, même si leur prix n'a pas changé. Par conséquent, une variation (à la hausse ou à la baisse) du revenu disponible fait varier la demande dans le même sens que la variation survenue.

Les anticipations

Finalement, lorsqu'on prévoit certains changements sur le marché, comme une pénurie ou une hausse de prix (on les anticipe), cela peut influer sur la demande. Supposons que je craigne une hausse du prix de la volaille à cause de la grippe aviaire ; je vais désirer en acheter davantage avant que le prix n'augmente. Au même prix, la quantité demandée sera plus grande, ce qui correspond à une hausse de la demande. Si l'économie se porte très mal et que les consommateurs craignent de perdre leur emploi, ils voudront acheter moins, par précaution, même si les prix n'ont pas augmenté. Il y aura une baisse de la demande.

TEMPS

D'ARRÊT 3.3

Dites ce qu'il arrivera à la demande du produit en caractères gras, toutes choses étant égales par ailleurs, dans chacune des situations suivantes, puis mentionnez le facteur qui intervient.

a) Des rumeurs circulent sur les **tomates transgéniques,** qui seraient cancérigènes.

b) L'influence de la baisse du taux de chômage sur la **demande d'automobiles.**

c) Le prix des lecteurs de disques compacts chute, ce qui influe sur la demande de **piles AA.**

d) Quand le prix du poulet est trop élevé, je cherche à trouver une **viande rouge** pour le remplacer.

e) Le prix des oranges ayant beaucoup augmenté, j'ai acheté moins d'**oranges.**

3.3.5 La différence entre la quantité demandée et la demande

ÉVITER LE PIÈGE

Une erreur classique est de confondre la « demande » et la « quantité demandée ».

Lorsque le prix du sac de carottes augmente (ou diminue), c'est la quantité demandée de sacs qui diminue (ou augmente), ce n'est pas la demande. Le tableau n'a pas changé, la courbe est restée la même. On change tout simplement de ligne dans le tableau ou de point sur la courbe (voir la figure 3.3). Lorsqu'un facteur autre que le prix varie, c'est toute la courbe qui se déplace vers la gauche ou vers la droite, ou il faut concevoir un nouveau tableau.

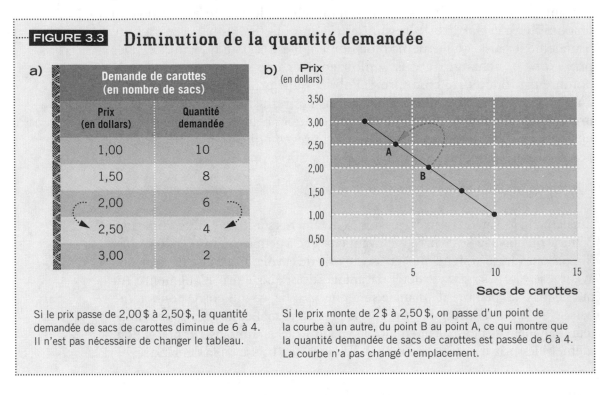

FIGURE 3.3 **Diminution de la quantité demandée**

a)

Demande de carottes (en nombre de sacs)	
Prix (en dollars)	Quantité demandée
1,00	10
1,50	8
2,00	6
2,50	4
3,00	2

Si le prix passe de 2,00 $ à 2,50 $, la quantité demandée de sacs de carottes diminue de 6 à 4. Il n'est pas nécessaire de changer le tableau.

b)

Si le prix monte de 2 $ à 2,50 $, on passe d'un point de la courbe à un autre, du point B au point A, ce qui montre que la quantité demandée de sacs de carottes est passée de 6 à 4. La courbe n'a pas changé d'emplacement.

Par contre, si l'un des facteurs mentionnés précédemment (les goûts, les besoins, le prix des autres produits [des produits substituts ou des produits complémentaires], le revenu disponible, les anticipations) varie, alors il faudra changer le tableau et la courbe puisque c'est toute la demande qui change. La demande est une fonction, la quantité demandée en est la variable dépendante.

TEMPS D'ARRÊT 3.4

Relativement à chacun des événements suivants, dites si c'est la demande ou la quantité demandée du produit en caractères gras qui change.

a) Le prix de l'**essence** augmente à la suite d'une décision de l'OPEP, toutes choses étant égales par ailleurs.

b) Le prix des bières américaines a beaucoup baissé par rapport au prix des **bières canadiennes,** toutes choses étant égales par ailleurs.

c) La mode revient aux **talons aiguilles,** toutes choses étant égales par ailleurs.

d) La popularité des **Jeeps** a diminué, toutes choses étant égales par ailleurs.

e) Le nombre de **repas vendus** à la cafétéria a diminué à la suite d'une hausse de prix du nouveau concessionnaire.

3.3.6 La demande individuelle et la demande du marché

En général, de nombreux consommateurs veulent acquérir un même produit, chacun ayant sa propre demande individuelle. On définira la demande du marché des hamburgers, par exemple, comme la somme de chacune des demandes individuelles des particuliers (voir la figure 3.4). Relativement à chacun des prix, on additionnera les quantités demandées par les consommateurs.

Graphiquement (voir la courbe de la figure 3.4), on constate que la **demande du marché** correspond à la courbe située à l'extrême droite. Ce résultat s'explique par le fait que la demande du marché est plus grande que celle de chacun des consommateurs si on les considère isolément. Comme la quantité augmente sur l'abscisse de la gauche vers la droite, plus la demande est grande, plus elle se situera à droite. Les courbes de l'offre et de la demande se déplacent vers la gauche ou vers la droite. Comme c'est la quantité qui varie de gauche à droite sur l'abscisse, le déplacement est latéral. Il faut se méfier de l'illusion d'optique faisant croire à un déplacement vertical, soit de bas en haut.

Demande du marché
La demande du marché correspond à la somme de toutes les demandes individuelles.

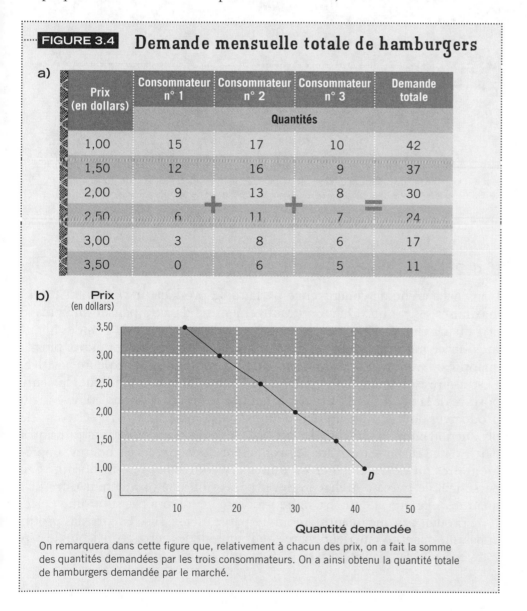

FIGURE 3.4 — Demande mensuelle totale de hamburgers

a)

Prix (en dollars)	Consommateur n° 1	Consommateur n° 2	Consommateur n° 3	Demande totale
	Quantités			
1,00	15	17	10	42
1,50	12	16	9	37
2,00	9	13	8	30
2,50	6	11	7	24
3,00	3	8	6	17
3,50	0	6	5	11

b)

On remarquera dans cette figure que, relativement à chacun des prix, on a fait la somme des quantités demandées par les trois consommateurs. On a ainsi obtenu la quantité totale de hamburgers demandée par le marché.

3.4 L'offre

3.4.1 Définition

Jusqu'à présent, ce chapitre a eu pour objet le comportement du consommateur sur le marché. Qu'en est-il du producteur ? Tout comme les consommateurs, les producteurs ont une influence sur le marché. À chacun des prix possibles, les producteurs souhaitent vendre une certaine quantité d'un produit de manière à maximiser leurs profits, c'est-à-dire obtenir les plus grands profits possible. L'**offre** est la fonction qui illustre ce comportement. On peut la représenter sous forme de tableau (voir la figure 3.5).

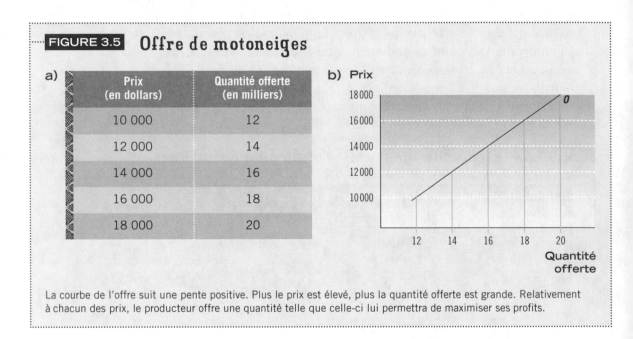

FIGURE 3.5 **Offre de motoneiges**

a)

Prix (en dollars)	Quantité offerte (en milliers)
10 000	12
12 000	14
14 000	16
16 000	18
18 000	20

La courbe de l'offre suit une pente positive. Plus le prix est élevé, plus la quantité offerte est grande. Relativement à chacun des prix, le producteur offre une quantité telle que celle-ci lui permettra de maximiser ses profits.

3.4.2 La loi de l'offre

Dans un marché de concurrence parfaite, le producteur vise avant tout à maximiser ses profits. On aura intuitivement tendance à penser que plus le prix du marché est élevé, plus le producteur désirera offrir de grandes quantités sur ce marché. Notre intuition est juste. Plus le prix est élevé, plus la quantité offerte est grande. La courbe de l'offre suit donc une pente positive, c'est-à-dire ascendante de la gauche vers la droite. On peut expliquer la pente positive de la courbe de l'offre par le fait que le prix correspond au revenu du producteur pour chaque unité produite. Ce revenu doit couvrir ses coûts de production pour qu'il réalise des profits. Ces coûts sont croissants parce qu'à partir d'une certaine quantité, le producteur devra payer des heures supplémentaires ou devra engager de nouveaux contremaîtres ou du nouveau personnel de bureau. À chacun des prix possibles, le producteur offre une quantité telle que la dernière unité produite ne lui fera pas subir une perte. Il ne produit pas une quantité moindre parce qu'il réalise encore des profits et pas une quantité supérieure parce qu'il subirait des pertes. Ainsi, plus le prix est élevé, plus la quantité offerte sera grande (voir la figure 3.5).

3.4.3 « Toutes choses étant égales par ailleurs »

Une fois de plus, on se réfère à l'expression « toutes choses étant égales par ailleurs ». En ce qui concerne l'offre, cela signifie, pour le producteur, qu'une offre donnée ne change pas tant que seul le prix change. Si un autre facteur influant sur l'offre change, l'offre ne sera plus la même. Nous allons maintenant étudier les facteurs qui peuvent faire changer l'offre.

3.4.4 Les facteurs influant sur l'offre

Les coûts de production et la technologie

Le principal déterminant de l'offre correspond aux coûts de production d'un bien ou d'un service, soit l'ensemble des dépenses nécessaires à la production de ce bien ou service. Quand ces dépenses augmentent par rapport à un prix de vente donné, les profits diminuent. Il devient donc moins intéressant d'offrir le produit. L'offre diminue lorsque certains producteurs dont les coûts sont élevés se retirent du marché ; la courbe se déplace alors vers la gauche. Au contraire, si les **coûts de production** diminuent (souvent grâce à l'introduction d'une nouvelle technologie), alors, par rapport à un prix de vente donné, le profit augmentera et il sera plus rentable d'offrir le produit. De nouveaux producteurs intégreront le marché et la courbe de l'offre se déplacera vers la droite. Rappelons que le marché est considéré comme en concurrence parfaite.

> **Coûts de production**
> Les coûts de production correspondent à l'ensemble des dépenses effectuées pour produire un bien ou un service.

Mais quels sont ces coûts de production ? Quelles sont les principales dépenses permettant de produire un bien ou un service ? Mentionnons d'abord le coût des ressources : le travail, les ressources naturelles, le capital, le produit semi-fini, l'énergie, etc. Lorsque le prix des ressources augmente, il en coûte plus cher pour fabriquer le produit et l'offre diminue.

ÉVITER LE PIÈGE

Attention ! L'offre n'est pas le prix du produit, c'est la quantité que le producteur désire vendre selon le prix qu'il peut obtenir sur le marché. Donc, il s'agit d'une relation entre le prix et la quantité offerte.

Il existe d'autres facteurs influant sur les coûts de production, comme les taxes, les subventions et les techniques de production. Chaque fois qu'un de ces facteurs fera augmenter les coûts, l'offre diminuera. Inversement, chaque fois qu'un de ces facteurs fera diminuer les coûts, l'offre augmentera.

Les anticipations

Les anticipations des producteurs sont également un facteur qui peut influer sur l'offre. Si les producteurs prévoient une hausse de prix du produit, ils attendront pour mettre leur marchandise sur le marché pour en obtenir un meilleur prix. L'inverse est également vrai. S'ils anticipent une baisse de prix, ils vont s'empresser de vendre leur marchandise pour en obtenir un bon prix. S'ils anticipent un ralentissement économique ou une baisse de profits à venir, ils s'empresseront également de vendre leur marchandise pendant qu'il en est encore temps.

Le nombre de producteurs

Plus il y a de producteurs sur le marché, plus l'offre sera grande. À l'extrême limite, quand il n'y a qu'un seul producteur (on parle alors de monopole), le prix est très élevé et la quantité offerte, beaucoup moindre que s'il y avait concurrence. Comme le client n'a pas le choix, le producteur augmente son prix le plus possible et peut ainsi maximiser ses profits tout en offrant une quantité beaucoup moins importante. Si le nombre de producteurs augmente, à un même prix, la quantité offerte sera plus grande. On parle alors d'une augmentation de l'offre.

Le prix des autres produits

Certains producteurs peuvent offrir des biens de production substituts. Entre les diverses productions qu'ils sont en mesure de mettre sur le marché, ils vont certes choisir celles qui leur rapportent le plus. Si le prix du soja devient très intéressant (si le producteur peut en obtenir un prix élevé), plus de producteurs délaisseront la culture du tabac pour se lancer dans la culture du soja. Si le prix du soja augmente, la quantité offerte de soja augmentera et l'offre de tabac diminuera.

3.4.5 La différence entre la quantité offerte et l'offre

La quantité offerte fluctuant selon le prix

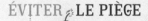

ÉVITER LE PIÈGE

> Tout comme le cas du consommateur, il faut bien différencier la quantité offerte et l'offre d'un produit.

Quantité offerte
La quantité offerte est la quantité que désire vendre un producteur à un prix en particulier.

La **quantité** effectivement **offerte** sur un marché dépend du prix du produit. Le tableau ou la courbe de l'offre indiquent la quantité offerte d'un produit à chacun des prix possibles. Chaque ligne du tableau et chaque point de la courbe représente une possibilité (voir la figure 3.6).

Les variations de l'offre

L'offre varie quand les données du tableau changent ou que la courbe se déplace. Lorsqu'un des facteurs qui influe sur l'offre change, la courbe initiale est remplacée par une nouvelle courbe à sa gauche ou à sa droite. Ainsi, si les coûts de production augmentent, la nouvelle courbe de l'offre sera située à la gauche de l'ancienne. Inversement, si les coûts de production diminuent, la nouvelle courbe de l'offre sera située à la droite de l'ancienne (voir la figure 3.7). Si tout autre facteur varie (à part le prix du produit), alors l'offre changera, c'est-à-dire que la courbe se déplacera.

FIGURE 3.6 **Offre de chaussures : changement de la quantité offerte**

a)

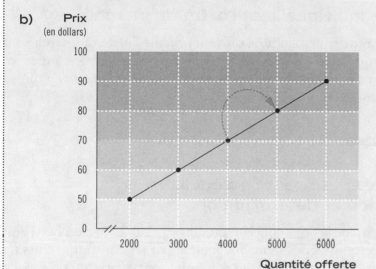

Prix (en dollars)	Quantité offerte
50	2000
60	3000
70	4000
80	5000
90	6000

b)

Prix (en dollars)

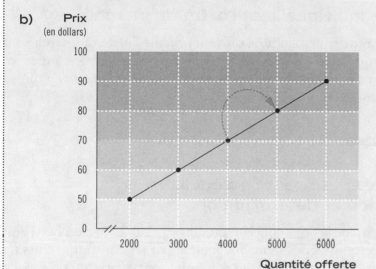

Quantité offerte

Cette courbe montre un changement de quantité offerte à la suite d'un changement de prix. La courbe ne change pas d'emplacement. Il y a tout simplement un déplacement d'un point à un autre sur la courbe.

FIGURE 3.7 **Augmentation et diminution de l'offre**

Prix

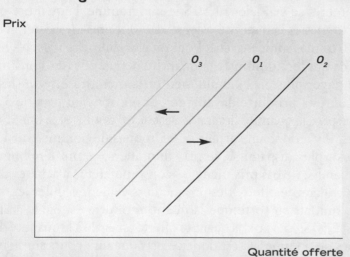

O_3 O_1 O_2

Quantité offerte

Dans cette figure, O_2 correspond à une offre plus élevée que O_1, tandis que O_3 est plus faible que O_1.

3.4.6 L'offre individuelle et l'offre du marché

Comme dans le cas de la demande, si on veut obtenir l'offre du marché, on fait la somme des quantités offertes par tous les producteurs, et ce, à tous les prix possibles sur ce marché. L'offre du marché se situe à la droite de toutes les courbes des producteurs.

3.5 L'équilibre

3.5.1 Le prix et la quantité d'équilibre : définition et détermination

Qu'est-ce qui détermine le prix auquel un produit se vend sur le marché ? C'est l'ensemble des décisions prises individuellement par les consommateurs (la demande) et les producteurs (l'offre) qui détermineront ce prix, qu'on appelle **prix d'équilibre.** On parle d'équilibre quand il n'y a ni **surplus** (lorsque la quantité offerte est plus grande que la quantité demandée) ni **pénurie** (lorsque la quantité demandée est plus grande que la quantité offerte). Le prix d'équilibre est le prix auquel se vend un produit sur le marché quand la quantité demandée est égale à la quantité offerte. Supposons le cas d'offre et de demande suivant sur le marché des pommes (voir les tableaux de la figure 3.8).

Si les pommes se vendaient 1,50 $ le kilogramme, la quantité demandée serait de 90 tonnes et la quantité offerte, de 60 tonnes. Il existerait donc une pénurie de 30 tonnes sur le marché. Pour que la pénurie se résorbe, le prix doit augmenter, ce qui fera diminuer la quantité demandée (les consommateurs sont prêts à payer plus cher) et augmenter la quantité offerte (les producteurs sont incités à produire davantage). Supposons un prix de 3 $ le kilogramme. À ce prix, la quantité demandée est de 60 tonnes et la quantité offerte, de 75 tonnes. Il y a donc un surplus de 15 tonnes de pommes sur le marché. Pour que le surplus disparaisse, le prix diminuera, ce qui fera augmenter la quantité demandée (le bas prix incite les consommateurs à acheter davantage) et diminuer la quantité offerte (les producteurs veulent écouler leurs surplus). Le seul prix qui fait en sorte que la quantité offerte est égale à la quantité demandée est 2,50 $. À ce prix, la quantité offerte est égale à la quantité demandée, soit 70 tonnes de pommes. C'est donc ce prix qui aura cours sur le marché, et la quantité échangée sera de 70 tonnes de pommes. Ce prix se maintiendra tant et aussi longtemps que la demande et l'offre demeureront les mêmes.

Prix d'équilibre
Le prix d'équilibre est le prix auquel il n'y a ni surplus ni pénurie sur un marché.

Surplus
Un surplus existe quand les quantités offertes sont supérieures aux quantités demandées à un prix en particulier.

Pénurie
Une pénurie existe quand les quantités offertes sont inférieures aux quantités demandées à un prix en particulier.

FIGURE 3.8 **Le marché des pommes**

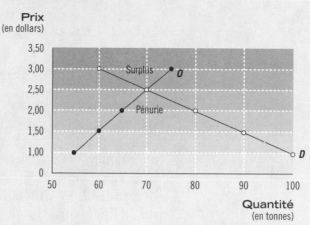

a) Demande

Prix au kilogramme (en dollars)	Quantité demandée (en tonnes)
1,00	100
1,50	90
2,00	80
2,50	70
3,00	60

b) Offre

Prix au kilogramme (en dollars)	Quantité offerte (en tonnes)
1,00	55
1,50	60
2,00	65
2,50	70
3,00	75

c) Équilibre

L'offre (*O*) et la demande (*D*) de pommes sont représentées sur ce graphique. On remarque que, à tous les prix supérieurs à 2,50 $, la quantité offerte est plus grande que la quantité demandée ; il y a surplus. On remarque également que, à tous les prix inférieurs à 2,50 $, la quantité demandée est supérieure à la quantité offerte ; il y a pénurie. C'est uniquement au prix de 2,50 $ qu'il n'y a ni surplus ni pénurie. Ce prix d'équilibre se maintiendra tant que l'offre ou la demande ne changera pas. La quantité échangée à ce prix est de 70 tonnes.

On peut également obtenir le prix et la **quantité d'équilibre** à l'aide d'un graphique (voir la courbe de la figure 3.8). La quantité d'équilibre est la quantité effectivement échangée sur le marché au prix d'équilibre, soit 70 milliers de kilogrammes à 2,50 $ le kilogramme.

Comme la courbe de la demande suit une pente négative et que celle de l'offre est positive, les deux courbes se croisent nécessairement. Le point d'intersection donne le prix d'équilibre et la quantité d'équilibre. Pour tous les prix supérieurs à 2,50 $, la quantité offerte est supérieure à la quantité demandée ; il y a surplus. Pour tous les prix inférieurs à 2,50 $, c'est l'inverse ; il y a pénurie. Seul un prix de 2,50 $ permet l'égalité entre la quantité

Quantité d'équilibre
La quantité d'équilibre correspond à la quantité échangée au prix d'équilibre.

TEMPS

D'ARRÊT 3.6

Observez les tableaux de demande et d'offre suivants, qui illustrent le marché des t-shirts, et dites ce qu'il arriverait :

a) si le prix était de 15 $;

b) si le prix était de 55 $;

c) si le prix était de 25 $.

Offre de t-shirts		Demande de t-shirts	
Prix (en dollars)	Quantité offerte	Prix (en dollars)	Quantité demandée
15	100	15	200
25	150	25	150
35	200	35	100
45	250	45	50
55	300	55	0

offerte et la quantité demandée. C'est le prix auquel se vendront les 70 tonnes de pommes. Tant que la courbe de l'offre et la courbe de la demande resteront les mêmes, ni ce prix ni la quantité échangée ne changeront.

3.5.2 Les changements d'équilibre

L'effet des changements de la demande

Que se passe-t-il si la demande change ? Rappelons que, lorsqu'un facteur influant sur la demande comme les goûts, le revenu, le prix des autres produits ou les anticipations change, la demande change également. Elle peut soit augmenter – la courbe se déplace vers la droite – soit diminuer – la courbe se déplace vers la gauche [voir la figure 3.9 a)]. Si la nouvelle courbe de demande D_2 se situe à la gauche de l'ancienne, à l'ancien prix d'équilibre de 2,50 $, la quantité demandée sera moindre ; il y aura donc un surplus et le prix d'équilibre diminuera à 2 $ pour résorber ce surplus. La nouvelle quantité d'équilibre de 65 sera également plus faible. Au contraire, si la demande augmente en D_3, alors, à l'ancien prix d'équilibre, la quantité demandée sera supérieure à la quantité offerte ; il y aura pénurie. Le prix augmentera alors jusqu'à 3 $ pour éliminer la pénurie, et la nouvelle quantité échangée sera de 75.

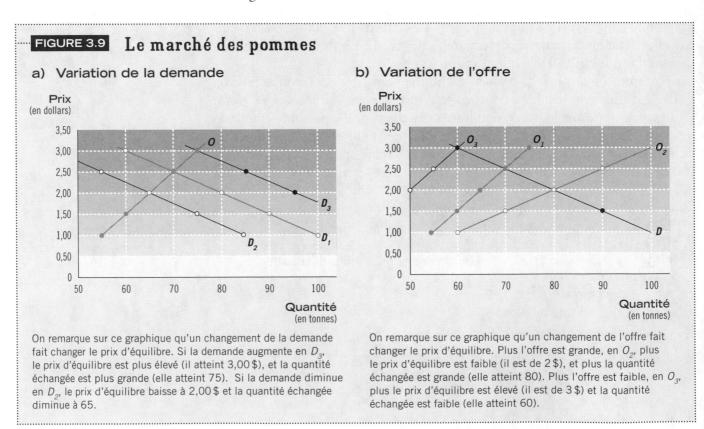

FIGURE 3.9 **Le marché des pommes**

a) Variation de la demande

On remarque sur ce graphique qu'un changement de la demande fait changer le prix d'équilibre. Si la demande augmente en D_3, le prix d'équilibre est plus élevé (il atteint 3,00 $), et la quantité échangée est plus grande (elle atteint 75). Si la demande diminue en D_2, le prix d'équilibre baisse à 2,00 $ et la quantité échangée diminue à 65.

b) Variation de l'offre

On remarque sur ce graphique qu'un changement de l'offre fait changer le prix d'équilibre. Plus l'offre est grande, en O_2, plus le prix d'équilibre est faible (il est de 2 $), et plus la quantité échangée est grande (elle atteint 80). Plus l'offre est faible, en O_3, plus le prix d'équilibre est élevé (il est de 3 $) et la quantité échangée est faible (elle atteint 60).

L'effet des changements de l'offre

De la même manière, si un des facteurs influant sur l'offre change, on aura un nouvel équilibre. Si l'offre augmente en O_2 [voir la figure 3.9 b)], à l'ancien prix d'équilibre il y aura un surplus, donc le prix diminuera et la quantité échangée sera supérieure. Au contraire, si l'offre diminue en O_3, alors, à l'ancien prix d'équilibre de 2,50 $, il y aura pénurie et le prix augmentera pour faire diminuer la quantité demandée et augmenter la quantité offerte. On constate qu'une augmentation de l'offre tout comme une augmentation de la demande fait augmenter la quantité d'équilibre. De la même manière, une diminution de l'offre tout comme une baisse de la demande fait diminuer la quantité d'équilibre. Toutefois, le prix d'équilibre, quant à lui, variera dans la direction opposée.

L'effet des changements combinés de l'offre et de la demande

Qu'arrive-t-il maintenant si l'offre et la demande varient en même temps? Il y a quatre possibilités.

1. L'offre augmente et la demande diminue.
2. L'offre diminue et la demande diminue.
3. L'offre augmente et la demande augmente.
4. L'offre diminue et la demande augmente.

Dans le premier cas, les deux changements créent des surplus sur le marché. Par conséquent, le prix diminuera et la nouvelle quantité échangée dépendra de l'ampleur relative de la variation de l'offre et de la demande [voir la figure 3.10 a)]. Dans le deuxième cas, l'ampleur relative des baisses de l'offre et de la demande déterminera le sens dans lequel variera le prix d'équilibre. Toutefois, on peut affirmer que la quantité échangée sera moindre [voir la figure 3.10 b)]. Le troisième cas ressemble au deuxième, sauf que la quantité

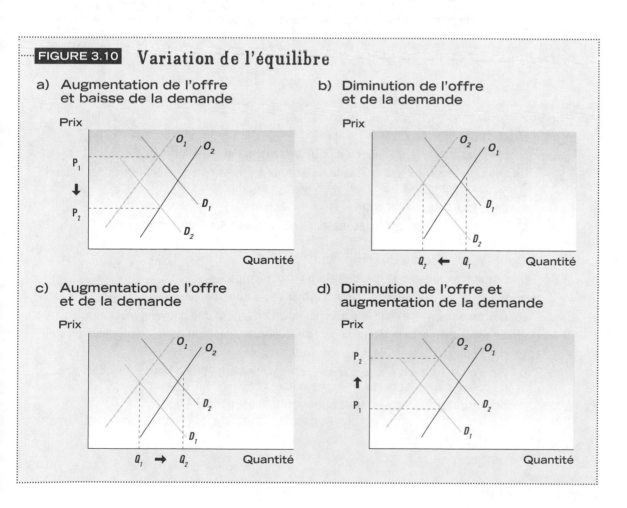

FIGURE 3.10 **Variation de l'équilibre**

a) Augmentation de l'offre et baisse de la demande

b) Diminution de l'offre et de la demande

c) Augmentation de l'offre et de la demande

d) Diminution de l'offre et augmentation de la demande

échangée sera plus grande [voir la figure 3.10 c)]. Finalement, une baisse de l'offre conjuguée à une augmentation de la demande crée une pénurie sur le marché. Par conséquent, le prix d'équilibre augmentera et la quantité d'équilibre dépendra de l'ampleur relative des variations de l'offre et de la demande [voir la figure 3.10 d)].

L'UTILISATION DU MODÈLE POUR RÉSOUDRE DES PROBLÈMES

Qu'arriverait-t-il au prix et à la quantité d'équilibre du beurre si le prix du lait industriel augmentait?

Pour résoudre ce genre de problème, il faut procéder avec méthode.

Tout d'abord, il faut se demander de quel produit il s'agit. Dans notre exemple, ce produit est le beurre.

Ensuite, il faut connaître l'événement qui a pu influer sur le marché de ce produit. Il s'agit ici de la hausse du prix du lait industriel.

Après cela, il faut voir si la demande, l'offre ou les deux ont été touchées, de quelle manière et pourquoi. Dans notre exemple, on constate que les coûts de production ont augmenté, ce qui a fait diminuer l'offre, car, à un même prix, les producteurs font moins de profits. Ainsi, des producteurs moins efficaces subiront des pertes et se retireront du marché.

Finalement, on détermine l'effet de ce changement sur l'équilibre du prix et de la quantité. L'offre ayant diminué, à l'ancien prix, il y a pénurie. Donc, le prix augmentera et la quantité échangée sera moindre.

ÉVITER LE PIÈGE

Lorsque vous résolvez des problèmes pour savoir ce qu'il arrivera au prix et à la quantité échangée sur un marché, le but n'est pas de trouver la bonne réponse. Celle-ci semble souvent évidente. L'objectif est d'utiliser un modèle pour démontrer scientifiquement que votre solution est la bonne et d'analyser les effets sur l'équilibre du marché.

TEMPS D'ARRÊT 3.7

Justifiez vos réponses à l'aide du modèle de la demande, de l'offre et de l'équilibre.

Qu'arrivera-t-il au prix et à la quantité d'équilibre, toutes choses étant égales par ailleurs? Tracez les graphiques et indiquez les nouveaux équilibres :

a) de l'électricité, si on construit un nouveau barrage;

b) du chocolat, si les dentistes mènent une campagne très importante contre les sucreries;

c) des jeans, si le prix du coton chute;

d) des automobiles, si le prix de l'aluminium augmente;

e) des souliers de course, si la mode revient au soulier de ville;

f) des maisons neuves, si les consommateurs craignent une nouvelle récession;

g) du stationnement en périphérie, si le transport en commun devient obligatoire en ville;

h) des bonbons, si les jeunes ne commençaient pas à fumer;

i) de la pâte à papier, si une nouvelle technologie permet de produire deux fois plus de pâte à papier à chaque heure travaillée;

j) des disques compacts, si le salaire minimum est haussé à 15 $.

3.6 Le prix plafond et le prix plancher

3.6.1 Le prix plafond et la pénurie

Le prix plafond : définition

Parfois, le gouvernement intervient sur le marché dans le but de protéger certains agents économiques. Par exemple, il peut fixer un prix maximal (ou prix plafond) pour un produit de manière à protéger le consommateur et à s'assurer qu'il aura accès à un produit, comme le logement. Un tel prix est appelé **prix plafond** parce que le producteur ne peut vendre ce produit à un prix plus élevé. Il ne peut dépasser ce plafond. S'il n'y avait pas cette contrainte, il est fort probable que le prix d'équilibre, le prix du marché en concurrence, serait plus élevé.

> **Prix plafond**
> Un prix plafond est un prix maximal fixé par l'État.

Le prix plafond et l'équilibre

Quelles sont les conséquences de telles mesures ? Bien sûr, plus de consommateurs pourront s'offrir le produit. Toutefois, à ce prix, qui est inférieur au prix du marché, que se passe-t-il ? Voyons la figure 3.11.

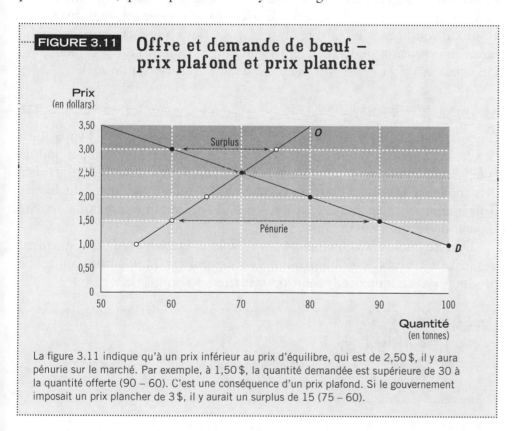

FIGURE 3.11 Offre et demande de bœuf – prix plafond et prix plancher

La figure 3.11 indique qu'à un prix inférieur au prix d'équilibre, qui est de 2,50 $, il y aura pénurie sur le marché. Par exemple, à 1,50 $, la quantité demandée est supérieure de 30 à la quantité offerte (90 – 60). C'est une conséquence d'un prix plafond. Si le gouvernement imposait un prix plancher de 3 $, il y aurait un surplus de 15 (75 – 60).

Supposons que le gouvernement décide d'imposer un prix plafond pour le bœuf, soit 1,50 $. On remarque qu'au prix plafond de 1,50 $, la quantité demandée est de 90 et la quantité offerte est de 60. Il existe donc une pénurie de 30 tonnes.

De façon générale, les prix plafonds entraînent des pénuries. Durant la Deuxième Guerre mondiale, au Canada, de nombreux prix ont ainsi été plafonnés pour que tous aient accès aux denrées de base. On a toutefois imposé un système de rationnement en distribuant des coupons à chaque famille. Le nombre total de coupons ne pouvait dépasser la quantité offerte sur le marché.

3.6.2 Le prix plancher et le surplus

Le prix plancher : définition

Parfois, le gouvernement veut protéger certaines industries et impose un prix minimal (ou prix plancher). Le **prix plancher** est toujours supérieur au prix d'équilibre, c'est-à-dire au prix qui serait en vigueur sur le marché sans l'intervention de l'État. Le prix du lait, par exemple, est réglementé. On veut ainsi assurer aux producteurs de lait un revenu minimal.

Prix plancher
Un prix plancher est un prix minimal fixé par l'État.

Le prix plancher et l'équilibre

Lorsque le gouvernement impose un prix plancher, on constate l'apparition de surplus. Supposons que le gouvernement impose un prix plancher pour le lait, 3 $, par exemple. À ce prix, la quantité offerte est de 75 et la quantité demandée, de 60. Il y a donc un surplus de 15 milliers de litres, car le prix fixé comme prix plancher est supérieur au prix qui aurait cours sur le marché si personne n'intervenait.

Dans ce cas, le gouvernement, pour remplacer la fonction de rationnement des prix du marché, est obligé d'imposer des quotas (ou quantité limite) de production à chaque producteur pour éviter les surplus de lait.

TEMPS D'ARRÊT 3.8
Pourquoi les prix planchers et les prix plafonds ont-ils toujours des effets secondaires ?

LECTURE DIRIGÉE **3** ⋯⋯⋯1. Révisez les principaux facteurs qui influent sur l'offre ou la demande d'un produit.

2. a) En étudiant les événements qui ont fait les manchettes en 2004, nommez les facteurs influant sur l'offre et la demande de bœuf qui peuvent expliquer l'évolution du prix du bœuf.

b) Traduisez en vos mots les facteurs énumérés au numéro 1.

3. Pourquoi les producteurs désirent-ils un prix plancher?

Une crise durable

Geste spectaculaire que celui des producteurs bovins venus faire paître leurs bêtes au parc Lafontaine, en plein centre-ville de Montréal, hier matin. On comprend leur découragement de ne pas pouvoir obtenir un prix raisonnable du seul abattoir au Québec. Voilà un beau cas d'intervention obligée de la part des autorités publiques.

Dix-huit mois après la découverte d'un cas de vache folle provenant de l'Alberta, le marché américain n'est toujours pas rouvert à l'importation de bœuf canadien vivant. Le lobby des producteurs américains y est pour quelque chose, lui qui pousse fort pour que Washington fasse durer le plaisir le plus longtemps possible.

Cela dit, la découverte, il y a quelques jours, d'un nouveau cas de vache folle aux États-Unis pourrait retarder de plusieurs années la fin de l'embargo s'il était démontré que la bête provenait aussi de l'Alberta. Auquel cas, l'industrie canadienne de bœuf de boucherie risquerait fort de disparaître comme industrie exportatrice. Et elle ne pourrait s'en prendre qu'à elle-même pour n'avoir pas pris au sérieux assez vite les leçons du désastre survenu en Europe, il y a quelques années.

[...]

Or, comme si ce n'était déjà assez, nos producteurs locaux font face à un monopole de l'abattage de bétail qui a pour nom Viandes Levinoff, situé à Saint-Cyrille-de-Wendover. Selon les données compilées par l'UPA, la part de cet abattoir dans le prix payé par les consommateurs de viande hachée aurait augmenté de 144 % depuis le début de la crise, celle du distributeur et du détaillant de 32 %, alors que la part du producteur aurait chuté de 64 %. C'est pourquoi les producteurs exigent une aide supplémentaire des gouvernements et surtout une intervention par voie de décret pour fixer un prix plancher payé par l'abattoir pour leurs produits.

La ministre québécoise de l'Agriculture, Mme Françoise Gauthier, refuse de donner suite à cette demande pour le moment sous prétexte qu'elle ne pourrait pas empêcher l'abattoir de s'approvisionner ailleurs. Elle assure qu'elle est intervenue auprès d'Ottawa pour qu'une telle mesure soit imposée partout au pays. Mais il serait surprenant que le gouvernement fédéral se rende à cette requête, puisque la situation n'est pas partout identique.

Les producteurs ont raison de se plaindre et ils ne peuvent plus attendre. Si Ottawa ne bouge pas, Québec doit intervenir, que ce soit en fixant un prix plancher ou en réglementant l'approvisionnement de l'abattoir, ou les deux si nécessaire. C'est le seul moyen d'éviter que des producteurs pris au piège d'un marché monopolistique ne se retrouvent à la rue.

Source: Jean-Robert Sansfaçon, «Une crise durable», *Le Devoir*, mardi 23 novembre 2004.

Les autres marchés

APPLICATION

3.7 Le marché des ressources

3.7.1 La demande et l'offre sur le marché des ressources

Jusqu'à présent, notre étude a porté sur le marché des biens et des services de consommation. Toutefois, notre modèle de l'offre et de la demande peut servir également pour les autres marchés. Par exemple, si on étudie le **marché des ressources,** le modèle de l'offre et de la demande permettra de comprendre comment les prix de ces ressources sont fixés. Nous verrons plus loin le cas particulier des ressources humaines. Pour l'instant, nous nous préoccuperons uniquement des autres ressources : les ressources naturelles et le capital.

Sur le marché des ressources, la demande provient des entreprises qui utilisent des ressources pour produire des biens et des services. Par exemple, les entreprises fabriquant de l'acier ont besoin de charbon. Elles expriment une partie de leur demande de charbon de concert avec les autres entreprises utilisant le charbon dans leur production, comme les centrales thermiques. L'offre de charbon sera exprimée par les producteurs miniers qui extraient le charbon des mines. Le prix du charbon ainsi que les quantités échangées dépendront de la demande et de l'offre.

3.7.2 Les facteurs influant sur le marché des ressources

Quels sont les facteurs pouvant influer sur la demande et l'offre de charbon ? La demande de charbon dépend de la demande pour les produits exprimée par les industries qui utilisent le charbon. Plus la demande d'acier sera grande, plus la demande de charbon le sera aussi. De plus, tous les facteurs qui influent sur la demande d'acier auront également un effet sur la demande de charbon. Ainsi, si la construction connaît un regain de vitalité, on aura besoin de plus d'acier et, par conséquent, de plus de charbon. Peu importe le prix du charbon, la quantité demandée sera plus grande et la demande augmentera. Si la demande d'un produit substitut à l'énergie thermique produite grâce au charbon augmente, alors la demande de ce combustible diminuera, et ainsi de suite. Par exemple, ce produit substitut pourrait être l'énergie éolienne dans le cas des centrales alimentées au charbon.

L'offre de charbon en concurrence parfaite, quant à elle, subit principalement l'influence des coûts de production du charbon, de la disponibilité de la matière première ainsi que du nombre de producteurs. Plus les coûts de production sont élevés, moins les profits sont grands à un prix donné et

TEMPS D'ARRÊT 3.9

Qu'arrivera-t-il au prix et à la quantité échangée :

a) dans le cas de la pâte à papier, si le recyclage se développe à grande échelle, toutes choses étant égales par ailleurs ?

b) dans le cas du denim, si les jeans perdent de leur popularité, toutes choses étant égales par ailleurs ?

c) dans le cas des diamants industriels, si tous les travailleurs des mines d'Afrique du Sud se mettent en grève, toutes choses étant égales par ailleurs ?

d) dans le cas de la tourbe, si on conçoit un gazon synthétique ressemblant à s'y méprendre au gazon naturel, toutes choses étant égales par ailleurs ?

e) dans le cas de l'aluminium québécois, si les précipitations sont faibles pendant plusieurs années consécutives, toutes choses étant égales par ailleurs ?

moins les producteurs sont intéressés à offrir leur produit à ce prix. Plus il existe de mines de charbon, plus la quantité offerte à un prix donné sera grande. Ce seront la demande et l'offre de la ressource qui détermineront son prix et la quantité échangée sur le marché.

3.7.3 Le non-respect des hypothèses sous-jacentes au modèle de la concurrence parfaite

Dans la réalité, la concurrence est rarement parfaite : tous ne possèdent pas la totalité de l'information, il faut considérer les frais de transport, le nombre de producteurs et d'acheteurs est parfois restreint à cause de barrières d'entrée comme l'obligation d'avoir des capitaux de départ importants ou des brevets, et ainsi de suite. Cela a pour conséquences un prix du marché et une quantité échangée qui ne seront pas exactement ceux prédits par le modèle. Plus on s'éloignera de la concurrence parfaite, plus l'écart sera important. Toutefois, ce modèle est très utile pour prévoir les tendances (à la hausse ou à la baisse) sur un marché.

3.8 Le marché du travail

3.8.1 Définition

Comme on l'a vu dans le chapitre 1, le travail est une ressource essentielle à la production. Comme cette ressource est particulière, elle sera traitée de façon spécifique.

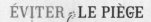

ÉVITER LE PIÈGE

Il ne faut pas confondre le travail et l'emploi. Le travail est l'effort consenti par un être humain pour contribuer à la production d'un bien ou d'un service.

L'**offre de travail** correspond donc à tous ceux qui sont à la recherche d'un emploi : les chômeurs, les gens qui intègrent le marché du travail pour une première fois ou ceux qui y retournent après une absence, et ainsi de suite. Plus le prix du travail est élevé, plus la quantité offerte de travail sera grande. En d'autres termes, plus le travail rapporte, plus il est attirant. La courbe de l'offre de travail suit donc une pente positive. Dans le cas d'une croissance démographique, l'offre de travail augmentera. En période de croissance économique, les gens ont plus tendance à joindre le marché du travail dans l'espoir d'y trouver un emploi qu'en période de récession. La **demande de travail** provient des entreprises qui ont besoin de cette ressource dans le cadre de leur production. Plus le prix du travail est élevé, moins la quantité demandée sera grande. En effet, plus le travail coûte cher à l'employeur, moins il est intéressé, car cela signifie une augmentation de la masse salariale. Par conséquent, la courbe de la demande de travail suit une pente négative. Lorsque l'économie est en croissance, cette demande est élevée. Par contre, en période de récession, la demande de travail diminue.

Offre de travail
L'offre de travail correspond au nombre de travailleurs à la recherche d'un emploi selon le salaire offert.

Demande de travail
La demande de travail correspond aux emplois offerts par les entreprises selon le salaire.

3.8.2 Le prix d'équilibre sur le marché du travail : le salaire

Tout comme sur le marché des biens et des services ou des autres ressources, le prix du travail, le **salaire** et la quantité échangée (le nombre d'emplois) dépendent de la demande et de l'offre de travail. Lorsque de nombreux travailleurs sont à la recherche d'un emploi (l'offre de travail), comme c'est le cas lorsqu'il est question de main-d'œuvre non qualifiée, les salaires auront tendance à être bas. Par contre, si peu de travailleurs sont intéressés à un secteur, les salaires auront tendance à y être plus élevés ; c'est le cas, par exemple, des éboueurs, qui occupent un emploi peu attrayant.

3.8.3 La concurrence sur le marché du travail

Tout comme dans les autres marchés, plus la concurrence s'approche de la concurrence parfaite, plus les salaires et le nombre d'emplois suivent le modèle de la demande et de l'offre. Par contre, dans un secteur, s'il n'y a qu'un seul employeur (dans un marché monopsone) ou un seul demandeur de travail, le plus souvent l'État, ce dernier aura toute latitude pour déterminer les conditions de travail. Par contre, si les travailleurs représentant l'offre de travail se regroupent en syndicat, ils créent alors un monopole de l'offre de travail. Dans ces cas, la loi du marché ne joue plus, et ce sont les négociations qui permettront de régler les conditions salariales et les emplois.

3.8.4 Le salaire minimum, un prix plancher

Le **salaire minimum** est le salaire en deçà duquel les employeurs n'ont pas le droit de payer les travailleurs. Il agit donc comme prix plancher et entraîne les mêmes conséquences. Il restreint la quantité demandée et provoque des surplus de main-d'œuvre sur le marché du travail. Il peut aussi avoir comme effet de diminuer les heures travaillées. C'est pourquoi certains affirment qu'un salaire minimum trop élevé crée du chômage (voir la figure 3.12). Le salaire

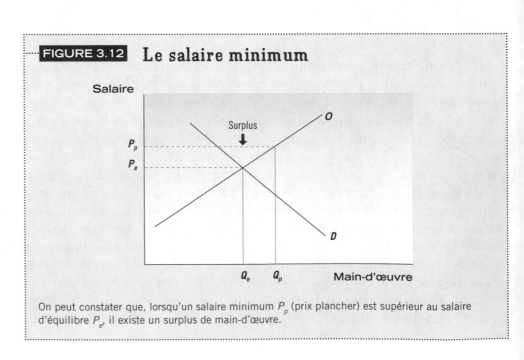

FIGURE 3.12 Le salaire minimum

On peut constater que, lorsqu'un salaire minimum P_p (prix plancher) est supérieur au salaire d'équilibre P_e, il existe un surplus de main-d'œuvre.

minimum a toutefois été imposé pour assurer un revenu plus décent à certaines catégories de travailleurs vulnérables. Toutefois, une hausse du salaire minimum pénalise ces catégories de gens, car ce sont eux qui perdent en premier leur emploi à cause de cette hausse. Toutefois, il est certain qu'un salaire trop faible ferait diminuer la quantité offerte de travail (les personnes à la recherche d'un emploi), et le nombre de personnes quittant le marché du travail augmenterait. Cela provoquerait l'augmentation du nombre de personnes à la charge de la société (voir le chapitre 4).

3.8.5 Le coût réel du travail

Quand on parle du prix du travail (de la main-d'œuvre), il ne faut pas uniquement considérer le salaire. D'autres dépenses s'ajoutent au salaire. Mentionnons la formation, les taxes sur la masse salariale et les avantages sociaux. En effet, quand un employeur embauche un nouveau travailleur, il doit considérer dans ses coûts que ce travailleur ne sera réellement efficace qu'après une certaine période d'entraînement. Parfois, l'entreprise offre une formation plus poussée. Ce sont là des coûts qui s'ajoutent au salaire. L'entreprise doit également payer diverses taxes sur la masse salariale, appelées « avantages sociaux » publics, liées aux diverses réglementations, comme les cotisations à l'assurance-emploi et à la Commission de la santé et de la sécurité du travail (CSST). Encore une fois, l'entreprise qui calcule le coût de la main-d'œuvre doit tenir compte de ces diverses dépenses. Finalement, au salaire peuvent s'ajouter divers avantages sociaux, comme les périodes de vacances, des jours de maladie, des congés fériés, différents services offerts aux employés (cafétéria, services médicaux), etc. Tous ces frais font partie du prix du travail et peuvent influer sur le niveau de l'emploi.

3.8.6 La syndicalisation

La définition et l'origine

Aux premières heures du capitalisme, les travailleurs étaient traités à peu de chose près comme des esclaves. Un nombre important de paysans, chassés de leurs terres, venaient gonfler les rangs des démunis cherchant à assurer leur subsistance. Les employeurs avaient l'avantage. Ils faisaient face à une offre de travail très abondante et payaient des salaires de famine pour de longues heures de travail dans des conditions misérables. Les femmes et les enfants étaient encore moins rémunérés. Tous les membres de la famille devaient travailler pour arriver tout juste à survivre. C'est dans ce contexte qu'est né péniblement le mouvement syndical. Les travailleurs ont compris qu'en se regroupant et en se serrant les coudes, ils devenaient plus puissants par rapport aux employeurs

Les travailleurs se regroupent et peuvent ainsi négocier des salaires plus élevés.

et pouvaient revendiquer des conditions de travail plus décentes, notamment des journées de travail moins longues, des salaires plus élevés et des jours de congé payés. Ces regroupements de travailleurs, qui se nomment des représentants pour faire valoir leurs demandes auprès des employeurs, s'appellent des « syndicats ». Ils sont liés par des droits encadrés par des législations. On utilise parfois le mot « union » (qui est un anglicisme) pour les désigner, ce qui caractérise bien le fondement du syndicalisme : s'unir pour être plus forts.

L'effet sur les salaires et l'emploi

Il va de soi qu'une fois ces regroupements effectués, la concurrence entre les travailleurs diminue et, comme on l'a vu, lorsque la concurrence est moindre, les prix (les salaires) sont plus élevés. La syndicalisation permet d'obtenir de meilleurs salaires. Toutefois, moins de concurrence amène une baisse de la quantité d'équilibre. Par conséquent, plusieurs prétendent que la syndicalisation fait baisser le niveau de l'emploi. Il y aurait donc moins d'emplois, mais ceux-ci offriraient de meilleures conditions. Cependant, ces conditions font augmenter la productivité (l'efficacité avec laquelle on produit), ce qui fait diminuer les coûts unitaires de main-d'œuvre. Donc, il ne faut pas sauter trop vite aux conclusions.

3.8.7 L'assurance-emploi et les crises de surproduction

Comme on l'a mentionné dans le chapitre 2, la crise économique des années 1930, causée notamment par des bas salaires aux travailleurs qui ne leur permettaient pas de se procurer les biens produits, a entraîné une crise de surproduction. À la suite de cette crise, des mécanismes ont été mis en place pour éviter qu'une telle situation ne se reproduise. L'assurance-emploi, appelée alors « assurance-chômage », assurait un revenu minimal au travailleur qui avait cotisé à ce régime et qui se cherchait activement du travail. Ce revenu minimal permettait d'empêcher l'économie de s'effondrer à nouveau. Cette garantie de ne pas se retrouver sans revenu en cas de chômage fait cependant diminuer l'offre de travail, et elle crée une pression à la hausse sur les salaires. Toutefois, tout comme pour le salaire minimum, elle a également tendance à abaisser le niveau de l'emploi (voir la figure 3.12, p. 82). Il ne faudrait surtout pas conclure trop vite que le salaire minimum et l'assurance-emploi sont des mesures qui nuisent à l'économie. Ces mesures permettent aux travailleurs d'avoir des revenus minimaux par la répartition de la richesse ; elles empêchent aussi les crises de surproduction qui survenaient régulièrement avant leur adoption, tout en garantissant une consommation minimale.

3.9 Le marché monétaire

3.9.1 Définition

Marché monétaire
Le marché monétaire correspond à l'offre et à la demande de monnaie.

Taux d'intérêt
Le taux d'intérêt est le prix sur le marché monétaire.

Le **marché monétaire** désigne le marché sur lequel l'offre et la demande de monnaie détermine le taux d'intérêt. Le **taux d'intérêt** représente le prix à payer pour avoir accès à de la monnaie, c'est-à-dire pour obtenir un emprunt. Dans le chapitre 9, nous traiterons davantage de cet aspect de l'économie.

3.9.2 La demande et l'offre sur le marché monétaire

La demande de monnaie représente le désir qu'ont les consommateurs de détenir une certaine somme d'argent à des fins de transaction ou comme actif liquide pour constituer des provisions. Plus le taux d'intérêt est élevé, plus la quantité de monnaie détenue en espèces sera faible, car les gens voudront placer leur argent pour que celui-ci rapporte des intérêts. De plus, si le taux d'intérêt est élevé, les emprunts diminueront. C'est pourquoi la demande de monnaie suit une pente négative, comme toutes les demandes. L'offre de monnaie est constituée des sommes que les créanciers pourraient prêter moyennant un prix qu'on appelle le « taux d'intérêt ». Pour simplifier les choses, on postulera que l'offre de monnaie est fixe dans l'économie, car elle est déterminée, jusqu'à un certain point, par la Banque du Canada. On représentera donc l'offre de monnaie par une droite verticale. Celle-ci se déplacera vers la gauche ou la droite selon que la Banque du Canada fait augmenter ou diminuer l'offre de monnaie.

Voyons maintenant brièvement les facteurs qui peuvent faire varier la demande de monnaie. Les gens peuvent désirer obtenir de la monnaie pour effectuer des transactions (comme l'achat d'une automobile ou d'une maison), renouveler des biens durables (comme le réfrigérateur ou la cuisinière), avoir des liquidités s'ils pensent que les prix vont baisser et veulent profiter des ventes à rabais. Tous ces facteurs créent une demande de monnaie, et la courbe se situera plus à droite ou plus à gauche selon qu'elle augmente ou diminue.

L'intersection entre la demande et l'offre de monnaie donne le prix d'équilibre, soit le taux d'intérêt en vigueur sur le marché (voir la figure 3.13).

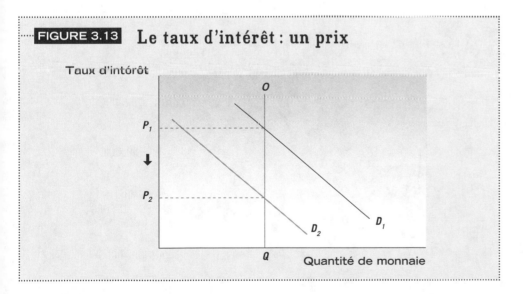

FIGURE 3.13 **Le taux d'intérêt : un prix**

Conclusion

Le modèle d'offre et de demande que nous venons d'étudier donne la possibilité de mieux comprendre ce qui se passe sur différents marchés et de prévoir ce qui peut s'y passer par la suite. Plus important encore, nous pouvons généraliser ce modèle à l'ensemble de l'économie. Nous aurons alors la demande et l'offre réunis qui détermineront le niveau des prix dans l'économie et le niveau de production. Cette généralisation est très importante afin de comprendre pourquoi l'économie est parfois affectée par le chômage et, parfois, par l'inflation. Ce nouveau modèle fera l'objet d'un chapitre particulier, le chapitre 8. Toutefois, dans le but de mieux comprendre ce modèle, nous devons d'abord nous doter d'instruments qui permettent de bien décrire la situation économique avant de tenter de l'expliquer. Les chapitres 4, 5, 6 et 7 présenteront les outils nécessaires à la description de la conjoncture économique.

Schéma des principaux concepts

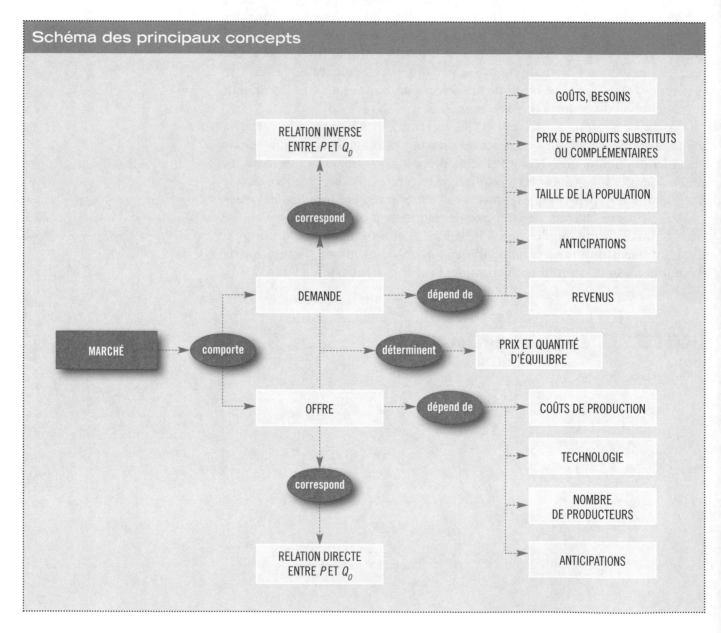

- Un modèle est une abstraction qui permet de mieux cerner les variables importantes et leurs liens.

  Le marché est le lieu « virtuel » de rencontre entre demandeurs et offreurs de produits.

  Le demandeur est celui qui désire acheter une certaine quantité d'un produit, qui variera selon le prix.

  L'offreur est celui qui désire vendre une certaine quantité d'un produit, qui variera selon le prix.

- Le modèle de l'offre et de la demande repose sur certaines hypothèses : le nombre de vendeurs et d'acheteurs est suffisamment élevé pour que nul ne puisse influer sur le marché par ses agissements ; l'information est complète ; il n'y a pas de frais de transport ; le produit est homogène.

- La demande est l'ensemble des quantités que les consommateurs sont disposés à acheter au prix en vigueur sur le marché.

  La demande suit une pente négative, c'est-à-dire qu'il existe une relation inverse entre le prix et la quantité demandée.

  Cette relation inverse peut s'expliquer par le gros bon sens, l'effet de revenu et l'effet de substitution.

  L'utilisation de l'expression « toutes choses étant égales par ailleurs », dans le contexte de la demande, signifie qu'à part le prix, aucun autre facteur influant sur la demande n'a changé.

  Parmi les facteurs influant sur la demande, mentionnons les goûts et les besoins, le prix des produits substituts ou des produits complémentaires, la taille de la population, les anticipations et, principalement, le revenu.

  Il ne faut pas confondre la demande et la quantité demandée. La première est la fonction, l'autre la variable dépendante. Si un facteur autre que le prix change, la demande changera, c'est-à-dire que la courbe se déplacera et que le tableau ne sera plus le même. Si le prix change, seule la quantité demandée changera : on change de ligne dans le tableau et de point sur la courbe.

  La demande du marché correspond à la somme des demandes individuelles.

- L'offre est la quantité que les producteurs désirent vendre au prix du marché.

  Plus le prix est élevé, plus la quantité offerte sera grande. Il existe donc une relation directe entre le prix et la quantité offerte. La pente de la courbe de l'offre est donc positive.

  L'utilisation de l'expression « toutes choses étant égales par ailleurs » dans le contexte de l'offre signifie qu'à part le prix, aucun autre facteur n'a varié.

  Il ne faut pas confondre la quantité offerte et l'offre. La quantité offerte varie selon le prix ; l'offre varie quand un facteur autre que le prix change.

Plusieurs facteurs peuvent faire varier l'offre : les coûts de production, les changements technologiques et le nombre de producteurs.

L'offre du marché correspond à la somme des offres individuelles.

- L'équilibre se produit quand le prix et la quantité échangée n'ont pas tendance à varier. Ceux-ci dépendent de l'offre et de la demande du marché.

  Le prix d'équilibre est le prix qui fait en sorte qu'il n'y a ni surplus ni pénurie sur le marché. La quantité d'équilibre est la quantité échangée à ce prix.

Hausse de la demande et offre inchangée	→	hausse de prix et de la quantité échangée
Hausse de la demande et hausse de l'offre	→	Δ prix indéterminé et hausse de la quantité échangée
Hausse de la demande et baisse de l'offre	→	hausse de prix et Δ de la quantité indéterminée
Baisse de la demande et offre inchangée	→	baisse de prix et de la quantité échangée
Baisse de la demande et hausse de l'offre	→	baisse de prix et Δ de la quantité indéterminée
Baisse de la demande et baisse de l'offre	→	Δ prix indéterminé et baisse de la quantité échangée

- Un prix plafond est un prix maximal fixé par l'État pour protéger les consommateurs. Il provoque une pénurie sur le marché. Le prix plancher est un prix minimal fixé par l'État pour protéger les producteurs et leur garantir un certain revenu. Il provoque un surplus sur le marché.

- Sur le marché des ressources, la demande et l'offre proviennent des entreprises. La demande de ressources provient des entreprises (sauf sur le marché du travail) qui ont besoin de ces ressources pour offrir un produit. Plus le produit est en demande, plus la demande de ces ressources le sera. De plus, le prix des ressources substituts a une influence. L'offre subit l'influence des coûts de production de la ressource, de la disponibilité des matières premières nécessaires pour produire cette ressource et du nombre de producteurs qui l'offrent.

  Si les hypothèses sous-jacentes au modèle ne sont pas respectées, le prix et la quantité échangée sur le marché s'éloigneront du prix et de la quantité prédits par le modèle.

- Le marché du travail est composé de l'offre de travail (la demande d'emplois) et de la demande de travail (la demande de main-d'œuvre). Le travail est considéré comme une ressource. Le prix d'équilibre est le salaire effectif sur le marché, tandis que la quantité d'équilibre représente le nombre d'emplois occupés sur le marché.

Plus la concurrence est élevée sur le marché du travail, plus le salaire et le nombre d'emplois s'approcheront de ce que prédit le modèle.

Le salaire minimum est considéré comme un prix plancher. Il a tendance à réduire le nombre d'emplois (la quantité demandée de travailleurs), mais il améliore les conditions de vie des travailleurs.

Le coût réel de la main-d'œuvre n'est pas exclusivement le salaire. Il faut tenir compte des avantages sociaux et des taxes sur la masse salariale (les avantages sociaux).

Aux premières heures du capitalisme, l'offre de travail était tellement grande que les conditions de travail étaient misérables. Les travailleurs se sont regroupés pour faire face aux employeurs avec plus de force et, ainsi, améliorer leur sort. Ces regroupements s'appellent des « syndicats » ; ils ont pour effet de faire diminuer la concurrence entre les travailleurs. Ainsi, le nombre d'emplois est moins élevé que s'il y avait une concurrence parfaite. Toutefois, de meilleures conditions de travail peuvent faire augmenter la productivité, ce qui fait diminuer les coûts de la main-d'œuvre.

L'assurance-emploi a été créée pour limiter les dégâts causés par les crises de surproduction. Elle assure le maintien d'un certain pouvoir d'achat permettant d'acheter la production. Toutefois, elle a tendance à limiter l'offre de travail, ce qui se traduit par une baisse du nombre d'emplois occupés.

● Le marché monétaire est constitué de l'offre et de la demande de monnaie. Le prix en est le taux d'intérêt. La demande de monnaie comprend la demande à des fins de transactions ou pour constituer un actif liquide. L'offre de monnaie est déterminée par la Banque du Canada ; la quantité offerte ne dépend donc pas du taux d'intérêt. C'est pourquoi la courbe de l'offre sur le marché est verticale.

I BIEN COMPRENDRE LE VOCABULAIRE DE BASE

1 Comment appelez-vous :

a) la situation qui a cours sur le marché quand le nombre de vendeurs et d'acheteurs est suffisamment élevé pour que nul ne puisse influer sur le prix par ses agissements ?

b) la quantité que désire acheter un consommateur à un prix en particulier ?

c) l'accroissement de la quantité demandée d'un produit quand le prix diminue, ce qui le rend ainsi plus compétitif par rapport à ses substituts ?

d) la somme de toutes les demandes individuelles pour un produit ?

e) le prix du travail ?

f) la situation où la quantité offerte est plus grande que la quantité demandée ?

g) la représentation abstraite et simplifiée d'une réalité pour en faire ressortir les principales variables et leurs relations ?

h) la relation inverse qui existe entre la quantité demandée et le prix ?

i) le marché de l'offre et de la demande de monnaie ?

j) ce qu'il en coûte pour produire une unité supplémentaire ?

k) le prix auquel la quantité demandée égale la quantité offerte ?

l) la relation entre le prix et la quantité offerte d'un produit ?

m) l'ensemble des demandeurs et des offreurs de ressources naturelles, de travail et de capital ?

n) le bien qui peut en remplacer un autre pour satisfaire le même besoin ?

o) l'ensemble des quantités demandées à tous les prix possibles ?

2 Complétez les énoncés.

a) Quand à un même prix la _____ n'est plus la même, l'offre a changé.

b) Le salaire minimum est un prix _____ fixé par le gouvernement.

c) L'ensemble des individus ou des entreprises qui souhaitent _____ un produit ou une ressource sont les demandeurs.

d) Un bien complémentaire est un bien qui se consomme _____ qu'un autre.

e) L'_____ représente la somme d'argent versée à un travailleur qui est à la recherche active d'un emploi et qui a cotisé pendant un temps déterminé à ce régime.

f) Les coûts de production correspondent aux _____ effectuées par un producteur pour la production d'un bien ou d'un service.

g) Le taux d'intérêt est le prix qu'il faut payer pour avoir accès à _____.

h) Les offreurs regroupent l'ensemble des personnes physiques et morales désirant _____ un produit sur le marché.

i) Un produit homogène est un produit _____ d'un producteur à l'autre.

j) L'ensemble des quantités que désirent _____ les producteurs à tous les prix possibles s'appelle l'« offre ».

k) La relation _____ qui existe entre le prix et la quantité offerte s'appelle la « loi de l'offre ».

l) L'utilité qu'on retire de la consommation d'une _____ d'un produit s'appelle l'« utilité marginale ».

m) Le changement de _____ à la suite d'une augmentation ou d'une diminution de prix qui rendra plus ou moins accessible le produit si on ne veut pas modifier sa consommation des autres produits s'appelle l'« effet de revenu ».

n) La quantité que désirent vendre les producteurs à un prix _____ s'appelle la « quantité offerte ».

o) Une pénurie est la situation ayant cours sur un marché si la quantité demandée est _____ à la quantité offerte.

p) Les regroupements de travailleurs pour faire valoir leurs revendications s'appellent des _____.

q) Les anticipations influent sur _____ et _____.

II BIEN COMPRENDRE LA THÉORIE DE BASE

1 Cherchez l'erreur.

a) L'augmentation de la demande qui suit une augmentation du revenu s'appelle l'« effet de revenu ».

b) Quand le prix de l'essence augmente, la demande d'essence diminue.

c) Le syndicalisme a contribué aux crises de surproduction.

d) Lorsque la demande augmente, il y a un surplus sur le marché, à moins que le prix ne diminue.

e) Lorsque l'offre diminue, il y a un surplus sur le marché à moins que le prix n'augmente.

f) Quand l'offre et la demande varient en même temps, on ne peut prédire l'effet sur le prix et la quantité d'équilibre.

g) Seul le lait homogénéisé est un produit homogène.

h) La loi de l'offre est une loi fédérale adoptée par le Parlement à la suite de la grande dépression.

i) Le salaire minimum est nuisible à l'économie, car il réduit le nombre d'emplois.

j) L'utilité marginale est toujours croissante.

k) La concurrence parfaite n'existant pas, le modèle de l'offre et de la demande n'a guère d'utilité.

l) Le prix des autres productions que peut proposer un agriculteur a un effet sur l'offre de son produit. Cet effet s'appelle l'« effet de substitution ».

m) La Bourse est également appelée le « marché des ressources ».

n) Le marché monétaire s'appelle la « Bourse ».

o) La loi de la demande permet de prédire la quantité vendue d'un produit selon le prix en vigueur sur le marché.

p) La quantité d'équilibre est la moyenne entre la quantité offerte et la quantité demandée.

q) La loi des rendements décroissants détermine la position de la courbe de l'offre.

r) Le modèle de l'offre et de la demande sert au producteur pour fixer son prix et au consommateur pour établir son budget.

s) L'offre change quand les coûts de production, la demande, la technologie et le nombre de producteurs varient.

t) Le salaire minimum est un prix plafond ; il crée donc des surplus de main-d'œuvre.

u) L'assurance-emploi garantit un revenu à tous ceux qui veulent travailler.

v) Le taux d'intérêt varie en fonction des politiques gouvernementales. On ne peut donc étudier son comportement à l'aide du modèle de la demande, de l'offre et de l'équilibre.

w) Un prix est appelé « plancher » si, durant l'année, il n'a jamais diminué.

❷ Décrivez les situations suivantes en cinq lignes.

a) Un camarade de classe vous dit qu'il n'a rien compris à ce chapitre. Vous lui en expliquez l'objet.

b) Un camarade de classe a de la difficulté à distinguer la demande et la quantité demandée. Vous expliquez cette distinction comme votre professeur le ferait.

c) Vous devez résumer l'essentiel du chapitre.

d) Vous cherchez des exemples d'utilisation du modèle.

e) Vous avez pris l'habitude d'utiliser l'expression « toutes choses étant égales par ailleurs » dans des situations de la vie quotidienne.

III APPROFONDIR LES OUTILS D'ANALYSE ÉCONOMIQUE

❶ Choisissez la bonne réponse.

1. Une baisse du prix de l'électricité influera sur, TCÉÉPA :
   a) la demande d'électricité.
   b) la demande d'aluminium.
   c) l'offre d'électricité.
   d) l'offre d'aluminium.
   e) Aucune de ces réponses.

2. Une augmentation du prix des automobiles influera sur, TCÉÉPA :
   a) la demande d'automobiles.
   b) l'offre d'automobiles.
   c) la demande de pneus.
   d) l'offre de pneus.
   e) Toutes ces réponses.

3. Une diminution du prix des billets de train influera sur, TCÉÉPA :
   a) la demande de billets d'avion.
   b) l'offre de billets d'avion.
   c) la demande de billets de train.
   d) l'offre de billets de train.
   e) Toutes ces réponses.

4. Une hausse importante des cancers de la peau influera sur, TCÉÉPA :
   a) la demande de voyages dans les pays chauds.
   b) l'offre de voyages dans les pays chauds.
   c) la quantité demandée de voyages dans les pays chauds.
   d) la quantité offerte de voyages dans les pays chauds.
   e) Aucune de ces réponses.

5. Une augmentation des subventions accordées aux entreprises pharmaceutiques influera sur, TCÉÉPA :
   a) la demande de médicaments.
   b) l'offre de médicaments.
   c) la quantité offerte de médicaments.
   d) la quantité demandée de médicaments.
   e) Toutes ces réponses.

6. Une baisse importante du taux de chômage influera sur, TCÉÉPA :
   a) la demande d'automobiles.
   b) l'offre d'automobiles.
   c) la quantité demandée d'automobiles.
   d) la quantité offerte d'automobiles.
   e) Aucune de ces réponses.

7. Une augmentation de la population québécoise influera sur, TCÉÉPA :
   a) la demande de logements.
   b) l'offre de logements.
   c) la quantité demandée de logements.
   d) la quantité offerte de logements.
   e) Toutes ces réponses.

8. Une augmentation du nombre d'entreprises offrant des services de communication téléphonique influera sur, TCÉÉPA :
   a) la demande de ces services.
   b) l'offre de ces services.
   c) la quantité demandée de ces services.
   d) la quantité offerte de ces services.
   e) Toutes ces réponses.

9. Une baisse du prix des traitements d'acupuncture influera sur, TCÉÉPA :
   a) la demande de traitements.
   b) l'offre de traitements.
   c) la quantité demandée et offerte de traitements.
   d) la quantité offerte de massothérapie.
   e) Toutes ces réponses.

10. Une augmentation du prix des transports en commun influera sur, TCÉÉPA
    a) la demande de transport en commun.
    b) l'offre de transport en commun.
    c) la quantité demandée et offerte de transport en commun.
    d) Aucune de ces réponses.
    e) Toutes ces réponses.

11. La loi de la demande stipule que :
    a) plus les prix sont élevés, plus les consommateurs achèteront des produits substituts.
    b) plus le prix est élevé, plus la quantité demandée sera faible.
    c) plus les revenus augmentent, plus les consommateurs achèteront une grande quantité d'un produit.
    d) plus la quantité demandée est faible, plus les prix diminueront.
    e) Toutes ces réponses.

12. La loi de l'offre stipule que :
    a) plus le prix est élevé, moins les producteurs devront offrir une grande quantité pour obtenir le même profit.
    b) plus le prix est élevé, plus la quantité offerte sera grande.
    c) plus le prix est élevé, plus le profit sera élevé.
    d) plus les coûts de production sont élevés, plus la quantité offerte sera faible.
    e) Aucune de ces réponses.

❷ Vrai ou faux ? Justifiez vos réponses.

1. Lorsqu'on affirme qu'une augmentation de revenu fera augmenter la demande d'automobiles, « toutes choses étant égales par ailleurs », cela signifie que seul le revenu influe sur le comportement des consommateurs.

2. Lorsqu'on affirme qu'une augmentation du taux de natalité fera augmenter la demande de couches jetables, « toutes choses étant égales par ailleurs », on suppose que les revenus n'auront pas diminué.

3. Lorsqu'on affirme qu'une diminution du prix du bois fera augmenter l'offre de meubles, « toutes choses étant égales par ailleurs », on suppose qu'il n'y aura pas de nouvelles taxes imposées à l'industrie du meuble.

4. Lorsqu'on affirme qu'une nouvelle technologie fera augmenter l'offre d'appareils photographiques, « toutes choses étant égales par ailleurs », on suppose que le coût de la main-d'œuvre dans cette industrie n'augmentera pas.

5. Lorsqu'on affirme que le mauvais temps entraînera une baisse de l'offre d'agrumes, « toutes choses étant égales par ailleurs », on suppose qu'aucun autre facteur n'influera sur l'offre d'agrumes.

❸ Suivez les directives.

1. En vous basant sur les données suivantes, tracez la courbe de la demande et expliquez comment la loi de la demande y est représentée.

Demande de tablettes de chocolat	
Prix (en dollars)	Quantité demandée
1,00	1800
1,25	1600
1,50	1400
1,75	1200

2. En vous basant sur les données suivantes, tracez la courbe de l'offre et expliquez comment la loi de l'offre est représentée.

Offre d'automobiles	
Prix (en dollars)	Quantité offerte
8000	1 200 000
8500	1 400 000
9000	1 600 000
9500	1 800 000

4 Complétez les énoncés.

1. Si la récession s'aggrave, la demande de maisons neuves _____, TCÉÉPA.

2. Si les gens doutent de la qualité de l'eau, la demande d'eau embouteillée _____, TCÉÉPA.

3. Si le prix des magnétoscopes diminue, la demande de cassettes VHS _____, TCÉÉPA.

4. Si le prix des ordinateurs Macintosh augmente, la demande d'ordinateurs IBM _____, TCÉÉPA.

5. Si le prix des cigarettes augmente, la demande de cigarettes _____, TCÉÉPA.

6. Si les taxes sur les cigarettes augmentent, l'offre de cigarettes _____, TCÉÉPA.

7. Si de meilleures conditions de travail font augmenter la productivité dans l'industrie du vêtement, l'offre de vêtements _____, TCÉÉPA.

8. Si le prix du cuir augmente, l'offre de chaussures _____, TCÉÉPA.

9. Si les producteurs de café prévoient une augmentation du prix du café, l'offre de café _____, TCÉÉPA.

10. Si les consommateurs prévoient une augmentation du prix du café, la demande de café _____, TCÉÉPA.

11. Si le prix des tracteurs augmente, l'offre de tracteurs _____, TCÉÉPA.

5 Expliquez, à l'aide du modèle de la demande, de l'offre et de l'équilibre, ce qui arrivera au prix et à la quantité échangée de beurre d'arachide, toutes choses étant égales par ailleurs, dans chacun des cas suivants. Ensuite, représentez graphiquement les situations.

a) Le nombre de personnes allergiques monte en flèche.

b) Le prix des arachides diminue.

c) La récolte d'arachides est maintenant hautement mécanisée et plus productive.

d) Les revenus de la population ont diminué à cause d'une montée du taux de chômage.

e) Le prix du Nutella diminue considérablement.

f) Les gens craignent une flambée des prix à la suite d'une terrible sécheresse dans les pays producteurs.

g) Le nombre de producteurs de beurre d'arachide diminue considérablement.

6 Choisissez la bonne réponse.

1. Si les salaires augmentent plus vite que la productivité dans une usine de textile, TCÉÉPA :
   a) le prix et la quantité d'équilibre augmenteront.
   b) le prix et la quantité d'équilibre diminueront.
   c) le prix augmentera et la quantité d'équilibre diminuera.
   d) le prix diminuera et la quantité d'équilibre augmentera.
   e) Aucune de ces réponses.

2. Si le prix du bœuf augmente, TCÉÉPA :
   a) le prix du porc augmentera, et la quantité d'équilibre sur le marché du porc augmentera également.
   b) le prix du porc diminuera, et la quantité d'équilibre sur le marché du porc augmentera.
   c) le prix du porc augmentera, et la quantité d'équilibre sur le marché du porc diminuera.
   d) le prix du porc sera inférieur au prix du bœuf, et la quantité d'équilibre sur le marché du porc diminuera.
   e) Aucune de ces réponses.

3. Si une usine polluante vient s'installer non loin d'un quartier résidentiel, TCÉÉPA :
   a) le prix des maisons dans ce quartier diminuera et la quantité de maisons échangées augmentera.
   b) le prix des maisons dans ce quartier augmentera et la quantité de maisons échangées diminuera.
   c) la quantité de maisons échangées dans ce quartier augmentera et le prix diminuera.
   d) la quantité de maisons échangées dans ce quartier diminuera ou augmentera et le prix diminuera.
   e) Aucune de ces réponses.

4. Si les consommateurs prévoient une hausse du prix des ordinateurs, TCÉÉPA :
   a) le prix des ordinateurs augmentera ainsi que la quantité d'équilibre.
   b) le prix des ordinateurs augmentera, et la quantité échangée diminuera.
   c) le prix des ordinateurs diminuera, et la quantité d'équilibre augmentera.
   d) le prix des ordinateurs diminuera ainsi que la quantité d'équilibre.
   e) Aucune de ces réponses.

5. Si le nombre de producteurs d'acier augmente, TCÉÉPA :
   a) le prix de l'acier ainsi que la quantité échangée augmenteront.
   b) le prix de l'acier diminuera et la quantité échangée augmentera.
   c) le prix de l'acier ainsi que la quantité échangée diminueront.
   d) le prix de l'acier augmentera et la quantité échangée diminuera.
   e) Aucune de ces réponses.

LA COMPTABILITÉ NATIONALE

L'évaluation de l'état de l'économie

4.1 Une approche objective et rigoureuse

Toute personne désireuse de répondre adéquatement à des questions concernant l'état actuel d'une économie doit développer certaines habiletés. Elle doit d'abord posséder un bon vocabulaire de base en économique. Elle doit ensuite connaître et utiliser judicieusement les indicateurs économiques et les statistiques (les données chiffrées) afin de les interpréter de manière rigoureuse.

Quand on nous annonce que l'économie va bien ou qu'elle va mal, à quoi cela correspond-il ? Pour répondre à cette question, il suffit de se référer aux grands objectifs économiques présentés dans le chapitre 1 : une croissance soutenue, le plein emploi, la stabilité des prix, une juste répartition des revenus, des finances publiques équilibrées, des échanges équitables avec les autres pays. Si on s'approche de l'atteinte de ces objectifs, on peut dire que l'économie se porte bien. Si on s'en éloigne, c'est que l'économie se détériore.

Mais comment savoir où une économie se situe par rapport à ces grands objectifs économiques ? Pour ce faire, il faut des instruments de mesure permettant de cerner le plus possible les grandes variables macroéconomiques. Ces instruments de mesure, appelés « indicateurs », permettent de percevoir une réalité difficilement mesurable directement. Ils nous donnent des indications concernant la croissance, l'emploi, les prix, la répartition des revenus, et ainsi de suite. Comme ces variables ne se mesurent pas directement, l'utilisation d'un ou de plusieurs indicateurs permet de les évaluer de façon objective et rigoureuse. La plupart des indicateurs prennent la forme de taux, de ratios ou d'indices. Certains se calculent en prix constants ou désaisonnalisés, comme nous l'étudierons plus loin dans ce chapitre.

4.2 Les indicateurs statistiques

4.2.1 Les taux et les ratios

Taux
Ratio de deux variables préétablies faisant référence à une définition connue.

Ratio
Rapport entre deux grandeurs où un ou deux éléments peuvent être variables.

Il n'existe pas de différence mathématique véritable entre un **taux** et un **ratio.** On appelle « ratio » la proportion dans laquelle interviennent un ou deux éléments variables. Par contre, si les deux variables en question sont préétablies et qu'on se réfère à une définition connue, on parlera de « taux ». Par exemple, si on veut obtenir le taux de chômage, par définition, on cherche la proportion que représente le nombre de chômeurs dans la population active, c'est-à-dire celle qui travaille ou cherche activement du travail : 5 %, 10 %, etc. On dispose alors d'un indicateur concret qui nous renseigne sur l'état du marché du travail, et plus spécifiquement sur celui de l'emploi.

On peut également mettre sous forme de rapport certaines variables et obtenir un ratio qui ne correspond pas nécessairement à une définition officielle. Par exemple, on peut souhaiter connaître la part des dépenses gouvernementales dans les dépenses totales de l'économie, même si cela ne correspond pas à une définition officielle. On parle alors de « ratio ».

Supposons qu'on désire comparer les taux de mortalité infantile des différentes provinces canadiennes afin de comparer les systèmes de santé provinciaux. Il faut d'abord chercher la définition de « taux de mortalité infantile ». Considère-t-on tous les gens qui n'ont pas 18 ans ? La définition officielle tient compte du nombre de bébés morts avant l'âge de 1 an par 1000 naissances vivantes. Ainsi, chaque fois qu'une personne parle de taux de mortalité infantile, c'est à cette définition qu'elle fait référence.

4.2.2 Les indices

Les indices sont un autre type d'indicateurs fréquemment utilisés en économique. Un **indice** est un nombre qui établit le rapport entre deux valeurs. Il permet de comparer la valeur d'une variable à une période donnée avec sa valeur à une autre période qu'on aura choisie comme année de base, c'est-à-dire comme période de référence. Par exemple, on peut vouloir comparer la valeur d'un bien A en 2004 avec la valeur de ce même bien en 2000 (l'année de référence). La valeur de l'indice pour l'année de base ou de référence s'élève toujours à 100. Si le prix du bien A s'élève à 1500 $ en 2004 tandis qu'en 2000, il s'élevait à 1350 $, on peut calculer l'indice du bien A grâce à la formule suivante :

Indice
Nombre qui établit le rapport entre deux valeurs.

$$\frac{\textit{Valeur du bien A pour une année donnée}}{\textit{Valeur du bien A pour l'année de référence}} \times 100 =$$

$$\frac{1500\,\$}{1350\,\$} \times 100 = 111,11$$

ce qui nous donne un indice de 111,11 pour le bien A en 2004. Donc, le prix a augmenté de 11,11 % de 2000 à 2004. Supposons qu'on veuille comparer le niveau des prix dans le temps. L'indice des prix à la consommation (IPC), comme on le verra de façon détaillée dans le chapitre 6, est un indice qui représente l'augmentation moyenne des prix par rapport à une année de comparaison (de référence). Si l'IPC d'une année (1992 = 100) s'élève à 120, cela signifie que les prix ont augmenté en moyenne de 20 % par rapport à 1992. L'année de référence doit toujours être mentionnée. La variation de l'indice d'une année à l'autre donne le taux de variation de la variable durant cette période. Par exemple, si l'IPC (1996 = 100) est de 120 une année et de 132 l'année suivante, on pourra dire que les prix ont augmenté de 10 % durant cette période. Pour arriver à ce résultat, il suffit de calculer la variation en pourcentage de l'indice ainsi :

$$\frac{\textit{Indice de l'année} - \textit{Indice de l'année précédente}}{\textit{Indice de l'année précédente}} \times 100 =$$

$$\frac{132 - 120}{120} \times 100 = 10\,\%$$

On remarque que l'année de référence n'influe pas sur le calcul de la variation en pourcentage d'une année à l'autre.

On peut également vouloir connaître le rapport entre la valeur d'une variable à une période donnée dans une région avec celle de la même variable dans une autre région à la même période. La région choisie comme point de comparaison a alors un indice de 100. Par exemple, si je souhaite comparer la productivité de l'énergie, c'est-à-dire l'efficacité avec laquelle différents pays utilisent l'énergie pour produire, je choisis un pays comme point de comparaison, les États-Unis, par exemple, et je lui donne l'indice 100. Si l'indice d'efficacité du Québec s'élève à 80, cela signifie qu'il utilise plus d'énergie que les États-Unis pour effectuer la même production. Si l'indice d'efficacité du Japon s'élève à 200, cela signifie que ce pays est deux fois plus efficace, donc qu'il utilise deux fois moins d'énergie pour obtenir la même production que les États-Unis.

Finalement, on peut aussi chercher à évaluer le rapport entre la valeur d'une variable et une valeur étalon minimale et maximale, c'est-à-dire à situer cette variable sur une échelle, par exemple, l'indice de satisfaction éprouvée par rapport à un gouvernement. Sur une échelle de 1 à 10, 1 représente l'insatisfaction totale et 10 la satisfaction totale ; un gouvernement qui obtiendrait 2 devrait certainement revoir ses politiques.

Les indices sont des indicateurs économiques très intéressants, car ils facilitent les comparaisons des variables dans le temps et par rapport à une échelle.

4.2.3 Les indicateurs économiques et sociaux

On peut classer les indicateurs statistiques utilisés en économique en deux catégories : les indicateurs purement économiques et les indicateurs sociaux. Les **indicateurs économiques** permettent d'évaluer quantitativement des phénomènes économiques quantitatifs comme la production, les prix et le nombre de chômeurs. Les indicateurs sociaux tentent de cerner de façon quantitative des phénomènes qualitatifs, comme la santé ou l'environnement, qui peuvent être liés directement ou indirectement aux performances économiques. En général, il faut plusieurs indicateurs pour évaluer ces domaines. Par exemple, on utilisera l'espérance de vie, le taux de mortalité infantile, le taux de morbidité, et ainsi de suite, pour décrire les performances en matière de santé d'un pays. Par contre, pour évaluer la croissance de l'économie ou du niveau des prix, il ne suffit souvent que d'un seul indicateur.

Dans ce chapitre, nous allons commencer à nous doter d'indicateurs permettant d'évaluer les performances de l'économie. Comme les outils qui seront définis serviront dans les chapitres subséquents, il est important de bien les maîtriser.

Indicateur économique
Statistique qui renseigne sur un aspect de l'économie.

Les comptes nationaux

4.3 Les comptes nationaux

4.3.1 Définition

Les **comptes nationaux,** aussi appelés « comptabilité nationale », fournissent les indicateurs nécessaires à la mesure des performances de l'économie. Mais qu'entend-on par « performance » ? La performance correspond au résultat obtenu. On parle souvent, à propos d'athlètes ou de résultats scolaires, de piètre performance (lorsque les résultats sont faibles) ou de performance exceptionnelle (lorsque les résultats sont très au-dessus de la moyenne). On peut recourir à ce vocabulaire en économie à la condition d'utiliser des instruments précis qui permettent d'en mesurer les performances tout en évitant des phrases du type : « L'économie roule bien » ou « tourne à un bon rythme. » Comme on le verra dans les chapitres 8, 9 et 10, l'État peut intervenir dans l'économie pour en améliorer la condition. Il peut vouloir s'attaquer au chômage ou à l'inflation, soutenir le dollar canadien ou améliorer les échanges internationaux. Mais, pour intervenir, l'État doit savoir dans quelle situation l'économie se trouve et se doter d'objectifs concrets.

> **Comptes nationaux**
> Ensemble d'indicateurs permettant de mesurer les performances de l'économie.

4.3.2 La comptabilité nationale – un bilan et non un flux

La comptabilité nationale est à l'économie ce que le bilan est à l'entreprise. Elle renseigne sur les performances d'une économie à la fin d'une période. Tout comme l'administrateur veut connaître les ventes totales à la fin de l'année, l'économiste veut avoir une image de ce qu'a produit l'économie durant l'année. Ces résultats sont statiques et peuvent se comparer à une photo prise à un moment précis. Ce moment correspond le plus souvent à la fin d'une l'année ou d'un trimestre.

La comptabilité nationale correspond à la compilation des flux (variation au cours d'une certaine période), à la circulation des revenus ou à des dépenses liés à la production. Ces revenus ou dépenses fluctuent tout le long de l'année. On peut les comparer à un film où l'action se déroule à une très grande vitesse. À un moment précis, à la fin de l'année, par exemple, il est bon de faire le bilan de la situation pour pouvoir porter un jugement sur l'état de l'économie.

Les comptes nationaux ne sont qu'une première série d'outils d'évaluation des performances de l'économie. Les prochains chapitres permettront d'approfondir d'autres indicateurs économiques, comme les indicateurs du marché du travail,

Calculer le PIB, c'est comme prendre une photo de l'activité économique à un moment dans le temps.

les indicateurs du niveau des prix, les indicateurs sociaux, les indicateurs du commerce international, les indicateurs du marché monétaire et les indicateurs des finances publiques.

4.3.3 L'origine des indicateurs des comptes nationaux

De nombreux organismes publient des statistiques variées. Néanmoins, où peut-on trouver les indicateurs des comptes nationaux ? Tout d'abord, Statistique Canada publie un mensuel, *L'Observateur économique canadien*, dans lequel on trouve la plupart des principaux indicateurs économiques. Le Bureau de la statistique du Québec publie également un mensuel. D'autres revues plus spécialisées, comme *La revue de la Banque du Canada* ou *Le marché du travail*, compilent de nombreuses statistiques relatives aux comptes nationaux. De plus, plusieurs sites Web fournissent des statistiques récentes (voir le site de Chenelière Éducation à l'adresse www.cheneliere.ca. Sur ce site, vous trouverez, notamment, les adresses des principaux sites économiques canadiens, québécois et étrangers). Ce sont des outils précieux pour mettre à jour les données statistiques. Ainsi, grâce à Internet, il n'est plus nécessaire de se déplacer à la bibliothèque pour obtenir des données récentes.

La méthodologie des grands organismes cités plus haut est très rigoureuse. On ne peut mettre en doute la validité de leurs résultats ou leur objectivité scientifique. Transparence et rigueur sont à l'honneur. Les personnes qui compilent les données et construisent les indicateurs sont des spécialistes indépendants des partis politiques. Toutefois, il est facile et il peut être tentant de formuler des définitions qui donnent une meilleure image de l'économie canadienne. Le taux de chômage en est un bon exemple. La définition officielle d'un chômeur sous-estime le nombre véritable de chômeurs. Une bonne connaissance des indicateurs et de leur définition permet de les analyser et de les interpréter correctement avec toutes les nuances et les précautions qui s'imposent.

4.4 Les principaux indicateurs des comptes nationaux

Les comptes nationaux comportent de nombreux indicateurs dont le pilier central est le produit intérieur brut (PIB). La plus grande partie de ce chapitre sera consacrée à cet indicateur. Il est cependant fort utile de connaître certains des autres indicateurs comme le produit national brut (PNB), le revenu intérieur (*RI*), le revenu personnel (*RP*) et le revenu disponible (*RD*).

4.4.1 Le produit intérieur brut

Ce qu'on cherche à mesurer – définition conceptuelle

Le **produit intérieur brut** (PIB) peut sembler déconcertant à première vue. Toutefois, une étude approfondie de cet indicateur permettra de mieux le comprendre et, par conséquent, de mieux l'utiliser. Quelle réalité veut-on cerner avec le PIB? On cherche à évaluer la valeur de tous les biens (par exemple, les automobiles) et les services finaux (par exemple, les services d'un psychologue) qui ont été produits par une économie durant une certaine période. Cette période correspond le plus souvent à une année ou à un trimestre (trois mois).

> **Produit intérieur brut (PIB)**
> Valeur au prix du marché de l'ensemble des biens et des services finaux produits par une économie au cours d'une période précise.

La valeur des biens et des services utilisée pour calculer le PIB correspond au prix auquel le bien ou le service se vend, c'est-à-dire le **prix du marché**. C'est une mesure objective. Utiliser la valeur ou l'importance que chacun accorde à cette production serait purement subjectif, car cette valeur diffère d'une personne à l'autre. On obtiendrait alors plusieurs valeurs différentes de PIB. C'est pourquoi on s'entend pour recourir au prix de vente. C'est ce qu'on appelle une « convention ».

> **Prix du marché**
> Prix auquel se vend ou s'achète un produit sur un marché.

Lorsque l'on calcule le PIB, on ne comptabilise pas la valeur des biens intermédiaires, qui sont les biens qui entrent dans la production d'un autre bien ou qui sont revendus et qui, de ce fait, ne sont pas directement destinés aux consommateurs. La valeur de ces biens intermédiaires étant déjà incluse dans le prix du bien final, la comptabiliser signifierait faire double emploi, c'est-à-dire la calculer deux fois: une fois comme bien intermédiaire et une autre fois dans le prix du bien final. En pratique, cela se comprend facilement. Le bois ayant servi à fabriquer une chaise n'est plus disponible, puisqu'il se trouve dans la chaise; il ne faut donc calculer la valeur de ce bois qu'une seule fois.

TEMPS **D'ARRÊT 4.2**

Distinguez la ou les situations où la farine serait considérée comme un bien intermédiaire ou comme un bien final.

Répondez en donnant un exemple.

Les exclusions

Il faudra se le répéter souvent: **le PIB ne représente pas l'argent qui circule dans l'économie.** Il cherche à mesurer la taille du panier de biens et de services qu'on a produit durant l'année. Par conséquent, lorsqu'on le calcule, il ne faut pas additionner n'importe quoi...

On peut considérer les exclusions suivantes :

- **les transactions purement financières.** L'achat ou la vente de titres financiers (les obligations ou les prêts, les actions ou les titres de propriété, etc.) ne doivent pas être comptabilisés dans le calcul du PIB, car ils ne correspondent pas à une production de biens ou de services, mais plutôt à un échange de titres. Cependant, les services d'un courtier ou d'un conseiller financier font partie de la production d'un service rendu et doivent être inclus dans le PIB.
- **les paiements de transferts** publics et privés. Les sommes que les administrations publiques (fédérale, provinciales et municipales) dépensent sans contrepartie sous forme de production sont exclues du calcul du PIB. Ces dépenses sont appelées des « transferts » : la sécurité de la vieillesse, les subventions, l'aide sociale, etc. De la même manière, les dépenses effectuées par les particuliers ou les entreprises et qui ne servent pas à l'achat d'un bien ou d'un service (par exemple, un don, l'argent de poche alloué aux enfants, la spéculation boursière) ne sont pas comptabilisées.
- **la valeur des biens d'occasion.** Un bien d'occasion (un bien usagé) est un bien qui a déjà été acheté par un agent économique et qui est revendu à un autre. La première fois qu'il est acheté neuf, il est comptabilisé dans le PIB. Par exemple, il ne faut pas calculer la valeur d'un tracteur plus d'une fois uniquement parce qu'il change de mains, car cela donne l'impression qu'on en a produit plus d'un, alors que c'est toujours du même tracteur qu'il s'agit. Sa valeur a déjà été comptabilisée dans le PIB d'une année antérieure.

Paiement de transfert
Somme versée par les administrations publiques sans contrepartie en ce qui concerne la production.

TEMPS D'ARRÊT 4.3

Indiquez si on doit comptabiliser ou non dans le PIB chacune des transactions suivantes. Expliquez votre réponse.

a) La vente d'un sac de pommes de terre de l'Idaho.

b) La vente d'un tableau de Picasso.

c) Le versement d'indemnités à la suite d'un accident de la route.

d) L'achat de 100 actions de Bell.

e) Le pourboire versé à une serveuse de restaurant.

Afin que vous répondiez adéquatement à ces questions, voici quelques repères.

Que cherche-t-on à mesurer ? La valeur de ce qui a été produit durant l'année. Posez-vous la question relativement à chacun des éléments de l'exercice qui précède. De quel produit s'agit-il : un bien ou un service ? S'agit-il d'une nouvelle production de l'année ?

Les mesures du produit intérieur brut

Le PIB permet de comptabiliser la valeur de tous les biens et services finaux produits par une économie durant une certaine période. Ainsi, pour obtenir le PIB, il suffit d'additionner les quantités produites de chaque bien final et de chaque service et de les multiplier par leur prix de vente.

TABLEAU 4.1 — Calcul du PIB

a) Une petite économie ne produisant que trois produits

Bien ou service produit	Quantité	Prix de vente
Automobiles	1000	20 000 $
Consultations chez le médecin	5000	100 $
Poulets rôtis	10 000	10 $

PIB = (1000 × 20 000 $) + (5000 × 100 $) + (10 000 × 10 $) =
= 20 000 000 $ + 500 000 $ + 100 000 $
= **20 600 000 $**

b) Une petite économie ne produisant que 20 produits

Bien ou service produit	Quantité	Prix de vente
Disques compacts	300 000	19,99
Maisons	500	100 000
Visites chez le dentiste	100	100
Pains	10 000	2
Bœuf haché (en tonnes)	5	6000
Poulets	5000	7
Repas au restaurant	364	12
Automobiles	129	19 549
Essence (en litres)	10 000	0,70
Billets de ski alpin	72	26
Cinéma	700 000	9
Livres	200 000	35
Crayons	3 000 000	1
Reliures à anneaux	400 000	2
Souliers	5000	100
Jeans	50 000	69
Chemises	30 000	50
Bières	1 000 000	4
Journées d'hospitalisation	98 765	700
Services financiers	32	12

PIB =

Par exemple, supposons qu'une économie ait produit la quantité de biens et de services figurant dans la deuxième colonne du tableau 4.1 a) et que ceux-ci aient été vendus aux prix indiqués dans la troisième colonne ; la valeur de la production, c'est-à-dire le PIB, correspond à la somme des multiplications suivantes : (Quantité d'automobiles × Prix unitaire) + (Nombre de consultations chez le médecin × Prix unitaire) + (Quantité de poulets rôtis × Prix unitaire) = 20 600 000 $.

Il n'est pas nécessaire de faire le calcul. Le but de ce genre d'exercice est de se familiariser avec le concept de PIB. Essayons maintenant d'imaginer que le tableau 4.1 b) contient vraiment tous les biens et les services produits par une économie ; il serait vraiment impossible de calculer le PIB de cette façon. Pour obtenir le PIB de l'an 2005, il faudrait attendre le prochain millénaire. Il a donc fallu élaborer des méthodes de calcul plus efficaces. Voici les trois méthodes utilisées en pratique pour calculer le PIB :

- on fait la somme des valeurs ajoutées ;
- on fait la somme des dépenses effectuées pour se procurer la production finale ;
- on fait la somme des revenus touchés pour avoir participé à la production.

Les deux dernières méthodes sont celles retenues par Statistique Canada. Chacune d'elles sera expliquée dans les paragraphes qui suivent.

La **valeur ajoutée,** comme son nom l'indique, correspond à la valeur qu'une entreprise ajoute aux biens intermédiaires en les transformant. Les ressources humaines, en utilisant les biens de production, peuvent maintenant produire des biens et des services dont la valeur excède celle des biens qui entrent dans leur composition. Par exemple, une automobile a une plus grande valeur que les pièces qui la composent. On calcule la valeur ajoutée par une entreprise en faisant la différence entre ses recettes (Prix de vente × Quantité produite) et le coût des biens intermédiaires qu'elle a utilisés :

Valeur ajoutée = Recettes − Coût des biens intermédiaires.

> **Valeur ajoutée**
> Différence entre le prix du produit et le coût des biens intermédiaires entrant dans sa production.

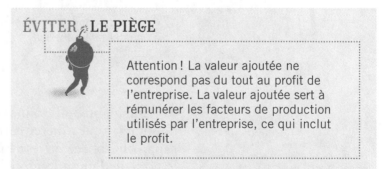

ÉVITER LE PIÈGE

Attention ! La valeur ajoutée ne correspond pas du tout au profit de l'entreprise. La valeur ajoutée sert à rémunérer les facteurs de production utilisés par l'entreprise, ce qui inclut le profit.

Calculez la valeur ajoutée de la production d'un gâteau vendu 6 $ en vous fondant sur les données suivantes :

Salaires	3,00 $	Sucre	0,25 $
Amortissement	0,50 $	Beurre	0,55 $
Farine	0,15 $	Bénéfices	0,50 $
Œufs	0,05 $	Frais divers	1,00 $

Si vous obtenez la bonne réponse en faisant le bon calcul (voir la formule plus haut), bravo ! Par contre, si vous avez soustrait les profits en plus des biens intermédiaires, attention ! Le profit fait partie de la valeur ajoutée. Et si vous avez soustrait toutes les dépenses du prix du produit, vous auriez intérêt à relire cette section.

Vous savez maintenant comment calculer la valeur ajoutée par une entreprise. Le calcul du PIB avec les valeurs ajoutées s'effectue de la façon suivante. Si on additionne les valeurs ajoutées par l'ensemble des entreprises d'une économie, on obtient la valeur de la production totale, soit le PIB. Cette opération est comparable à l'addition de l'ensemble des contributions des entreprises à la valeur de la production totale :

PIB = Somme des valeurs ajoutées par les entreprises.

Maintenant, on veut mesurer le PIB sous un autre angle, soit celui des dépenses effectuées pour acheter la production, c'est-à-dire la demande globale. La production a une certaine valeur (le prix de vente). Si on fait la somme de toutes les dépenses effectuées pour acheter la production, on obtient la valeur de cette production.

Qui achète la production ? Ce sont les agents économiques : les consommateurs, les entreprises, les administrations publiques (fédérale, provinciales et municipales), appelées souvent « gouvernements », et les marchés étrangers (les non-résidents). À chaque agent économique correspond un type de dépenses. C'est une façon de se rappeler la nature des dépenses qui entrent dans le calcul du PIB.

ÉVITER LE PIÈGE

On n'additionne pas n'importe quelle dépense, uniquement celles qui servent à acheter la production.

Demande globale
Ensemble des dépenses effectuées par les agents économiques pour se procurer la production de l'économie de l'année en cours.

Lorsqu'on additionne les dépenses faites par chacun des agents économiques pour acheter la production, on obtient le PIB calculé à l'aide de l'approche fondée sur les dépenses. La somme de ces dépenses porte également le nom de **demande globale**. Quelles sont donc ces dépenses ?

On trouve d'abord les **dépenses de consommation** C, qui correspondent à l'ensemble des dépenses faites par les consommateurs pour se procurer des biens et des services. Il ne faut surtout pas oublier qu'on ne **comptabilise** pas les biens d'occasion. De plus, par convention, l'achat de maisons (la construction résidentielle) n'est pas comptabilisé dans les dépenses de consommation, mais plutôt dans les investissements. Cette convention découle du fait qu'il serait bien difficile de distinguer les maisons habitées par leur propriétaire des maisons louées. De plus, une maison peut changer de vocation. Comme une maison procure toujours un logement soit à son propriétaire, soit à quelqu'un d'autre, on la considère comme une forme d'investissement.

Suivent ensuite les dépenses d'investissement I réalisées par les entreprises. D'abord, il convient de distinguer un « investissement » d'un « placement ». Dans le langage courant, ces deux mots désignent en général une manière d'utiliser l'argent qu'on possède afin qu'il rapporte. En science économique, c'est différent. On considère les dépenses effectuées pour acheter les biens et les services produits. Le mot « investissement », en économie, correspond au domaine du réel et non à celui du marché monétaire. Il s'agit d'achats pour se procurer des produits et non pas de titres financiers.

ÉVITER LE PIÈGE

Il ne faut pas confondre « investissement » et « placement ».

Les dépenses d'investissement I comprennent :
- l'achat de biens de production effectué par les entreprises : la machinerie, l'outillage, les micro-ordinateurs, etc. ;
- les dépenses liées à la construction de bâtiments résidentiels, commerciaux et industriels ;
- la variation des stocks : cette variation relève de l'entreprise et permet de mesurer la production plutôt que les ventes. Il se peut que, parmi les ventes, se trouvent des produits datant d'une année antérieure, ce qui accroît le PIB de l'année. En vendant les produits d'une autre année, l'entreprise a dû puiser dans ses stocks. La variation des stocks est alors négative, c'est-à-dire que les stocks diminuent puisqu'ils ont déjà été comptabilisés dans le PIB d'une année antérieure. Dans ce cas, il faut soustraire la marchandise des années antérieures. Il se peut également qu'on n'ait pas vendu toute la production de l'année. La variation des stocks est alors positive, c'est-à-dire que les stocks augmentent. Il faut ajouter aux ventes cette augmentation puisqu'il s'agit de comptabiliser tout ce qui a été produit. Sinon, on sous-estimera le PIB de l'année courante :

Valeur de la production = Ventes + Variation des stocks.

Donc, lorsque la production diffère des ventes, il en résulte une variation des stocks. Pour obtenir la valeur de la production, il faut enlever des ventes ce qui a été produit une autre année (diminution des stocks) ; on y ajoute la valeur de la production de l'année qui n'a pas été vendue (augmentation des stocks) ;

- l'investissement total est appelé **investissement brut** I_b. Celui-ci comporte deux composantes: l'**investissement net** et l'**amortissement.** Parmi toutes les dépenses faites par l'entreprise pour acheter des biens de production, une partie ne servira qu'à remplacer la machinerie ou l'outillage usagé ou désuet. Ces dépenses ne permettent pas d'accroître la production, mais uniquement d'en maintenir le niveau. On appelle ces dépenses «amortissement» ou «investissement de remplacement». Le reste des dépenses d'investissement contribue à augmenter la capacité de production. On appelle ces dépenses «investissement net». Si l'investissement brut ou total correspond à l'amortissement, l'économie ne fait que maintenir sa capacité de production: l'économie est stable. Si l'investissement net est supérieur à l'amortissement, l'économie accroît sa capacité de production: l'économie connaît une croissance. Par contre, si l'investissement brut ou total est inférieur à l'amortissement, l'économie connaît un déclin et sa capacité de production diminue (voir la figure 4.1).

Parmi l'ensemble des dépenses d'un gouvernement (dépenses budgétaires), il y a des dépenses faites par les administrations publiques pour acheter la production. Nous appellerons ces dépenses les **dépenses gouvernementales,** G. Cela ne représente qu'une part de leurs dépenses,

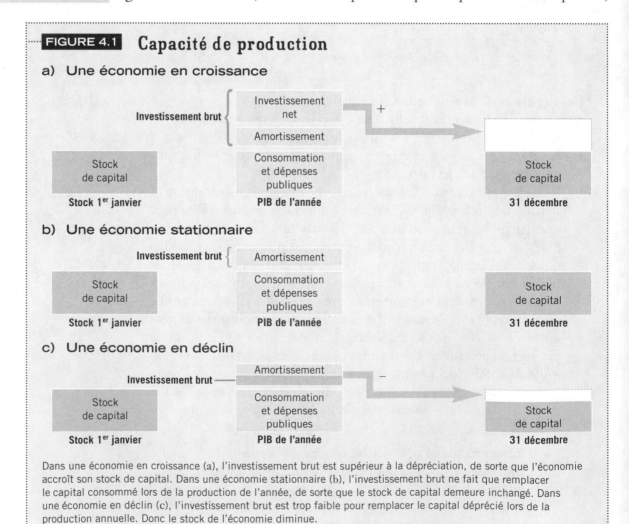

FIGURE 4.1 **Capacité de production**

a) Une économie en croissance

b) Une économie stationnaire

c) Une économie en déclin

Dans une économie en croissance (a), l'investissement brut est supérieur à la dépréciation, de sorte que l'économie accroît son stock de capital. Dans une économie stationnaire (b), l'investissement brut ne fait que remplacer le capital consommé lors de la production de l'année, de sorte que le stock de capital demeure inchangé. Dans une économie en déclin (c), l'investissement brut est trop faible pour remplacer le capital déprécié lors de la production annuelle. Donc le stock de l'économie diminue.

puisqu'une grande partie de ces dépenses est consacrée aux transferts publics et aux intérêts sur la dette. Dans les comptes nationaux, les dépenses gouvernementales ne comprennent que les dépenses effectuées pour acheter des biens et des services, par exemple, le salaire des fonctionnaires, l'achat de sous-marins et la construction de routes.

TEMPS D'ARRÊT 4.5

Expliquez pourquoi les transferts ne sont pas calculés dans le PIB.

Les dépenses des marchés étrangers X font partie de la valeur de production.

En effet, on vend beaucoup de produits d'ici aux autres pays. Si on veut estimer la valeur de tout ce qu'on produit, il faut inclure les dépenses faites par les gens qui n'habitent pas le pays, les non-résidents, pour se procurer notre production. On appelle celles-ci les **dépenses d'exportations.**

En outre, il faut tenir compte de la correction pour les **dépenses d'importations** M. Dans toutes les catégories de dépenses vues jusqu'à maintenant, on ne tenait pas compte de la provenance des produits consommés au pays. Or, une partie de la production consommée ici provient de l'extérieur du pays. Il faut donc soustraire de cette production les dépenses d'importations, c'est-à-dire la valeur des produits en provenance de l'étranger. Ainsi, on pourra vraiment connaître la valeur de notre production. On appelle **exportations nettes** la différence entre les exportations et les importations : $X - M$ ou X_n.

En résumé, on peut représenter la somme de toutes les dépenses effectuées pour acheter la production canadienne PIB par l'équation de la demande globale :

$$PIB = C + I + G + X_n = Demande\ globale.$$

Si on ne considère que les dépenses faites par les agents économiques canadiens ($C + I + G$), on obtient la demande intérieure.

> **Dépenses d'exportations**
> Dépenses effectuées par les non-résidents pour se procurer la production de l'année en cours.

> **Dépenses d'importations**
> Dépenses effectuées pour se procurer la production provenant d'autres économies.

> **Exportations nettes**
> Différence entre les exportations et les importations.

TEMPS D'ARRÊT 4.6

Parmi les transactions suivantes, déterminez celles qui sont comptabilisées dans le calcul du PIB selon l'approche des dépenses. Précisez à quelle catégorie de dépenses chacune des transactions comptabilisées appartient et justifiez votre réponse.

a) L'achat d'un chaton à l'animalerie.

b) La vente d'un tracteur à un fermier.

c) L'achat d'une maison neuve par une mère de famille.

d) L'achat d'une voiture de collection.

On peut également obtenir la valeur du PIB à l'aide d'une approche fondée sur les revenus touchés pour avoir participé à la production (voir le tableau 4.2). Chaque fois qu'un produit est acheté, l'argent perçu par le vendeur est réparti entre les agents économiques qui ont contribué à sa

TABLEAU 4.2 **Comptabilité nationale : approche fondée sur les revenus et les dépenses de 2004[1]**

a) Produit intérieur brut, en termes de dépenses

	2000	2001	2002	2003	2004
	en millions de dollars				
Produit intérieur brut aux prix du marché	1 076 577	1 108 200	1 157 968	1 218 772	1 293 289
Dépenses personnelles en biens et services de consommation	596 009	622 903	657 302	688 707	722 631
Biens durables	81 958	84 913	92 052	93 180	93 965
Biens semi-durables	52 115	54 567	56 900	58 295	61 201
Biens non durables	143 264	150 544	158 504	168 256	177 574
Services	318 672	332 879	349 846	368 976	389 891
Dépenses courantes des administrations publiques en biens et services	200 084	211 115	223 677	237 711	249 771
Formation brute de capital fixe des administrations publiques	24 524	26 993	29 617	31 501	32 702
Stocks des administrations publiques	24	13	−45	15	21
Formation brute de capital fixe des entreprises	181 748	190 625	197 828	205 875	224 354
Bâtiments résidentiels	48 572	55 140	65 829	73 757	84 470
Ouvrages non résidentiels et équipement	133 176	135 485	131 999	132 118	139 884
Ouvrages non résidentiels	49 826	52 927	49 686	51 155	54 243
Machines et matériel	83 350	82 558	82 313	80 963	85 641
Investissement des entreprises en stocks	11 505	−6270	−568	7662	7219
Non agricoles	11 355	−5251	1094	6119	5811
Agricoles	150	−1019	−1662	1543	1408
Exportations de biens et services	490 688	483 053	479 358	461 596	494 519
Biens	429 375	420 659	413 788	400 004	430 281
Services	61 313	62 394	65 570	61 592	64 238
Moins les importations de biens et services	428 754	419 508	428 248	413 611	437 404
Biens	362 337	350 681	356 582	341 835	362 955
Services	66 417	68 827	71 666	71 776	74 449
Divergence statistique	749	−724	−953	−684	−524
Demande intérieure finale	1 002 365	1 051 636	1 108 424	1 163 794	1 229 458

Source : Statistique Canada, CANSIM, tableau 380-0002 et produit n° 13-001-XIB au catalogue.
Dernières modifications apportées : 2005-02-28.

1. Avant que les gouvernements n'y prélèvent les impôts.

TABLEAU 4.2 (suite)

b) Produit intérieur brut, en termes de revenus

	2000	2001	2002	2003	2004
	en millions de dollars				
Produit intérieur brut aux prix du marché	**1 076 577**	**1 108 200**	**1 157 968**	**1 218 772**	**1 293 289**
Rémunération des salariés et revenu supplémentaire du travail	545 204	570 008	592 692	613 718	638 868
Bénéfices des sociétés avant impôts	135 978	126 620	137 480	151 210	178 014
Bénéfices des entreprises publiques avant impôts	11 329	10 483	11 478	11 643	11 857
Intérêts et revenus divers de placements	55 302	52 967	48 188	51 508	56 845
Revenus comptables nets des exploitations agricoles au titre de la production agricole	1243	1633	889	694	1700
Revenus nets des entreprises individuelles non agricoles, loyers inclus	64 944	68 364	73 841	77 382	81 013
Ajustement de la valeur des stocks	−2439	240	−2959	4876	−657
Impôts moins les subventions sur les facteurs de production	51 693	52 557	53 721	55 465	57 661
Produit intérieur net au prix de base	863 254	882 872	915 330	966 496	1 025 301
Impôts moins les subventions sur les produits	76 647	76 995	85 538	87 188	93 248
Provisions pour consommation de capital	137 425	147 608	156 146	164 403	174 216
Divergence statistique	−749	725	954	685	524

Source : Statistique Canada, CANSIM, tableau 380-0001 et produit n° 13-001-XIB au catalogue.
Dernières modifications apportées : 2005 02 28.

c) Produit intérieur brut réel aux prix du marché

	2000	2001	2002	2003	2004
	en millions de dollars enchaînés de 1997				
Produit intérieur brut réel aux prix du marché	**1 020 488**	**1 038 844**	**1 074 620**	**1 096 359**	**1 126 625**
Dépenses personnelles en biens et services de consommation	566 664	581 844	601 594	620 444	641 863
Biens durables	82 492	86 000	93 099	94 923	97 156
Biens semi-durables	50 476	52 484	54 472	56 142	59 284
Biens non durables	132 472	134 142	137 196	140 078	143 453
Services	301 367	309 570	317 626	330 098	342 878
Dépenses courantes des administrations publiques en biens et services	186 588	193 487	198 902	206 466	211 719
Formation brute de capital fixe des administrations publiques	23 946	26 362	28 758	30 709	31 293
Stocks des administrations publiques	23	13	−40	14	18
Formation brute de capital fixe des entreprises	177 197	183 102	185 677	194 235	207 671
Bâtiments résidentiels	45 758	50 621	57 936	62 262	67 502
Ouvrages non résidentiels et équipement	131 421	132 283	127 037	131 043	138 986
Ouvrages non résidentiels	46 019	48 497	44 492	44 928	45 361
Machines et matériel	85 581	83 722	82 714	86 441	94 598

TABLEAU 4.2 (suite)

	2000	2001	2002	2003	2004
	en millions de dollars enchaînés de 1997				
Produit intérieur brut réel aux prix du marché	**1 020 488**	**1 038 844**	**1 074 620**	**1 096 359**	**1 126 625**
Investissement des entreprises en stocks	13 353	−4343	2123	11 876	11 671
Non agricoles	12 578	−3682	2876	7889	8720
Agricoles	697	−771	−866	3715	2307
Exportations de biens et services	458 574	445 582	450 568	439 798	461 291
Biens	401 355	387 485	390 278	381 819	401 789
Services	57 306	58 257	60 450	58 086	59 644
Moins les importations de biens et services	405 714	385 496	391 070	405 977	439 172
Biens	347 066	327 664	332 512	343 906	373 087
Services	58 914	57 915	58 651	61 986	66 117
Divergence statistique	709	−675	−888	−616	−460
Demande intérieure finale	954 314	984 666	1 014 794	1 051 568	1 091 907

Source: Statistique Canada, CANSIM, tableau 380-0002 et produit n° 13-001-XIB au catalogue.
Dernières modifications apportées : 2005-02-28.

Obtenez plus d'information sur ces tableaux à l'adresse suivante : cansim2.statcan.ca

production. Si on additionne tous les revenus touchés pour avoir participé à la production, on obtient le PIB. Deux de ces éléments ne sont pas réellement des revenus mais, comme ils sont compris dans le prix de vente du produit, il faut les comptabiliser pour obtenir la valeur de la production : ce sont les impôts indirects moins les subventions et l'amortissement. Les autres revenus, notamment les transferts publics et privés, et les gains en capital, ne sont pas considérés comme des éléments de la production. Ils ne font donc pas partie du prix de vente du produit. C'est pourquoi on ne les inclut pas dans le calcul du PIB. Les revenus comptabilisés sont les salaires, les loyers et les autres revenus d'entreprises individuelles, les intérêts et les autres revenus de placement, ainsi que les bénéfices des entreprises.

- *Le salaire avant impôts.* Le salaire représente le montant versé par l'employeur (une entreprise privée ou les gouvernements) à l'employé en contrepartie de sa participation à la production avant que les gouvernements n'y prélèvent les impôts. Dans le salaire, on inclut tout avantage payé par l'employeur : la contribution à la CSST, à des régimes de pension, à l'assurance-emploi, etc.

- *Les loyers et les autres revenus.* Cet élément comprend les **loyers** ainsi que tous les revenus touchés pour avoir participé à la production qui ne font pas partie d'autres catégories, comme les revenus nets d'entreprises agricoles, les revenus nets des entreprises individuelles non constituées, etc.

- *Les intérêts et les autres revenus de placements.* Lorsqu'on prête de l'argent à une entreprise (les obligations), on contribue de façon

Loyers
Montant versé pour l'utilisation d'un bien appartenant à un autre.

indirecte à la production, et les intérêts que cette entreprise verse sont inclus dans le prix du produit. Si on cherche à obtenir la même valeur de la production que celle obtenue par l'approche fondée sur les dépenses, on doit alors inclure les **intérêts** dans le calcul du PIB à l'aide de la méthode fondée sur les revenus.

Intérêts
Montant versé aux prêteurs.

ÉVITER LE PIÈGE

Le montant d'un prêt n'est pas inclus, seuls les intérêts qui en découlent le sont.

- *Les* **bénéfices des entreprises** *avant impôts.* L'esprit d'entreprise est une contribution fondamentale à la production dans une économie capitaliste. Cet esprit d'entreprise et le risque qu'il comporte sont rémunérés par ce qu'on appelle les *bénéfices* ou les *profits.* Ces bénéfices sont une composante du prix du produit. Ils sont répartis de la façon suivante : les impôts sur le revenu des entreprises, les impôts non répartis et les dividendes.

Bénéfices de l'entreprise
Rémunération de l'esprit d'entreprise.

- *Les impôts sur le revenu des entreprises.* Tout d'abord, l'entreprise doit payer des impôts sur ses bénéfices, tout comme le particulier paie des impôts sur son revenu. En effet, puisqu'elle bénéficie, entre autres, des routes et de la défense nationale, elle doit apporter sa contribution. Ces impôts constituent un revenu pour le gouvernement.
- *Les dividendes.* Une partie de ce qui reste sera versée aux propriétaires de l'entreprise, c'est-à-dire aux détenteurs d'actions. Ces sommes sont appelées les **dividendes.**
- *Les* **bénéfices non répartis.** L'entreprise conserve une partie de ses bénéfices au sein de l'entreprise en prévision d'achats ou de nouvelles installations.

Dividendes
Partie des bénéfices versée aux actionnaires

Bénéfices non répartis
Partie des bénéfices après impôts qui n'est pas versée aux actionnaires.

- *L'amortissement* (ou les provisions pour consommation de capital). L'amortissement ne constitue pas un revenu en soi. Cependant, une entreprise qui ne fait pas de provisions afin de remplacer la machinerie usée ou désuète perdra inévitablement une partie de sa capacité de production. C'est pourquoi, dans le prix du produit, on inclut un montant permettant le maintien du stock de capital (les biens de production).
- *Les* **impôts indirects** *moins les subventions.* Comme le prix payé par le consommateur comprend toutes les taxes qui accompagnent le produit (les taxes de vente, les taxes d'accises, les permis, etc.), il ne faut pas oublier ces impôts pour connaître la valeur de la production au prix du marché. Par contre, si l'entreprise obtient une **subvention,** cela fait diminuer son coût de production et elle pourra vendre le produit moins cher. C'est pourquoi il faut soustraire du total les subventions obtenues par ces entreprises.
- *Le rajustement pour la valeur des stocks.* Tout comme dans l'approche fondée sur les dépenses, il faut tenir compte de la variation des stocks pour obtenir la valeur de la production et non celle des ventes.

Impôts indirects
Taxes qui accompagnent le produit.

Subvention
Transfert public aux entreprises.

On peut résumer cette approche ainsi :

$$PIB = Salaires\ avant\ impôts + Loyers\ et\ autres\ revenus +$$
$$Intérêts + Bénéfices\ des\ entreprises + Amortissement + Impôts$$
$$indirects - Subventions + Rajustement\ pour\ la\ valeur\ des\ stocks.$$

TEMPS D'ARRÊT 4.7

Parmi les transactions suivantes, déterminez celles qui sont comptabilisées dans le calcul du PIB fondé sur les revenus. Précisez à quelle catégorie de revenus appartient chacune des transactions comptabilisées et justifiez votre réponse.

a) Le salaire versé à une gardienne d'enfants.

b) Les profits des banques.

c) Le versement par le gouvernement des bourses du millénaire.

d) Le loyer versé à votre propriétaire.

4.4.2 Les autres indicateurs de la comptabilité nationale

Le revenu intérieur

Si on enlève du PIB calculé avec la méthode fondée sur les revenus l'amortissement et les impôts indirects qui ne sont pas réellement des revenus, on obtient le revenu intérieur *RI*. Ce sont les revenus touchés par les fournisseurs de ressources, les entreprises et les particuliers pour leur contribution à la production. Le *RI* ne comprend que des revenus touchés par des Canadiens, tandis que le revenu national *RN* comprend également les revenus touchés par des non-résidents pour leur participation à l'économie canadienne. On calcule le *RI* ainsi :

$$RI = PIB - Amortissement - (Impôts\ indirects - Subventions).$$

Le revenu personnel

Revenu personnel (*RP*)
Ensemble des revenus touchés par les individus.

Le **revenu personnel** (*RP*) correspond à l'ensemble des revenus touchés par les particuliers. Ces revenus ne sont pas nécessairement liés à la production. Pour obtenir le *RP*, on enlève du *RI* les revenus qui ne sont pas touchés par les particuliers, les bénéfices non répartis et les impôts sur les bénéfices des entreprises, et on ajoute les paiements de transfert (l'aide sociale, les prestations de la sécurité de la vieillesse, etc.) (voir la figure 4.2) :

$$RP = RI - Bénéfices\ non\ répartis - Impôts\ sur\ les\ bénéfices$$
$$des\ entreprises + Paiements\ des\ transferts\ aux\ particuliers.$$

Le revenu disponible

Revenu disponible (*RD*)
Revenu personnel moins les impôts sur le revenu des particuliers.

Le **revenu disponible** (*RD*) est le revenu qui reste au particulier une fois qu'il a payé ses impôts personnels et les autres cotisations sociales. Il peut soit le dépenser (*C*), soit l'épargner (*É*) (voir la figure 4.2) :

$$RD = C + \acute{E} = Salaires + Loyers + Int\acute{e}r\hat{e}ts + Dividendes +$$

$$Transferts\ aux\ particuliers - Imp\hat{o}ts\ sur\ le\ revenu$$

ou

$$RD = RP - Imp\hat{o}ts\ sur\ le\ revenu.$$

FIGURE 4.2 Principaux indicateurs de la comptabilité nationale liés les uns aux autres

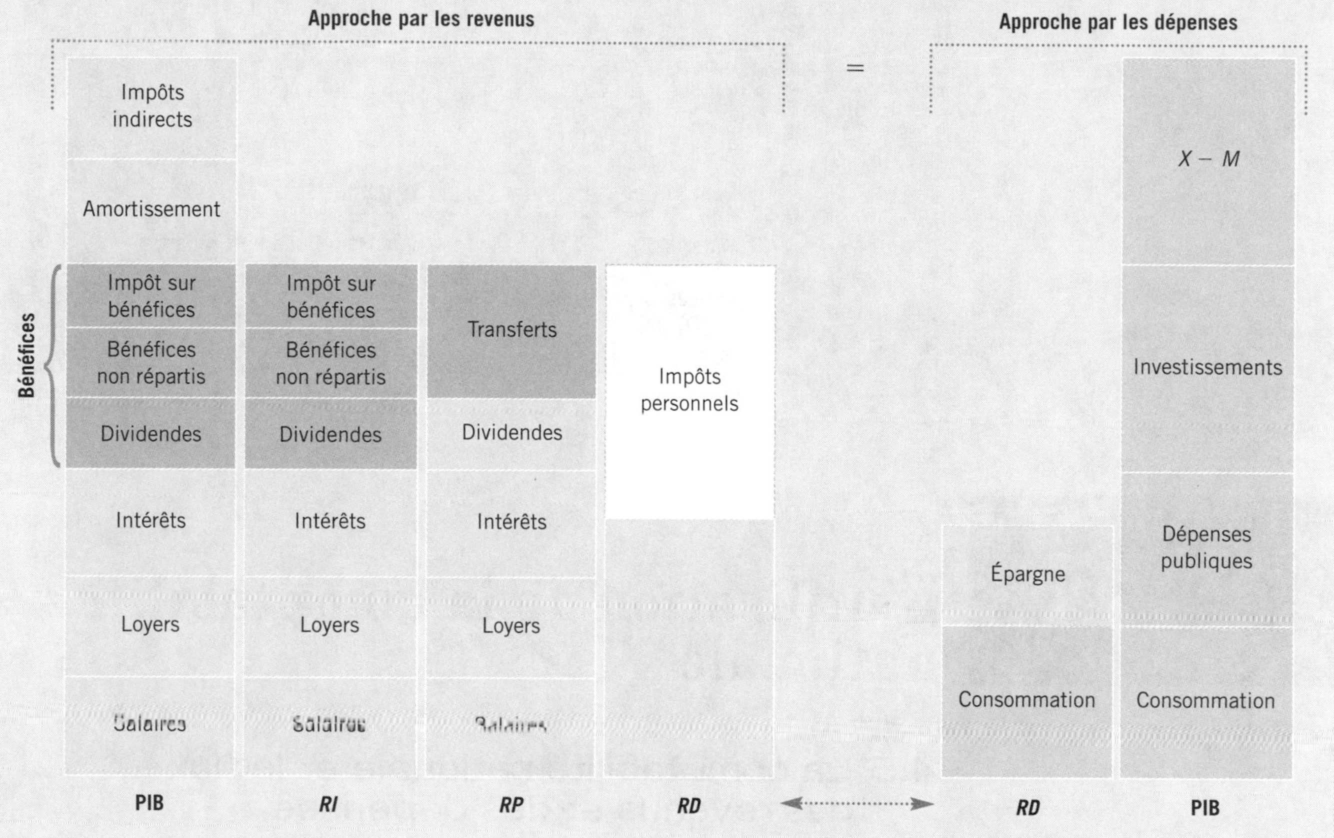

La transition entre le produit national brut et le produit intérieur brut

La différence entre le PIB et le **produit national brut (PNB)** peut se résumer ainsi : « fait au Canada » par rapport à « fait par des Canadiens ». Le PNB était autrefois utilisé comme mesure de la production. On utilise maintenant le PIB. La différence entre ces deux indicateurs provient des revenus découlant des placements nets faits par des non-résidents. Le PIB mesure la production faite au Canada, qu'elle le soit par des résidents ou des non-résidents. Le PNB mesure la production faite par les Canadiens, sans égard au pays où ils se trouvent :

> **Produit national brut (PNB)**
> PIB auquel on ajoute les revenus de placements nets des non-résidents.

$$PNB = PIB + Revenus\ de\ placements\ nets\ des\ non\text{-}r\acute{e}sidents.$$

Au Canada, la différence entre le PIB et le PNB est grande parce qu'il y a beaucoup plus de placements étrangers au Canada que de placements canadiens à l'étranger. Les revenus de placements nets sont donc élevés. Par conséquent, il est plus sage d'utiliser le PIB dans nos comparaisons avec d'autres pays si on désire connaître la vigueur de l'économie canadienne.

APPLICATION

L'utilisation de la comptabilité nationale

4.5 La comptabilité nationale et le flux des revenus et des dépenses

Toute dépense effectuée pour acheter la production (C, I_b, G, X_n) se traduit en revenus pour les agents économiques. Comme l'illustre la figure 4.3, une partie sera versée en salaires, une autre sera conservée pour combler l'usure ou la désuétude du capital (amortissement) et une partie ira au gouvernement, sous forme de taxes indirectes ou d'impôt sur le revenu des entreprises. Une autre partie sera versée aux propriétaires de l'entreprise (dividendes), une partie sera conservée au sein de l'entreprise pour être utilisée à diverses fins (bénéfices non répartis, *BNR*) et une partie servira à payer des loyers et des intérêts.

4.6 Le produit intérieur brut nominal et le produit intérieur brut réel

4.6.1 La faiblesse du produit intérieur brut nominal ou à prix courants

Nous avons utilisé trois façons différentes de mesurer la valeur de la production et nous arrivons au même résultat. L'utilisation de plusieurs méthodes permet

FIGURE 4.3 **Comptes nationaux et flux des revenus et des dépenses**

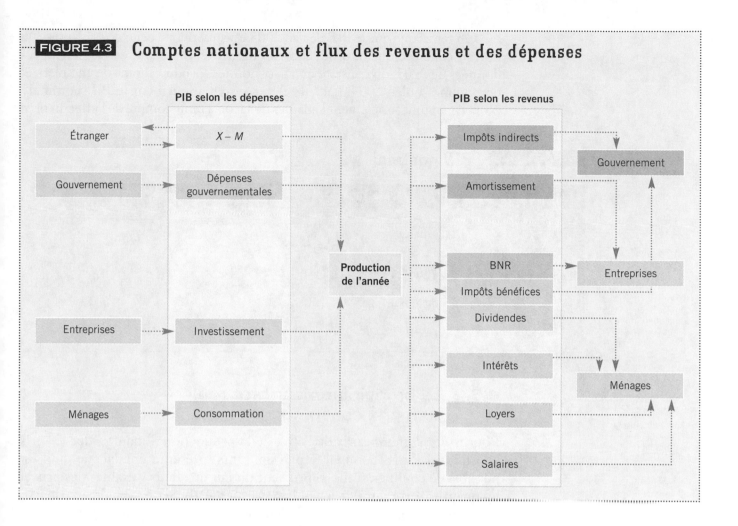

PIB selon les dépenses

- Étranger → X – M
- Gouvernement → Dépenses gouvernementales
- Entreprises → Investissement
- Ménages → Consommation

Production de l'année

PIB selon les revenus

- Impôts indirects
- Amortissement
- BNR
- Impôts bénéfices
- Dividendes
- Intérêts
- Loyers
- Salaires

Gouvernement
Entreprises
Ménages

de vérifier le flux des revenus et des dépenses. Mais pourquoi se donner tant de mal pour calculer le PIB ? Parce qu'on veut savoir si l'économie possède un panier de biens et de services dont la taille a augmenté, est restée la même ou a diminué. En d'autres termes, nous cherchons à mesurer la croissance réelle (les biens et les services produits) de l'économie. Le **PIB nominal** calculé avec les prix courants (ceux auxquels se vendent les produits) et qu'on vient de mesurer permet-il vraiment de connaître les variations de la production ?

Le PIB est une mesure monétaire de la production. Or, la valeur de la monnaie a tendance à varier dans le temps, ce qui explique les hausses et les baisses de prix. Pour mesurer la croissance de la production d'une année à une autre, il faut tenir compte de la variation des quantités produites de biens et services. Ainsi, une augmentation de prix peut nous donner l'illusion que la production a augmenté alors qu'en réalité, il n'y a pas plus de biens et services produits.

Voici un exemple où le PIB nominal augmente, mais où la production diminue (voir le tableau 4.3, p. 114). Pour vérifier la validité de cet outil (mesure-t-il bien ce qu'on cherche à mesurer ?), on utilise l'exemple d'une minuscule économie qui ne produit que deux biens : des chemises et des pommes. En l'an 2004, l'économie produit 100 chemises vendues au prix de 50 $ pièce et 1000 pommes à 0,10 $ pièce. En l'an 2005, cette même économie produit 90 chemises vendues 60 $ pièce et 500 pommes à 0,15 $ pièce. On calcule le PIB nominal (la valeur de la production au prix de l'année en cours) de chacune des années.

PIB nominal
PIB calculé en fonction des prix de l'année en cours.

On remarque que le PIB de l'an 2005 est supérieur à celui de l'an 2004. On devrait conclure que la production a augmenté. Pourtant, en examinant les données de 2005, on constate que l'économie a produit moins de chemises et de pommes qu'en 2004. Faut-il rejeter systématiquement le PIB nominal ? Non, il faut tout simplement l'adapter de façon à tenir compte de l'effet du prix.

TABLEAU 4.3   **PIB nominal**

	Année 2004		Année 2005	
	Quantité	Prix	Quantité	Prix
Chemises	100	50 $	90	60 $
Pommes	1000	0,10 $	500	0,15 $
PIB nominal	(100 × 50) + (1000 × 0,10) = 5100 $		(90 × 60) + (500 × 0,15) = 5475 $	

4.6.2 Le produit intérieur brut réel ou à prix constants

Pour isoler l'effet du prix de l'effet de la production, il faut garder les prix constants. Le PIB nominal (à prix courants) présente une lacune qu'il est possible de combler. Celle-ci provient du fait que deux variables (les prix et les quantités produites) peuvent faire varier le PIB. Si on souhaite que le PIB ne reflète que les variations de production, il faut maintenir les prix constants. À partir de ce moment, seules les quantités produites feront varier le PIB. Ainsi, une augmentation du PIB signifie que l'économie produit davantage, tandis qu'une diminution veut dire que l'économie produit moins.

Maintenir les prix constants signifie que les prix demeurent les mêmes, qu'ils ne changent pas. Lorsqu'on dit que les prix n'ont pas changé, il faut préciser l'année par rapport à laquelle ils n'ont pas changé. Depuis quand n'ont-ils pas changé ? L'année à laquelle on compare les prix s'appelle l'« année de référence ». Les prix sont constants par rapport à une année de référence. Celle-ci ne doit pas être trop éloignée dans le temps de l'année à laquelle on la compare. C'est pourquoi on la change régulièrement. Reprenons l'exemple utilisé précédemment. Si on choisit l'an 2004 comme année de référence, cela signifie qu'on utilisera les prix de l'an 2004 pour calculer la valeur de la production des autres années et, par convention, on écrira : Indice de l'an 2004 = 100 ou (2004 = 100). Ainsi, si le PIB augmente, les prix demeurant constants, cela signifie qu'on produit davantage. Si on produit moins, le PIB diminuera. Ce dernier s'appelle le **PIB réel** ou à prix constants. C'est ce PIB qu'on utilisera pour mesurer la croissance de l'économie (voir le tableau 4.4) et effectuer plusieurs calculs dérivés (le calcul du PIB réel *per capita*, la productivité, etc.).

Le PIB réel est passé de 5100 $ à 4550 $. Il diminue. L'économie a donc produit moins : 10 chemises et 500 pommes en moins. Le PIB réel reflète vraiment les changements de production. La petite notation 2004 = 100 sous le PIB réel n'a rien de mathématique. C'est une convention pour signifier

PIB réel
PIB calculé en fonction des prix d'une année de référence.

TABLEAU 4.4 PIB réel

	Année 2004		Année 2005	
	Quantité	**Prix**	**Quantité**	**Prix**
Chemises	100	50 $	90	50 $
Pommes	1000	0,10 $	500	0,10 $
PIB réel 2004 = 100	$(100 \times 50) + (1000 \times 0,10)$ = 5100 $		$(90 \times 50) + (500 \times 0,10)$ = 4550 $	

qu'on choisit l'an 2004 comme année de référence. C'est la façon officielle d'identifier la série de prix utilisée. Cet indice ne fait référence ni à des dollars ni à des quantités produites.

La partie de l'augmentation du PIB causée par l'augmentation des prix se mesure à l'aide d'un indice de prix appelé « déflateur » ou « indice implicite des prix du PIB (IIP) » ; on l'étudiera dans la section qui suit.

4.6.3 Le taux de croissance

Peu importe l'année de référence, le PIB réel varie toujours dans le même sens que les quantités produites. C'est pourquoi on mesure le **taux de croissance** en calculant la variation en pourcentage du PIB réel :

Taux de croissance
Variation du PIB calculée en pourcentage.

$$\text{Taux de croissance en 2005} = \frac{\text{PIB réel}_{2005} - \text{PIB réel}_{2004}}{\text{PIB réel 2004}} \times 100 = -10,8\,\%$$

Que signifie le signe « moins » devant le taux de croissance ? Il indique que la production diminue. Chaque fois que la production diminue, le taux de croissance est négatif. S'il est positif (dans ce cas, il n'y a pas de signe), c'est que la production augmente. Si on dit que le taux de croissance au Canada était de 3,5 % en 2004, cela signifie que la production a augmenté de 3,5 % de 2003 à 2004. Si le taux de croissance diminue sans être négatif,

TEMPS D'ARRÊT 4.9

À l'aide des données ci-dessous, déterminez l'année où la production a le plus augmenté et celle où elle a le plus diminué.

Taux de croissance fictifs de 2000 à 2004

Année	Taux de croissance
2000	4 %
2001	1 %
2002	−1 %
2003	3 %
2004	3 %

l'économie connaît une augmentation de production, mais elle est moins forte que l'année précédente. On peut faire une analogie avec la croissance personnelle. Si, une année, vous grandissez de 10 cm et que, l'année suivante, vous grandissez de 5 cm, allez-vous dire que vous avez rapetissé ? Bien sûr que non ! Vous direz : « J'ai moins grandi. » Il en va de même pour l'économie. Tant que le taux de croissance du PIB réel est positif, la production de biens et de services s'accroît. La production ne diminue que si le taux de croissance est négatif, s'il est précédé du signe « moins ».

Expliquons maintenant l'**indice implicite des prix** (**IIP**), ou déflateur. Si on compare le PIB nominal d'une année au PIB réel de cette même année et que l'on constate une différence, celle-ci n'est pas due à un changement dans les quantités produites puisque, pour une année donnée, on utilise dans les calculs les quantités produites durant cette année particulière. Pour le vérifier, on compare le PIB réel de l'an 2005 au PIB nominal de l'an 2004 (voir le tableau 4.4). La quantité de chemises et de pommes entrant dans leur calcul est la même, soit 90 chemises et 500 pommes. Ce qui diffère dans le calcul, ce sont les prix. Pour le PIB nominal, on utilise les prix de l'an 2005, soit 60 $ pour les chemises et 0,15 $ pour les pommes, tandis que pour le PIB réel (c'est-à-dire le produit à prix constants de l'an 2004), on a utilisé les prix de l'an 2004, soit 50 $ pour les chemises et 0,10 $ pour les pommes. La différence entre les deux PIB n'est donc attribuable qu'aux prix utilisés dans le calcul. En faisant le rapport entre le PIB nominal d'une année et le PIB réel de cette même année, on obtient donc un indice de prix qu'on appellera l'« indice implicite ». Si les prix n'avaient ni augmenté ni diminué, le PIB réel serait égal au PIB nominal. Dans notre exemple, l'indice implicite en l'an 2005 serait le suivant :

$$\text{Indice implicite}_{2005} \; = \; \frac{PIB \; nominal_{2005}}{PIB \; réel_{2005}} \; \times \; 100 \; = \; \frac{5475\,\$}{4550\,\$} \; = \; 120$$

On peut donc dire que les prix ont augmenté en moyenne de 20 % en l'an 2005 [(120 − 100)/100].

Voyons ce que sont le gonflement du PIB lorsqu'il y a déflation et le dégonflement du PIB nominal lorsqu'il y a inflation. Si on connaît le PIB nominal et l'indice de prix qu'est le déflateur, on peut transformer rapidement le PIB nominal en PIB réel :

$$\frac{PIB \; nominal}{IIP} \; \times \; 100 \; = \; PIB \; réel.$$

La **désaisonnalisation** est un autre facteur important. D'une façon générale, le climat, la culture et les habitudes influent sur l'activité économique, et ce, de différentes manières d'une région à l'autre et d'un moment à l'autre durant l'année. Lorsqu'on compare deux séries de données mensuelles ou les performances d'un mois à l'autre relativement à une même série, elles peuvent révéler des différences sur le plan de l'activité économique qui n'existeraient pas si on comparait des moyennes annuelles. Prenons l'exemple de l'industrie de la construction au Québec. L'hiver, le climat ralentit considérablement cette activité. On ne doit pas en conclure pour autant que l'industrie de la construction se porte mal. Citons un autre exemple : si les ventes augmentent juste avant Noël, ce n'est pas parce que l'économie connaît une poussée de croissance exceptionnelle. Si on veut comparer deux régions ou deux pays dont le climat ou la culture font en sorte que l'activité économique atteint ses sommets et ses creux à des moments différents (comme l'industrie touristique au Québec et en Floride), on aura des comparaisons mensuelles ou trimestrielles faussées. Si on veut vraiment comparer la santé de ces deux industries touristiques, il faut comparer des données qui font abstraction des variations saisonnières. C'est pour ces raisons qu'on a créé des séries désaisonnalisées. Pour ce faire, on calcule, pour chaque mois, une pondération représentant le pourcentage de la moyenne annuelle auquel ce mois correspond. On appelle ce taux un « facteur saisonnier ». On le calcule en utilisant des séries portant sur un minimum de sept ans. Par exemple, on calcule, par rapport à la moyenne des ventes annuelles de grands magasins, ce que représentent les ventes du mois de décembre. Si elles correspondent en moyenne, depuis 7 ans, à 175 % de la moyenne des ventes mensuelles, le facteur saisonnier sera de 175 %. En janvier, si elles correspondent à 75 % des ventes mensuelles moyennes depuis 7 ans, le facteur saisonnier sera de 75 %.

Une fois connus les facteurs saisonniers, il suffit de diviser les données de la série par le facteur saisonnier pour chaque mois, ce qui enlèvera des données la part qui relève uniquement de la saison. On pourra alors savoir comment se porte réellement une industrie ou tout le pays. On peut désaisonnaliser ainsi toutes sortes de séries : le PIB, le taux de chômage, le crédit ; en fait, toute série qui subit des variations saisonnières.

4.7 Mises en garde sur l'interprétation du produit intérieur brut

4.7.1 Le produit intérieur brut – une mesure incomplète de la production

Certaines productions sont exclues. C'est le cas des productions hors marché ou de l'économie souterraine. La production hors marché, c'est-à-dire la production qui n'est pas échangée (vendue et achetée) sur un marché, n'est pas comptabilisée dans le PIB. Le bénévolat, les transactions illégales, les travaux pour soi ou pour des amis ou le travail au noir, bien qu'ils apportent à l'économie des biens et des services, ne sont pas comptabilisés, car ces transactions ne sont pas déclarées. Rappelons que le PIB se calcule avec les prix du marché. Si la transaction n'apparaît pas sur un marché, elle ne peut être comptabilisée. Dans les pays sous-développés, cette façon de faire a des effets importants car le secteur informel est d'une grande ampleur. Au pays, Statistique Canada publie des données sur le travail non rémunéré même s'il ne l'intègre pas dans le calcul du PIB.

4.7.2 Le produit intérieur brut – une mesure excluant le bien-être économique

Le PIB ne mesure pas le bien-être économique de la population (la question du développement humain). La croissance économique n'est pas toujours égale au développement économique. En effet, dans l'évaluation de ce développement, on ne tient pas compte des facteurs décrits ci-dessous.
- *La qualité de la production.* Le PIB est un indicateur quantitatif et non qualitatif. Un réfrigérateur qui durait toute une vie autrefois parvient tout juste à fonctionner pendant dix ans maintenant. La

durée de vie de nombreux produits a diminué sans que cela ne se reflète dans le prix. D'un autre côté, de nombreux produits actuels procurent des services grandement améliorés sans coûter plus cher qu'avant (par exemple, le téléphone cellulaire). Comme le PIB se calcule avec les prix du marché, si ceux-ci ne reflètent pas nécessairement les changements de qualité, alors le PIB ne pourra le faire.

- *La répartition de la production.* Le PIB peut augmenter et la pauvreté s'aggraver simultanément dans un pays. Cela dépend de la répartition de la production. Dans certains pays, seule une minorité se partage la richesse. Le reste de la population vit dans la misère. On ne peut alors parler de bien-être économique.

- *La composition de la production.* Le PIB n'est qu'une statistique. On peut lire : « Le PIB est de 800 milliards de dollars. » En se référant à ce seul chiffre, on ne peut savoir ce qui a été produit dans le pays : des bombardiers, des vêtements... Il est difficile d'imaginer qu'une population puisse connaître un plus grand bien-être économique si toute l'activité économique est axée sur la production de biens devant servir à la guerre ou sur un seul type de production (la monoculture).

- *Le temps de loisir.* Le PIB à lui seul ne reflète pas l'amélioration de la qualité de vie correspondant au temps de loisir dont une population peut bénéficier. Autrefois, les gens travaillaient plus de 70 heures par semaine. Maintenant, ils travaillent environ 40 heures et ont accès à plus de biens et de services. La productivité[1] a beaucoup augmenté, ce que le PIB ne peut laisser entrevoir directement.

- *L'effet sur l'environnement.* La production engendre des effets désastreux sur l'environnement. La pollution sous toutes ses formes menace de plus en plus la qualité de vie. Qu'on pense au smog, à l'effet de serre et aux divers cancers liés à l'utilisation de produits chimiques. Le PIB peut même parfois augmenter à cause des activités de production mises en place pour contrer ces effets néfastes. Mentionnons les opérations de décontamination ou la hausse des coûts en santé qui y sont associées. Cette hausse du PIB n'est certes pas le reflet d'une augmentation du bien-être !

- *Les ressources non renouvelables.* Plus on utilise de ressources non renouvelables dans le but d'augmenter la production de biens et de services, plus on compromet l'avenir du genre humain. Heureusement, certaines avancées technologiques peuvent contrer en partie cette rareté des ressources. Il n'en demeure pas moins qu'une épée de Damoclès est suspendue au-dessus de nos têtes. Le PIB ne nous met pas en garde contre ce danger potentiel. Il ne reflète que la valeur des biens et des services produits à l'aide des ressources dont la rareté est relative par rapport aux besoins. Il existe un PIB vert qui tient compte de l'utilisation du stock de ressources naturelles et de l'effet de la production sur l'environnement.

---

1. La productivité correspond à la mesure de l'efficacité avec laquelle on produit. Il ne faut pas confondre « productivité » et « production ».

Produit intérieur brut par industrie

Février 2005

L'économie canadienne a progressé de 0,3 % en février après avoir enregistré une hausse de 0,2 % en janvier. La majeure partie de la croissance observée en février était attribuable à l'augmentation des dépenses des consommateurs dans les commerces de détail et à la vigueur persistante de la demande de machines et de matériel par les entreprises canadiennes et étrangères.

L'achat de gros articles stimule le commerce de détail et de gros

Les ventes au détail ont augmenté de 1,7 % en février après avoir grimpé de 2,3 % en janvier. Des hausses généralisées ont été relevées dans plusieurs catégories d'établissements, plus particulièrement chez les concessionnaires de voitures neuves et d'occasion. Les programmes de promotion de certains fabricants d'automobiles ont contribué à stimuler les ventes de voitures neuves en février, le nombre de véhicules vendus ayant bondi de 13 %. La fin de la grève des employés de la Société des alcools du Québec de même que l'augmentation des ventes dans la plupart des autres provinces se sont traduites par une poussée appréciable dans l'industrie des magasins de bière, de vin et de spiritueux. Seuls les supermarchés et les magasins de marchandises diverses, y compris les grands magasins, ont accusé un recul.

En février, le commerce de gros a rebondi de 1,4 % après avoir fléchi de 0,2 % en janvier. Les distributeurs de produits alimentaires et de boissons ont affiché la plus forte hausse d'activité, à la suite du repli du mois de janvier. Le gonflement de la demande étrangère de potasse, de produits chimiques industriels, ainsi que de machines et de matériel a contribué à intensifier les activités des grossistes de ces produits. Les ventes en gros de véhicules automobiles et de matériaux de construction ont également augmenté. Le commerce de gros des produits pétroliers s'est contracté, parallèlement à la réduction de l'extraction de pétrole brut.

La diminution de la production d'énergie fait baisser la production industrielle

La production industrielle (soit la production des secteurs de la fabrication, de l'extraction minière et des services publics) a fléchi de 0,2 %, la hausse de la production manufacturière (+0,2) ayant été effacée par les baisses enregistrées dans le secteur de l'extraction minière, pétrolière et gazière (−1,3 %) et dans celui des services publics (−0,8 %). Le temps relativement doux en février par rapport aux mois précédents dans plusieurs régions du pays et aux États-Unis a eu pour effet de réduire la demande d'électricité et de gaz naturel. La production du secteur de l'énergie a diminué de 1,0 %, soit une deuxième baisse consécutive. Aux États-Unis, l'indice de la production industrielle a augmenté de 0,2 %, les hausses observées dans les secteurs de la fabrication et de l'extraction minière ayant été partiellement contrebalancées par la contraction des services publics.

La diminution de la production d'énergie fait baisser la production.

Les consommateurs continuent de faire leurs emplettes

PIB en milliards de dollars enchaînés (1997)

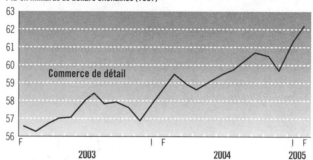

Des difficultés de production nuisent à l'extraction de pétrole brut

PIB en milliards de dollars enchaînés (1997)

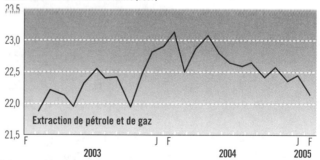

L'extraction minière, pétrolière et gazière cède du terrain

Les activités d'extraction minière, pétrolière et gazière ont chuté de 1,3 % en février. Malgré les cours élevés du pétrole brut sur les marchés internationaux, la persistance des problèmes d'extraction dans les sables bitumineux a réduit la production de pétrole brut et de gaz naturel de 1,4 %. La production des mines de métal a grimpé de 2,2 %, toutes les catégories de métal ayant enregistré des hausses à l'exception de l'or et de l'argent (−2,3 %). La production des mines de minéraux non métalliques a chuté de 5,0 %. La production de potasse est demeurée pratiquement inchangée, bien que se situant près de 15 % au-dessus du niveau enregistré un an plus tôt.

Le secteur de la construction fléchit légèrement

Le secteur de la construction a accusé un léger recul de 0,1 % en février. La construction résidentielle s'est repliée de 0,6 %, en baisse pour un troisième mois consécutif. La construction de maisons unifamiliales et d'appartements a diminué. Toutefois, les mises en chantier résidentielles ont repris une partie du terrain perdu en janvier, sauf dans les régions urbaines du Québec, où elles ont continué de baisser. Les activités sur le marché de la revente se sont intensifiées en février, ce qui a permis aux agents et aux courtiers immobiliers d'accroître leur production de 1,8 %.

La construction de bâtiments non résidentiels a progressé de 0,3 % en février. Il s'agissait là de la deuxième hausse au cours des trois derniers mois` depuis que le secteur a atteint un sommet en juin 2003. La construction de bâtiments commerciaux et industriels a augmenté, mais la construction d'immeubles institutionnels s'est contractée de nouveau. De fortes hausses de la valeur des permis de construction ont toutefois été observées dans toutes les catégories de bâtiments non résidentiels.

Vigueur soutenue de la fabrication des biens durables

La production du secteur de la fabrication a augmenté de 0,2 % en février, grâce à la production accrue de biens durables (+0,6 %). Seulement 9 des 21 grands groupes, à l'origine de 38 % de la valeur ajoutée dans le secteur de la fabrication, ont déclaré des hausses. Les baisses ont été généralisées mais se sont concentrées dans la fabrication de papier (−1,3 %), les scieries (−1,6 %) et l'industrie des produits alimentaires (−0,6 %).

La fabrication de machines a grimpé de 2,4 %, en partie pour satisfaire la demande étrangère. Les hausses de production ont été particulièrement fortes dans les industries des machines pour l'agriculture, la construction et l'extraction minière (+4,5 %), des machines pour le travail du métal (+5,3 %) et d'autres machines d'usage général (+4,0 %). La fabrication de produits informatiques et électroniques a fait un bond de 2,3 %, des hausses ayant été enregistrées dans la plupart des catégories. La fabrication de biens des technologies de l'information et des communications a atteint son plus haut niveau depuis juillet 2001.

L'industrie de la première transformation des métaux a affiché une croissance de 2,2 %, grâce à la reprise progressive de la production primaire d'aluminium (+4,4 %). Un conflit de travail avait engendré une réduction de la production d'une fonderie au troisième trimestre de 2004. L'industrie de la fonte et de l'affinage des métaux non ferreux a rebondi en février (+7,8 %) en raison de l'augmentation de la production d'uranium.

La persistance d'une forte demande de camions lourds a stimulé la production de véhicules automobiles (+0,6 %), les fabricants ayant ajusté leur production d'automobiles et de véhicules légers à la demande de modèles de fabrication canadienne.

Autres secteurs d'activité

En février, la poussée des exportations de blé a fait bondir les activités d'entreposage de produits agricoles et a aussi contribué à la progression du transport ferroviaire et du commerce de gros. Les industries relatives au tourisme ont tiré parti d'un afflux de voyageurs étrangers venant de pays autres que les États-Unis. Le transport aérien a affiché une hausse de 1,7 % alors que les services d'hébergement ont progressé de 1,5 %. L'augmentation du volume des transactions sur les marchés boursiers canadiens a contribué à la croissance des industries des finances et des assurances (+0,4 %).

Source : Statistique Canada, «Produit intérieur brut par industrie : Février 2005, *Le Quotidien*, 29 avril 2005.

4.7.3 Le produit intérieur brut et les comparaisons

Le PIB ne permet les comparaisons qu'entre des économies capitalistes et développées, et il ne tient pas compte de la population totale qui se partagera cette production.

Dans les économies de subsistance traditionnelles, sous-développées ou en voie de développement, la plus grande partie de la production et des échanges se fait hors marché. Le PIB ne reflète donc pas la production réelle. On construit souvent soi-même sa « maison », on récolte sa nourriture, les échanges sont informels. Bref, une grande partie de l'activité économique n'est pas comptabilisée dans le PIB de ces pays. Leur production est donc largement sous-estimée.

Dans les économies socialistes, les prix ne variaient pas selon l'offre et la demande. Ils n'étaient pas déterminés par le marché mais par le plan (voir le chapitre 2). Les prix servaient d'autres fins que celle de refléter la rareté relative des produits. Ils servaient souvent à répartir la production selon les besoins établis par le plan. Ainsi, les biens essentiels se vendaient moins cher (voir le chapitre 2). Par conséquent, le PIB de ces pays ne mesurait pas la même chose que le PIB des économies capitalistes. Il faut donc être très prudent lorsqu'on fait des comparaisons.

Le **PIB réel** *per capita* est une meilleure source de comparaison. Si on veut comparer la production de deux économies et en tirer des conclusions valables, il faut tenir compte de la taille de la population de ces pays. Si on compare directement le PIB du Québec à celui des États-Unis, les résultats ne seront jamais en faveur du Québec. Par contre, si on divise le PIB réel de chacune des économies par leur population respective, la comparaison est plus réaliste. Jamais le PIB québécois ne supplantera celui de la Chine (7 millions d'habitants par rapport à 1,2 milliard). Pourtant, le niveau de vie au Québec est bien supérieur à celui qui a cours en Chine si on compare le PIB réel *per capita* :

$$PIB\ réel\ \text{per capita}\ =\ \frac{PIB\ réel}{Population\ totale}$$

4.7.4 Rappel sur l'interprétation du produit intérieur brut

Toutes ces mises en garde ne veulent pas dire que le PIB est un indicateur inutile. Cependant, il ne faut pas lui faire dire n'importe quoi. Le PIB permet de mesurer la croissance (positive ou négative) du panier de biens et de services produits au cours d'une période par rapport à une autre période (un trimestre ou une année). Cette information est cruciale afin d'envisager l'avenir et de prendre les bonnes décisions. Nous utiliserons souvent cet outil dans les chapitres suivants.

Conclusion

Nous voici dotés de plusieurs indicateurs permettant d'évaluer les performances de l'économie : le PIB, le PNB, le *RI*, le *RP* et le *RD*. Nous avons défini la demande globale, c'est-à-dire l'ensemble des dépenses effectuées pour se procurer la production de l'année en cours. Tous ces outils se rapportent à la production et au revenu. Dans le chapitre 5, nous aborderons l'analyse de la conjoncture économique d'un point de vue théorique et d'une façon pratique à l'aide de ces indicateurs. Les chapitres 6 et 7 permettront, entre autres, de nous outiller davantage pour mesurer et mieux comprendre les deux principaux problèmes liés à la conjoncture : le chômage et l'inflation.

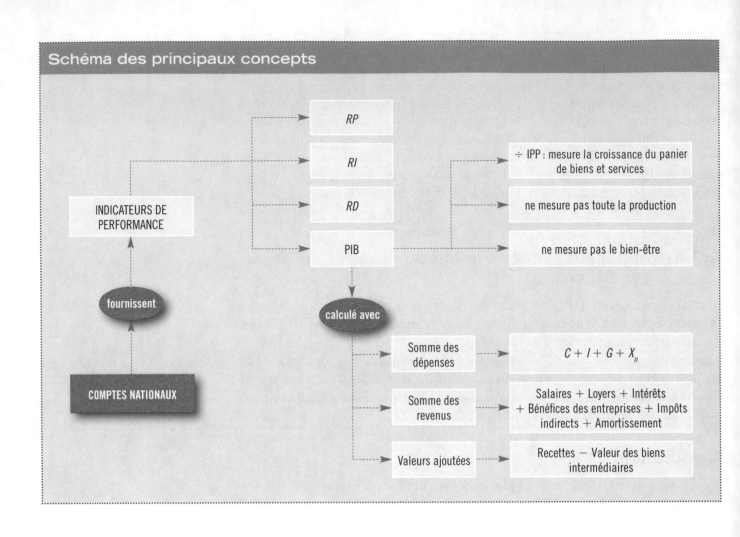

- Des instruments de mesure sont nécessaires pour cerner le plus possible les grandes variables macroéconomiques. Ces instruments sont appelés des « indicateurs » parce qu'ils donnent la possibilité de saisir une réalité difficilement mesurable de façon directe.

- Les taux, les ratios et les indices peuvent servir d'indicateurs économiques et sociaux.

- Il est important d'évaluer les performances de l'économie si on veut être en mesure de les améliorer. Les comptes nationaux, élaborés par Statistique Canada, fournissent des indicateurs fiables permettant de faire le point à la fin d'une période.

- Le produit intérieur brut (PIB) mesure la valeur, au prix du marché, de la production d'une économie durant une période donnée. Il exclut les transactions financières, les transferts, les biens d'occasion et les transactions hors marché. On peut calculer le PIB de trois manières : avec la valeur ajoutée, la somme des dépenses effectuées pour acheter la production ($C + I_b + G + X - M$) ou la somme des revenus touchés pour avoir participé à la production (Salaires + Loyers + Intérêts + Bénéfices des entreprises + Rajustement de la valeur des stocks) auxquels on ajoute l'amortissement et les impôts indirects.

- La comptabilité nationale fournit d'autres indicateurs dérivés comme le revenu intérieur (RI), le revenu personnel (RP), le revenu disponible (RD) et le produit national brut (PNB).

- La comptabilité nationale peut être reliée au flux des revenus et des dépenses.

- Le PIB nominal se calcule avec les prix de l'année en cours. Les quantités produites et les prix peuvent le faire varier.

- Le PIB réel se calcule avec les prix d'une année de référence. Seules les quantités produites peuvent le faire varier.

- Le PIB réel permet de mesurer la croissance réelle de l'économie, qui correspond à sa variation exprimée en pourcentage.

- Il faut faire attention de bien interpréter le PIB. Celui-ci ne mesure pas toute la production.

- Le PIB ne mesure pas le bien-être. Il ne reflète pas la qualité, la composition et la répartition de la production. Il ne tient pas compte du temps de loisir ou des effets sur l'environnement.

- De plus, le PIB ne permet les comparaisons qu'entre les économies capitalistes développées. Le PIB réel *per capita* permet de comparer les performances de pays ayant des populations de tailles différentes.

- Le PIB réel est un indicateur de croissance économique.

Exercices

I BIEN COMPRENDRE LE VOCABULAIRE DE BASE

1 Nommez le concept correspondant à chacune des définitions suivantes.

a) L'ensemble des statistiques permettant d'évaluer les performances d'une économie.

b) L'ensemble des revenus touchés par les particuliers.

c) Les dépenses totales effectuées par l'entreprise pour se procurer des biens de production.

d) La valeur, au prix du marché, de l'ensemble des biens et des services finaux produits durant une période donnée.

e) La différence entre les recettes et la valeur des biens intermédiaires.

f) La somme perçue par l'employé pour sa participation à la production.

g) La part des bénéfices de l'entreprise qui n'est pas versée aux gouvernements ou aux actionnaires.

h) Les sommes perçues par l'entrepreneur pour sa participation à la production.

i) La somme de toutes les dépenses effectuées pour se procurer la production.

j) La somme perçue pour avoir fourni un logement ou un local.

k) Les dépenses effectuées par les administrations publiques pour se procurer des biens et des services.

l) La perte de valeur causée par l'usure ou la désuétude.

m) L'échange d'argent entre des particuliers ou des entreprises privées.

n) Le revenu qui reste au particulier après qu'il a payé ses impôts.

o) Le prix payé par le consommateur pour obtenir un produit.

p) L'investissement permettant d'accroître la capacité de production.

q) Les dépenses effectuées par des non-résidents pour se procurer la production canadienne.

r) Le PIB calculé avec les prix de l'année en cours.

s) L'indice de prix du PIB.

t) La modification d'une série chronologique pour éliminer les variations saisonnières.

u) Les dépenses effectuées par les consommateurs pour se procurer des biens et des services.

v) Les impôts et les taxes qui sont compris dans le prix payé par le consommateur.

w) Le PIB calculé avec les prix d'une année de référence.

x) Le PIB divisé par la population.

2 Comment appelez-vous :

a) l'aluminium utilisé dans la fabrication des automobiles ?

b) un tournevis acheté par un travailleur de la construction ?

c) du bois acheté par un bricoleur ?

d) la différence entre le prix de vente d'une alliance en or et la valeur de l'or qu'elle contient ?

e) les sommes versées par le gouvernement pour aider de jeunes entrepreneurs à lancer leur propre entreprise ?

f) l'achat annuel de 50 machines à coudre par une entreprise de fabrication de vêtements ?

g) les 4 % d'augmentation du PIB réel ?

h) les 900 millions de dollars de biens et de services produits cette année ?

i) les 500 millions de dollars que les Canadiens ont touchés cette année ?

j) les ventes d'électricité d'Hydro-Québec au Vermont ?

k) le PIB qu'on utilise pour comparer les performances des économies québécoise et ontarienne ?

l) les données qu'on trouve dans le premier tableau de la revue *L'observateur économique canadien* ? Ces données sont proposées, entre autres, sur le site Web de Statistique Canada : www.statcan.ca.

m) Les 12 $ de l'heure que gagne un ouvrier ?

n) la différence positive de 5 milliards de dollars entre nos exportations et nos importations ?

o) les sommes mises de côté par une entreprise de déménagement en vue de remplacer ses camions quand ils seront usés ?

p) la somme de 800 millions de dollars dépensée par les agents économiques pour se procurer les biens et les services que le Canada a produits cette année ?

q) une somme équivalant à 35 % de ses profits qu'IBM conserve en vue d'ouvrir une nouvelle usine au Brésil ?

r) les 50 milliards de dollars dont les banques se sont enrichies l'année dernière ?

s) les 500 dollars qu'Anabelle verse à son propriétaire pour la location d'un logement de trois pièces ?

t) la valeur des bananes et du café achetés par le Canada ?

u) une aile supplémentaire qu'une entreprise de fabrication de chaussures ajoute à son bâtiment pour augmenter sa production ?

v) les revenus de 3000 dollars que m'ont rapportés mes actions ?

w) la valeur de la production canadienne cette année ?

x) la modification du taux de chômage pour tenir compte du ralentissement de l'activité économique au Québec durant l'hiver ?

③ Complétez les énoncés.

a) Les comptes nationaux nous aident à mesurer _____.

b) Le PIB est la valeur _____ de l'ensemble des biens et des services produits par une économie pour _____.

c) Les _____ expliquent la différence entre le PIB et le PNB.

d) Le _____ peut être soit dépensé, soit épargné.

e) Le _____ ne peut être entièrement dépensé ou épargné car on doit en soustraire les _____.

f) _____ est un exemple de bien toujours final.

g) _____ est un exemple de bien toujours intermédiaire.

h) _____ est un exemple de bien parfois final, parfois intermédiaire.

i) _____ est un exemple de transaction financière, donc une transaction qui n'entre pas dans le calcul du PIB.

j) On appelle _____ l'aide sociale.

k) _____ est la raison pour laquelle on ne comptabilise pas les biens usagés dans le calcul du PIB.

l) La valeur ajoutée s'obtient en soustrayant _____ des _____.

m) La demande globale comprend _____ + _____ + _____ + _____.

n) _____ est un exemple de dépense de consommation.

o) En ajoutant aux investissements _____, on tient compte de la différence entre les quantités produites et les quantités vendues.

p) La valeur d'une nouvelle maison est comptabilisée dans le PIB sous la rubrique _____.

q) Les dépenses d'investissement comprennent _____.

r) _____ est la différence entre un investissement brut et un investissement net.

s) Si l'investissement net est négatif, alors la capacité de production de l'économie a _____.

t) Si l'investissement brut est supérieur à l'amortissement, alors la capacité de production de l'économie a _____.

u) Les dépenses gouvernementales ne comprennent que les dépenses _____.

v) Outre les consommateurs, les entreprises et les administrations publiques, _____ achètent également notre production.

w) Tous les biens et les services achetés au pays n'y sont pas nécessairement produits. Ils comprennent également les _____.

x) Le _____ rémunère le travail de l'employé.

y) La part des profits versés aux propriétaires d'une entreprise s'appelle _____.

z) Ce que je paye à la banque en plus du remboursement de mon emprunt s'appelle _____.

aa) Il ne faut pas confondre l'investissement et _____.

bb) Deux éléments entrant dans le calcul du PIB par l'entremise des revenus ne sont pas réellement des revenus. Il s'agit de _____ et _____.

cc) La taxe d'accises sur les climatiseurs dans les autos fait partie des _____.

dd) Le PIB nominal est le PIB calculé avec les prix _____.

ee) Le PIB réel est le PIB calculé avec les prix _____.

ff) On appelle _____ l'augmentation en pourcentage de la taille du panier de biens et de services produits durant l'année.

gg) Le déflateur est un _____.

hh) Le processus par lequel on transforme une série chronologique pour enlever les variations découlant des caractéristiques propres à une période de l'année s'appelle _____.

ii) Le PIB n'est pas une mesure de bien-être, car il ne tient pas compte de _____, _____, _____ de la production.

jj) Le PIB n'est pas une mesure de bien-être car il ne tient pas compte _____ consacrée à la production ni de son effet sur _____.

kk) Le PIB permet les comparaisons uniquement entre les économies _____ et _____.

ll) Pour comparer deux économies de tailles différentes, on utilise le PIB _____.

mm) Le revenu intérieur correspond au PIB moins _____ et _____.

nn) Le revenu personnel correspond au *RI* moins _____ et _____, plus _____.

oo) Le revenu disponible correspond au *RP* moins _____.

pp) La différence entre le PIB et le PNB correspond _____.

qq) Au Canada, la différence entre le PIB et le PNB est importante, car il y a plus de _____ au Canada que de _____ à l'étranger.

II BIEN COMPRENDRE LA THÉORIE DE BASE

1 Cherchez l'erreur.

a) La comptabilité nationale reflète le flux des dépenses et des revenus.

b) On calcule le PIB avec les coûts de production.

c) La farine est toujours un bien intermédiaire, car on ne peut la manger telle quelle.

d) Le PIB cherche à mesurer la taille du panier de biens et de services dont disposent les consommateurs à un moment précis.

e) L'assurance-emploi correspond à une somme importante dans le calcul du PIB avec la méthode fondée sur les revenus.

f) Les subventions que le gouvernement accorde aux entreprises font augmenter le PIB.

g) L'achat d'une toile de Picasso par un Canadien ne doit être calculé qu'une fois dans le PIB canadien.

h) L'achat d'actions de Rogers AT&T est comptabilisé sous la rubrique « investissement ».

i) Le nouveau stade construit à Montréal sera comptabilisé sous la rubrique « dépenses gouvernementales ».

j) La vente au Vermont d'électricité par Hydro-Québec est comptabilisée dans les bénéfices des entreprises.

k) Les profits réalisés par la vente de cannabis à des malades en phase terminale sont comptabilisés dans les bénéfices des entreprises.

l) Pour calculer le PIB, Statistique Canada fait la somme de la quantité produite de chacun des biens et des services, puis la multiplie par leur prix de vente.

m) Il faut inclure la variation des stocks dans le calcul du PIB pour savoir si on doit augmenter ou diminuer la valeur du PIB.

n) L'investissement net correspond à l'investissement brut moins les impôts sur les bénéfices des entreprises.

o) Si le gouvernement diminuait l'aide sociale, les dépenses gouvernementales seraient moindres et on ne craindrait plus de déficit. Toutefois, le PIB diminuerait.

p) Le PIB nominal est plus utile que le PIB réel, car il est calculé avec les vrais prix.

q) Pour calculer le taux de croissance, on a besoin du PIB nominal et du PIB réel.

r) Le taux de croissance mesure l'augmentation du niveau de vie.

s) Le taux de croissance varie selon qu'on le calcule avec le PIB réel ou le PIB nominal.

t) Le PIB réel peut augmenter même si la production a diminué.

u) Un taux de croissance négatif est impossible, car la croissance est toujours positive.

v) L'indice utilisé pour diminuer le PIB est l'IPC.

w) Une série désaisonnalisée comprend des données plus petites que la série non désaisonnalisée.

x) Le PIB est le pilier de la comptabilité nationale, car il renseigne sur tous les aspects de l'économie.

y) Le PIB n'est pas utile, car il ne comptabilise pas toute la production.

z) Le revenu disponible correspond au montant qui nous reste pour dépenser.

aa) Le revenu personnel correspond à notre salaire avant impôts.

bb) Le PNB n'est guère différent du PIB au Canada.

2 Utilisez le vocabulaire approprié pour décrire les situations suivantes dans un court texte de cinq lignes où apparaîtront au moins deux concepts abordés dans ce chapitre ; ces concepts devront être différents de ceux de l'énoncé.

a) Vous voulez expliquer à votre mère, sans la vexer, que tout ce qu'elle fait à la maison n'est pas comptabilisé dans le PIB.

b) Vous voulez convaincre un ami que la guerre, bien qu'elle fasse augmenter le PIB, n'est pas nécessairement une source de bien-être économique.

c) Vous réfléchissez à l'utilité de calculer le PIB en Inde.

d) Votre ami ou amie de cœur ne suit pas de cours d'économie et vous demande ce que vous êtes en train d'étudier. Vous lui répondez de façon qu'il ou elle comprenne.

e) Vous n'êtes pas sûr d'avoir bien compris le lien entre l'investissement et la croissance. Vous demandez à votre professeur de vous l'expliquer à nouveau.

f) Un camarade de classe se trompe toujours dans l'interprétation du taux de croissance. Vous lui donnez un truc pour qu'il ne fasse plus cette erreur.

3 Utilisez le vocabulaire approprié pour décrire une situation économique fictive ou réelle dans un texte de 10 lignes au maximum.

Pour répondre à ces questions, utilisez les plus récentes données concernant l'économie canadienne. Vous trouverez ces données, entre autres, sur le site Web de Statistique Canada. Pour savoir comment accéder à ces sites, allez à l'adresse www.cheneliere.ca.

a) Décrivez la croissance économique canadienne.

b) Décrivez la contribution de chacun des agents économiques à la croissance économique au cours de la dernière année.

c) Expliquez pourquoi les dépenses gouvernementales figurant dans le premier tableau de la revue *L'observateur économique canadien* sont différentes de celles qui figurent dans le budget du gouvernement.

d) Êtes-vous satisfait de la situation économique actuelle ?

e) Décrivez l'évolution de chacune des composantes de la demande globale et tirez-en une conclusion.

III APPROFONDIR LES OUTILS STATISTIQUES

1 Suivez les directives.

1. Supposez que le prix d'un sandwich est de 2,05 $ et que ce prix comprend :
   0,25 $ de pain,
   0,10 $ de beurre,
   0,05 $ de moutarde,
   1,00 $ de jambon,
   0,25 $ de salaires,
   0,60 $ d'amortissement,
   0,10 $ d'autres frais (l'électricité, le chauffage, les taxes),
   0,60 $ de profit,
   alors la valeur ajoutée est de :
   a) 0,60 $.
   b) 1,55 $.
   c) 2,35 $.
   d) 0,85 $.
   e) Aucune de ces réponses.

2. À l'aide des lettres *D* pour « dépenses », *R* pour « revenus » et *NC* pour « non comptabilisé », déterminez les éléments qui composent l'approche fondée sur les dépenses et l'approche fondée sur les revenus.
   a) Les bénéfices des entreprises.
   b) Les importations.
   c) Les investissement nets.
   d) Les impôts indirects.
   e) Les transferts.
   f) Les loyers.
   g) L'amortissement.
   h) L'épargne.
   i) Les intérêts.
   j) La consommation.

3. À l'aide des lettres *D* pour « dépenses », *R* pour « revenus » et *NC* pour « non comptabilisé », déterminez les transactions qui relèvent de l'approche fondée sur les dépenses et de l'approche fondée sur les revenus. De plus, indiquez à quelle composante de l'une ou de l'autre approche elles appartiennent.
   a) Bombardier exporte aux États-Unis des motoneiges pour une valeur de 200 000 $.
   b) Vous touchez 123 $ d'intérêts provenant d'un dépôt à terme.
   c) Hydro-Québec réalise des profits de 240 M$.
   d) Étienne achète des actions de CIL d'une valeur de 250 $.
   e) Julie achète un chaton de race d'un éleveur connu pour la somme de 150 $.

4. À l'aide des données suivantes, calculez le PIB, le *RP*, l'épargne, les dépenses d'exportation (*X*) et les impôts sur les bénéfices des entreprises.

Dépenses de consommation	190
Investissement net	50
Transferts	30
Amortissement	40
Impôts sur les revenus des particuliers	40
Dépenses gouvernementales	50
Revenu disponible	213
Dépenses d'importations	23
Impôts indirects	10
Dépenses d'exportations nettes	25
Dividendes	13
Salaires	200
Bénéfices non répartis	2
Loyers	23
Bénéfices des entreprises	20
Intérêts	14

5. Si les prix ont augmenté de 10 % et que le PIB nominal est de 120 G$, calculez le PIB réel.

6. Si le PIB réel est passé de 120 à 132 G$, que peut-on en conclure ?

7. Si le PIB nominal est de 140 G$ et que le PIB réel est de 100 G$, que peut-on conclure quant aux prix ?

8. Si le PIB nominal augmente, que peut-on en conclure ?

9. Si le PIB nominal est passé de 110 à 121 G\$ et que le PIB réel est passé de 120 à 132 G\$, que peut-on conclure quant aux prix?

10. Si le PIB nominal est de 175 G\$ et que le PIB réel est de 192,5 G\$, que peut-on conclure quant aux prix?

11. Comment puis-je savoir si le panier de biens et de services produits s'est accru et de combien il s'est accru?

12. Calculez le taux de croissance de l'économie, sachant que le PIB nominal est passé de 100 à 110 G\$ et que le PIB réel est passé de 210 à 231 G\$.

13. Calculez le taux de croissance, sachant que le PIB nominal est passé de 110 à 108 G\$ et que le PIB réel est passé de 130 à 143 G\$.

14. Calculez le taux de croissance, sachant que le PIB nominal est passé de 120 à 126 G\$ et que le PIB réel est passé de 130 à 117 G\$.

15. Après avoir considéré les taux de croissance suivants, dites en quelle année la croissance a été la plus forte et en quelle année elle a été la plus faible.

Année	Taux de croissance (%)
2000	5
2001	5,7
2002	4
2003	0
2004	–2
2005	–3
2006	–2

16. Pour qu'il y ait croissance économique, quel élément doit être positif?

17. Si l'investissement brut est plus petit que l'amortissement, alors l'investissement net est négatif. Qu'est-ce qui caractérise cette économie?

② Commentez les énoncés.

a) Plus le PIB d'un pays augmente, plus le niveau de vie augmente.

b) Plus le PIB d'un pays est élevé, plus ce pays est riche.

c) Il vaut mieux vivre dans un pays où le PIB est élevé.

d) Le PIB mesure le niveau des prix.

e) Le PIB est un indicateur quantitatif de la qualité de vie.

f) Le PIB indique seulement si on produit plus ou moins selon les années.

g) Le PIB réel permet de mesurer la croissance économique.

h) La croissance économique représente l'évolution du panier de biens et de services produits.

i) Une croissance négative signifie que l'économie a produit moins de biens et de services qu'auparavant.

j) Le PIB des pays sous-développés ne mesure pas adéquatement le panier de biens et de services auquel la population a accès.

k) Toute augmentation du PIB influe négativement sur notre avenir économique.

l) Une baisse du PIB est une catastrophe.

m) Calculer le PIB est inutile, car il ne mesure pas toute la production.

n) La croissance économique est importante mais elle n'est pas suffisante.

LES FLUCTUATIONS ÉCONOMIQUES

La description des fluctuations économiques

5.1 Les fluctuations du niveau de l'activité économique

Comme nous l'avons vu dans le chapitre précédent, le produit intérieur brut (PIB) permet de mesurer le niveau de l'activité économique et de connaître ainsi la vigueur d'une économie. Le présent chapitre nous familiarisera avec les variations du niveau de l'activité économique (le PIB réel), appelées **fluctuations économiques.**

Depuis toujours, l'économie évolue en dents de scie. Les périodes d'abondance succèdent aux périodes de pénurie. Ces périodes, bien qu'elles soient inégales, connaissent une certaine alternance. C'est pourquoi on parlera du **cycle économique** comme on parle du cycle de la psychose maniacodépressive, où les périodes d'euphorie alternent avec des périodes de dépression. En économie, les périodes de croissance alternent avec les périodes de décroissance ou de stagnation. L'inflation (la hausse des prix) alterne avec le chômage (le manque d'emplois) et, parfois, les deux sévissent en même temps (la stagflation). Pourquoi, à court et à moyen terme, l'économie connaît-elle de tels changements ? Est-il possible de minimiser ces fluctuations ? Les crises économiques sont-elles inévitables ? Comment prédire ce qu'il arrivera pour mieux intervenir ? Dans ce chapitre, nous tenterons d'apporter les premiers éléments de réponse à ces questions.

Fluctuations économiques
Variations du niveau de l'activité économique, c'est-à-dire du PIB réel.

Cycle économique
Alternance des périodes d'expansion et de récession.

5.2 Les données historiques

5.2.1 Les variations du produit intérieur brut dans le temps

Nous utiliserons le taux de croissance, c'est-à-dire le taux de variation du PIB réel, illustré dans le graphique de la figure 5.1, pour observer l'évolution de l'économie canadienne dans le temps. Au niveau de l'abscisse, le taux de croissance est nul. Les années où les taux se situent au-dessous de cette ligne correspondent à des taux de croissance négatifs, là où l'économie a connu une baisse de production par rapport à l'année précédente. Les années où les points se situent au-dessus de l'abscisse correspondent à des années où les taux de croissance sont positifs, là où l'économie a produit davantage.

À la lecture de ce graphique, on constate que l'économie canadienne, comme toutes les économies de marché, est loin d'être stable. La croissance est parfois très forte, comme en 1973, ou très faible, même négative, comme en 1982. On verra plus loin que divers événements ainsi que diverses variables propres à notre économie peuvent expliquer ces variations.

Lorsqu'on observe l'évolution du PIB réel, on constate toutefois que la tendance à long terme, appelée « tendance séculaire », est positive. L'économie, malgré ses fluctuations, croît à long terme (voir la figure 5.2).

La droite pointillée démontre assez nettement que l'économie canadienne a connu une forte croissance depuis 1961. La théorie économique permet de mieux comprendre le phénomène des fluctuations économiques. Mais, d'abord, il apparaît nécessaire de connaître le vocabulaire permettant de décrire scientifiquement ce phénomène.

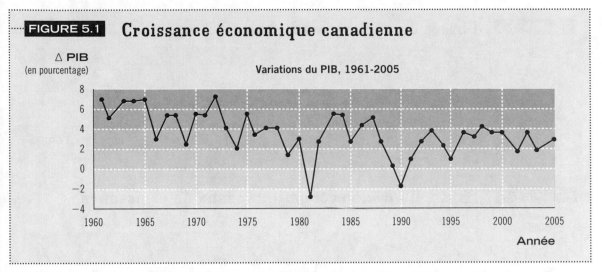

FIGURE 5.1 Croissance économique canadienne

△ PIB
(en pourcentage)

Variations du PIB, 1961-2005

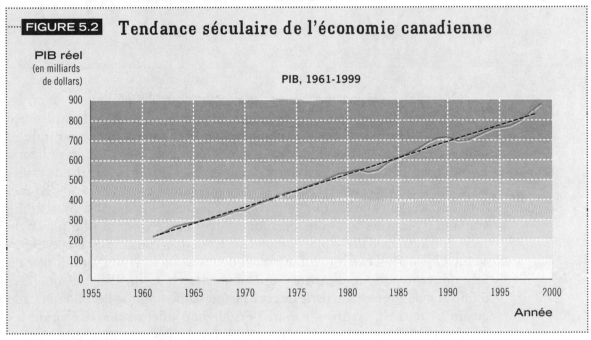

FIGURE 5.2 Tendance séculaire de l'économie canadienne

PIB réel
(en milliards
de dollars)

PIB, 1961-1999

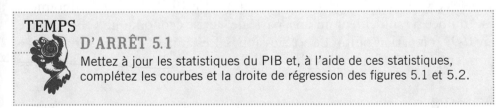

TEMPS D'ARRÊT 5.1

Mettez à jour les statistiques du PIB et, à l'aide de ces statistiques, complétez les courbes et la droite de régression des figures 5.1 et 5.2.

5.3 Les cycles économiques

5.3.1 Définition

On appelle « cycle économique » l'alternance des périodes de croissance et des périodes de décroissance du PIB réel. Schématiquement, les figures 5.3 et 5.4 (p. 134) présentent les différentes phases du cycle économique : l'une avec le niveau du PIB réel et l'autre avec le taux de croissance de l'économie.

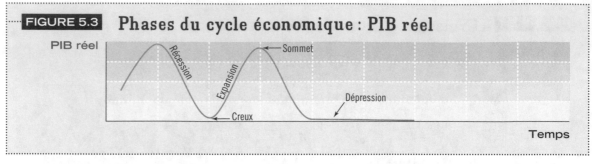

FIGURE 5.3 Phases du cycle économique : PIB réel

PIB réel

Récession

Expansion

Sommet

Dépression

Creux

Temps

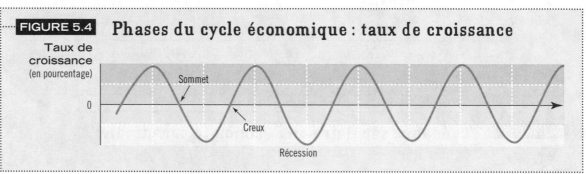

FIGURE 5.4 Phases du cycle économique : taux de croissance

Taux de croissance (en pourcentage)

0

Sommet

Creux

Récession

On appelle « expansion » la phase du cycle où l'économie est en croissance, c'est-à-dire lorsque l e PIB réel augmente ou que le taux de croissance est positif. Durant cette phase, le chômage tend à diminuer car, pour produire davantage, toutes choses étant égales par ailleurs, il faut plus de travailleurs. Lorsque le PIB réel cesse de croître, on atteint un **sommet** (le taux de croissance nul), qui est le prélude à une récession. Durant cette phase, le PIB réel diminue, ce qui signifie que le taux de croissance est négatif. Statistique Canada (voir page 98) considère que l'économie amorce une phase de récession lorsque le PIB chute durant deux trimestres consécutifs. La récession se termine par un creux (quand le taux de croissance est nul) et fait place à une nouvelle période d'expansion. Lorsque la chute du PIB est rapide et d'une grande ampleur, on parle de crise économique ; lorsque l'économie tarde ensuite à repartir, on appelle cette période une « dépression ». Durant les années 1930, l'économie est demeurée si longtemps dans un creux qu'on a appelé cette période la « grande dépression ». En 1982, l'activité économique est tombée si rapidement qu'on a parlé de « crise économique ». Par contre, en 1991, on parlait plutôt de « récession ». Les années qui ont suivi correspondent à l'une des grandes phases d'expansion de l'économie canadienne.

Sommet
Phase du cycle économique où, après une période d'expansion, le PIB cesse de croître et où le taux de croissance est nul

TEMPS
D'ARRÊT 5.2
Sur la courbe de la figure 5.1 (p. 133), déterminez les différentes phases du cycle économique.

5.3.2 Une première analyse des données historiques – les cycles économiques

En associant les événements déterminants de l'histoire économique canadienne aux fluctuations économiques, on peut entrevoir certaines explications possibles de ces dernières.

Les éléments du tableau 5.1 sont révélateurs à bien des égards. On constate que les périodes de récession sont beaucoup plus courtes que les périodes d'expansion. En effet, l'économie canadienne n'a connu que 9 années de récession par rapport à 77 années d'expansion au cours de la période allant de 1929 à 2006. Cependant, certaines périodes de récession ont été plus fortes que d'autres, et certaines périodes d'expansion ont été timides. On note également, dans la colonne « Phénomènes », que certains sont propres à notre économie, comme la variation des investissements, mais que d'autres ne le sont pas, comme les guerres. Celles-ci ont une incidence économique, mais ce ne sont pas des phénomènes économiques comme tels.

Sans intervention de l'État, la crise s'enlise. Les gens n'ont plus d'argent pour consommer et dépendent de la charité, telle la soupe populaire.

TABLEAU 5.1	Histoire économique canadienne et fluctuations économiques	
Période	**Phase du cycle**	**Phénomènes**
1993-2006	Expansion	Hausse des exportations Libéralisation des échanges Faibles taux d'intérêt
1990-1992	Sommet de la récession, reprise lente	Chute des investissements
1983-1989	Expansion	Reprise des investissements
1982	Récession, crise	Hausse spectaculaire du taux d'intérêt (du taux d'escompte) par la Banque du Canada : 17,93 %
1973-1981	Expansion	Taux d'inflation élevé Crises du pétrole
1955-1973	Expansion	Hausse des investissements et des exportations
1954	Récession	Stagnation des investissements
1946-1953	Expansion	Guerre de Corée
1945	Récession	Fin de la Deuxième Guerre mondiale
1934-1944	Expansion	Investissements gouvernementaux Deuxième Guerre mondiale
1929-1933	Dépression	Crise de surproduction

Une explication des cycles économiques

5.4 Les cycles économiques et l'économie de marché

Dans la section précédente, nous avons mentionné des événements pouvant expliquer les diverses fluctuations de l'économie canadienne. Nous allons maintenant tenter d'expliquer de façon plus générale les principaux facteurs responsables des cycles économiques. En effet, nous verrons que toute économie de marché est soumise à ces fluctuations, peu importe les événements. L'économie possède en elle-même une dynamique que de nombreux économistes ont tenté d'expliquer, par exemple Keynes, Samuelson, Schumpeter et Friedman. Nous verrons qu'il existe différentes théories relatives aux fluctuations économiques.

5.5 Quelques explications

5.5.1 Les facteurs exogènes

Facteur exogène
Facteur non économique ou qui émane d'une autre économie.

Beaucoup de facteurs externes à l'économie peuvent engendrer des fluctuations économiques. On appelle ces facteurs des **facteurs exogènes.** Les cycles économiques ne caractérisent pas uniquement l'économie actuelle puisqu'ils étaient déjà présents à l'époque de l'économie agricole. À cette époque, les périodes de vaches maigres alternaient avec les périodes de vaches grasses. Stanley Jevons explique ces cycles à l'aide des taches sur le soleil : les taches influant sur le climat, ce phénomène permettrait d'expliquer ces cycles primaires. Aujourd'hui, on peut regrouper les facteurs exogènes en deux catégories : les facteurs non économiques et les facteurs économiques venant de l'extérieur de notre économie.

Facteurs démographiques
Facteurs liés à la population : taille, composition, etc.

Parmi les facteurs non économiques, mentionnons tout d'abord les **facteurs démographiques.** L'accroissement ou la baisse de la population ainsi que les changements dans la pyramide des âges peuvent influer sur le PIB tant sur le plan quantitatif que sur le plan qualitatif. La demande et le type de produits demandés risquent de se modifier. Ainsi, un vieillissement de la population apporte des changements dans la catégorie de logements demandés, les formats de nombreux aliments, les soins de santé requis, etc. De plus, l'accroissement de la population fera augmenter de façon globale la demande, donc la production. À part les changements démographiques, tous les cataclysmes ont un effet sur le niveau de la production (le PIB réel) ; par exemple, les tremblements de terre, les guerres, les ouragans, les tsunamis et les autres perturbations climatiques, les feux de forêts, les déversements accidentels de mazout au large des côtes. Mentionnons également la surpopulation et les épidémies (sida, grippe aviaire, etc.). Les guerres, en particulier, ont un effet dramatique sur les économies qui les subissent. Les ressources étant affectées aux dépenses militaires, l'appareil productif se détériore et les populations doivent faire face à de grandes pénuries, souvent à la famine, comme on a pu le constater en Éthiopie et en Érythrée. Ces économies se sont effondrées, ce qui a entraîné une chute spectaculaire du PIB réel. À la suite d'un tremblement de terre, par contre, on affecte des ressources à la reconstruction, on obtient de l'aide internationale et, souvent, l'économie reprend de plus belle après une certaine période.

Mentionnons également les anticipations, l'instabilité politique accompagnant les élections et les référendums, qui peuvent déstabiliser temporairement l'économie. Cela peut se traduire par une baisse de l'activité économique, les producteurs retardant leurs investissements, ou par une hausse si les anticipations se montrent optimistes.

Les changements dans la technologie et la **productivité** agissent aussi sur le niveau de l'activité économique. Ils occasionnent un déplacement de la courbe de possibilités de production vers la droite et font augmenter le PIB. Lorsque la main-d'œuvre est mieux formée, que la machinerie est plus perfectionnée et que la gestion est modernisée, on peut produire plus avec moins. Ces situations influent sur le niveau de l'activité économique, car l'incitation (le profit) à produire augmente. Il en va de même de la disponibilité et du prix des ressources. Les découvertes de gisements ou de méthodes permettant d'accéder à une plus grande quantité de ressources en font diminuer le prix et stimulent une fois de plus la production. D'un autre côté, les hausses du prix du pétrole, comme dans les années 1970, ont un effet massue sur nos économies et provoquent généralement un ralentissement de l'activité économique en raison de notre dépendance au pétrole.

D'autre part, les économies de nos partenaires commerciaux, principalement les États-Unis, ont un effet non négligeable sur notre PIB. Nous vendons près des trois quarts de nos exportations aux États-Unis. C'est la raison pour laquelle nos ventes à l'étranger chutent considérablement lorsque l'économie américaine ralentit ou entre en récession. Comme les exportations sont une composante importante de notre PIB, notre économie s'en ressent.

Même si aucun des facteurs mentionnés auparavant ne se produisait, il y aurait quand même des fluctuations économiques. C'est ce que nous allons analyser de plus près.

| **Productivité** |
| Efficacité du processus de production. |

5.5.2 Les facteurs endogènes

L'économie de marché a tendance à fluctuer naturellement sans choc externe. En effet, l'ensemble des dépenses (la demande globale) varie en fonction du niveau de production. En période d'expansion, les revenus touchés par les ménages augmentent puisqu'il y a plus d'emplois, plus de profits, etc. Comme les revenus augmentent, les gens dépensent davantage, ce qui engendre encore plus de revenus et encore plus de dépenses (nous approfondirons cet aspect dans le chapitre 9). Les entreprises procèdent alors à de nouveaux investissements pour accroître leur capacité de production. Tôt ou tard, le phénomène s'accélérant, les entreprises atteignent leur capacité maximale de production, ce qui provoque des **goulots d'étranglement.** Ainsi, lorsque certaines industries ne peuvent plus fournir la demande, d'autres industries ne peuvent plus fonctionner, faute d'intrants.

| **Goulot d'étranglement** |
| Passage difficile qui provoque le ralentissement d'un processus. Par exemple, un poste de péage sur l'autoroute. |

TEMPS D'ARRÊT 5.3

À l'aide des données du tableau ci-dessous, tracez sur un même graphique à deux échelles le taux d'utilisation de la capacité de production de l'économie (pourcentage des capacités de production qui est réalisé) et la variation du PIB réel. Que constatez-vous ?

Année	Taux d'utilisation des capacités (en pourcentage)	PIB réel au prix de 1992 Variation (en pourcentage)	Année	Taux d'utilisation des capacités (en pourcentage)	PIB réel au prix de 1992 Variation (en pourcentage)
1962	81,8	6,8	1984	80	5,7
1963	82,3	5,1	1985	83,6	5,4
1964	85,2	6,5	1986	82,8	2,6
1965	87,1	6,5	1987	85,1	4,1
1966	86	6,6	1988	86,1	4,9
1967	82,8	3,0	1989	84,4	2,5
1968	82,9	5,3	1990	81,5	0,3
1969	82,6	5,3	1991	78,8	−1,9
1970	78,8	2,6	1992	78,4	0,9
1971	78,3	5,5	1993	80,2	2,3
1972	81,2	5,4	1994	82,6	4,7
1973	86,2	7,2	1995	81,7	2,8
1974	84	4,1	1996	81,5	1,7
1975	76,9	2,2	1997	83,2	4,0
1976	80,4	5,5	1998	82,7	3,1
1977	82,8	3,5	1999	84,8	4,7
1978	81,8	4,1	2000	85,5	3,9
1979	84,3	4,2	2001	81,0	1,8
1980	80,5	1,4	2002	83,1	3,4
1981	81,3	3,0	2003	83,8	2,0
1982	73	−2,9	2004	86,0	2,8
1983	75,3	2,8			

Source : Statistique Canada, *L'Observateur économique canadien-Supplément statistique 2003-2004,* n° 11-210-XPB au catalogue.

Ces goulots d'étranglement font augmenter le prix des ressources et créent une rareté relative (voir le chapitre 3). Les entreprises ralentissent alors leurs investissements en raison de la hausse des taux d'intérêts, qui fait diminuer leurs emprunts, ce qui réduit la demande globale. En effet, la Banque du Canada augmente le taux d'intérêt pour limiter les emprunts et, ainsi, éviter que la demande soit trop grande et fasse augmenter les prix, ce qui se traduirait par de l'inflation. L'économie s'apprête alors à entrer dans une nouvelle phase de récession. Durant cette phase, les taux d'emplois chutent de même que les revenus. Les prix cessent d'augmenter, la demande diminue, ce qui crée une pression à la baisse sur les taux d'intérêt, car peu de gens ou d'entreprises souhaitent emprunter. L'investissement peut reprendre et le cycle recommence. C'est comme si la récession contenait le germe de l'expansion, et inversement. Cette alternance entre des périodes d'expansion et de récession est propre à l'économie de marché. C'est pourquoi on parle alors de facteur endogène ou interne. Ce dernier est provoqué par le fonctionnement même de l'économie. Différentes théories ont été avancées pour expliquer ce phénomène. Nous les présentons ici brièvement et en ferons une analyse plus poussée dans les chapitres 9 et 10.

TEMPS D'ARRÊT 5.4

Classez les facteurs suivants selon qu'ils sont endogènes ou exogènes.

a) Le changement de la demande consécutif au pessimisme des consommateurs.

b) Une baisse des investissements des entreprises à la suite d'une augmentation des taux d'intérêt.

c) Une baisse du chômage consécutive à une forte demande.

d) Une crise boursière.

5.5.3 Les différentes théories

Les variations de la demande agrégée

Une première théorie concerne les variations de la **demande agrégée**. On définit cette fonction comme l'ensemble des dépenses effectuées pour acheter la production selon le niveau des prix (voir la figure 5.5).

> **Demande agrégée**
> Valeur de toutes les dépenses effectuées pour se procurer la production selon le niveau des prix.

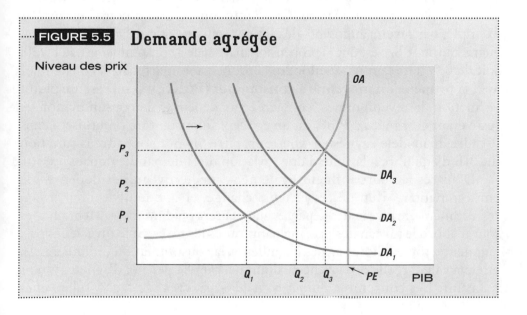

FIGURE 5.5 Demande agrégée

La demande agrégée suit une pente négative puisque les dépenses ont tendance à diminuer quand le niveau des prix augmente. Sur ce graphique, on a placé en abscisse la valeur de la production, soit le PIB, et en ordonnée, le niveau des prix. Le *PE* représente le PIB de plein-emploi. En ce point, l'économie ne peut produire davantage. Elle fonctionne à sa capacité maximale de production. La courbe *OA* représente les différents niveaux de production par rapport à chacun des niveaux de prix possibles. Si la demande agrégée augmente, donc que la courbe se déplace vers la droite, alors plus on approche du plein-emploi, plus le niveau des prix augmente et moins le niveau de production varie. Un déplacement de la courbe de DA_1 à DA_2 entraîne une hausse de production de Q_1 à Q_2, et les prix augmentent faiblement de P_1 à P_2. Un déplacement similaire plus près du plein-emploi, de DA_2 à DA_3, n'entraîne qu'une faible hausse de production, de Q_2 à Q_3. Par contre, les prix augmentent de P_2 à P_3. Au niveau du plein-emploi, seuls les prix augmentent. Les entreprises ne peuvent produire davantage. L'inverse est également vrai. Une baisse de la demande agrégée de DA_3 à DA_2 découlant, par exemple, d'une baisse des dépenses gouvernementales ou de l'investissement ou, encore, de taux d'intérêt trop élevés entraîne une chute de la production de P_3 à P_2 et l'économie traverse une phase de récession. On s'éloigne du plein-emploi. Il faut noter qu'en période de récession, les prix s'orientent vers le bas ou, à tout le moins, ils ont tendance à ne pas augmenter.

Les principaux déterminants de la demande agrégée

Les dépenses de consommation constituent une des principales composantes de la demande. Celles-ci varient peu à très court terme, compte tenu des habitudes de consommation et des engagements financiers. Elles subissent principalement l'influence du revenu, ce qui confirme notre intuition.

La fonction de consommation est définie comme la relation qui existe entre le revenu et les dépenses de consommation. Cette relation est directe, c'est pourquoi la pente de cette fonction est positive. L'ampleur du changement dans les dépenses de consommation découlant d'un changement de revenu dépendra de la **propension marginale à consommer (PmC)**, que l'on définit comme la fraction de tout changement de revenu qui fera augmenter ou diminuer la consommation. Cette fraction est fixe à court terme. Par exemple, si le revenu augmente de 20 $ par semaine et que la consommation augmente de 18 $, c'est que la propension marginale à consommer est de 18/20, soit de 0,9. Il ne faut pas confondre la propension marginale à consommer avec la **propension moyenne à consommer (PMC)**, qui représente plutôt la fraction du revenu qui est consacrée aux dépenses de consommation, le reste étant épargné. La PmC est un concept important qu'on utilisera dans le cadre du modèle keynésien (voir le chapitre 6) pour connaître la variation du PIB d'équilibre à la suite d'une variation de la demande globale.

D'autres facteurs influent également sur le niveau des dépenses de consommation. Si un de ces facteurs change, et que le niveau de revenu reste le même, le niveau des dépenses augmentera ou diminuera. Mentionnons tout d'abord le niveau des prix incluant toutes les taxes. Si le niveau des prix augmente, toutes choses égales par ailleurs, la consommation diminuera. En effet, la valeur réelle de la richesse diminue, car elle permet d'acheter moins qu'avant. Les consommateurs seront plus pauvres, de façon relative, et

Propension marginale à consommer (PmC)
Fraction de tout changement de revenu qui fait augmenter ou diminuer la consommation.

Propension moyenne à consommer (PMC)
Fraction du revenu consacrée aux dépenses de consommation.

diminueront leur consommation. Au contraire, si le niveau des prix baisse (événement rarissime), leur richesse relative permettra d'acheter davantage. Ils peuvent donc dépenser plus. Comme nous l'avons vu dans le chapitre 3, il ne faut pas confondre un déplacement de la courbe et un déplacement sur la courbe. La richesse influe aussi sur les dépenses de consommation. Une personne qui détient de nombreux **actifs** peut se permettre de dépenser davantage son revenu qu'une personne qui n'a pas de réserve pour parer aux coups durs. Le sentiment de sécurité que procure une certaine richesse influe donc sur les dépenses de consommation.

Actifs
Avoirs, possessions d'un individu ou d'une entreprise.

Finalement, les anticipations influent également sur les dépenses de consommation. Si les consommateurs prévoient des hausses de prix, ils devanceront leurs achats, toutes choses égales par ailleurs, pour profiter des bas prix. Au contraire, s'ils s'attendent à des baisses de prix, ils retarderont autant que possible leurs achats pour profiter plus tard des bas prix. S'ils craignent de perdre leur emploi, ils épargneront davantage que s'ils ont confiance dans l'économie.

L'épargne correspond à la différence entre le revenu disponible et les dépenses de consommation. On épargne pour toutes sortes de raisons : l'achat d'un produit coûteux comme une maison ou une automobile, le désir de s'offrir un voyage ou de payer l'université des enfants. On peut également épargner pour s'assurer une retraite plus aisée ou pour parer aux coups durs. Le taux d'intérêt n'influe pas sur le désir d'épargner. Il influe plutôt sur les modes d'épargne (dépôts à terme, comptes d'épargne, obligations, placements plus risqués, etc.) en fonction de leur rendement. Le taux d'intérêt influe sur le désir d'emprunter et, par conséquent, sur la consommation.

La deuxième composante importante de la demande agrégée est l'investissement. Rappelons que les dépenses d'investissement correspondent à l'achat de biens de production ainsi qu'aux dépenses de construction. Plusieurs facteurs influent sur les dépenses d'investissement, mais le facteur le plus important demeure le taux d'intérêt en vigueur dans l'économie. Contrairement à l'épargne, la principale raison qu'ont les entreprises d'investir est d'obtenir un rendement maximal sur les sommes consenties. Supposons qu'il existe, dans une économie, 20 millions de dollars de projets d'investissement dont le rendement prévu (les profits attendus) est de 5 %, une autre tranche de 20 millions de dollars de projets dont le rendement prévu est de 6 à 10 %, 20 millions de dollars dont le rendement attendu est de 11 à 15 % et, finalement, 20 millions de dollars devant rapporter de 16 à 20 %, et aucun projet rapportant plus de 20 %.

Si le taux d'intérêt en vigueur dans l'économie est supérieur à 20 %, les entreprises n'emprunteront pas à ce taux ou ne voudront pas dépenser leurs liquidités pour des projets rapportant 20 % ou moins. L'investissement sera nul (voir le tableau 5.2).

À la lecture de ce tableau, on constate qu'il existe une relation inverse entre le taux

TABLEAU 5.2 **Relation entre le taux d'intérêt et les dépenses d'investissement**

Taux d'intérêt (en pourcentage)	Valeur des investissements (en millions de dollars)
5	80
10	60
15	40
20	20
plus de 20	0

d'intérêt et la valeur des investissements dans l'économie. Si le taux d'intérêt dans l'économie est de 20 %, seuls les projets rapportant 20 % et plus seront réalisés, soit une valeur de 20 millions de dollars. Si le taux d'intérêt est de 15 %, tous les projets devant rapporter 15 % et plus seront réalisés, soit 20 + 20 = 40 millions de dollars. Si le taux d'intérêt est de 10 %, alors les projets devant rapporter 10 % et plus seront réalisés, soit une valeur de 60 millions de dollars. Finalement, un taux d'intérêt de 5 % engendrera des investissements de 80 millions de dollars. L'investissement, pour se concrétiser, doit au moins rapporter, en ce qui a trait au rendement, l'équivalent du taux d'intérêt en vigueur. Si ce n'est pas le cas, l'investissement sera considéré comme non rentable. On notera la relation inverse qui existe entre le taux d'intérêt et la valeur des investissements réalisés.

Comme les taux d'intérêt changent souvent dans l'économie, on comprendra l'instabilité des dépenses d'investissement. Un projet jugé rentable à un moment donné peut ne plus l'être si les taux d'intérêt augmentent brusquement. D'autres facteurs influent également sur les dépenses d'investissement, mis à part le taux d'intérêt et les taux de rendement prévus. Mentionnons les changements technologiques et les innovations. Par exemple, la plupart des entreprises intègrent maintenant l'utilisation de l'ordinateur dans leur gestion ou leur production. Cette technologie a nécessité des investissements considérables. Le taux d'utilisation des capacités de production est également un facteur déterminant dans les dépenses d'investissement. Plus on approche du sommet, plus les capacités de production sont utilisées et plus les entreprises devront investir pour pouvoir faire face à la demande grandissante : une nouvelle machinerie, l'agrandissement des bâtiments, etc. L'optimisme ou le pessimisme des investisseurs influe également sur les dépenses d'investissement. Finalement, les anticipations jouent aussi un rôle important dans la décision d'investir : le prix des matières premières, la demande, les taux d'intérêt, et ainsi de suite.

Lorsqu'on regarde de près les déterminants de l'investissement, on constate que de nombreux facteurs contribuent à son instabilité. En effet, l'investissement est la composante la plus volatile (qui varie spontanément et facilement) de la demande globale.

Outre le taux d'intérêt, mentionnons la durée de vie de l'équipement, qui peut être plus ou moins prolongée en fonction de la conjoncture, l'irrégularité de l'innovation, et la variabilité des profits et des anticipations.

Les variations de l'offre agrégée

Certains théoriciens prétendent que la demande agrégée ne constitue pas l'élément déterminant des cycles économiques. Ils considèrent plutôt l'offre agrégée comme responsable des fluctuations économiques. L'ensemble de la production que les producteurs sont disposés à mettre sur le marché selon le niveau des prix peut changer, si les coûts de production augmentent, par exemple, comme ce fut le cas lorsqu'on a dû faire face aux problèmes liés au pétrole dans les années 1970 et 1980. Si l'offre diminue, c'est-à-dire que les entreprises sont disposées à produire moins au même niveau de prix, le PIB diminuera de Q_1 à Q_2, ce qui entraînera l'économie dans une récession (voir la figure 5.6).

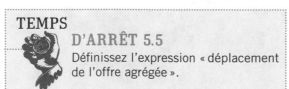
TEMPS
D'ARRÊT 5.5
Définissez l'expression « déplacement de l'offre agrégée ».

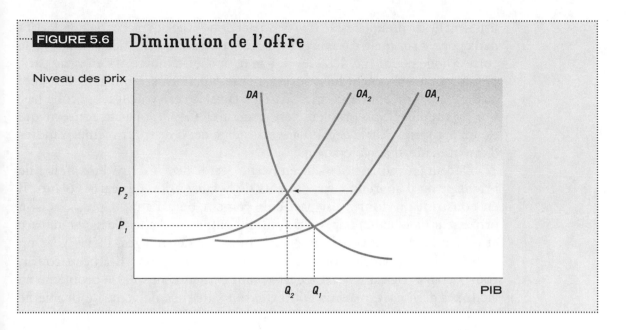

FIGURE 5.6 **Diminution de l'offre**

Niveau des prix

DA OA₂ OA₁

P₂

P₁

Q₂ Q₁ PIB

Les théories monétaristes

D'autres économistes pensent que seule la monnaie est responsable des cycles économiques. On les appelle les « monétaristes ». Milton Friedman est le chef de file de ce courant. Pour eux, l'offre et la demande de monnaie sont les principaux déterminants du niveau de l'activité économique. Selon les monétaristes, une croissance excédentaire de la masse monétaire par rapport aux besoins de l'économie encourage le crédit et fait augmenter la demande globale, laquelle crée de l'inflation. Nous approfondirons cette approche dans le chapitre 8, après avoir analysé les notions d'offre et de demande de monnaie. Dans les années 1970, la stagflation (inflation plus chômage) est le problème le plus important des économies occidentales. Friedman est également un ardent défenseur de l'utilisation des variations de l'offre pour influer sur l'économie (voir le chapitre 9). Avant d'approfondir ces notions de politiques économiques, nous allons étudier plus à fond nos connaissances sur la conjoncture. Nous devrons utiliser les indicateurs abordés dans le chapitre 4. Dans des chapitres ultérieurs, nous pousserons plus loin l'analyse de la conjoncture au fur et à mesure que nous aborderons de nouveaux indicateurs.

L'analyse de la conjoncture

APPLICATION

5.6 La conjoncture – définition

Pour mieux comprendre la différence entre un **phénomène conjoncturel** et un **phénomène structurel,** nous allons procéder par analogie. Supposons qu'un novice, très mauvais bricoleur, décide de construire un cerf-volant. Il tient particulièrement à ce qu'il soit solide, car ceux qu'il a déjà achetés se

Phénomène conjoncturel
Lié à la demande agrégée.

Phénomène structurel
Indépendant de la demande agrégée.

brisaient dès le premier essai. Il le construit donc avec des pièces de bois faisant deux pouces sur quatre (deux par quatre) et du contreplaqué. Il utilise de la corde à linge pour le guider. Fier de son petit chef-d'œuvre, il s'en va au parc, où un vent assez violent lui assurera, pense-t-il, un succès inégalé. Il se met aussitôt à courir, courir, courir… Rien à faire, le cerf-volant ne décolle pas. On s'y attendait. Son problème est structurel. Ce n'est pas le contexte qui est inapproprié, c'est le cerf-volant lui-même qui crée le problème. À moins d'une tornade, il ne volera jamais.

Découragé, notre bricoleur en herbe décide de s'inscrire à un atelier de bricolage où il apprend les rudiments de la fabrication des cerfs-volants. Il en construit un dont il est particulièrement fier, d'autant plus que son professeur l'a félicité pour son travail. Il s'empresse d'aller l'essayer au parc et a bien hâte de le voir flotter en compagnie des nuages. Hélas ! Pas un souffle de vent, pas la moindre petite brise à l'horizon ! Il a beau courir, courir, courir, rien n'y fait. Le cerf-volant demeure au sol. Le problème ne vient pas de l'objet, mais du contexte, soit l'absence de vent. Le problème est conjoncturel.

Il en est de même des phénomènes économiques. Lorsque ceux-ci découlent du contexte économique, une expansion ou une récession, on dira qu'ils sont « conjoncturels ». Ils se modifient en fonction des performances de l'économie. S'ils se maintiennent sur de longues périodes, que l'économie se porte bien ou mal, on dira qu'ils sont « structurels ».

Lorsque des problèmes économiques comme l'inflation ou le chômage varient selon les phases du cycle économique, on qualifie cette variation de « conjoncturelle ». On l'associe souvent à la demande. La partie qui demeure inchangée quand l'économie va bien, peu importe la phase du cycle, est dite « structurelle ». Elle est souvent liée aux coûts de production, donc à l'offre.

TEMPS D'ARRÊT 5.6

Déterminez si les événements suivants sont conjoncturels ou structurels.

a) Des accords internationaux font diminuer le chômage.

b) De nouvelles technologies font augmenter le chômage.

c) Une poussée des investissements se produit à la suite d'une augmentation de la demande agrégée.

d) Une baisse des prix est consécutive au ralentissement de l'économie.

5.7 La phase du cycle et le produit intérieur brut

Si on veut analyser la conjoncture, c'est-à-dire l'état de l'économie à court terme, il faut tout d'abord connaître la phase du cycle dans laquelle elle se trouve. En premier lieu, il faut observer le PIB réel pour obtenir une indication générale. S'il augmente (si le taux de croissance est positif), l'économie est en expansion. Selon Statistique Canada, si le PIB diminue (si le taux de croissance est négatif) durant deux trimestres consécutifs, l'économie est en récession.

Pour raffiner notre analyse, on peut vouloir préciser si on est au début, au milieu ou vers la fin de cette phase du cycle. Si le taux de croissance est faible, soit moins de 2,5 %, il est certain que l'économie n'approche pas d'un sommet. Peut-être sort-elle d'une récession et que la reprise est plus ou moins vigoureuse. Pour s'en assurer, il suffit de regarder les taux de croissance des années antérieures. On observera également le taux de chômage. Si ce dernier est très élevé, c'est qu'on n'est pas loin de la récession. Si on a traversé un creux après une récession et que le taux de croissance est positif, cela signifie que l'économie est en reprise. Celle-ci peut être anémique ou vigoureuse. La reprise qui a suivi la récession de 1991 était très faible. L'économie a mis plusieurs années avant de retrouver un rythme de croissance acceptable.

Pour savoir si on approche d'un sommet, on doit vérifier depuis combien d'années l'économie est en croissance, puis observer les taux de croissance récents. S'ils sont élevés, on regarde alors si le chômage est à un niveau similaire ou inférieur à ce qu'il était lors des derniers sommets. Surtout, on examine le **taux d'utilisation des capacités de production** (voir le temps d'arrêt 5.3, p. 138). Ce taux nous renseigne sur les capacités des entreprises de répondre à la demande. Finalement, le niveau des prix tend à augmenter à l'approche d'un sommet. Si toutes ces conditions sont réunies, on peut s'attendre à un prochain revirement du cycle économique, c'est-à-dire à une récession.

> **Taux d'utilisation des capacités de production**
> Niveau (en pourcentage) de la capacité de production qui est réalisée.

5.8 La demande globale et l'évolution de l'économie

Outre la phase du cycle dans laquelle l'économie se trouve, on peut vouloir connaître les éléments qui y contribuent. La demande globale correspond aux dépenses totales selon le niveau du PIB. On observera alors les divers éléments de la demande globale : C, I, G et X_n. Si les consommateurs sont très optimistes et que leurs dépenses C sont élevées, on pourra conclure que la vigueur de l'économie repose en partie sur les ménages. Au contraire, si leurs dépenses sont faibles à cause d'un taux d'endettement élevé ou d'anticipations pessimistes, par exemple, on pourra affirmer qu'ils contribuent à la faiblesse de l'économie. Les dépenses des entreprises I peuvent également être la source du ralentissement ou de l'accélération de l'activité économique. Ces dépenses ont ceci de particulier qu'elles contribuent à la capacité de production future de l'économie, c'est-à-dire à la croissance à long terme. Ces dépenses peuvent varier, notamment si les entreprises craignent une récession ou si les taux d'intérêt se modifient. Le gouvernement, par l'entremise de ses dépenses et des impôts, peut, lui aussi, influer directement ou indirectement sur l'économie. S'il augmente ses achats de biens et de services, il contribuera à relancer ou à soutenir directement la croissance économique. S'il diminue les impôts et les taxes, il favorisera les dépenses de consommation et d'investissement, soutenant ainsi indirectement la croissance économique. Finalement, les achats effectués par les marchés étrangers sont très importants pour l'activité économique canadienne et québécoise, car ces économies sont très ouvertes, c'est-à-dire qu'elles favorisent beaucoup les exportations et les importations. Elles dépendent donc en grande partie des marchés étrangers.

Lorsque les économies de nos partenaires commerciaux se portent bien et que nos prix sont concurrentiels, leurs achats (nos exportations X) augmentent et contribuent ainsi à la vigueur de notre économie. Le taux de change (le prix du dollar canadien évalué en fonction des autres monnaies) peut également rendre nos produits plus ou moins attrayants pour les étrangers. D'un autre côté, si les Canadiens et les Québécois dépensent leur argent pour se procurer des produits importés ou consacrent une partie de leur budget à voyager à l'extérieur du pays, cette sortie de richesse ne stimule pas notre croissance économique. C'est une autre explication possible du niveau de notre activité économique.

Comme on vient de le démontrer, les indicateurs que nous avons étudiés dans le chapitre précédent sont des outils précieux pour expliquer le niveau et l'évolution de notre activité économique.

5.9 Le marché du travail

Dans le chapitre 6, nous étudierons en détail le marché du travail et ses multiples indicateurs. Pour l'instant, nous utiliserons uniquement le **taux de chômage** comme indicateur du niveau de l'activité économique. Chacun sait que le taux de chômage correspond à la proportion des gens voulant travailler et qui ne trouvent pas d'emplois. Cette définition sera précisée dans le chapitre 6. Lorsque le taux de chômage se situe à un niveau inférieur ou équivalent au taux atteint lors des derniers sommets, on peut sans trop se

TEMPS D'ARRÊT 5.7

En vous basant uniquement sur les taux de chômage suivants, déterminez les différentes phases du cycle économique.

Année	Taux de chômage (en pourcentage)	Année	Taux de chômage (en pourcentage)
1976	7,2	1991	10,4
1977	8,1	1992	11,3
1978	8,4	1993	11,2
1979	7,5	1994	10,4
1980	7,5	1995	9,5
1981	7,6	1996	9,7
1982	11,0	1997	9,2
1983	11,9	1998	8,3
1984	11,3	1999	7,8
1985	10,5	2000	6,8
1986	9,6	2001	7,2
1987	8,9	2002	7,7
1988	7,8	2003	7,6
1989	7,5	2004	7,2
1990	8,1		

tromper dire qu'on se rapproche d'un sommet. Toutefois, il faut être prudent et observer l'ensemble des indicateurs avant de conclure sur la base de ce simple indice. D'autres facteurs peuvent influer sur le taux de chômage. Si celui-ci croît trimestre après trimestre et qu'il atteint des niveaux très élevés, on pourra craindre une récession. En combinant cet indicateur avec les autres, le PIB, le taux de croissance, les variables C, I, G et X_n, on obtiendra un portrait plus détaillé de la situation.

LECTURE DIRIGÉE 5

1. Relevez les principaux indicateurs contenus dans le texte.
2. Mettez à jour la valeur de ces indicateurs.
3. À quelle période du cycle économique l'économie se trouve-t-elle?
4. Quels sont les facteurs endogènes et exogènes qui peuvent expliquer l'état de l'économie?

Conditions économiques actuelles

Le taux de croissance économique du Canada a augmenté pour atteindre 1,1 % au deuxième trimestre. Le Canada est le seul pays membre du Groupe des Sept à présenter un taux de plus de 1 %, les États-Unis, le Japon et l'Europe ayant tous observé un ralentissement économique, d'après une évaluation des conditions économiques actuelles qui paraît dans le numéro de septembre de *L'observateur économique canadien*.

L'emploi a plafonné au cours de l'été, des hausses ayant été observées dans les secteurs des ressources naturelles et de la construction et, en contrepoids, des baisses ayant été enregistrées dans le secteur public.

Dans l'ensemble, les dépenses totales des ménages ont progressé à un rythme constant. La vigueur du marché de l'habitation a contrebalancé le ralentissement des dépenses de consommation.

Les prix ont été en progression accélérée d'avril à juin, mais le revenu disponible s'est élevé encore plus rapidement grâce à la création d'emplois et à de généreux remboursements d'impôt sur le revenu. Les dépenses de consommation ont ralenti, car la consommation d'énergie a fléchi et le temps frais a amorti les dépenses pour des vêtements. Les ménages ont plutôt emprunté moins et épargné plus.

L'excédent au compte courant a monté en flèche pour dépasser les 10 milliards de dollars. Il s'agit du deuxième niveau en importance jamais atteint. Le volume des exportations a alimenté l'augmentation, soutenu par la fermeté de l'économie mondiale. Les exportations vers la Chine ont augmenté de 75 % depuis l'an dernier.

À l'échelon régional, les exportations de ressources ont dominé les économies de l'Ouest en juin encore plus qu'ailleurs au pays.

La croissance par rapport à l'an dernier a été particulièrement vive en Alberta, où elle a atteint 50 %. Par rapport au produit intérieur brut (PIB) total, ce montant correspond à un peu plus de 1 % du PIB de la province. L'énergie est arrivée en tête, ayant progressé de 1,4 milliard de dollars (+45 %) et est en voie de dépasser un nouveau sommet.

Pour les exportations, le centre du pays n'est quand même pas en reste. Au Québec, les métaux sont arrivés en tête d'une croissance des exportations qui s'est accélérée pour se situer à un milliard (+20 %) par rapport à il y a un an, alors que plusieurs menaces de grève planaient dans cette industrie. La saignée qui a duré toute l'année dans le secteur des aéronefs a pris fin. La fabrication a donc enregistré une de ses meilleures croissances en plus de deux ans.

La croissance des exportations s'est diversifiée en Ontario. Alors que l'automobile avait dominé la croissance plus tôt dans l'année, elle n'a représenté qu'environ le tiers de la croissance en juin par rapport à l'année dernière. Les machines et l'équipement ont été à l'origine de près de 20 % de la croissance.

L'Ontario était cependant toujours la seule région du pays à maintenir une balance extérieure déficitaire avec l'étranger en raison notamment de son commerce avec la Chine et le Mexique.

Source: Statistique Canada, «Conditions économiques actuelles», *Le Quotidien*, 23 septembre 2004, www.statcan.ca/Daily/Francais/040923/9040923b.htm.

5.10 Le taux d'inflation

Finalement, pour situer notre économie par rapport aux phases du cycle économique, nous utiliserons le taux d'inflation. Le chapitre 7 sera consacré à ce phénomène. Pour l'instant, nous nous contenterons d'utiliser le taux d'inflation comme indicateur de l'activité économique.

Le taux d'inflation renseigne sur le pourcentage de variation, le plus souvent une augmentation, des prix, en moyenne. On a vu qu'en approchant du sommet, des goulots d'étranglement se forment et font monter les prix. La demande est trop forte pour ce que peuvent fournir les entreprises, ce qui fait augmenter le taux d'inflation. Au contraire, plus on s'éloigne du sommet, plus les variations de prix seront faibles. La **Banque du Canada,** organisme responsable des questions monétaires au pays, considère qu'un taux d'inflation inférieur à 3 % ne constitue pas un problème et qu'elle n'a pas à intervenir pour ralentir l'économie. En fait, sa cible est de 2 %. Encore une fois, il ne faut pas utiliser ce seul indicateur pour évaluer les performances de l'économie, car de nombreux facteurs exogènes peuvent faire varier les prix. Le recours à l'ensemble des indicateurs donnera une vision plus juste de la réalité.

5.11 Les économies canadienne et québécoise et l'économie mondiale

Il peut être utile de comparer les performances de notre économie avec celles d'autres économies semblables, et ce, afin d'obtenir une meilleure vue d'ensemble. Si celles-ci subissent une crise généralisée et que nos performances sont plutôt moyennes, il faut s'en réjouir. C'est que notre économie résiste bien à la conjoncture mondiale. Au contraire, si l'économie mondiale connaît un regain de vigueur et que les économies canadienne ou québécoise stagnent, il faudra s'en soucier. Les gouvernements devront peut-être agir énergiquement afin de corriger la situation.

5.12 Les autres facteurs exogènes et l'état de l'économie

Il s'agit ici de relever les événements susceptibles d'influer positivement ou négativement sur l'activité économique. Y a-t-il eu une crise boursière ? Des élections ou un référendum sont-ils prévus dans un avenir rapproché ? Des cataclysmes naturels, comme la crise du verglas et les inondations dans la région du lac Saint-Jean, auront-ils des répercussions économiques, certaines négatives, d'autres positives ? La Banque du Canada a-t-elle haussé considérablement les taux d'intérêt comme en 1982 (près de 17 %), ce qui a eu un effet dévastateur sur l'économie canadienne ? Une autre crise pétrolière est-elle prévisible à la suite d'un conflit armé comme la guerre en Irak ou d'une décision commune de l'OPEP (Organisation des pays exportateurs de pétrole) de réduire les niveaux de production ? Comment se porte l'économie américaine, toujours un peu en avance sur la nôtre et dont nous dépendons considérablement ? Y a-t-il eu signature d'ententes ou de traités commerciaux avec d'autres pays ? Bien que ces facteurs ne soient pas tous économiques, ils peuvent influer grandement sur le niveau de l'activité économique. Il est donc important d'en tenir compte.

Conclusion

Il apparaît primordial pour tout agent économique de prévoir le plus possible la situation économique afin d'effectuer les choix les plus judicieux. On ne quitte pas un emploi stable à la veille d'une récession. Les entreprises investissent davantage si elles prévoient une période de croissance soutenue. Les gouvernements peuvent adapter leurs budgets en fonction des cycles économiques, comme nous le verrons dans le chapitre 9. Toutefois, nous consacrerons d'abord les deux prochains chapitres à l'étude de deux domaines économiques comportant chacun leur problème : l'emploi et le chômage, et le niveau des prix et l'inflation. Nous nous doterons alors de nouveaux indicateurs pour bien évaluer l'état de l'économie.

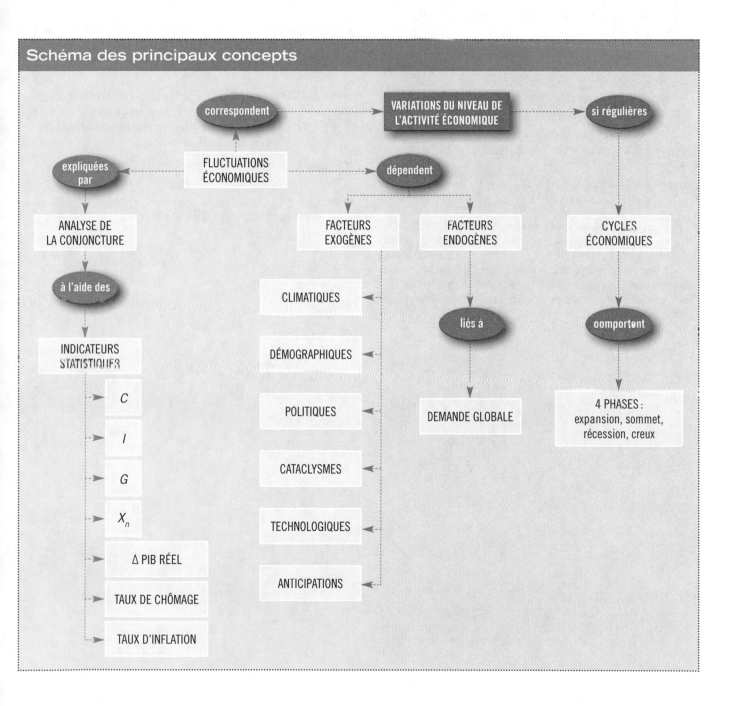

Résumé

- La croissance de l'économie n'est pas constante. On appelle « fluctuations économiques » les variations de l'activité économique.

- Les variations du PIB réel dans le temps ou du taux de croissance servent à décrire les fluctuations économiques. Sur un graphique, ces variations apparaissent nettement. On appelle « tendance séculaire » la croissance à long terme d'une économie. On l'obtient graphiquement à l'aide d'une droite de régression.

- Comme les périodes de croissance alternent avec les périodes de décroissance, on parle de cycles économiques. Les principales phases d'un cycle économique sont le creux, le sommet, l'expansion et la récession. Si la récession est importante et rapide, il s'agit alors d'une « crise économique ». Si le creux se prolonge, on parle de « dépression ».

  Les périodes de récession sont beaucoup plus courtes que les périodes d'expansion. De nombreux phénomènes peuvent expliquer les fluctuations économiques.

- Toutes les économies de marché sont soumises à des cycles économiques.

- Les facteurs pouvant expliquer les cycles économiques sont de deux types : 1) les facteurs exogènes sont ceux qui ne dépendent pas de notre économie. Il peut s'agir, notamment, des changements démographiques et technologiques, de cataclysmes, de la politique, des anticipations ; 2) les facteurs endogènes sont ceux qui dépendent du niveau de la production, par exemple, l'investissement, la consommation, les importations.

- De nombreuses théories tentent d'expliquer les cycles économiques. Certains économistes mettent l'accent sur la demande agrégée et l'effet multiplicateur, d'autres soutiennent que les fluctuations sont causées par les variations de l'offre agrégée, finalement, les monétaristes prétendent que seule la monnaie est responsable de ce phénomène.

- Un phénomène est structurel lorsqu'il se manifeste sur une longue période, peu importe le niveau de l'activité économique. Il est conjoncturel lorsqu'il découle du contexte économique et se modifie selon le niveau de l'activité économique.

- Le PIB réel et le taux de croissance, le taux d'utilisation des capacités de production, les composantes de la demande globale (C, I, G et X_n), le taux de chômage et l'évolution des prix sont tous des indicateurs importants dans l'analyse de la conjoncture.

- Pour avoir une meilleure vue d'ensemble, il est bon de comparer une économie avec des économies semblables.

- Finalement, il est important de déterminer les facteurs exogènes qui ont pu influer sur l'activité économique.

Exercices

I BIEN COMPRENDRE LE VOCABULAIRE DE BASE

1 Comment appelez-vous :

a) les variations plus ou moins inégales du niveau de l'activité économique ?

b) les phases du cycle économique où le taux de croissance est nul ?

c) l'indicateur par excellence renseignant sur la phase du cycle économique dans laquelle une économie se trouve ?

d) la période où l'économie croît ?

e) la période où le niveau de production diminue ?

f) l'alternance des périodes de prospérité et des périodes de déclin économique ?

g) le niveau de production auquel une entreprise fonctionne par rapport à ses possibilités de production ?

h) un phénomène non économique contribuant aux variations du niveau de l'activité économique ?

i) un phénomène externe à notre économie, mais qui influe sur l'activité économique ?

j) la tendance à long terme du niveau de l'activité économique ?

k) la relation entre le niveau des prix et celui des dépenses totales dans l'économie ?

l) la relation entre le niveau des prix et le niveau de production de l'économie ?

2 Définissez dans vos propres mots :

a) la demande agrégée.

b) une dépression.

c) une crise économique.

d) l'offre agrégée.

e) une théorie.

f) la conjoncture.

g) un phénomène structurel.

h) le taux d'inflation.

i) le taux d'utilisation des capacités de production.

j) la demande globale.

II BIEN COMPRENDRE LA THÉORIE DE BASE

1 Cherchez l'erreur.

a) Plus la demande agrégée augmente, moins la production augmente et plus les prix diminuent.

b) Lorsque les prix augmentent à la suite d'une baisse de la demande agrégée, on est en période de plein-emploi.

c) Le plein-emploi est atteint lorsque l'offre agrégée est égale à la demande agrégée.

d) On ne peut prévoir l'évolution de l'activité économique, car trop de facteurs sont déterminants.

e) Parmi les facteurs exogènes provoquant les fluctuations économiques, on trouve les changements climatiques et technologiques, les changements de goûts des consommateurs et le changement du revenu moyen disponible.

f) Les économistes s'entendent pour dire que la demande agrégée est le principal déterminant du niveau de l'activité économique.

g) Les taches solaires influent sur l'activité économique.

h) Les phénomènes structurels influent sur les cycles économiques.

i) L'analyse de la conjoncture se limite à l'étude des phénomènes conjoncturels.

j) La valeur du dollar canadien permet de prévoir l'évolution de l'économie.

2 Dites si les phénomènes suivants sont structurels ou conjoncturels.

a) Une hausse des revenus consécutive à la syndicalisation.

b) Une baisse d'emplois consécutive à un nombre élevé de faillites dans presque tous les secteurs d'activité économique.

c) La faible production en Haïti à cause d'un réseau d'électricité défaillant.

d) La pauvreté à Cuba à la suite de l'embargo américain.

e) La hausse de la demande consécutive à des rumeurs concernant une possible inflation.

3 Parmi les facteurs suivants, déterminez lesquels sont endogènes et lesquels sont exogènes.

a) Un tremblement de terre.

b) Une hausse de nos exportations à destination du Japon.

c) Une baisse de consommation due à l'endettement des Canadiens.

d) Une hausse de l'investissement consécutive à l'augmentation de la demande.

e) Une élection fédérale.

f) Un vieillissement de la population.

g) Une baisse des investissements consécutive à la baisse de la demande agrégée.

h) Une baisse des investissements à la suite d'une augmentation des taux d'intérêt.

i) Une hausse des dépenses gouvernementales.

j) Une grande sécheresse dans les Prairies.

k) La mise au point d'un procédé favorisant les communications internationales.

4 Trouvez un titre d'article de journal réel ou fictif décrivant les situations suivantes.

a) Vous lisez le journal et certaines statistiques économiques vous inquiètent.

b) Un événement non économique pouvant influer sur l'économie s'est produit.

c) Vous trouvez que les agissements du gouvernement nous mènent droit à la récession.

d) Vous vous réjouissez des bonnes performances de l'économie.

e) Un éditorial sur un phénomène économique structurel est très inquiétant pour le Québec.

III APPROFONDIR LES OUTILS D'ANALYSE ÉCONOMIQUE

1 À quelle phase du cycle économique les périodes suivantes correspondent-elles?

a) Le taux de chômage augmente, le taux de croissance passe de 4,5 à 5 %, les prix restent plutôt stables.

b) Le taux de chômage diminue, le PIB augmente, le taux d'inflation augmente.

c) Le taux de chômage reste stable, le PIB augmente, les prix sont stables.

d) Le taux de chômage augmente, le taux de croissance passe de –2,5 % à –2 %, les prix sont stables.

e) Le taux de croissance est nul, les prix augmentent et le taux de chômage reste stable.

2 Repérez sur ce graphique les phases du cycle économique.

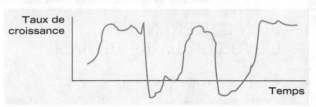

3 À l'aide du texte de la lecture dirigée (page 147):

a) dressez la liste de tous les indicateurs utilisés pour décrire la conjoncture.

b) nommez les facteurs exogènes et endogènes.

c) dites si la situation économique est bonne et justifiez votre réponse.

L'EMPLOI ET LE CHÔMAGE

Définitions et mesures

6.1 Le plein-emploi et le chômage – définition

6.1.1 Le concept de plein-emploi

Plein-emploi
Situation observable au sommet d'un cycle économique.

Le **plein-emploi** est un concept difficile à cerner. Sa définition a beaucoup évolué avec le temps. Au XVIIIe siècle, les économistes considéraient que l'économie fonctionnait toujours au niveau du plein-emploi (voir la section 6.3). Puis on considéra que l'économie était en situation de plein-emploi quand on ne pouvait produire davantage et que tous ceux qui voulaient travailler avaient un emploi. Toutefois, on considérait qu'il était normal, dans cette situation, que de 1 à 1,5 % de la population sur le marché du travail soit en quête d'emploi. Il s'agissait de tenir compte des gens qui étaient à la recherche d'un premier emploi ou qui retournaient sur le marché du travail après une certaine période d'absence. Finalement, on en vint à considérer le plein-emploi comme le sommet d'un cycle économique, bien qu'à ce point, de nombreux travailleurs voulant travailler n'aient pas d'emploi. C'est en étudiant le concept de chômage et ses différents types que l'on comprendra mieux le concept de plein-emploi.

6.1.2 Le concept de chômage

Chômage
Situation où des personnes voulant travailler ne peuvent trouver d'emploi.

Lorsqu'on parle de **chômage,** on fait référence à une situation où une personne désire travailler mais ne trouve pas d'emploi. Le chômage correspond à une sous-utilisation des ressources humaines. Un taux de chômage élevé correspond à un gaspillage économique dont on devrait avoir honte, d'autant plus que de nombreux besoins de base ne sont pas encore satisfaits aujourd'hui. Lorsqu'on n'exploite pas une mine, la ressource se maintient et on pourra l'exploiter par la suite. Mais lorsqu'on laisse un travailleur sans emploi, le temps non travaillé ne pourra jamais être récupéré. Le chômage constitue donc un problème économique grave (les besoins illimités par rapport aux ressources limitées). Nous allons maintenant aborder les différents types de chômage : le chômage frictionnel, le chômage structurel et le chômage conjoncturel.

6.1.3 Les types de chômage

Le chômage frictionnel

Chômage frictionnel
Chômage de courte durée lié aux délais d'adaptation du marché du travail.

Le **chômage frictionnel** est un chômage temporaire de courte durée, lié aux délais d'adaptation du marché du travail, c'est-à-dire de l'offre et de la demande de travail. Il ne découle pas de la conjoncture (voir le chapitre 5, page 143). Comme nous l'avons déjà mentionné, des gens accèdent régulièrement au marché du travail : le retour après une absence plus ou moins prolongée liée à la maternité ou à la paternité, à la maladie ou au recyclage, ou bien la recherche d'un premier emploi. Ce type de chômage est considéré comme inévitable. Le chômage frictionnel comprend également celui de travailleurs entre deux emplois, c'est-à-dire ceux qui ont quitté volontairement leur travail pour se mettre en quête d'un emploi plus satisfaisant. Cette situation peut être liée à la santé du travailleur, à un déménagement, à un plan de carrière, et ainsi de suite. Dans la mesure où le travailleur trouve un emploi correspondant davantage à ses compétences, l'efficacité économique s'accroîtra. On peut dès lors affirmer que ce chômage est bénéfique pour l'économie. Le taux de chômage frictionnel est minime et il diminue sensiblement lorsque l'économie va mal. En effet, qui oserait quitter son travail, sachant qu'il a peu de chances d'en trouver un autre ? Le chômage frictionnel devient alors un phénomène quantitativement négligeable.

Le chômage structurel

Il y a un autre type de chômage ne relevant pas de la conjoncture : le **chômage structurel**. Il ne varie qu'à long terme et il persiste, que l'économie aille bien ou mal. Il résulte d'une inadéquation qualitative de la demande et de l'offre de travail, et il provient de divers changements structurels dans l'économie.

Certains secteurs d'activité connaissent un déclin. C'est le cas du secteur du vêtement et de la chaussure. D'autres sont en pleine croissance, ceux qui sont liés à la haute technologie, par exemple, comme l'aéronautique ou la création de logiciels. Les compétences des travailleurs licenciés à la suite de faillites dans les secteurs en déclin ne correspondent pas nécessairement à celles des travailleurs qui sont embauchés dans les secteurs en expansion. Les qualifications requises ne sont pas les mêmes. Certains métiers ont disparu, par exemple, les typographes (ancien métier consistant à placer une à une les lettres d'un journal).

On connaît actuellement une pénurie d'infirmières et de techniciens en oncologie, tandis qu'il existe des surplus de main-d'œuvre dans le secteur des mines, notamment dans le secteur des mines d'amiante et de charbon. Il y a absence de concordance entre la main-d'œuvre disponible et les secteurs d'embauche.

Certains travailleurs ont des problèmes d'employabilité. Cela signifie qu'ils n'ont pas les compétences minimales requises par le marché du travail. Ils peuvent être analphabètes fonctionnels (ils ne savent pas suffisamment lire et écrire pour se débrouiller en société) ou n'avoir aucune formation professionnelle parce qu'ils n'ont pas terminé leurs études secondaires. Ces travailleurs doivent se recycler pour pouvoir intégrer le marché du travail mais, souvent, leur mobilité géographique est faible : le conjoint a un emploi, ou le couple est unilingue ou plus ou moins scolarisé. Et le recyclage demande de la volonté, du temps et des ressources éducationnelles appropriées et accessibles.

Certaines régions sont aux prises avec un chômage chronique, car elles sont situées loin des marchés et des ressources. De plus,

Certains secteurs d'activités connaissent un déclin.

l'activité y est peu importante. De ce fait, les gens doivent souvent s'exiler pour trouver du travail. D'autres régions ont une activité économique essentiellement saisonnière, comme la pêche ou la construction. Dans ce dernier secteur, les techniques s'étant améliorées, la saison morte est de plus en plus courte.

Le chômage structurel ne se résorbe pas de lui-même. Ceux qui veulent travailler doivent adapter leurs compétences à celles requises par le marché. C'est un processus long et parfois impossible. On ne transforme pas un mineur en infirmière.

Le chômage structurel a beaucoup augmenté depuis 30 ans. L'économie canadienne et l'économie québécoise ne réagissent pas suffisamment vite aux changements de la demande de biens et de services découlant des innovations comme les micro-ordinateurs, les changements de mode et de goûts, les modifications dans les procédés de fabrication, etc. Durant les années 1960, qui étaient caractérisées par le plein-emploi, le taux de chômage avoisinait les 3 % ; si on tient compte du chômage frictionnel, le taux de chômage structurel avoisinait 1 %. À partir des années 1970 jusqu'en 1999, au Canada, lorsque l'économie atteignait un sommet, le taux de chômage ne descendait plus sous les 7,6 %, ce qui dénote une hausse substantielle du chômage structurel. Puis, en mars 2000, à la suite de certains changements structurels, générés par les accords de libre-échange, entre autres, le taux de chômage a diminué pour atteindre 6,8 %, alors que l'économie n'atteignait pas encore un sommet.

Le chômage conjoncturel ou cyclique

Chômage conjoncturel
Appelé également « chômage cyclique »,
il découle d'une insuffisance
de la demande globale.

Le dernier type de chômage, le **chômage conjoncturel,** est directement lié aux performances à court terme de l'économie. On l'appelle également « chômage cyclique », car il varie selon les cycles économiques. En période de récession, il augmente tant que l'économie n'a pas atteint un creux. Ensuite, au cours de la période d'expansion qui suit, il diminue et, théoriquement, devient nul au sommet. Mais, comme on peut le constater à la lecture des données de la figure 6.1 a), le chômage subsiste encore au sommet.

Comme il ne s'agit pas de chômage conjoncturel puisqu'on est en situation de plein-emploi, le chômage persistant au sommet correspond à la somme du chômage structurel et du chômage frictionnel. Ce chômage est appelé **chômage de plein-emploi** ou **chômage naturel** [voir la figure 6.1 b)]. Il continue à long terme et ne varie pas avec le niveau des dépenses et de la production.

**Chômage naturel ou
en situation de plein-emploi**
Chômage qu'on retrouve au sommet d'un
cycle économique.

Le chômage conjoncturel suit les hausses et les baisses des dépenses totales, également appelées demande globale, dans l'économie. Le modèle keynésien que nous étudierons dans la section 6.4 permettra d'établir les liens entre ces dépenses et l'emploi. Mais avant d'aborder les diverses explications possibles du chômage, nous allons nous doter d'indicateurs qui nous aideront à mesurer l'ampleur des phénomènes liés au marché du travail.

6.2 Les indicateurs du marché du travail

Pour pouvoir effectuer des comparaisons dans le temps et entre les régions ou les pays, il est très important de maîtriser les outils de mesure utilisés pour cerner un phénomène. Ainsi, il devient nécessaire de connaître les définitions

FIGURE 6.1 — Le taux de chômage et le cycle économique

a) Taux de chômage au Canada, 1976-2005

Année	Pourcentage	Année	Pourcentage	Année	Pourcentage	Année	Pourcentage
1976	7,0	1984	11,3	1992	11,2	2000	6,8
1977	8,0	1985	10,7	1993	11,4	2001	7,2
1978	8,3	1986	9,6	1994	10,4	2002	7,7
1979	7,5	1987	8,8	1995	9,4	2003	7,6
1980	7,5	1988	7,8	1996	9,6	2004	7,2
1981	7,6	1989	7,5	1997	9,1	2005	6,8
1982	**11,0**	1990	8,1	1998	8,3		
1983	11,9	**1991**	**10,3**	1999	7,6		

Sources : Statistique Canada, *L'Observateur économique canadien – Supplément historique* 2003–2004 et Statistique Canada, CANSIM, tableaux 282-0002 et 282-0022, produit n° 71F0004XCB au catalogue.

Note : au sommet, c'est-à-dire peu avant la période de récession, le taux de chômage demeure quand même aux alentours de 6,8 %.

b) Chômage de plein-emploi

Si le chômage conjoncturel (lié au cycle économique) est nul, ce qui reste est le chômage structurel et frictionnel. Leur somme correspond au chômage de plein-emploi, dit « chômage naturel ». Le chômage observé est le taux de chômage officiel publié par Statistique Canada.

TEMPS

D'ARRÊT 6.1

Relativement à chacun des exemples suivants, précisez s'il s'agit de chômage conjoncturel, structurel ou frictionnel.

a) Pendant la grande dépression, les chômeurs se comptaient par millions.

b) De nombreux travailleurs sont en chômage parce qu'ils ne possèdent aucune formation en micro-informatique.

c) Le chômage sévit même lorsque l'économie est en situation de plein-emploi.

d) Les jeunes peuvent attendre plusieurs semaines après la fin de leurs études avant de dénicher leur premier emploi.

e) Les travailleurs des mines d'amiante, au Québec, ont presque tous perdu leur emploi.

des principaux indicateurs afin de les utiliser adéquatement. Par exemple, tous les pays ne définissent pas de la même manière le taux de chômage. Certaines exclusions peuvent en changer le niveau. Dans cette section, nous définissons les principaux indicateurs du marché du travail selon Statistique Canada, ces définitions étant les plus usuelles dans les pays occidentaux.

6.2.1 La population active et le taux d'activité

Population active
Nombre de personnes qui occupent un emploi ou qui en cherchent un activement.

Nous avons défini dans le chapitre 3 ce qu'était le marché du travail. Rappelons brièvement ses composantes. Le marché du travail est constitué de l'offre et de la demande de travail. La demande de travail correspond aux emplois à combler selon le niveau des salaires, et l'offre de travail correspond au nombre de travailleurs cherchant un emploi selon le niveau des salaires. Les gens qui occupent un emploi ou en recherchent activement un forment la **population active**. On dit qu'ils appartiennent au marché du travail.

ÉVITER LE PIÈGE

Attention ! Faire partie de la population active ne signifie pas travailler. C'est la volonté de travailler qui est le critère déterminant. Plus spécifiquement, la population active compte les civils, âgés de 15 ans et plus, ne vivant pas en institution, qui travaillent ou recherchent activement du travail.

Taux d'activité
Rapport entre la population active et la population civile âgée de 15 ans et plus.

Le **taux d'activité** correspond à la fraction de la population qui appartient au marché du travail (voir l'équation ci-dessous). On le calcule en établissant le rapport entre la population active et la population civile âgée de 15 ans et plus :

$$Taux\ d'activité\ (\%) = \frac{Population\ active}{Population\ civile\ âgée\ de\ 15\ ans\ et\ plus} \times 100$$

Les facteurs déterminants

Le taux d'activité d'une population dépend de plusieurs facteurs. Le principal changement s'est effectué au XXe siècle avec le développement des secteurs secondaire (transformation) et tertiaire (services) aux dépens du secteur primaire (matières premières). L'arrivée massive des femmes sur le marché du travail au cours de la Deuxième Guerre mondiale a été le deuxième facteur de changement important. La population active féminine s'est alors accrue considérablement, et les changements culturels quant à la vision du rôle de la femme dans la société ont maintenu et fait augmenter la participation féminine. À long terme, le taux d'activité féminin (la population active féminine par rapport à la population civile féminine âgée de 15 ans et plus) a tendance à rejoindre celui des hommes. Comme on peut le voir dans la figure 6.2, l'écart entre les taux d'activité féminin et masculin a considérablement diminué au cours des 30 dernières années.

Au Québec, ce changement culturel s'est fait un peu plus tard que dans le reste du Canada à cause de l'influence du clergé et de sa vision conservatrice du rôle de la femme : mère au foyer. En 2004, le taux d'activité de la population canadienne était de 67,6 %. Quant aux femmes, 62,1 % participaient au marché du travail canadien (voir le tableau 6.1).

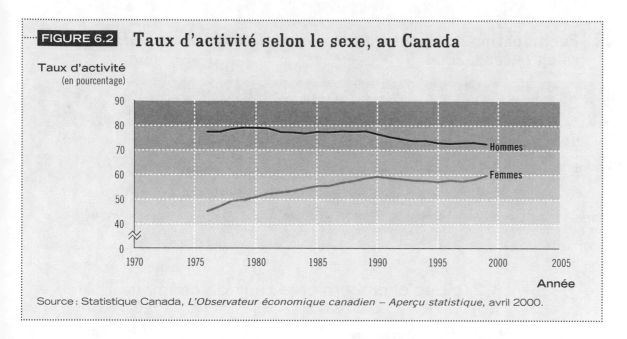

FIGURE 6.2 **Taux d'activité selon le sexe, au Canada**

Taux d'activité
(en pourcentage)

Source: Statistique Canada, *L'Observateur économique canadien – Aperçu statistique*, avril 2000.

L'âge est un autre facteur important qui influe sur le taux d'activité. Lorsque les baby-boomers ont atteint l'âge de travailler, ils ont rejoint massivement le marché du travail, ce qui a ainsi fait augmenter rapidement le taux d'activité. Par contre, l'allongement de la durée des études joue à contresens, ce qui retarde de quelques années l'arrivée des jeunes. Le vieillissement de la population ainsi que l'abaissement de l'âge de la retraite ont également une influence négative sur le taux d'activité. Cela peut expliquer la baisse du taux d'activité chez les hommes depuis une vingtaine d'années, taux qui est passé de 77,8 % en 1976 à 72,5 % en 1999. En 1999, le taux d'activité chez les Canadiens âgés de 15 à 24 ans était de 63,5 %, tandis qu'il était de 85,8 % chez les 25 à 44 ans et de 69,3 % chez les 45 à 64 ans (voir le tableau 6.2, p. 160, pour des données relatives à 2004); et le taux d'activité total était de 62,8 %.

Si on regarde le taux d'activité selon le sexe et l'âge (voir le tableau 6.2), on constate que les jeunes femmes canadiennes, avec 66,1 %, ont un taux similaire à celui des jeunes hommes canadiens, qui est de 67,9 %. Par contre, chez les gens plus âgés (45-64 ans), la différence est plus grande, le taux étant de 45,6 % chez les femmes et de 59,6 % chez les hommes. Le phénomène est le même au Québec, ce qui permet de prédire, toutes choses étant égales par ailleurs, de nouvelles diminutions de l'écart entre les taux d'activité masculin et féminin.

Un dernier facteur, celui-là jouant à court terme, est le niveau d'activité économique. En période de récession, les emplois se font rares et de nombreux travailleurs cessent de chercher activement un emploi et sont alors comptabilisés parmi les personnes inactives. Au contraire, en période d'expansion, nombreux sont ceux qui retournent sur le marché du travail, car les chances de trouver un emploi satisfaisant sont meilleures.

TABLEAU 6.1 **Participation au marché du travail au Canada, selon le sexe, 2004**

Sexe	Taux d'activité (en pourcentage)
Hommes	73,3
Femmes	62,1
Total	67,6

Source: Statistique Canada, *L'Observateur économique canadien – Aperçu statistique*, avril 2005.

TABLEAU 6.2 — Participation au marché du travail au Canada et au Québec, selon le sexe, 2004

| | Taux d'activité (en pourcentage) | | | | | | | |
| | Canada | | | | Québec | | | |
Sexe \ Ans	15-24	25-44	45-64	65 et +	15-24	25-44	45-64	65 et +
Hommes	67,9	92,4	59,6	11,8	68,2	91,7	89,2	8,7
Femmes	66,1	82,3	45,6	4,5	67,0	83,1	78,1	3,1

Sources : Statistique Canada, CANSIM, tableau 282-0002 et Institut de la statistique du Québec, collection Économie, *L'écostat*, septembre 2005.

6.2.2 Les chômeurs et le taux de chômage

Définitions et mesures

Dans la section précédente, nous avons défini le concept de chômage. Toutefois, pour mesurer l'ampleur du phénomène et établir des comparaisons dans le temps ou entre les régions, il faut un indicateur statistique qui cernera le plus exactement possible le phénomène. La plupart des pays industrialisés utilisent le rapport entre le nombre de **chômeurs** et la population active. Ce rapport est appelé le « taux de chômage » :

$$Taux\ de\ chômage\ (\%) = \frac{Chômeurs}{Population\ active} \times 100$$

Cependant, il peut exister des différences dans la définition d'un chômeur ou de la population active d'un pays à l'autre, d'où l'importance de vérifier les définitions avant d'effectuer des comparaisons.

Au Canada, Statistique Canada définit un chômeur comme une personne âgée de 15 ans et plus sans emploi, qui peut travailler, le souhaite et cherche activement du travail depuis 4 semaines, ou qui ne cherche pas de travail mais a été mise à pied[1] depuis 26 semaines ou moins, ou qui doit commencer à travailler dans 4 semaines ou moins. Les données sont recueillies à l'aide d'un sondage mensuel. On constate donc que Statistique Canada ne considère pas comme chômeur une personne qui souhaite travailler mais ne cherche pas activement du travail. Cet organisme exclut donc un nombre important de personnes qui ont cessé de chercher parce qu'elles sont convaincues de ne pas trouver de travail. La raison peut provenir du fait qu'elles vivent dans des régions où le travail est rare ou qu'elles n'ont pas les compétences requises sur le marché du travail. Souvent, quand l'économie tourne au ralenti, de nombreuses personnes cessent de chercher activement du travail et attendent des jours meilleurs. Elles ne sont plus alors considérées comme des chômeurs. On les appelle des **travailleurs découragés,** et Statistique Canada les dénombre depuis plusieurs années, car leur situation représente un phénomène

Chômeurs
Personnes qui n'ont pas d'emploi, mais qui en recherchent un activement.

Travailleurs découragés
Personnes désirant travailler mais qui ont cessé de chercher activement du travail parce qu'elles sont convaincues qu'elles n'en trouveront pas.

---

1. Pour Statistique Canada, un travailleur mis à pied est un travailleur dont l'entreprise n'a pas besoin temporairement, mais qu'elle rappellera sous peu.

non négligeable dans nos sociétés modernes. Ce découragement fait donc diminuer le taux de chômage et le taux d'activité, car la population active ne comprend que les **personnes occupées,** c'est-à-dire celles qui occupent un emploi, et les chômeurs. On peut alors conclure que le taux de chômage officiel sous-estime le taux de chômage véritable dans l'économie. Ces travailleurs découragés voudraient travailler et n'ont pas d'emploi, ce qui correspond à notre définition conceptuelle du chômage. En les excluant, on minimise le problème réel. Aucun indicateur n'est parfait ; le taux de chômage ne fait pas exception. La figure 6.3 schématise les principaux indicateurs de la population active et leurs rapports.

Personnes occupées
Personnes occupant un emploi.

FIGURE 6.3 **Indicateurs du marché du travail (données fictives)**

a) Indicateurs du marché du travail

Population âgée de 15 ans et plus

Population inactive 40 %

Population active 60 %

La population civile âgée de 15 ans et plus se compose de deux grands groupes : les personnes qui font partie du marché du travail (la population active) et celles qui en sont exclues (la **population inactive**).

Population inactive
Personnes qui ne travaillent pas et ne recherchent pas activement du travail.

b) Indicateurs du marché du travail détaillés

Population âgée de 15 ans et plus

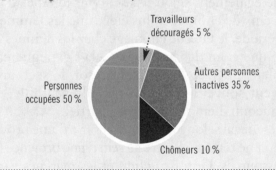

Travailleurs découragés 5 %

Autres personnes inactives 35 %

Personnes occupées 50 %

Chômeurs 10 %

La population active se compose des personnes occupées et des chômeurs, tandis que la population inactive comprend les travailleurs découragés et ceux qui ne peuvent pas ou ne veulent pas travailler.

Une autre faiblesse de cet indicateur vient du fait qu'il est obtenu par sondage. Plusieurs personnes interrogées ne croient pas à la confidentialité de l'information et craignent de perdre leurs prestations si elles affirment ne pas chercher activement du travail. L'information obtenue risque donc d'être faussée et le taux de chômage surévalué.

Finalement, Statistique Canada considère comme occupée toute personne qui détient un emploi. Par conséquent, les travailleurs à temps partiel, c'est-à-dire travaillant moins de 30 heures par semaine, sont considérés comme occupés. Souvent, ces personnes souhaiteraient travailler à temps plein, mais elles doivent se contenter de quelques heures par semaine. En les comptabilisant comme personnes occupées, Statistique Canada sous-estime le chômage réel.

TEMPS **D'ARRÊT 6.2**

Considérant les données suivantes :

Personnes occupées = 12 millions
Travailleurs découragés = 1 million
Chômeurs = 3 millions
Population civile âgée de 15 ans et plus = 20 millions
Population active féminine = 6 millions
Population inactive autre que les travailleurs découragés = 4 millions,

calculez :

a) le taux d'activité ;

b) le taux de chômage.

ÉVITER LE PIÈGE

Il est très important de comprendre que le taux de chômage mesure le phénomène économique du sous-emploi. Il ne faut pas confondre chômage et **assurance-emploi,** autrefois appelée « assurance-chômage ». Un chômeur peut ne pas recevoir de prestations d'assurance-emploi parce qu'il n'a pas travaillé le nombre d'heures ou de semaines requises. Un nouvel arrivant sur le marché du travail n'a pas droit à l'assurance-emploi. D'un autre côté, certaines personnes touchent des prestations d'assurance-emploi et ne sont pas en chômage, comme celles qui sont en congé de maternité ou qui reçoivent des prestations afin de poursuivre des études. Par conséquent, il faut se rappeler que le chômage est un problème économique et que l'assurance-emploi n'est qu'une mesure sociale mise de l'avant pour aider certains chômeurs. Dans ce chapitre, nous nous intéressons au problème du chômage et non à celui de l'assurance-emploi.

Les facteurs déterminants

Plusieurs facteurs influent sur le taux de chômage. Mentionnons l'âge, le sexe, la région, la discrimination, la scolarité et, bien entendu, la conjoncture.

Tout d'abord, le taux de chômage varie beaucoup selon le groupe d'âge. À la lecture des données du tableau 6.3, on constate que les jeunes de moins de 25 ans souffrent plus du chômage que les gens plus âgés. Ce phénomène peut s'expliquer par le peu de formation des très jeunes ainsi que par leur manque d'expérience. Quand il faut licencier du personnel, ce sont souvent les moins anciens qui partent en premier.

Le taux de chômage varie également selon le sexe (voir le tableau 6.3). Les hommes connaissent un taux de chômage plus élevé que les femmes, et ce, depuis 1970. Avant cette période, le taux de chômage chez les femmes était systématiquement plus élevé que celui des hommes. Cela s'explique par la concentration des femmes dans un secteur en plein essor, le secteur des services. Ces dernières doivent souvent concilier travail et famille, et le secteur des services offre beaucoup d'emplois à temps partiel.

Le taux de chômage est très inégal selon les régions. Il varie d'une province à l'autre (voir le tableau 6.4) et d'une région à l'autre au sein d'une province (voir le tableau 6.5 p. 164). Les ressources, l'infrastructure et les marchés variant selon les régions, le taux de chômage reflète cette situation. Les différences sont énormes. Les régions dites éloignées sont les grandes perdantes en ce qui a trait à l'emploi.

La discrimination selon la race ou l'ethnie, l'orientation sexuelle ou la religion influe également sur le chômage dans certains groupes. Le phénomène

---

TABLEAU 6.3 **Taux de chômage selon le sexe et l'âge au Canada, 2004**

Sexe	Taux de chômage (en pourcentage)					
		Âge				
	Total	15-24 ans	25-34 ans	35-44 ans	45-54 ans	55 et +
Hommes	9,1	16,4	8,9	8,1	6,7	7,2
Femmes	7,8	12,3	6,9	7,4	6,1	7,3

est plus répandu aux États-Unis, où les taux de chômage des Blancs et des Non-Blancs diffèrent sensiblement. Au cours de la récession de 1982, il était de 8,6 % chez les Blancs et de 17,3 % chez les Non-Blancs et, lors du sommet, en 1989, il était respectivement de 4,6 % et de 9,4 %, soit plus du double chez les Non-Blancs.

La durée du chômage est une caractéristique dont il faut également tenir compte. Une personne sans emploi pendant un an n'équivaut pas à six personnes qui sont toutes sans emploi pendant deux mois de l'année. Plus la durée du chômage est longue, plus la personne sans emploi devient vulnérable, car elle risque d'être déqualifiée. Donc, le problème est beaucoup moins grave si l'individu est en chômage pendant deux mois plutôt que durant toute une année. Par ailleurs, le taux de chômage ne laisse pas voir la nature du chômage : quand, chaque mois, on comptabilise un chômeur, on le fait en ignorant le temps où il sera en chômage. De plus, le type de chômage varie selon qu'il est frictionnel, conjoncturel ou structurel et, par conséquent, les interventions requises diffèrent. Le chômage de longue durée est une caractéristique du chômage structurel, lequel constitue un problème plus grave pour la société dans son ensemble.

La scolarité est un déterminant majeur des chances de dénicher un emploi et, qui plus est, un emploi de qualité. Les statistiques le démontrent assez clairement. Par exemple, en 2004, le pourcentage de gens occupés chez ceux qui avaient un diplôme d'études secondaires était de 66,1 % et il était plus important chez ceux qui détenaient un diplôme d'études universitaires, soit 77,6 %. Quoi qu'il en soit des rumeurs concernant les chômeurs diplômés, il faut admettre qu'un taux de personnes occupées de 77,6 % est nettement plus enviable qu'un taux de 66,1 %. Le taux d'emploi des personnes ayant moins de neuf années d'études était de 21,5 % au Québec en 2005 (voir le tableau 6.6, p. 165). On peut donc affirmer que l'éducation rapporte en matière d'emplois.

TEMPS
D'ARRÊT 6.3
Tracez le portrait de la personne dont la probabilité de se trouver en chômage est la plus élevée.

TABLEAU 6.4   Taux de chômage par province, 2004

Province	Pourcentage	Province	Pourcentage
Terre-Neuve-et-Labrador	16,1	Manitoba	4,8
Île-du-Prince-Édouard	10,4	Saskatchewan	5,0
Nouvelle-Écosse	8,4	Alberta	6,8
Nouveau-Brunswick	9,3	Colombie-Britannique	6,1
Québec	7,9	**Canada**	6,8
Ontario	6,8		

Source : Statistique Canada, *L'Observateur économique canadien – Aperçu statistique*, avril 2005.

TABLEAU 6.5	Taux de chômage au Québec selon les régions, 2004
Région	**Pourcentage**
Gaspésie/Îles-de-la-Madeleine	19,5
Bas-Saint-Laurent	9,4
Québec	5,8
Chaudière/Appalaches	6,4
Estrie	7,7
Centre-du-Québec	8,3
Montérégie	7,1
Montréal	10,3
Laval	8,2
Lanaudière	7,6
Laurentides	6,8
Outaouais	7,5
Abitibi-Témiscamingue	10,6
Mauricie	10,8
Saguenay/Lac-Saint-Jean	11,9
Côte-Nord/Nord-du-Québec	11,6

Source : Statistique Canada, CANSIM, tableau 282-0055 et pdf 71-001-PIB.

Comme on le mentionnait précédemment, le travail à temps partiel est une forme de chômage déguisé. Un emploi à temps partiel n'équivaut pas à un emploi à temps plein. On recueille donc des données statistiques relatives à la durée du chômage (voir le tableau 6.7, p. 166).

Le tableau 6.7 illustre très bien la montée du chômage à temps partiel et la diminution du chômage à temps plein durant les périodes de récession. On reparlera de la **précarisation** du marché du travail dans la section 6.7.

Précarisation
Instabilité.

Le chômage n'a pas toujours été une source de questionnement et de préoccupation. Les premières théories économiques n'en tenaient aucunement compte, car il était considéré comme temporaire ou volontaire. De nos jours, il est au cœur de toutes les discussions économiques. Dans la section 6.3, nous présenterons les différentes théories économiques traitant de l'emploi. Nous approfondirons ensuite le modèle keynésien, qui est axé sur la demande globale. Actuellement, la plupart des économistes admettent que la demande globale est un déterminant important du niveau de l'emploi. Nous terminerons cette section en soulignant les conséquences néfastes que peut avoir le chômage sur l'économie, l'État et les chômeurs.

TABLEAU 6.6

	2005		
	Les deux sexes %	Hommes %	Femmes %
Ensemble des niveaux de scolarité	**62,7**	**67,8**	**57,8**
15 à 24 ans	57,8	56,8	58,8
25 à 44 ans	81,9	86,7	77,0
45 ans et plus	49,9	56,8	43,5
Moins de 9 années d'études	**21,5**	**29,6**	**14,5**
15 à 24 ans	27,0	29,2	24,0
25 à 44 ans	51,6	60,6	40,6
45 ans et plus	17,2	24,9	11,1
Études secondaires partielles	**44,5**	**52,1**	**36,4**
15 à 24 ans	42,1	42,8	41,3
25 à 44 ans	69,1	77,2	57,5
45 ans et plus	35,8	47,1	26,1
Diplôme d'études secondaires	**65,7**	**73,1**	**59,1**
15 à 24 ans	70,4	70,7	70,0
25 à 44 ans	80,2	87,1	73,0
45 ans et plus	53,6	62,0	47,4
Études postsecondaires partielles	**63,1**	**65,6**	**60,7**
15 à 24 ans	59,0	57,2	60,8
25 à 44 ans	76,7	82,0	71,0
45 ans et plus	54,5	58,6	50,5
Certificat ou diplôme d'études postsecondaires[1]	**72,7**	**76,9**	**68,7**
15 à 24 ans	76,4	76,0	76,8
25 à 44 ans	85,9	90,3	81,5
45 ans et plus	59,5	64,1	54,9
Baccalauréat	**76,7**	**79,0**	**74,7**
15 à 24 ans	73,1	67,9	76,2
25 à 44 ans	85,1	88,8	82,2
45 ans et plus	65,8	68,8	62,6
Diplôme ou certificat universitaire supérieur au baccalauréat	**77,3**	**77,8**	**76,6**
15 à 24 ans	63,2	60,2	64,5
25 à 44 ans	86,4	89,5	83,3
45 ans et plus	69,2	69,3	69,2

Source: Statistique Canada, CANSIM, tableau 282-0004 et produit n° 89F0133XIF au catalogue (dernières modifications apportées : 2006-01-05).

1. Comprend les certificats ou les diplômes d'écoles de métiers.

TABLEAU 6.7 **Évaluation du travail à temps plein, au Canada**

Années	Temps plein	Temps partiel	Années	Temps plein	Temps partiel
1976	8559	1217	1991	10 574	2343
1977	8677	1301	1992	10 467	2375
1978	8948	1373	1993	10 534	2480
1979	9275	1486	1994	10 798	2493
1980	9492	1591	1995	10 997	2509
1981	9700	1698	1996	11 087	2589
1982	9276	1759	1997	11 291	2649
1983	9242	1864	1998	11 642	2684
1984	9491	1912	1999	11 849	2682
1985	9745	1997	2000	12 088	2671
1986	10 045	2049	2001	12 241	2706
1987	10 354	2068	2002	12 437	2871
1988	10 667	2152	2003	12 701	2964
1989	10 917	2169	2004	13 000	2950
1990	10 929	2236			

Note :   En 1982 et en 1991, qui sont deux années de récession, le nombre d'emplois à temps plein a diminué, tandis que le nombre d'emplois à temps partiel continuait à augmenter.

Sources : Statistique Canada, *L'Observateur économique canadien – Supplément historique 2003-2004*, et Statistique Canada, *L'Observateur économique canadien – Aperçu statistique*, avril 2005.

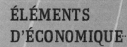

ÉLÉMENTS D'ÉCONOMIQUE

Les explications et les conséquences du chômage

6.3 Les théories économiques et l'emploi – un peu d'histoire

6.3.1 Les économistes classiques

On considère Adam Smith (auteur de *La richesse des nations*, 1776) comme le premier véritable économiste moderne. Selon Smith, une main invisible faisait en sorte que, malgré certains petits déséquilibres passagers, l'économie revenait toujours en équilibre en situation de plein-emploi. Dans sa théorie, le concept de chômage était inexistant. Comme l'agriculture demeurait la principale activité économique de cette époque et qu'on ne chômait pas dans ce secteur, la question ne se posait pas. Puis vint la révolution industrielle.

Un autre classique, Jean-Baptiste Say, était fasciné par la révolution industrielle et ce qui s'y rattachait, la division du travail, l'accumulation de capital et l'accroissement du commerce international. Il connaissait les cycles économiques, qu'il considérait comme temporaires et autocorrecteurs. Selon lui, la surproduction était impossible: « L'offre crée sa propre demande » (1803). En effet, la vente d'un produit engendre des revenus dans la population qui rendent possible la consommation.

David Ricardo (auteur de *Principe de l'économie politique et de l'impôt*, 1817) fit fortune comme courtier. Il craignait que l'augmentation de la population conduise à des pénuries. Il considérait dès lors l'investissement comme une activité des plus importantes pour éviter cette pénurie appréhendée. Pour lui, c'était le travail qui créait la valeur et les entreprises se devaient de réinvestir leurs profits.

Thomas Robert Malthus, un pasteur (auteur d'*Essai sur le principe de la population*, 1798), échangea beaucoup avec David Ricardo. Il craignait également que la population ne s'accroisse plus rapidement que les moyens de subsistance. Sa théorie reposait sur le fait qu'une augmentation de la production alimentaire encourageait la natalité, ce qui risquait d'entraîner la famine, les maladies et les guerres. Plusieurs ont utilisé cette théorie pour s'opposer aux mesures visant à soulager les pauvres. Malthus, contrairement à Ricardo, craignait l'accumulation de capital qui permettrait de produire plus que ce que les salaires des ouvriers pouvaient acheter, ce qui pouvait conduire à une crise de surproduction. Ricardo, en s'appuyant sur la loi de Say, répliqua que cette surproduction ne pouvait être que temporaire. Les industries produisant des biens en surabondance feraient faillite et les facteurs de production seraient transférés dans les domaines où il y aurait une plus forte demande. Alors, pour Ricardo aussi, les problèmes de l'emploi et du chômage n'étaient que temporaires, et l'économie reviendrait d'elle-même au plein-emploi.

Au cœur même de la grande dépression des années 1930, les économistes classiques maintenaient leur *credo*. Ils affirmaient que le chômage existant n'était que frictionnel et qu'il découlait des délais d'ajustement des prix et des salaires. Selon les économistes classiques, les prix et les salaires étaient flexibles à la baisse. S'il y a beaucoup de chômeurs, ceux-ci vont accepter des baisses de salaires et les entreprises les réembaucheront, éliminant ainsi le problème du chômage. Ainsi, en situation de plein-emploi, une baisse de la demande entraîne une chute des prix, et l'équilibre se rétablissait (voir la figure 6.4, p. 168).

De nos jours, les économistes néoclassiques admettent qu'il existe quelques failles dans le système économique, comme l'information imparfaite, les chocs technologiques et la mobilité imparfaite des ressources, mais, pour le reste, ils s'inspirent grandement des théories classiques de non-intervention de l'État: la privatisation, la déréglementation, la réduction des impôts, l'encouragement de la concurrence, et ainsi de suite.

Karl Marx (auteur de l'ouvrage *Le capital*, 1867) fut le premier à intégrer les cycles économiques dans son analyse. Il pensait que ces cycles iraient en s'aggravant, ce qui provoquerait l'effondrement du capitalisme. Il prédisait, en quelque sorte, la grande dépression. Il fut un des premiers à parler de chômage, qu'il appelait l'« armée de réserve de travailleurs ». Il affirmait que la hausse de la productivité (l'efficacité avec laquelle on produit) consécutive à l'augmentation du capital allait faire chuter les prix et les salaires, faisant ainsi augmenter à nouveau l'armée de réserve, c'est-à-dire le nombre de chômeurs. Cette hausse de chômage devrait faire à nouveau diminuer les salaires. Selon Marx, cette baisse de l'emploi ferait chuter les profits, créant des faillites, la baisse de l'investissement, des pertes d'emplois et une grande dépression. Eh oui ! Marx avait prévu la grande dépression, mais pas nécessairement pour les bonnes raisons ! Toutefois, selon lui, au plus creux de la crise, les petites entreprises seraient rachetées par les plus grosses à bas prix, ce qui stimulerait à nouveau l'investissement. L'économie repartirait vers le haut, mais de moins en moins haut et de plus en plus bas, et le chômage ne cesserait de croître. Sa solution résidait dans la révolution pour donner le pouvoir aux travailleurs ; ceux-ci détiendraient le capital et obtiendraient en salaire la valeur réelle de la production. La plus-value que s'octroyaient les capitalistes leur reviendrait. Ils pourraient ainsi résorber la production excédentaire par une augmentation de la demande de biens et services.

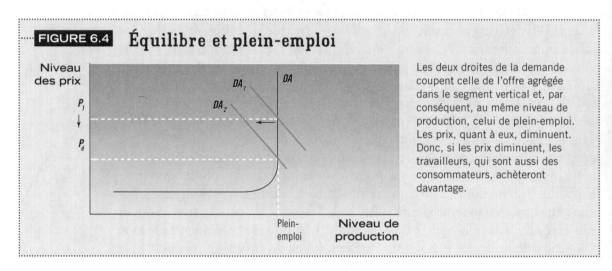

FIGURE 6.4 **Équilibre et plein-emploi**

Niveau des prix

P_1 ↓

$P_é$

DA_1

DA_2

OA

Plein-emploi

Niveau de production

Les deux droites de la demande coupent celle de l'offre agrégée dans le segment vertical et, par conséquent, au même niveau de production, celui de plein-emploi. Les prix, quant à eux, diminuent. Donc, si les prix diminuent, les travailleurs, qui sont aussi des consommateurs, achèteront davantage.

6.3.2 Les économistes keynésiens

La grande dépression, malgré l'entêtement des économistes classiques, faisait pourtant réfléchir certains sur la notion de plein-emploi et de chômage. Le déséquilibre considéré comme temporaire commençait à s'éterniser, et la main invisible semblait paralysée. C'est alors que John Maynard Keynes proposa une alternative aux théories des économistes classiques. Contrairement aux classiques, Keynes considérait que l'ajustement automatique des prix et des salaires n'avait pas lieu car les prix et les salaires étaient rigides à la baisse. Les entreprises étaient réticentes à baisser leurs prix, les contrats de travail et les syndicats empêchaient une forte détérioration des conditions de travail. La théorie keynésienne sera présentée en détail dans la prochaine section. Mentionnons seulement que, pour Keynes, l'économie pouvait très bien se trouver en équilibre à un niveau de production éloigné du plein-emploi en raison de la faiblesse des dépenses totales et que, par conséquent, il pouvait exister un **chômage involontaire** important. L'État se devait d'intervenir pour sortir l'économie du marasme en stimulant les dépenses.

Chômage involontaire
Chômage qui résulte de la perte d'un emploi, d'une mise à pied temporaire ou de la recherche d'un premier emploi.

6.3.3 Les économistes monétaristes

À partir des chocs pétroliers des années 1970, la lutte à l'inflation explique les politiques adoptées à la suite d'une réunion du G7. Les économistes monétaristes, ayant à leur tête Milton Friedman, formaient ce qu'on appelait l'« école de Chicago ». Ils privilégiaient le laisser-faire, soutenant qu'il fallait laisser agir librement les forces du marché plutôt que d'augmenter l'intervention de l'État, ce qui permettrait une croissance non inflationniste et équilibrée. Pour Friedman, c'est en contrôlant les variations de l'offre de monnaie que l'État pourrait le mieux assurer la stabilité économique. Ces économistes monétaristes considéraient comme central le rôle de la monnaie dans l'économie. Friedman a beaucoup influencé le président américain Reagan et la première ministre britannique Margaret Thatcher quant à leur appui au mouvement de déréglementation des marchés : meilleure flexibilité du marché du travail, abolition des programmes de soutien du revenu, baisse des impôts pour inciter au travail, etc.

6.3.4 Les économistes néoclassiques

Robert Lucas et Robert Barro sont à l'origine des théories des anticipations rationnelles. Ils ont voulu démontrer les limites des interventions monétaires et fiscales pour modifier le taux de chômage naturel. Mentionnons toutefois que, selon eux, les prix et les salaires seraient flexibles, les gens utiliseraient toute l'information disponible et une grande partie du chômage serait volontaire : les gens seraient en chômage parce qu'ils n'accepteraient pas les salaires et les conditions de travail offertes. Ces deux théoriciens ont presque démoli les théories monétaristes.

6.3.5 Les économistes de l'offre

Au début des années 1980 apparaît une nouvelle école de pensée mettant l'accent sur l'incitation au travail, l'esprit d'entreprise, la baisse des impôts et la **déréglementation.** On appelle cette école la « reaganomique », du nom du président américain Reagan qui a mis ces mesures en place. Selon ces économistes de l'offre, le chômage proviendrait des impôts trop élevés ainsi que d'une trop grande intervention de l'État. Les mesures préconisées étaient censées déplacer la courbe de l'offre vers la droite. Au cours de cette décennie, les décideurs politiques, plutôt que de viser le plein-emploi, ont mené la lutte à l'inflation par une politique monétaire servant un traitement de choc (Friedman), soit la hausse des taux d'intérêt. Le bilan qu'on peut faire de ces politiques n'est pas reluisant : une hausse des déficits budgétaires, conséquence des baisses d'impôts qui ont profité aux entreprises et aux plus fortunés, la crise de 1981-1982, prix à payer pour réduire l'inflation, la chute de l'épargne et la diminution du PIB potentiel. Cette approche fut délaissée avec le départ du président américain.

Les années 1990 ont été consacrées au rétablissement des finances publiques, largement déficitaires dans de nombreux pays, que les problèmes découlent d'une augmentation des dépenses ou de baisses d'impôts. Les gouvernements avaient perdu leur pouvoir d'intervention dans l'économie. Ils ont misé sur la politique monétaire plutôt que sur la politique fiscale et budgétaire pour agir sur le niveau de l'activité économique. Ils ont privilégié

Déréglementation
Diminution du nombre de règlements et de lois qui entravent la libre circulation du capital.

la lutte contre l'inflation et les déficits au lieu du plein-emploi. Le discours néo-libéral prône une intervention limitée de l'État ainsi qu'une concurrence internationale accrue. Cette concurrence, liée à la mondialisation, risque toutefois d'accroître les inégalités entre les pays si les États choisissent de ne pas intervenir (voir le chapitre 11).

6.4 Le modèle keynésien

6.4.1 Le cadre général et les simplifications

Avant de décrire le **modèle keynésien,** il est important de préciser le cadre dans lequel il se situe. Il s'agit d'un modèle portant sur le court terme, c'est-à-dire des périodes variant de six mois à un an au maximum. Les changements technologiques et démographiques ou ceux qui concernent, notamment, la disponibilité des ressources et les habitudes de consommation ne peuvent influer sur les variables de ce modèle. C'est un modèle purement conjoncturel.

Pour simplifier le modèle, on supposera que l'investissement, la participation de l'État et celle des marchés étrangers sont exogènes, c'est-à-dire qu'ils ne dépendent pas du niveau de production. On omettra pour l'instant la participation de l'État et des marchés étrangers. Ces simplifications ne changent rien de significatif quant aux relations entre les principales variables. Cela permettra toutefois de voir comment l'économie fonctionne sans l'intervention de l'État, sujet fort débattu de nos jours. Cela implique également que le revenu des ménages est équivalent au revenu disponible puisque ceux-ci ne paient pas d'impôts. On supposera aussi que l'épargne ne provient que des ménages. C'est donc dire que les entreprises versent des dividendes et font uniquement des dépenses d'investissement. On peut en conclure que la valeur de la production (le PIB) est entièrement versée aux ménages et que le PIB est égal au *RD*. Finalement, on supposera que l'économie fonctionne à un niveau éloigné du plein-emploi, de sorte que les hausses de demande et de production n'auront pas d'effet sur le niveau des prix. En effet, la sous-utilisation des ressources économiques, beaucoup de chômage conjoncturel, des coûts de production assez stables vu l'ampleur du chômage qui fait pression à la baisse sur les demandes d'augmentation de salaire et la faible utilisation de la machinerie expliquent la stabilité des prix. L'économie se situe dans le segment horizontal, appelé « segment keynésien », de la courbe de l'**offre agrégée** (voir la figure 6.5).

On constate qu'une augmentation de la demande agrégée de DA_1 à DA_2, dans le segment keynésien, entraîne une augmentation de la production mais aucune augmentation de prix, car le niveau des prix ne se modifie qu'à partir du moment où on s'approche du plein-emploi (le segment intermédiaire et le segment classique).

6.4.2 Le modèle

Maintenant, nous allons présenter le modèle mis au point par Keynes pour expliquer les variations du niveau de la production et de l'emploi dans l'économie. Nous avons schématisé le modèle dans la figure 6.6.

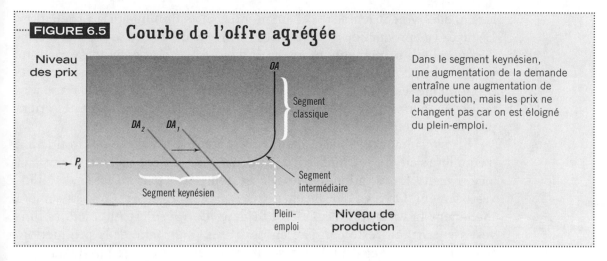

FIGURE 6.5 Courbe de l'offre agrégée

Niveau des prix

Segment classique

Segment intermédiaire

Segment keynésien

Plein-emploi

Niveau de production

Dans le segment keynésien, une augmentation de la demande entraîne une augmentation de la production, mais les prix ne changent pas car on est éloigné du plein-emploi.

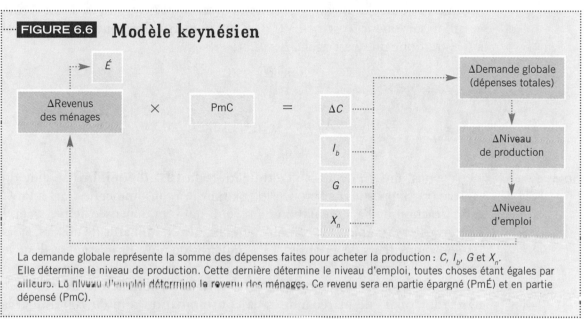

FIGURE 6.6 Modèle keynésien

La demande globale représente la somme des dépenses faites pour acheter la production : C, I_b, G et X_n. Elle détermine le niveau de production. Cette dernière détermine le niveau d'emploi, toutes choses étant égales par ailleurs. Le niveau d'emploi détermine le revenu des ménages. Ce revenu sera en partie épargné (PmÉ) et en partie dépensé (PmC).

La demande globale constitue l'élément central de ce modèle. Elle comprend les dépenses de consommation et d'investissement. Rappelons que, pour l'instant, on met de côté l'État G et les marchés étrangers X_n. Si l'une de ces deux variables fluctue, la demande globale fluctuera également. Selon Keynes, la demande globale est le principal déterminant du niveau de production.

Le produit intérieur brut d'équilibre

Quand les dépenses augmentent dans l'économie, les entreprises voient leurs stocks diminuer ; elles augmentent alors leur production. Au contraire,

TEMPS D'ARRÊT 6.4

a) Donnez un synonyme de « demande globale ».

b) Décrivez, dans vos propres mots, le rôle que Keynes attribue à la demande globale.

lorsqu'elles voient leurs stocks augmenter, elles diminuent la production. Le niveau de production d'équilibre est le niveau qui tend à se maintenir dans l'économie. Il n'augmente ni ne diminue. Il est atteint quand les stocks ne varient plus, donc quand la somme des dépenses effectuées par les agents économiques est égale à la valeur de la production. Ce niveau se maintiendra tant et aussi longtemps que la consommation ou l'investissement ne variera pas (voir le tableau 6.8).

En consultant le tableau 6.8, on constate que le niveau de production d'équilibre s'élève à 750 milliards de dollars. Que peut-on également constater à ce niveau ? La variation des stocks est nulle, et l'épargne est égale à l'investissement. On a vu dans le chapitre 4 que les dépenses d'investissement incluaient la variation des stocks. Si cette dernière est nulle, alors l'investissement qui reste consiste en dépenses pour acheter la production. Comme $C + I$ est égal aux dépenses totales qui sont égales à la valeur de la production qui, elle-même, à la suite de nos simplifications, est égale à RD, et qu'on sait que RD est égal à $C + E$, on peut conclure que $C + I$ est égal à $C + E$, donc que I est égal à E :

$$\text{Soit } RD = C + I$$

$$\text{et } RD = C + E.$$

$$\text{Alors, } C + I = C + E.$$

$$\text{Donc, } I = E.$$

Voyons plus en détail la détermination du **PIB d'équilibre** à l'aide du tableau 6.9. Supposons une propension marginale à consommer de 2/3. La PmC est la fraction de l'augmentation de revenu qui sera dépensée, le reste étant épargné. Par exemple, si le revenu augmente de 20 milliards de dollars, alors les consommateurs dépenseront 13,3 milliards de plus. Ils épargnent donc le reste, soit 6,7 milliards de dollars. Supposons également des investissements de 30 milliards de dollars. Si les producteurs produisent pour 720 milliards de dollars de marchandises, la consommation sera de 700 milliards plus l'investissement ; les dépenses totales se chiffreront à 730 milliards, et les stocks diminueront. Voyant les stocks diminuer, les entreprises diminueront leur production. La somme de 720 milliards n'est pas un niveau d'équilibre, puisque la production augmente. Supposons, au contraire, que les entreprises produisent pour 795 milliards de dollars de biens et de services. Alors, $C + I$ sera égal à 780 milliards et il y aura une hausse des stocks, car les dépenses sont insuffisantes pour acheter toute la production. Voyant leurs stocks augmenter, les entreprises diminueront leur niveau de production. La somme de 795 milliards n'est pas non plus un niveau d'équilibre, puisqu'elle n'a pas tendance à se maintenir. Ce n'est que dans le cas d'une valeur de production égale à 750 milliards de dollars que la variation des stocks est nulle. À ce niveau, rien n'incite les producteurs à changer leur niveau de production. On peut conclure que l'économie est en équilibre quand la demande globale $C + I$ est égale au PIB. L'épargne est alors de 30 milliards de dollars et elle est égale à l'investissement et à la consommation de 720 milliards, ce que notre modèle prévoyait.

Keynes, en affirmant qu'à ce niveau d'équilibre, l'économie n'atteint pas nécessairement le plein-emploi, révolutionna la théorie économique de l'époque. En effet, 15 millions d'emplois ne correspondent pas nécessairement

TABLEAU 6.8 Tendance du niveau de production selon la demande (données fictives)

C + I	Production	Variation des stocks	Tendance de la production et de l'emploi
700	675	−25	Hausse
710	690	−20	Hausse
720	705	−15	Hausse
730	720	−10	Hausse
740	735	−5	Hausse
750	**750**	**0**	**Équilibre**
760	765	5	Baisse
770	780	10	Baisse
780	795	15	Baisse
790	810	20	Baisse

TABLEAU 6.9 Détermination du niveau d'équilibre de l'emploi et de la production, dans le secteur privé (données fictives)

Niveau de l'emploi (en millions)	Production (en milliards de dollars)	C (en milliards de dollars)	É (en milliards de dollars)	I (en milliards de dollars)	Demande globale C + I	Variation des stocks (en milliards de dollars)	Tendance de la production et de l'emploi
10	675	670	−5	30	700	−25	Hausse
11	690	680	10	30	710	−20	Hausse
12	705	690	15	30	720	−15	Hausse
13	720	700	20	30	730	−10	Hausse
14	735	710	25	30	740	−5	Hausse
15	**750**	**720**	**30** =	**30**	**750**	**0**	**Équilibre**
16	765	730	35	30	760	5	Baisse
17	780	740	40	30	770	10	Baisse
18	795	750	45	30	780	15	Baisse
19	810	760	50	30	790	20	Baisse

Note : On notera que la production d'équilibre engendre 15 millions d'emplois, ce qui n'est pas nécessairement égal à la population active.

TEMPS

D'ARRÊT 6.5

a) Qu'entend-on par «PIB d'équilibre»?

b) Comment reconnaît-on une situation où le PIB est le PIB d'équilibre?

à la population active. Si cette dernière est de 18 millions, par exemple, il y aura 3 millions de chômeurs. Donc, une situation de sous-emploi avec chômage involontaire peut se produire et se maintenir. Seule une variation des dépenses viendra rompre cet équilibre.

Pour Keynes, le chômage involontaire peut exister même au niveau de production d'équilibre.

L'effet multiplicateur

Que se passe-t-il si les entreprises décident d'augmenter leurs investissements ou que le gouvernement augmente ses dépenses ? Les dépenses totales vont augmenter. Si elles augmentent, les stocks vont diminuer, ce qui forcera les entreprises à augmenter leur niveau de production. Plus ce dernier augmente, toutes choses étant égales par ailleurs, plus l'emploi augmente. En effet, on a supposé qu'à court terme, la technologie et les autres facteurs influant sur la productivité ne changeaient pas. La production engendre des salaires ainsi que des rentes et des profits.

Plus le niveau d'emploi augmente, plus les revenus totaux des ménages dans l'économie augmentent. Plus les revenus des ménages sont élevés, plus ceux-ci consomment. Toutefois, ils ne consommeront pas la totalité de leur augmentation de revenus. Rappelons que la fraction de l'augmentation de revenus qu'ils dépenseront s'appelle la « PmC » (propension marginale à consommer). À court terme, cette fraction ne change pas ; elle dépend des habitudes de consommation. Par exemple, au Québec, elle est beaucoup plus faible qu'aux États-Unis. Les Québécois sont de gros épargnants. La PmC varie toujours entre 0 et 1. Elle est de 0 si l'augmentation de revenu va entièrement à l'épargne. Si c'est le cas, il n'y aura pas d'effet multiplicateur. Elle est de 1 si toute l'augmentation de revenu est consommée, ce qui entraînerait l'économie dans une course folle, totalement explosive.

Supposons que la PmC est de 0,9 et que les revenus des ménages augmentent de 100 milliards de dollars, alors la consommation augmentera de $100 \times 0,9$, soit de 90 milliards de dollars. Les 10 milliards de dollars qui restent seront épargnés. Cette nouvelle consommation fera augmenter les dépenses totales qui, à leur tour, feront augmenter le niveau de production, l'emploi et les revenus. Cette nouvelle augmentation de consommation est moindre que la précédente (voir la figure 6.7), car une partie des revenus est évacuée du circuit sous forme d'épargne. On dit que l'épargne constitue une fuite dans le **flux circulaire des revenus et des dépenses.**

Flux circulaire des revenus et des dépenses
Dans le modèle keynésien, le fait qu'un dollar dépensé correspond à un revenu pour une autre personne qui, à son tour, le dépensera même si ce n'est qu'en partie.

Si la PmC est de 0,9 et que les investissements augmentent de 100 milliards de dollars, alors la production augmentera de 1000 milliards de dollars, soit 10 fois plus.

Les dépenses augmentent, mais dans une moindre mesure, et cela se poursuit jusqu'à ce que la variation soit nulle. L'économie atteint alors un nouveau niveau de production d'équilibre.

Comment peut-on connaître la variation totale du PIB d'équilibre sans faire tout le calcul ? Déjà, on peut prévoir qu'elle sera supérieure à la variation initiale des dépenses d'investissement, cette variation ayant entraîné d'autres variations à la hausse. L'ampleur de ces nouvelles variations dans notre modèle simplifié dépend essentiellement de la PmC. Plus les consommateurs remettront de l'argent en circulation, plus l'effet sera grand. Plus ils épargneront, plus l'effet sera petit. On appelle **multiplicateur** le nombre par lequel on multiplie la variation initiale des dépenses pour connaître la variation totale du PIB d'équilibre. Ce nombre est égal à :

$$Multiplicateur \;=\; \frac{1}{1 - PmC}$$

Comme PmC + PmE = 1, alors 1 − PmC = PmE, et le multiplicateur est donc égal à 1/PmE.

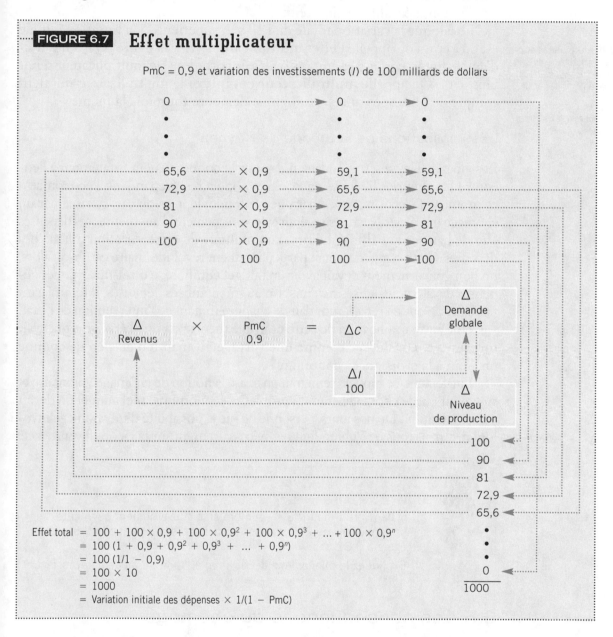

FIGURE 6.7 **Effet multiplicateur**

PmC = 0,9 et variation des investissements (*I*) de 100 milliards de dollars

Effet total = 100 + 100 × 0,9 + 100 × $0,9^2$ + 100 × $0,9^3$ + ... + 100 × $0,9^n$
= 100 (1 + 0,9 + $0,9^2$ + $0,9^3$ + ... + $0,9^n$)
= 100 (1/1 − 0,9)
= 100 × 10
= 1000
= Variation initiale des dépenses × 1/(1 − PmC)

Ainsi, dans l'exemple de la figure 6.7, l'investissement augmente de 100 milliards de dollars, le multiplicateur est de 1 divisé par 0,1, soit 10. Par conséquent, la variation totale du PIB d'équilibre liée à une augmentation des dépenses d'investissement de 100 milliards de dollars est de 1000 milliards de dollars. Il est important, ici, de souligner que le même raisonnement s'applique à des variations négatives. Supposons qu'une entreprise d'une région ferme ses portes et met à pied des centaines de travailleurs. Ceux-ci, voyant leurs revenus diminuer, diminueront leur consommation. Ils ne changeront pas de voiture. Ils iront moins souvent au restaurant ou au cinéma. Ils ne rénoveront pas leur maison. Ils peuvent couper dans les cadeaux aux enfants. Cette baisse de consommation aura des répercussions sur les entreprises qui produisent ces biens et ces services. Celles-ci, à leur tour, réduiront leur production, ce qui entraînera de nouvelles mises à pied, lesquelles créeront une baisse des revenus, de la consommation, de la production, de l'emploi, et ainsi de suite. Le cycle se poursuivra jusqu'à ce qu'un nouveau niveau de production d'équilibre soit atteint.

Le fait que la variation totale du PIB soit supérieure à la variation initiale est dû à ce qu'on appelle l'**effet multiplicateur** (voir la figure 6.7). S'il y avait d'autres fuites, comme les impôts ou les importations, le multiplicateur serait plus petit. On appelle **multiplicateur complexe** le multiplicateur qui tient compte de toutes les fuites. La logique demeure toutefois la même.

Les implications de la théorie de Keynes

Les idées de Keynes, très audacieuses pour l'époque, allaient totalement à l'encontre des théories libérales encore très populaires. Cependant, l'économie, à ce moment-là, était marquée par une profonde dépression caractérisée par un chômage très élevé. Keynes suggérait au gouvernement d'augmenter ses dépenses afin de hausser le PIB d'équilibre d'un multiple de cette variation initiale des dépenses. Cette suggestion était particulièrement révolutionnaire car, jusqu'alors, un bon gouvernement devait avoir un budget équilibré, c'est-à-dire que ses dépenses devaient égaler ses revenus. En augmentant ses dépenses, il ferait face à un déficit. Nous en reparlerons dans le chapitre traitant de l'intervention de l'État.

Une autre implication de cette nouvelle théorie est que l'épargne, qui avait toujours été considérée comme une vertu, était maintenant perçue comme un frein à la croissance économique.

Finalement, ce modèle remettait en cause la notion de chômage volontaire et suggérait que le chômage était un problème économique réel auquel on devait prêter attention. De nos jours, personne ne nie la possibilité d'un chômage involontaire, mais tous ne s'entendent pas nécessairement sur la façon d'y faire face.

TEMPS D'ARRÊT 6.6

a) Qu'arrivera-t-il au PIB d'équilibre si le gouvernement augmente ses dépenses de 200 millions de dollars, sachant que la PmC est égale à 0,8 ?

b) Expliquez le phénomène décrit en a) à l'aide du modèle keynésien.

6.5 Les conséquences du chômage

6.5.1 Les conséquences économiques

La perte de production potentielle

La conséquence économique la plus importante du chômage est la perte de **production potentielle.** Le chômage entraîne un gaspillage de ressources irrécupérable. En effet, si on faisait travailler toutes les personnes le désirant, on pourrait produire davantage de biens et de services. Cette perte de production augmente avec le taux de chômage (voir la figure 6.8). Elle correspond à un manque à gagner pour l'économie.

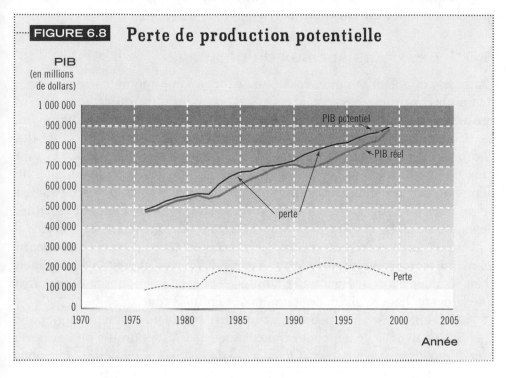

FIGURE 6.8 Perte de production potentielle

Perte de PIB potentiel =
(Pourcentage de chômage observé − Pourcentage de chômage naturel) ×
2,5 × PIB réel = Pourcentage de chômage conjoncturel × 2,5 × PIB réel

La relation existant entre le taux de chômage et la production potentielle perdue s'appelle la **loi d'Okun**. Pour chaque point de pourcentage au-dessus du taux de chômage naturel (de plein-emploi), l'économie aurait pu produire 2,5 % de plus. Ainsi, si la production est de 800 milliards de dollars et que le taux de chômage augmente de 1 point de pourcentage, c'est une valeur équivalant à 1 × 2,5 % × 800 milliards de dollars, soit 20 milliards de dollars en production, que l'économie aurait pu réaliser et qu'elle n'a pas produit.

Si le taux de chômage est de 10 % et que le taux de chômage en situation de plein-emploi est de 7 %, il y aura une perte de 3 × 2,5 % × 800 milliards en production, soit 60 milliards de dollars.

> **Loi d'Okun**
> Relation entre le taux de chômage conjoncturel et le niveau de production potentiel.

Le chômage et les finances publiques

Une autre conséquence économique importante du chômage est son effet sur les finances publiques des gouvernements. En effet, le chômage agit négativement à la fois sur les dépenses et les revenus des gouvernements. Lorsqu'il y a plus de chômeurs, les gouvernements doivent verser plus de prestations en assurance-emploi, en aide sociale, en programmes de création d'emplois ou de formation de la main-d'œuvre. D'un autre côté, les chômeurs paient moins d'impôts et, comme ils consomment moins, ils paient moins de taxes. Les revenus des gouvernements diminuent donc. De plus, des coûts liés à la criminalité et à la santé s'ajoutent souvent.

Les coûts économiques pour le chômeur

Finalement, le chômeur subit une perte de revenu et de richesse qui, si la situation se prolonge, peut le mener à la faillite. Il peut devoir vendre sa maison, son auto et même retirer son épargne ou ses RÉER. Il peut perdre la richesse qu'il a accumulée durant toute sa vie.

6.5.2 Les coûts sociaux du chômage

Outre les coûts économiques, le chômage mène à une augmentation sensible de nombreux problèmes sociaux. Nous avons mentionné précédemment les problèmes de santé et de criminalité. Quand le taux de chômage augmente, les problèmes de délinquance et de criminalité s'accentuent. La santé des chômeurs et de leur famille est également touchée. Les régions où sévit un taux de chômage élevé connaissent, entre autres, des taux de suicide, de dépression, de problèmes cardiovasculaires et d'ulcères plus élevés, ce qui fait augmenter les coûts de la santé. Le travail est devenu un élément essentiel du statut social. La réponse à la question « Qu'est-ce que tu fais dans la vie ? » a presque toujours trait au travail. Le travailleur privé de son emploi perd en même temps son estime de soi et l'estime des autres, et peut se décourager. Il en résulte parfois de la violence familiale et l'éclatement des familles, ainsi que le décrochage scolaire des enfants des familles touchées.

Le chômage est sans aucun doute un véritable fléau, non seulement pour le chômeur, mais également pour toute la société. C'est pourquoi on y accorde tant d'importance de nos jours. Qu'en est-il de la situation actuelle et que nous réserve l'avenir ? La dernière section de ce chapitre traite de ces questions.

TEMPS D'ARRÊT 6.7
Pourquoi dit-on que le chômage est un problème grave ? Répondez en deux phrases.

Le marché du travail québécois et canadien à l'aube du XXIᵉ siècle

6.6 L'état actuel du marché du travail

6.6.1 L'analyse de la conjoncture

Dans le chapitre précédent, nous avons commencé l'analyse de la conjoncture, que nous allons compléter ici par une analyse du marché du travail. Vous devrez intégrer à votre analyse les données qui suivent et ce, à la lumière des définitions, des outils de mesure et d'analyse présentés dans ce chapitre.

Travail à faire en équipe. Allez au site d'Emploi Québec (emploiquebec.net/francais/imt/publications/ situation.htm). Vous y retrouverez des données statistiques sur tous les sujets énumérés ci-dessous. Procédez à l'analyse du marché du travail. Tirez-en les informations nécessaires pour compléter l'analyse de la conjoncture amorcée au chapitre précédent. Insistez sur le chômage conjoncturel.

Table des matières
Les chiffres clés de l'emploi au Québec

6.7 Les tendances du marché du travail

6.7.1 La mondialisation de l'économie

Les accords de libéralisation du commerce international, comme l'Accord de libre-échange nord-américain (ALÉNA), l'Union européenne et sa monnaie unique (l'euro), l'Organisation mondiale du commerce (OMC), l'Accord multilatéral sur les investissements (AMI), découlent de la mondialisation de l'économie et contribuent à cette mondialisation qui, en entraînant l'ouverture des marchés mondiaux, fait augmenter la concurrence. La délocalisation de la production et les nouveaux concurrents, comme la Chine et l'Inde, menacent les secteurs plus traditionnels de l'économie ; le textile et le vêtement, par exemple. Pour sauver de nombreux emplois non concurrentiels, le Canada et le Québec ont dû augmenter leur productivité (l'efficacité avec laquelle on produit). Cette productivité a connu une accélération remarquable ces dernières années. Le Québec a fait un effort particulier pour augmenter sa productivité dans le domaine de l'emploi, qui s'est nettement améliorée depuis 1985. Pour sa part, le Canada a réussi, au cours des deux dernières décennies, à réduire l'écart qui le séparait des États-Unis sur le plan de la productivité.

6.7.2 La précarisation

Les entreprises recourent de plus en plus au travail à temps partiel, qu'on peut considérer comme une forme de chômage déguisé. Les entreprises invoquent la flexibilité et la souplesse nécessaires à leur adaptation à la conjoncture et au volume de travail, des affaires et de l'achalandage. Cependant, les conditions de travail des travailleurs à temps partiel ne sont pas comparables à celles des travailleurs à temps plein. Les travailleurs précaires sont moins protégés par les lois. En 1990, le Conseil économique du Canada évaluait que le tiers de tous les postes de travail était hors normes, c'est-à-dire de moins de 38 à 40 heures par semaine. En 1951, 70 % des gens travaillaient à temps plein toute l'année. En 1998, 17,5 % des travailleurs québécois travaillaient à temps partiel, soit moins de 30 heures par semaine selon Statistique Canada. De plus, 10,5 % des travailleurs à temps partiel l'étaient de façon involontaire. En 1990, environ 30 % des travailleurs à temps partiel auraient travaillé à temps plein si cela avait été possible. Le travail à temps partiel augmente en particulier dans les services, le commerce, la distribution, les banques, les assurances et les affaires immobilières. La précarité de l'emploi est définie non seulement par la durée de la semaine de travail, mais également par la durée de l'emploi. En 1998, 21,4 % des travailleurs québécois travaillaient pour le même employeur pendant un an ou moins. Chez les jeunes, la précarité est encore plus grande. En fait, le taux de travailleurs à temps partiel diminue avec l'âge jusqu'à 54 ans, pour augmenter à nouveau chez les gens plus âgés.

LECTURE DIRIGÉE **6**········1. Indiquez les facteurs qui peuvent expliquer les changements dans le marché du travail dans les centres urbains.

2. De quels types de chômage parle-t-on ? Expliquez votre réponse.

3. Décrivez les facteurs qui peuvent expliquer les différences entre le chômage urbain et le chômage rural.

4. Expliquez le chômage en fonction des industries impliquées.

ÉTUDE

Marchés du travail, activité économique et mobilité dans les centres urbains   1981 à 2003

Les taux d'emploi et de chômage varient considérablement d'une région métropolitaine à l'autre, mais l'écart s'est rétréci au cours des deux dernières décennies, selon un rapport exhaustif portant sur la conjoncture économique dans 27 régions urbaines.

Entre 1981 et 2001, les taux d'emploi et de chômage de la plupart des régions métropolitaines de recensement ont convergé vers la moyenne nationale, selon le rapport.

Cela s'est produit principalement en raison des améliorations ayant eu lieu dans les régions urbaines où les marchés de l'emploi étaient les plus faibles en 1981, c'est-à-dire celles où les taux de chômage étaient relativement élevés et les taux d'emploi relativement faibles.

Par exemple, parmi les six régions métropolitaines qui avaient des taux de chômage supérieurs à 10 % en 1981, seulement deux avaient des taux aussi élevés en 2001. Parallèlement, parmi les trois centres qui avaient des taux de chômage inférieurs à 4 % en 1981, aucun n'avait des taux aussi bas en 2001.

Cependant, le taux de chômage moyen de toutes les régions métropolitaines combinées est demeuré à peu près inchangé, tout comme le taux moyen d'emploi.

Ces changements se sont produits dans le contexte d'une transformation de l'activité économique dans ces régions urbaines. Le rapport a permis de démontrer que presque toutes les régions métropolitaines se sont orientées davantage vers le secteur des services au cours des années 1990.

Les données proviennent principalement des recensements de 1981, 1991 et 2001, ainsi que de l'*Enquête sur la population active de 1987 à 2003.*

Ces transformations économiques ont été marquées par le déclin du secteur de la fabrication et l'essor du secteur des services aux entreprises. La plupart des régions métropolitaines ont aussi accru leur spécialisation dans le secteur des technologies et des communications, et plus particulièrement dans le domaine des services liés à ce secteur.

Le rapport a en outre permis de déterminer qu'une forme d'« exode des cerveaux » a touché certaines régions métropolitaines. Ainsi, plusieurs régions métropolitaines plus petites ont perdu une partie de leur population la plus scolarisée au profit des grands centres urbains.

Les régions urbaines les plus importantes diffèrent considérablement sur le plan de la vigueur de leur marché du travail

En 2001, la vigueur des marchés du travail variait considérablement d'une région métropolitaine à l'autre, selon les données du recensement.

Toutefois, même si ces différences étaient importantes, elles ne l'étaient pas autant qu'il y a deux décennies. Cela montre une tendance vers une plus grande égalité entre les centres urbains sur le plan de leur marché du travail au cours de cette période.

Par exemple, en 1981, la région métropolitaine où le taux d'emploi était le plus faible au pays était Chicoutimi-Jonquière, où seulement 47,6 % des personnes âgées de 15 ans et plus avaient un emploi. Par ailleurs, Calgary enregistrait le taux d'emploi le plus élevé (73,2 %).

Deux décennies plus tard, Chicoutimi-Jonquière enregistrait toujours le taux d'emploi le plus faible au pays, mais celui-ci s'était quand même amélioré de façon significative pour se situer à plus de 50 % (51,7 %). Par contre, le taux d'emploi de Calgary a reculé, pour se situer à 71,6 %.

De même, au cours de cette période de 20 ans, le taux de chômage de Chicoutimi-Jonquière a diminué, passant de 15,8 % à 12,4 %. Par contre, le taux de chômage à Calgary a augmenté légèrement, passant de 3,2 % à 4,9 %.

Le fait que le taux de chômage à Chicoutimi-Jonquière en 2001 était 2,5 fois plus élevé que celui de Calgary montre qu'au tournant du millénaire, les marchés du travail des régions métropolitaines étaient toujours caractérisés par d'importantes différences.

Les années 1981 et 2001 sont comparables du point de vue du cycle économique, de sorte que ces deux années sont fort appropriées pour l'analyse des tendances à long terme.

De plus, selon l'*Enquête sur la population active*, les différences dans les taux de chômage des centres urbains ont peu varié entre 2001 et 2004.

Même si l'écart entre les régions métropolitaines s'est rétréci sur le plan de la vigueur de la population active au cours des 20 dernières années, les différences dans les gains annuels des travailleurs n'ont

▷

pas évolué dans le même sens. Les changements associés aux gains d'emploi ont plutôt varié d'une région à l'autre.

En 1981, la différence entre les gains dans les centres urbains où ils étaient les plus élevés et ceux où ils étaient les plus faibles était de 9 900 $. En 2001, l'écart était passé à 11 800 $ (parmi ceux qui travaillent toute l'année et à temps plein).

Sur le plan régional, par exemple, les gains médians ont diminué dans toutes les régions métropolitaines du Québec et dans tous les centres urbains situés à l'ouest de l'Ontario.

Les régions urbaines s'orientent davantage vers le secteur des services, du fait de la baisse du secteur de la fabrication

Presque toutes les régions métropolitaines se sont davantage orientées vers le secteur des services au cours des années 1990. Parallèlement, l'emploi dans le secteur de la fabrication a diminué dans la plupart des centres urbains.

Ce changement d'orientation au profit des services semble avoir été le résultat de pertes d'emplois plus élevées dans les industries de biens au cours de la récession. Cependant, le secteur des biens et celui des services ont progressé au même rythme au cours du reste de la décennie.

En 2003, le secteur de la fabrication ne représentait en moyenne que 14,1 % de l'emploi dans les 27 centres urbains les plus importants, en baisse par rapport à la proportion de 16,7 % enregistrée en 1989.

Parallèlement, la part de l'emploi dans le secteur des services a augmenté, passant de 74,4 % à 78,1 %. Dans le secteur des services professionnels, scientifiques et techniques, la part de l'emploi a augmenté, passant de 5,3 % en 1989 à 7,8 % en 2003.

Les six centres urbains les plus axés sur les services au pays étaient des villes gouvernementales : St. John's, Halifax, Québec, Ottawa-Hull, Regina et Victoria. Dans ces centres, les industries de services employaient au moins 85 % de la population active, du fait principalement de l'importance de la fonction publique.

Entre 1989 et 2003, l'emploi dans le secteur des services a augmenté plus rapidement que dans celui des biens et ce, dans toutes les régions métropolitaines sauf quatre. La croissance relative de l'emploi dans les services a été la plus rapide à Hamilton, Oshawa, St. Catharines-Niagara et Kitchener, quatre bastions traditionnels du secteur de la fabrication dans le sud de l'Ontario.

Au cours de cette période, le secteur de la production de biens a affiché la croissance la plus marquée dans trois centres métropolitains de l'Ouest, soit Calgary, Edmonton et Abbotsford.

Plusieurs des bastions traditionnels du secteur de la fabrication ont enregistré des reculs importants. À Montréal, par exemple, le nombre d'emplois dans le secteur de la fabrication a chuté d'environ 46 300.

St. John's, Chicoutimi-Jonquière, Hamilton, St. Catharines-Niagara et Kitchener ont aussi perdu un nombre substantiel d'emplois dans le secteur de la fabrication en proportion de leur population active.

Néanmoins, plusieurs régions métropolitaines de l'Ontario et du Québec comptaient toujours sur un secteur de la fabrication vigoureux en 2003. Les proportions les plus importantes ont été notées à Sherbrooke, Hamilton, Kitchener et Windsor, où plus d'un travailleur sur cinq appartenait au secteur de la fabrication en 2003.

Exode des cerveaux : de nombreuses régions métropolitaines plus petites perdent leurs meilleurs éléments

Plusieurs personnes se sont déplacées entre les régions métropolitaines au cours de la période de cinq ans. En comparaison avec les autres migrants, il est généralement tenu pour acquis que les migrants scolarisés contribuent davantage à la réserve locale de capital humain hautement qualifiée, de sorte que la main-d'œuvre scolarisée est devenue très convoitée dans les centres urbains.

Entre 1996 et 2001, plusieurs régions métropolitaines ont perdu davantage de diplômés universitaires qu'elles n'en ont accueilli en retour. Les pertes nettes ont eu tendance à toucher les petits centres urbains.

En d'autres termes, ces régions métropolitaines plus petites ont connu un « exode des cerveaux », en exportant des diplômés universitaires.

Au cours de cette période de cinq ans, toutes les régions métropolitaines du Québec et des provinces de l'Atlantique ont perdu des diplômés universitaires au profit d'autres centres, tout comme les centres urbains du nord de l'Ontario, du Manitoba et de la Saskatchewan.

Regina, Sudbury et Saskatoon venaient en tête de liste quant aux villes qui ont perdu la part la plus importante de leur population titulaire d'un diplôme universitaire. Regina a perdu 1 300 diplômés universitaires de plus au profit d'autres centres urbains qu'elle n'en a gagné en provenance d'autres centres. Cela représentait 7,0 % de la population titulaire d'un diplôme universitaire à Regina en 2001.

Source : Statistique Canada, *Le Quotidien*, 26 avril 2005.

Conclusion

Le chômage constitue un problème économique très important. Il varie avec la conjoncture, mais subit également l'influence des changements structurels qui influent sur notre économie. La mondialisation oblige à une plus grande mobilité des ressources, de manière à augmenter la productivité et à déplacer la courbe des possibilités de production vers la droite et le haut. Le marché du travail s'est beaucoup transformé durant la deuxième moitié du XXe siècle, et plus encore ces dernières années. Il semble y avoir une accélération du processus, sans doute liée au développement de la micro-informatique et d'Internet. Toutefois, la précarité des emplois s'accentue. Par contre, les différences selon le sexe semblent s'atténuer, reflet de l'évolution culturelle. Le développement du secteur tertiaire, comparativement aux secteurs primaire et secondaire, devrait se poursuivre. La scolarité deviendra un facteur de plus en plus important pour décrocher un emploi de qualité. Aussi, la formation devra être suffisamment générale pour que le travailleur puisse s'adapter à ce marché du travail en pleine mutation.

Nous consacrerons le prochain chapitre à l'étude du niveau des prix. L'inflation est un autre grand problème économique qui tient à la fois de facteurs endogènes et de facteurs exogènes. Nous nous familiariserons avec d'autres indicateurs économiques et de nouvelles théories économiques.

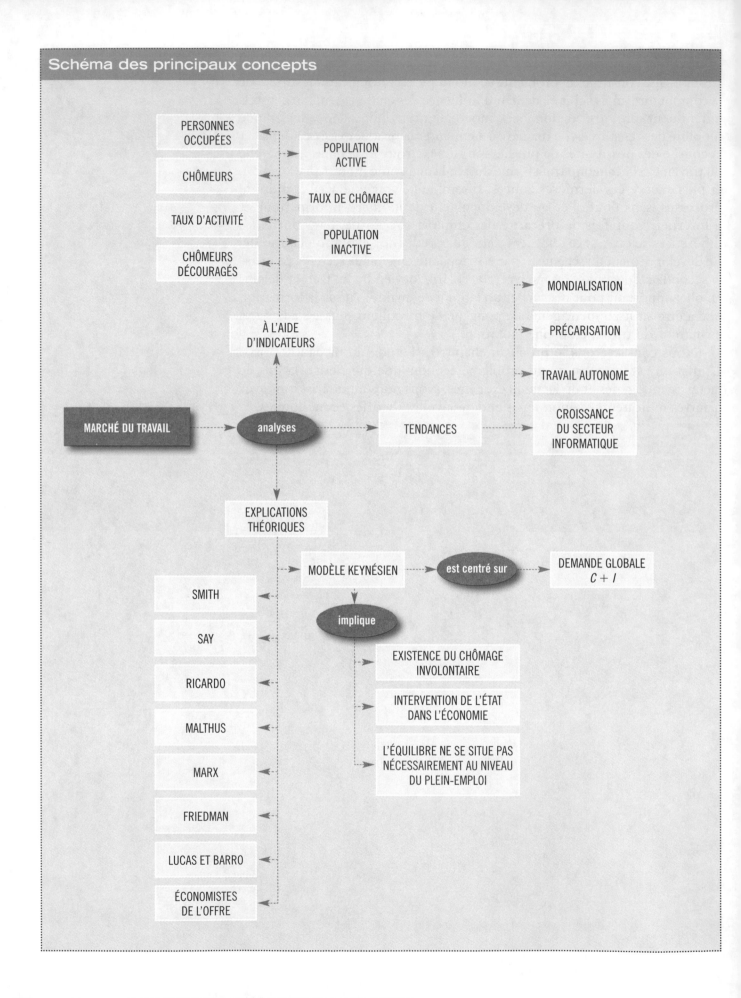

- Le plein-emploi est un concept difficile à cerner. On parlera de plein-emploi lorsque l'économie est au sommet du cycle économique.

- Le chômage est la situation dans laquelle se trouve un travailleur sans emploi qui souhaiterait travailler.

- Le chômage frictionnel correspond à la situation dans laquelle se trouve un travailleur en quête d'un premier emploi, en quête d'un emploi après une absence prolongée sur le marché du travail ou entre deux emplois.

- Le chômage structurel existe quand l'offre et la demande de travail diffèrent qualitativement. Certains travailleurs ne répondent pas aux exigences requises par le marché du travail, même si l'économie se porte bien.

- Le chômage conjoncturel ou cyclique est lié aux fluctuations de la demande globale. Au creux du cycle, il atteint son maximum. Au sommet, il est égal à zéro. Au sommet, le chômage qui demeure est dit « naturel » ou « de plein-emploi ». Il correspond à une situation où subsisterait du chômage frictionnel et structurel.

- La population active comprend toutes les personnes qui sont sur le marché du travail. Celles-ci ont la volonté de travailler, qu'elles aient un emploi ou non. Le taux d'activité est obtenu en divisant la population active par la population civile âgée de 15 ans et plus.

- Les facteurs influant sur la population active ont trait aux changements culturels (l'arrivée des femmes sur le marché du travail), à l'âge et au niveau d'activité économique.

- Selon Statistique Canada, le chômeur est une personne qui veut travailler, le peut et est à la recherche active d'un emploi. On calcule le taux de chômage en divisant le nombre de chômeurs par la population active. Le chômeur qui cesse de chercher parce qu'il est convaincu qu'il ne trouvera pas de travail n'est pas comptabilisé parmi les chômeurs ni dans la population active. On le nomme « travailleur découragé » et on le classe parmi la population inactive. Les critères d'admissibilité à l'assurance-emploi ne relèvent pas de ces définitions.

- Le taux de chômage varie selon l'âge, le sexe, la région, la discrimination, la scolarité et la conjoncture. La durée du chômage est variable. Le travail à temps partiel peut être considéré comme du chômage déguisé dans la mesure où le travailleur souhaiterait travailler à temps plein.

- Selon Adam Smith, l'économie est toujours au niveau de plein-emploi, car une « main invisible » tend à l'y ramener à la suite de petits déséquilibres temporaires.

- Selon Jean-Baptiste Say, l'offre crée sa propre demande. Les revenus découlant de la production servent à acheter cette production.

- Selon Ricardo, l'investissement est fondamental pour éviter les pénuries qui découlent de l'augmentation de la production.

- Malthus craint que la population augmente plus vite que les moyens de subsistance. Il redoute que l'accumulation de capital permette de produire plus que ce que les ouvriers peuvent acheter avec leur salaire.

- Marx craint la grande dépression. Il est le premier à aborder la notion de chômage involontaire et de crise consécutive à la hausse de la production, qui fait gonfler l'« armée de réserve » de travailleurs. Selon lui, les crises seraient de plus en plus fortes et le capitalisme s'effondrerait.

- Selon Keynes, la demande est l'élément déterminant du niveau de production et d'emploi. L'économie peut être en équilibre à un niveau autre que celui du plein-emploi. Le chômage peut être involontaire.

- Selon Friedman, il faut laisser faire les forces du marché. Le contrôle de la monnaie se révèle le meilleur moyen pour stabiliser l'économie.

- Lucas et Barro sont à l'origine des théories des anticipations rationnelles. Selon eux, le chômage existe parce que les travailleurs refusent les conditions de travail offertes.

- Selon les économistes de l'offre, il faut déplacer la courbe de l'offre agrégée par l'incitation au travail et à l'entrepreneurship, la déréglementation et la baisse des impôts.

- Keynes a proposé un modèle conjoncturel, utile pour une courte période. Afin de faciliter sa compréhension, on a effectué quelques simplifications : seuls les consommateurs épargnent, on néglige dans un premier temps le rôle de l'État et des marchés étrangers. Par conséquent, $PIB = C + I = C + E = RD$.

- La demande globale est l'élément central du modèle keynésien. Elle détermine les niveaux de production et d'emploi. Le PIB d'équilibre correspond au niveau de production qui tend à se maintenir dans l'économie. À ce niveau, la variation des stocks est nulle, la demande globale est égale au PIB et l'épargne est égale aux dépenses d'investissement. À ce niveau d'équilibre, rien ne garantit que l'économie se trouve en situation de plein-emploi. Il peut donc y avoir du chômage involontaire.

- Toute variation initiale des dépenses entraînera une augmentation du PIB d'équilibre supérieure à la variation initiale à cause de l'effet multiplicateur. Cet effet dépend de la propension marginale à consommer, c'est-à-dire de l'argent réinjecté dans l'économie à la suite d'une hausse de revenu.

- Ce modèle implique que le gouvernement peut augmenter ses dépenses pour faire augmenter le PIB d'équilibre et sortir l'économie de son marasme.

  Il suppose également que l'épargne généralisée peut nuire à la croissance économique puisqu'elle limite l'effet multiplicateur. Finalement, le concept de chômage volontaire est remis en question.

- L'écart entre le niveau de PIB observé et le niveau de production potentielle est une perte irrécupérable pour l'économie. La loi d'Okun décrit la relation entre le taux de chômage et la perte de production potentielle et permet de mesurer cette dernière.

- Lorsque le chômage sévit, les revenus du gouvernement sont plus faibles, il perçoit moins d'impôts et de taxes, et ses dépenses sont plus élevées (notamment sous forme d'aide aux chômeurs).

- Le chômeur de longue durée perd des revenus et de la richesse.

- Le chômage entraîne des coûts sociaux importants : la criminalité, les troubles de santé, le décrochage, la violence conjugale et l'éclatement des familles.

- La hausse de production a stimulé la croissance de l'emploi. Le taux de chômage a connu son plus bas niveau depuis 10 ans. Le secteur informatique est le plus dynamique, bien que tous les secteurs d'activité, sauf le secteur primaire, connaissent une période de croissance. On peut parler d'une véritable période d'expansion. Le secteur primaire ne s'est pas rétabli à cause d'une baisse de revenus et de catastrophes naturelles, comme des inondations. La croissance de l'emploi à temps plein est à l'honneur. Les travailleurs profitent des bonnes conditions du marché du travail pour améliorer leur condition, ce qui engendre une hausse du chômage frictionnel. La main-d'œuvre étant moins abondante, les exigences des employeurs sont moindres et les plus jeunes comme les plus âgés en profitent, ainsi que les personnes moins instruites. Les exportations ont stimulé l'économie et l'effet multiplicateur a joué. Le nombre de travailleurs découragés a diminué, ce qui fait augmenter la population active, mais l'économie est capable d'absorber cette hausse.

- La mondialisation peut avoir des effets positifs sur le chômage en faisant augmenter la productivité. Cependant, la main-d'œuvre n'étant pas parfaitement mobile, certains travailleurs risquent d'être sacrifiés. La division internationale du travail peut être néfaste pour les pays en voie de développement.

- L'augmentation de production requise a fait augmenter la précarité de l'emploi tant sur le plan du nombre d'heures travaillées que sur celui de la durée de l'emploi. Les entreprises désirant devenir plus compétitives augmentent leur productivité en adaptant les emplois à leurs besoins en main-d'œuvre.

I BIEN COMPRENDRE LE VOCABULAIRE DE BASE

1 Comment appelez-vous :

a) la situation du marché du travail qui a cours au sommet du cycle économique ?

b) la situation d'une personne qui veut travailler et ne trouve pas d'emploi ?

c) une personne qui veut travailler mais qui ne cherche pas d'emploi car elle est persuadée de ne pas en trouver ?

d) les retraités, les étudiants qui ne veulent pas travailler, un homme ou une femme au foyer, un rentier, un grand handicapé ?

e) la situation d'un travailleur qui quitte son emploi dans l'espoir d'en trouver un autre qui ne nuira pas à sa santé ?

2 Définissez dans vos propres mots :

a) le chômage conjoncturel.

b) le chômage structurel.

c) le chômage naturel.

d) le taux d'activité.

e) le taux de chômage.

f) la précarisation du marché du travail.

g) la mondialisation.

h) la production potentielle.

i) le chômage involontaire.

j) le multiplicateur.

k) la propension marginale à consommer.

l) le travail à temps partiel.

3 Considérant le marché du travail suivant (voir la figure ci-dessous), dites à quoi correspond chacune des lettres.

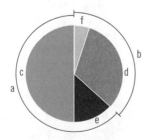

Population inactive 40 %

Population active 60 %

II BIEN COMPRENDRE LA THÉORIE DE BASE

1 Cherchez l'erreur.

a) Parmi les facteurs influant sur le taux d'activité, on trouve le niveau d'activité économique, la discrimination et la pyramide d'âge.

b) Parmi les facteurs influant sur le taux de chômage, on trouve la région, la conjoncture, la scolarité, la répartition des revenus et le sexe.

c) Le modèle keynésien est un modèle utile pour le court terme, car c'est un modèle structurel.

d) L'élément central du modèle keynésien est l'emploi.

e) Le chômage entraîne des coûts pour l'économie et le gouvernement, mais pas pour le chômeur, car il reçoit des prestations de l'assurance-emploi.

f) On entend par « coûts sociaux » les coûts assumés par toute la société.

g) Le modèle keynésien étudié dans ce chapitre ne comprend pas les dépenses gouvernementales, car l'État ne doit pas intervenir dans l'économie.

h) La propension marginale à consommer est la fraction du revenu qui est dépensée.

i) Le multiplicateur est le chiffre par lequel on multiplie une variation des dépenses pour connaître le nouveau PIB d'équilibre.

j) Les travailleurs plus âgés connaissent un plus bas taux de chômage, car ils sont expérimentés.

2 Suivez les directives.

a) En utilisant les données suivantes :
- population inactive = 30 millions ;
- population active = 50 millions ;
- personnes occupées = 40 millions,

calculez le taux de chômage et le taux d'activité.

b) En utilisant les données suivantes :
- population active masculine = 25 millions ;
- population active = 40 millions ;
- population civile féminine âgée de 15 ans et plus = 28 millions,

calculez le taux d'activité féminin.

c) Considérant les données suivantes :
- travailleurs découragés = 10 millions ;
- chômeurs = 5 millions ;
- population inactive = 40 millions ;
- personnes occupées = 95 millions ;
- population active âgée de 15 ans et plus = 100 millions,

calculez le taux de chômage et le taux d'activité.

d) Calculez le multiplicateur si la PmC est de 0,9, si elle est de 0,8 puis si elle est de 2/3. Que pouvez-vous conclure à la lumière de ces résultats?

e) Calculez le multiplicateur si la PmÉ est de 0,1.

3 Précisez la tendance ou l'ordre de grandeur des phénomènes suivants.

a) Le taux de chômage canadien.

b) Le taux de chômage dans le nord du Québec.

c) L'évolution du travail à temps partiel.

d) Le taux de chômage selon la scolarité.

e) Le taux de chômage selon le sexe.

f) Le taux de chômage selon l'âge.

g) Le taux de chômage naturel.

III APPROFONDIR LES OUTILS D'ANALYSE ÉCONOMIQUE

1 Que répondez-vous à quelqu'un qui vous dit ce qui suit?

a) Les chômeurs sont tous des paresseux.

b) Si les chômeurs acceptaient de plus bas salaires, il n'y aurait pas de chômage.

c) L'économie approche du sommet; il n'y aura bientôt plus de chômage.

d) Le gouvernement ne doit pas intervenir dans l'économie.

2 Si les investissements augmentent de 50 millions de dollars et que la PmC est de 0,6, de combien augmentera le PIB d'équilibre?

3 Si le gouvernement diminue ses dépenses de 200 millions de dollars et que la PmÉ est de 0,2, qu'arrivera-t-il au PIB d'équilibre?

4 Si le PIB est de 800 milliards de dollars et que la PmC est égale à 0,9, et si les exportations diminuent de 50 milliards de dollars, quel sera le nouveau PIB d'équilibre?

5 À l'aide du modèle keynésien, expliquez les conséquences de la disparition d'une équipe sportive professionnelle sur l'économie d'une région.

6 Qui suis-je?

a) J'ai dit: «L'offre crée sa propre demande.»

b) Je suis l'auteur du *Capital*.

c) Je croyais en l'existence d'une main invisible.

d) Pour moi, l'élément central de la détermination de l'emploi est la demande globale.

e) Nous croyons qu'il faut agir sur l'offre agrégée pour régler les problèmes économiques.

f) Je considère l'investissement comme fondamental pour éviter les pénuries.

LE NIVEAU DES PRIX ET L'INFLATION

L'inflation – définitions et mesures

7.1 Définitions

7.1.1 L'inflation et la déflation

Inflation
Hausse du niveau des prix.

Dans ce chapitre, nous allons aborder l'étude d'un autre grand problème macroéconomique : l'inflation. Dans les pays industrialisés, l'**inflation,** contrairement au chômage, ne se situe pas toujours à un niveau préoccupant, ce qui n'empêche pas de la craindre. L'inflation correspond à la hausse du niveau des prix. On ne parle pas de « problème » d'inflation lorsqu'elle se situe entre 1 et 3 % car, à ce niveau, elle ne provoque pas de conséquences graves dans l'économie. Comme nous le verrons, l'inflation peut entraver la croissance économique si elle se situe à un niveau trop élevé.

Déflation
Baisse du niveau des prix.

Il y a un phénomène plus rare qui s'est produit au Canada dans les années 1920, après la Première Guerre mondiale, durant la grande dépression, puis en 1953 : c'est la baisse du niveau général des prix. On parle alors de **déflation.** Cette situation est rarissime. Les prix n'ont pas tendance à baisser, encore moins le niveau moyen des prix. En 1953, les prix ont chuté de 0,9 % en moyenne pour l'année et, en 1955, le niveau des prix n'a pas bougé. Au cours de la grande dépression, le niveau des prix avait chuté de 10 %. Plus récemment, en 1991, le niveau des prix a diminué durant l'année, mais la moyenne annuelle s'est distinguée par une hausse de 0,1 %. Ce sont les seules fois où on a parlé de « déflation » au Canada. Ce constat est loin d'être négligeable. En effet, si un grand économiste dit que la baisse des prix permettra à l'économie de se rétablir, il risque d'attendre longtemps. De plus, au cours de la crise des années 1930, une baisse de 10 % du niveau des prix n'a pas permis à l'économie de sortir de la dépression.

7.1.2 La stagflation

Stagflation
Présence simultanée de chômage et d'inflation.

La **stagflation** est un phénomène plus courant. Ce concept se compose de deux fragments de mots : « stag » pour « stagnation » et « flation » pour « inflation ». La stagflation fait référence à la présence simultanée de chômage et d'inflation. C'est un phénomène plutôt récent : années 1960 et 1970. Elle sévit durement dans les années 1970, à la suite des chocs pétroliers. Encore une fois, on ne considérera pas les taux d'inflation inférieurs à 3 %, car ils n'influent pas négativement sur l'économie. Les pires périodes de stagflation que l'économie canadienne a connues se situent dans les années 1970 et 1980. En 1982, par exemple, le PIB chutait de 3,2 %, tandis que les prix augmentaient de 10,9 %. En 1975, l'économie connaissait une croissance médiocre de 2,6 %, tandis que les prix augmentaient de 10,8 %. Ces constatations permettent de penser que l'inflation ne provient pas uniquement d'une surchauffe de l'économie, c'est-à-dire d'une demande de biens et de services trop élevée qui ferait augmenter les prix. Pour bien comprendre l'inflation, il faut en étudier les différentes causes.

7.1.3 L'hyperinflation ou l'inflation galopante

Lorsque l'inflation atteint des sommets astronomiques et ne cesse de croître, on la nomme **hyperinflation** ou inflation galopante. Des taux dépassant les 1000 % ont été enregistrés dans certains pays à diverses époques. En avril 1921, le gouvernement allemand, à la suite de sa défaite, reçut une facture de 132 milliards de marks or pour couvrir les réparations de guerre. Cette somme dépassait de beaucoup ce que la République pouvait espérer collecter sous forme de taxes. Devant le déficit énorme des finances publiques, le gouvernement fit tout simplement imprimer de la monnaie pour payer son dû. En 1922, le niveau des prix augmenta de 5470 %. En 1923, la situation empira : le niveau des prix fut multiplié par 1 300 000 000 000. En octobre 1923, il en coûtait 200 000 marks pour poster la lettre la plus légère de l'Allemagne aux États-Unis. Le beurre coûtait 1,5 million de marks la livre ; la viande, 2 millions de marks ; une miche de pain, 200 000 marks ; un œuf, 60 000 marks. Les prix augmentaient si vite que les restaurateurs devaient modifier les prix sur le menu plusieurs fois au cours d'un même repas. Parfois, les clients devaient payer le double du prix inscrit sur le menu au moment de la commande. Des photographies de cette période montrent une ménagère allemande allumant le feu de sa cuisinière à bois avec du papier-monnaie et des enfants jouant aux cubes avec des liasses de papier monnaie[1]. C'est dire à quel point leur monnaie n'avait plus de valeur !

Après la Deuxième Guerre mondiale, en août 1946, la Hongrie a battu tous les records : 828×1027 *pengö* équivalaient à 1 *pengö* d'avant la guerre. Dans les pays d'Europe centrale et de l'Est, lors de la transition vers une économie de marché (voir le chapitre 2), la libéralisation des prix, jusqu'alors fixés par le gouvernement sans égard à la rareté, entraîna des taux d'inflation dépassant les 1000 %.

Des taux aussi élevés rendent la monnaie inutilisable et, très rapidement, le troc (l'échange d'un bien ou d'un service contre un autre bien ou un autre service) reprend le dessus. Les échanges régressent, et les économies s'enfoncent dans une crise difficile à surmonter.

Il faut noter que l'hyperinflation survient presque toujours après un changement structurel majeur : une guerre ou des réformes économiques et sociales, par exemple. Ce sujet sera de nouveau abordé dans le chapitre sur les politiques monétaires.

L'inflation est un concept facile à comprendre (une hausse des prix) mais difficile à mesurer. Essayons seulement d'imaginer le nombre de produits qu'il faudrait répertorier et les divers prix auxquels ils se détaillent, ces prix pouvant varier plusieurs fois durant une même période. De plus, on ne peut accorder la même importance à l'augmentation des prix du logement (un bien de nécessité) et au prix d'une Rolls Royce (un bien de luxe). Pour contourner ces deux problèmes, nous allons nous doter, une fois de plus, d'indicateurs qui, même s'ils ne constituent pas une mesure exacte du phénomène, le cernent suffisamment bien pour en refléter les tendances.

Hyperinflation
Inflation si élevée qu'elle enlève toute valeur à la monnaie.

TEMPS D'ARRÊT 7.1
En quoi la stagflation diffère-t-elle de l'inflation ?

---

1. Reburn M. William, *Inflation : Money, Jobs and Politicians*, Arlington Heights (Illinois), AHM Publishing Corporation, 1980, p. 2.

7.2 Les mesures de l'inflation

7.2.1 Les indices

Les indices sont une forme d'indicateurs fréquemment utilisés en économique et dans d'autres sciences humaines. Un indice est un nombre qui indique le rapport entre deux valeurs que l'on compare.

Il peut s'agir de comparer la valeur d'une variable à une période donnée et sa valeur à une autre période qu'on aura choisie comme base, c'est-à-dire comme point de comparaison ou de référence. Relativement à cette période de référence, on donnera une valeur de 100 à notre indice. Par exemple, on peut souhaiter comparer le niveau des prix dans le temps. L'indice des prix à la consommation (IPC), qu'on étudiera plus en détail dans la prochaine section, représente l'augmentation ou la diminution du niveau général des prix par rapport à une année de référence. Si, en 1992 (l'année de base), l'IPC est de 100 et qu'en 1999, il s'élève à 108, cela signifie que les prix ont augmenté de 8 % depuis 1992. Si, à la fin de 1998, l'IPC s'élève à 106,4, on pourra conclure que les prix ont augmenté de 1,5 % en 1999, soit la variation de l'indice divisée par l'indice de départ, le tout multiplié par 100 pour obtenir l'équivalent en pourcentage :

$$\frac{IPC\ courant - IPC\ précédent}{IPC\ précédent} \times 100 = \textit{Variation des prix (\%)}$$

On peut vouloir comparer la valeur d'une variable d'une région avec sa valeur dans d'autres régions. Dans ce cas, on fixera à 100 l'indice du pays ou de la région avec laquelle on veut effectuer des comparaisons. Supposons qu'on choisisse le Canada comme point de comparaison des dépenses d'investissement *per capita* ; alors on fixera l'indice du Canada à 100. Au Québec, si l'indice est de 120, cela signifie qu'il se fait 20 % plus de dépenses d'investissement *per capita* au Québec que dans le reste du Canada, en moyenne. En Ontario, si l'indice est de 90, cela correspond à 10 % de moins de dépenses que la moyenne canadienne.

Un indice sert toujours de point de comparaison. Pour bien l'interpréter, il faut d'abord et avant tout savoir ce que l'on compare et à quoi on le compare. Nous allons maintenant étudier plus en détail un indice qui nous renseigne sur l'évolution des prix : l'indice des prix à la consommation.

TEMPS D'ARRÊT 7.2

Température au mois de mars

Canada	Cuba	Caroline du Sud
100	300	200

Que révèlent ces indices ?

7.2.2 L'indice des prix à la consommation

La méthodologie

Comment est-il possible d'arriver à refléter les variations de milliers de prix à l'aide d'un seul indice ? On doit adopter une méthodologie précise. Il suffit d'abord de déterminer un panier de biens et de services le plus représentatif de l'ensemble des biens et des services consommés par les Canadiens.

La qualité et la quantité des biens contenus dans ce panier ne doit pas changer d'un relevé à l'autre si on veut effectuer des comparaisons dans le temps.

Cependant, de nouveaux produits apparaissent continuellement, et les habitudes des consommateurs se modifient dans le temps. Si on veut que notre indicateur reflète l'évolution des prix des produits réellement consommés par le consommateur canadien, il faut mettre à jour la composition du panier de l'IPC régulièrement. Ensuite, il faut définir les consommateurs dont on considère les achats. Autrefois, Statistique Canada choisissait les consommateurs demeurant dans les villes de 30 000 habitants ou plus, ce qui correspondait à environ 75 % des ménages. Depuis 1995, presque tous les ménages sont considérés.

L'IPC est une mesure générale des variations de prix auxquelles font face les consommateurs moyens. Il ne peut pas refléter la situation de chaque ménage en particulier. Certains ménages ne mangent pas de viande, d'autres ne prennent leurs repas qu'au restaurant, certains se chauffent au gaz, d'autres à l'électricité, et ainsi de suite. Dans la composition du panier de biens et de services, Statistique Canada essaie de considérer les éléments qui représentent une part importante des dépenses de l'ensemble des consommateurs urbains du Canada. Le choix judicieux d'un échantillon de produits représentatifs (plus de 600 biens et services) permet de refléter les variations de prix d'un ensemble de produits beaucoup plus vaste, car plusieurs articles subissent des variations de prix semblables.

On classe les produits en groupes (les composantes), en fonction desquels des indices sont établis. L'« IPC d'ensemble » est l'indice qui représente la variation des prix de tous les biens et les services du panier. L'IPC d'ensemble comporte huit composantes principales : les aliments, le logement, les dépenses et l'équipement du ménage, l'habillement et les chaussures, le transport, la santé et les soins personnels, les loisirs et la formation, le tabac et l'alcool. À chacune de ces composantes, Statistique Canada alloue un poids qui correspond à sa part dans les dépenses totales des familles urbaines (voir le tableau 7.1).

Ce poids s'appelle la **pondération.** Il est nécessaire de pondérer l'importance des différents groupes, car la hausse du prix de l'alimentation influe davantage sur le budget du consommateur que la hausse du prix des loisirs, parce que les consommateurs y consacrent une plus grande part de leur budget. On relève plus de 60 000 prix chaque mois dans des endroits comme les

> **TEMPS D'ARRÊT 7.3**
> Exprimez en une phrase ce que signifie « aliments : 16,89 » (tableau 7.1).

TABLEAU 7.1 **Pondération (2001) des composantes de l'IPC**

Composantes	Pondération (en pourcentage)
Aliments	16,89
Logement	26,75
Dépenses et équipement du ménage	10,58
Habillement et chaussures	5,37
Transport	19,79
Santé et soins personnels	4,52
Loisirs et formation	11,96
Tabac et alcool	4,13
Dépenses totales	100,0

Source : Statistique Canada, « Indice des prix à la consommation et composantes principales », *Le Quotidien*, 23 mars 2005.

> **Pondération**
> Poids en pourcentage qu'on accorde à chacun des groupes de produits en fonction de l'importance qu'ils représentent dans le budget du consommateur canadien moyen.

supermarchés, les boutiques spécialisées, les grands magasins, les garages, les cabinets de dentiste et les salons de coiffure. Statistique Canada relève deux fois par mois le prix de certains produits dont les prix changent souvent, comme les aliments. Dans le cas de produits dont les prix sont plus stables, comme le nettoyage à sec, le relevé est effectué tous les trois mois. Mais le prix de la plupart des produits est relevé mensuellement. Le prix relevé inclut les taxes sur les ventes, tout comme il tient compte des rabais. On veut savoir ce que le consommateur a vraiment payé. On relève les prix des marques les plus vendues pour mieux refléter la réalité.

Afin d'obtenir l'IPC d'ensemble, on commence par calculer des indices pour chaque produit. Pour ce faire, on compare le prix moyen qu'on observe avec celui du relevé précédent. Par exemple, si le prix observé en juillet est de 58,99 $ et qu'il était de 55,48 $ en juin, on calcule le rapport entre les deux prix. En multipliant l'indice de juin, supposons 110 (1992 $\times$ 100), par ce rapport, on obtiendra l'indice de juillet (1992 $\times$ 100) :

$$Prix\ de\ juillet/Prix\ de\ juin = 58,99\ \$/55,48\ \$ = 1,063\ ;$$
$$Indice\ de\ juin \times 1,063 = Indice\ de\ juillet = 110 \times 1,063 = 116,9.$$

Statistique Canada effectue cette opération avec l'ensemble des produits.

TEMPS D'ARRÊT 7.4
Calculez l'indice d'ensemble de 2005 à l'aide des données du tableau 7.2.

Le calcul de l'indice des prix à la consommation d'ensemble

On regroupe ensuite les indices ainsi obtenus afin d'obtenir les indices canadiens pour chaque produit et chaque groupe de produits (182 classes) en utilisant les pondérations qui correspondent aux habitudes de consommation. Finalement, on calcule l'indice d'ensemble en faisant la moyenne pondérée des indices des huit principales composantes (voir le tableau 7.2).

TABLEAU 7.2 Calcul de l'IPC global (pondération 2001)	(1) Dépenses (en pourcentage)	(2) Indice des prix de 2005[1]	(1) $\times$ (2)
Aliments	16,89	129,3	
Logement	26,75	125,7	
Dépenses et équipement du ménage	10,58	116,2	
Habillement et chaussures	5,37	100,4	
Transport	19,79	152,1	
Santé et soins personnels	4,52	121,5	
Loisirs et formation	11,96	126,6	
Tabac et alcool	4,13	147,5	
Dépenses totales	100,00		Indice d'ensemble

Source : Statistique Canada, «Indice des prix à la consommation et composantes principales», *Le Quotidien*, 23 mars 2005.

1. Les données viennent de Statistique Canada, www.statcan.ca/francais/Subjects/Cpi/ cpi-en_f.htm (consulté le 9 décembre 2005).

Outre l'IPC d'ensemble pour le Canada, Statistique Canada publie l'IPC pour 18 grandes villes canadiennes et chacune des provinces. Il existe également d'autres indices de prix, comme les indices de prix des produits industriels, des matières premières, du PIB, du logement. Ce sont des moyennes pondérées. Par conséquent, pour les calculer, il faut en déterminer les composantes et établir leur importance relative.

L'interprétation de l'IPC

L'IPC est un indice qui nous renseigne sur l'évolution des prix. Il ne permet pas de comparer le coût de la vie d'une région à une autre, car le point de comparaison est le temps. Il permet uniquement de connaître, dans une région donnée, l'évolution des prix (l'augmentation ou la diminution).

Les données du tableau 7.3 ne permettent pas de conclure que les prix sont plus élevés en Ontario ou qu'ils le sont moins au Québec. En effet, pour toutes les provinces, peu importe le niveau des prix, on a donné à l'indice une valeur de 100 en 1992. Tout ce qu'on peut conclure en observant le tableau 7.3, c'est que les prix ont augmenté plus rapidement depuis 1992 en Ontario qu'au Québec et qu'à Terre-Neuve. Pour prouver cette affirmation, on utilisera un exemple fictif portant sur le prix d'un seul produit (voir le tableau 7.4).

Dans le tableau 7.4, les indices de prix en 2003 sont égaux à 100 pour les deux provinces. Cela ne veut pas dire que les prix sont les mêmes. En effet, dans notre exemple, les pommes se vendent trois fois plus cher à Terre-Neuve qu'au Québec, soit respectivement 0,30 $ et 0,10 $. Puisqu'on veut comparer l'évolution des prix dans le temps et qu'on a choisi 2003 comme année de référence, on donne 100 comme valeur à nos indices de prix en 2003. L'indice de prix doit refléter la variation des prix. C'est pourquoi, en 2004, comme le prix des pommes a augmenté de 50 %, passant de 0,30 $ à 0,45 $ à Terre-Neuve, l'indice des prix est de 150. Au Québec, les prix ont doublé, passant de 0,10 $ à 0,20 $; c'est pourquoi, en 2004, l'indice est de 200. Le fait que l'indice soit plus élevé au Québec qu'à Terre-Neuve signifie uniquement que les prix ont augmenté dans une plus grande proportion au Québec qu'à Terre-neuve, et non pas qu'ils sont plus élevés. On peut le prouver en comparant le prix des pommes en 2004 dans les deux provinces : 0,45 $ à Terre-Neuve et 0,20 $ au Québec. Cet exemple montre bien les limites d'un indice de prix.

TABLEAU 7.3 — **Comparaison de l'IPC de trois provinces IPC de 1992 = 100**

Année	Terre-Neuve-et-Labrador	Québec	Ontario
2003	120,7	118,4	123,3
2004	122,9	120,7	125,6

Source : Statistique Canada, *IPC par provinces*, www.statcan.ca.

TABLEAU 7.4 — **Évolution du prix des pommes (données fictives)**

Année	Terre-Neuve-et-Labrador	Québec	Terre-Neuve-et-Labrador	Québec
	Prix unitaire		Indice de prix	
2003	0,30 $	0,10 $	100	100
2004	0,45 $	0,20 $	150	200

Source : Statistique Canada, *IPC par provinces*, www.statcan.ca.

TEMPS D'ARRÊT 7.5

À l'aide des données du tableau 7.3, pouvez-vous dire dans quelle province les prix étaient les plus élevés en 2004 ?

L'utilité de l'indice des prix à la consommation

L'IPC est utilisé dans de nombreux domaines. Plusieurs conventions collectives contiennent des clauses qui permettent d'ajuster les revenus aux augmentations de prix, c'est-à-dire de les indexer. On utilise alors l'IPC comme mesure de la variation des prix. Il sert également à indexer les allocations familiales et les pensions de sécurité de la vieillesse. Beaucoup d'autres contrats (par exemple, les assurances et les pensions alimentaires) sont liés, d'une certaine manière, à l'augmentation des prix : ils dépendent donc de sa mesure, l'IPC. De façon générale, on utilise l'IPC pour connaître l'inflation ou comme outil d'indexation. Supposons qu'une **convention collective** contienne une clause d'indexation des salaires selon le taux d'augmentation de l'IPC canadien de décembre à décembre. Pour connaître le nouveau salaire, il suffit de multiplier l'ancien salaire par la variation de l'IPC + 1, et on connaît ainsi le nouveau salaire en vigueur :

> **Convention collective**
> Contrat liant les employés et les employeurs d'une entreprise ou d'un groupe d'entreprises.

$$Ancien\ salaire \times \left(\frac{IPC_2 - IPC_1}{IPC_1} \right) + 1 = Nouveau\ salaire$$

De façon moins officielle, toutes les personnes qui gagnent ou dépensent de l'argent peuvent utiliser l'IPC pour mesurer l'évolution de leur pouvoir d'achat, c'est-à-dire l'ensemble des biens et des services que leurs revenus leur permettent d'acquérir.

TEMPS D'ARRÊT 7.6

En utilisant les IPC d'ensemble de 2003 et 2004 au Québec (voir le tableau 7.3), indexez les salaires suivants selon le taux de variation de l'IPC :

a) un salaire annuel de 36 000 $;

b) un taux horaire de 10 $.

7.2.3 L'inflation

Le taux d'inflation

> **Taux d'inflation**
> Variation de l'IPC calculée en pourcentage d'une période à une autre.

On entend plus souvent parler du **taux d'inflation** que de l'IPC. On obtient le taux d'inflation pour une année en calculant le taux de variation de l'IPC d'une année à l'autre. Si on dit que le taux d'inflation est de 2 %, cela signifie que l'IPC a augmenté de 2 %, donc que le niveau des prix est à la hausse de 2 %.

$$Taux\ d'inflation_{2005} = \frac{IPC_{2005} - IPC_{2004}}{IPC_{2004}} \times 100$$

On prend la valeur la plus récente moins la valeur de l'année la moins récente. On divise cette variation par la valeur de l'année la moins récente, et on multiplie le tout par 100. Le pourcentage obtenu est le taux d'augmentation (ou de diminution) des prix au cours de la période concernée.

TEMPS
D'ARRÊT 7.7
Calculez le taux d'inflation dans les provinces de Terre-Neuve-et-Labrador, de Québec et d'Ontario en 2004, en utilisant les données du tableau 7.3.

ÉVITER LE PIÈGE

L'IPC n'est qu'une moyenne basée sur les habitudes de consommation du Canadien moyen. Par exemple, les personnes à faible revenu consacrent une plus grande part de leurs dépenses au logement. Si la catégorie « logement » connaît une augmentation plus grande que les autres catégories, les personnes à faible revenu subiront un taux d'inflation supérieur à la moyenne. Supposons que vous viviez chez vos parents et que vous consacriez tous vos revenus aux loisirs et au transport. Si l'indice de ces catégories augmente beaucoup ou peu, vous subirez un taux d'inflation plus ou moins élevé.

Contrairement au chômage, le taux d'inflation varie brusquement d'une période à l'autre (voir le tableau 7.5) pour toutes sortes de raisons que nous étudierons dans la section « Éléments d'économique » (p. 199). Pour l'instant, nous terminerons cette partie avec l'étude du pouvoir d'achat.

TABLEAU 7.5 Taux d'inflation au Canada, 1960-2004

Année	Taux d'inflation (en pourcentage)	Année	Taux d'inflation (en pourcentage)	Année	Taux d'inflation (en pourcentage)	Année	Taux d'inflation (en pourcentage)	Année	Taux d'inflation (en pourcentage)
1960	1,1	1969	4,5	1978	9,0	1987	4,4	1996	1,6
1961	1,1	1970	3,4	1979	9,2	1988	4,0	1997	1,6
1962	1,1	1971	2,9	1980	10,1	1989	5,0	1998	0,9
1963	1,6	1972	4,8	1981	12,4	1990	4,8	1999	1,5
1964	2,1	1973	7,7	1982	10,9	1991	5,6	2000	2,7
1965	2,0	1974	10,7	1983	5,8	1992	1,5	2001	2,6
1966	4,0	1975	10,9	1984	4,3	1993	1,8	2002	2,2
1967	3,4	1976	7,5	1985	4,0	1994	0,2	2003	2,8
1968	4,2	1977	7,8	1986	4,1	1995	2,2	2004	1,9

Source : Statistique Canada, CANSIM, tableau 326-0002.

Le pouvoir d'achat

Comme consommateurs, nous sommes intéressés par ce que notre revenu peut nous procurer ou nous permet d'acheter. Ce concept s'appelle le **pouvoir d'achat.** En 1960, les gens aisés gagnaient 10 000 $ par année. Toutefois, une belle maison coûtait entre 20 000 $ et 25 000 $. L'important n'est pas le revenu nominal, celui qu'on touche, mais le revenu réel, c'est-à-dire le revenu ajusté pour tenir compte de l'augmentation des prix. Supposons que le taux d'inflation ait été de 2,5 % l'année dernière et que vous n'ayez pas eu d'augmentation de salaire ; vous ne pouvez pas acheter autant que l'année passée. Si votre patron vous offre 5 % d'augmentation de salaire étalée sur 3 ans et qu'on prévoit des taux d'inflation annuels de l'ordre de 2 %, il ne vous fait pas de cadeau. Vous êtes perdant, car votre pouvoir d'achat diminue. On peut connaître l'évolution du pouvoir d'achat en comparant l'augmentation du revenu avec celle des prix. Le pouvoir d'achat augmente quand l'augmentation du revenu est supérieure à celle des prix. Il diminue si c'est le contraire qui se produit.

On peut également transformer les montants nominaux en montants réels. Pour ce faire, il suffit de diviser le montant nominal par l'IPC de l'année de comparaison et de diviser le résultat par l'IPC de l'année en cours, le tout multiplié par 100, tout comme on l'a fait pour le PIB dans le chapitre 4.

$$\frac{Revenu\ nominal}{IPC\ de\ la\ même\ année} \times 100$$

Par exemple, si, en 2004, je gagnais 50 000 $ et qu'en 2005 j'en gagnais 53 000 $, étais-je plus riche en 2005 ? Pour connaître la réponse, il suffit de transformer le salaire de 2005 en dollars de 2004 :

$$\frac{53\ 000 \times IPC_{2004}}{IPC_{2005}} \times 100 = \frac{53\ 000 \times 108,6}{110,5} \times 100 = 52\ 088,69\ \$$$

Peu importe l'année de référence, l'important est qu'elle soit la même pour les deux indices. En 2005, j'étais donc effectivement plus riche et je pouvais acheter plus qu'en 2004. Mon salaire réel en dollars de 2004 était passé de 50 000 $ à 52 088,69 $.

Si les travailleurs n'avaient pas de clause d'indexation, qu'arriverait-il à leur pouvoir d'achat ? Ces augmentations de salaire n'enrichissent pas les travailleurs, elles leur permettent seulement de conserver leur pouvoir d'achat. Comme les produits coûtent plus cher, il leur faut un revenu plus élevé pour pouvoir acheter autant. Si le salaire des travailleurs n'était pas indexé, ces derniers perdraient leur pouvoir d'achat, c'est-à-dire qu'ils ne pourraient plus acheter les mêmes biens et les mêmes services. L'IPC a quand même ses limites comme mesure du pouvoir d'achat. Il ne tient pas compte de la tendance des consommateurs à substituer des biens devenus trop coûteux par d'autres qui le sont moins pour maintenir leur pouvoir d'achat.

L'IPC d'ensemble permet également de mesurer le pouvoir d'achat de 1 $ à un moment donné et de le comparer à une période de référence. Supposons qu'on veuille connaître ce qu'auraient valu, en dollars de 2005, les 1000 $ d'épargne que possédaient nos parents en 1980. Ils valaient certainement plus que les dollars de 2005 puisque, à l'époque, on obtenait beaucoup plus de produits pour 1000 $ que maintenant, les prix ayant augmenté. On obtiendrait la valeur exacte de ces 1000 $ en posant la règle de 3 suivante, sachant que l'IPC (1992 = 100) est passé de 60,3 à 100,5 :

Année	Montant	IPC
1980	1000 $	60,3
2005	×	100,5

En effectuant le produit croisé, on obtient 1666,67 $. Donc, posséder 1666,67 $ maintenant équivaut à avoir eu 1000 $ en 1980.

TEMPS D'ARRÊT 7.8

Si on suppose qu'en 2040, vous aurez épargné 1 million de dollars pour votre retraite, combien cette somme vaudra-t-elle en dollars de 2005, sachant que l'IPC (2005 = 100) en l'an 2035 sera de 550 ?

Nous allons maintenant aborder les explications possibles de l'inflation. Tout comme pour le chômage, il existe différentes formes d'inflation qui n'ont pas les mêmes causes.

L'inflation – les explications et les conséquences

7.3 L'inflation – les explications

7.3.1 L'inflation par la demande

L'**inflation par la demande** survient lorsqu'on approche du sommet du cycle économique. L'économie se situe alors dans le segment intermédiaire de la courbe d'offre agrégée (voir la figure 7.1) Au sommet du cycle, elle se situe dans le segment classique de la courbe d'offre agrégée.

Inflation par la demande
Inflation découlant d'une demande agrégée trop forte par rapport aux capacités de production des entreprises.

FIGURE 7.1 **Inflation par la demande**

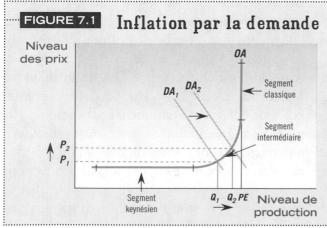

Cette figure illustre les conséquences d'une augmentation de la demande agrégée (DA_1 vers DA_2) sur les niveaux de prix et de production lorsqu'elle se produit dans le segment intermédiaire de la courbe d'offre agrégée. Le niveau des prix s'accroît de P_1 à P_2, et la production se rapproche du plein-emploi.

Dans le segment classique, comme on l'a vu dans le chapitre précédent, seuls les prix augmentent puisque l'économie ne peut produire davantage. Dans le segment keynésien, les prix n'augmentent pas, car la demande est trop faible. L'augmentation des prix dans le segment intermédiaire s'explique par le fait que plus on s'approche du plein-emploi, plus certaines ressources se font rares : les travailleurs spécialisés, les produits semi-finis, les heures supplémentaires, le transport, etc. Un certain nombre d'industries atteignent leur capacité maximale de production et ne peuvent l'augmenter à court terme. Les producteurs sont prêts à payer plus cher leurs intrants puisqu'ils peuvent augmenter les prix, la demande étant très forte. Cette situation engendre des hausses de prix dans presque tous les secteurs et la moyenne (l'IPC) augmente.

Quand l'économie ralentit, la pression sur les prix diminue (il y a baisse du taux d'inflation), ce qui atténue la surchauffe. Cette baisse du taux d'inflation ne signifie pas que les prix vont diminuer. Pour que ceux-ci diminuent, cela prendrait une grave récession, mais ils vont augmenter moins vite.

ÉVITER LE PIÈGE

Une diminution de l'inflation n'équivaut pas à une baisse de prix. Il faut se rappeler ce qu'on disait sur les taux de croissance dans le chapitre 4. Une diminution de croissance n'équivaut pas à une diminution de production. Ce n'est pas parce que vous avez pris moins de poids une année que vous en avez perdu.

TEMPS
D'ARRÊT 7.9

Dans le tableau 7.5, repérez les périodes qui montrent une inflation par la demande. Pour ce faire, vous aurez besoin de certains éléments appris dans le chapitre 4.

7.3.2 L'inflation par les coûts

Inflation par les coûts
Inflation découlant d'une augmentation des coûts de production qui déplacent la courbe de l'offre agrégée vers la gauche.

Une autre forme importante d'inflation, qui peut survenir à n'importe quel moment du cycle économique, s'appelle l'**inflation par les coûts.** Nous parlons ici de coûts de production. Comme nous l'avons vu dans le chapitre 3, une augmentation des coûts de production tend à déplacer la courbe de l'offre vers la gauche. Il en va de même de la courbe de l'offre agrégée (voir la figure 7.2).

Que la demande se situe dans le segment classique DA_1, intermédiaire DA_2 ou keynésien DA_3, un déplacement vers la gauche de l'offre agrégée entraînera une hausse de prix. Tout cela peut sembler très théorique. En pratique, qu'est-ce qui peut causer une augmentation des coûts de production ? Tout d'abord, il y a l'**inflation par les intrants.** L'augmentation du prix des matières premières et auxiliaires influe grandement sur les coûts de production. Le prix du pétrole influe directement sur les coûts de production et de distribution. Or, tous les producteurs doivent assumer des frais de transport des marchandises. De plus, au Canada, il faut chauffer les bâtiments. Finalement,

Inflation par les intrants
Augmentation des prix consécutive à l'augmentation du prix des matières premières ou des biens intermédiaires.

comme il existe plus de 3000 produits et sous-produits du pétrole dont le plastique, on comprend mieux maintenant l'effet des 2 chocs pétroliers qu'on a connus durant les années 1970 et 1980. Entre 1973 et 1975, puis en 1980 et en 1982, l'Organisation des pays producteurs de pétrole (OPEP), organisée en cartel, a décidé d'augmenter de manière draconienne le prix du pétrole brut en restreignant la production (voir la figure 7.3). Ce prix a été multiplié par quatre.

Les deux chocs pétroliers des années 1970 et 1980 ont généré une inflation par les coûts astronomiques.

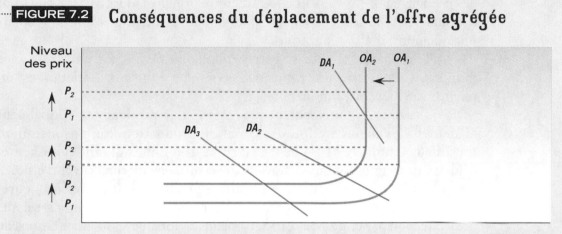

FIGURE 7.2 **Conséquences du déplacement de l'offre agrégée**

Cette figure illustre les conséquences du déplacement de l'offre agrégée par suite de l'augmentation des coûts, selon que la demande se situe dans le segment classique DA_1, intermédiaire DA_2 ou keynésien DA_3.

Toute diminution de l'offre agrégée (OA_1 vers OA_2) entraîne des augmentations de prix, peu importe le segment dans lequel la demande se situe.

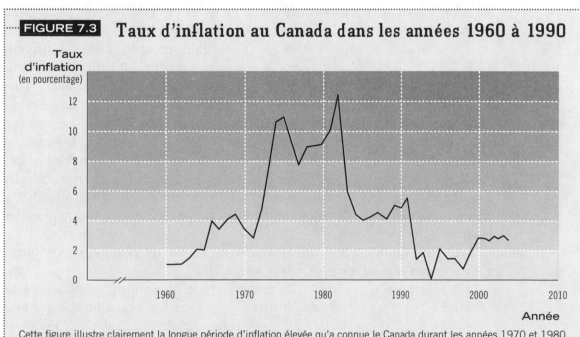

FIGURE 7.3 **Taux d'inflation au Canada dans les années 1960 à 1990**

Cette figure illustre clairement la longue période d'inflation élevée qu'a connue le Canada durant les années 1970 et 1980.

TEMPS

D'ARRÊT 7.10

Quels événements se sont produits lors des deux plus hauts sommets de la courbe de la figure 7.3 ?

De mauvaises récoltes peuvent également alimenter l'inflation par les coûts. Les producteurs ne peuvent offrir autant de denrées puisqu'ils n'en ont pas suffisamment. La perte de valeur du dollar canadien par rapport au dollar américain (la baisse du taux de change) fait également augmenter les coûts de production. Si les producteurs se procurent leurs matières premières ou des produits semi-finis aux États-Unis, notre principal fournisseur, ils devront débourser plus de dollars canadiens pour obtenir la même quantité de produits puisque notre dollar vaut moins.

Milton Friedman, pour sa part, explique l'inflation par une croissance monétaire qui excède les besoins de l'économie. Pour lui, l'inflation est un phénomène purement monétaire.

Des salaires qui augmentent plus vite que la productivité contribuent également à l'augmentation des coûts de production. Supposons qu'un travailleur rémunéré 10 $ l'heure fabrique 100 unités durant cette heure. Admettons maintenant que ce travailleur reçoive une machinerie plus efficace ou qu'il améliore sa technique et puisse produire 110 unités à l'heure. L'entrepreneur peut alors le payer 11 $ l'heure sans voir augmenter ses coûts de production par unité, soit 0,10 $. Cependant, lorsque les augmentations de salaires sont supérieures aux augmentations de productivité, elles sont inflationnistes.

7.3.3 L'inflation et les anticipations

En observant attentivement la figure 7.3, on constate que les taux d'inflation demeurent relativement stables sur de longues périodes. Même une fois le choc ou le sommet passé, l'inflation tend à demeurer à un certain niveau jusqu'à ce qu'une surchauffe ou un événement exogène vienne en changer le niveau. L'inflation semble avoir une inertie considérable. Après les chocs pétroliers des années 1970 et 1980, l'inflation est demeurée à un niveau élevé mais relativement stable. Pourquoi ? Une façon d'expliquer ce phénomène est la **théorie des anticipations adaptatives.** Cette théorie suppose que lorsque les travailleurs négocient leurs salaires ou lorsque les entreprises fixent leurs prix, chacun tente d'y intégrer l'inflation que connaît l'économie. Ce faisant, ils supposent que les taux d'inflation actuels vont se maintenir et, comme ils souhaitent préserver leur pouvoir d'achat ou leur marge de profit, ils les intègrent alors dans les salaires et dans les prix. Ce faisant, ils contribuent à soutenir l'inflation.

Cette théorie soutient qu'il peut exister à court terme un arbitrage entre le chômage et l'inflation (voir la figure 7.4).

Au-dessus d'un certain taux naturel, toute diminution du chômage se traduirait par une hausse de l'inflation. On a traduit cet arbitrage par une courbe appelée « courbe de Phillips ». Celle-ci permet d'expliquer l'inflation par les salaires. Quand le taux de chômage est élevé, les travailleurs ont moins

Théorie des anticipations adaptatives
Théorie supposant que les travailleurs et les entreprises tentent d'intégrer l'inflation lorsqu'ils négocient les salaires ou fixent les prix.

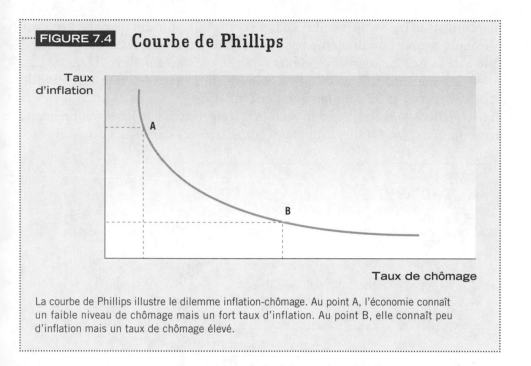

FIGURE 7.4 **Courbe de Phillips**

Taux d'inflation

A

B

Taux de chômage

La courbe de Phillips illustre le dilemme inflation-chômage. Au point A, l'économie connaît un faible niveau de chômage mais un fort taux d'inflation. Au point B, elle connaît peu d'inflation mais un taux de chômage élevé.

tendance à revendiquer de hauts salaires, et les entreprises sont en bonne situation pour les refuser. Par conséquent, quand le chômage est élevé, l'**inflation par les salaires** devrait être faible.

Ici, bien sûr, on parle de demande d'augmentation de salaire plus forte que les hausses de productivité. En effet, tant que les augmentations de salaires sont plus faibles ou égales aux hausses de productivité, il n'y a pas de pression inflationniste.

À long terme, toutefois, l'économiste Milton Friedman soutient qu'il n'existe plus d'arbitrage entre l'inflation et le chômage. Selon sa **théorie des anticipations rationnelles,** les travailleurs et les entreprises sont capables de prévoir les variations de l'inflation en interprétant les politiques gouvernementales ou les chocs exogènes (par exemple, les périodes de gel dans le Sud, les chocs pétroliers, la guerre). Ils prévoient les variations de l'inflation et les devancent en réclamant des hausses de salaires ou en augmentant les prix. Les conséquences des politiques gouvernementales ayant été prévues, elles n'auraient plus d'effet sur le chômage, qui se stabiliserait à son taux naturel, et ne se traduiraient que par des hausses de prix.

7.3.4 L'inflation importée

Un dernier facteur pouvant créer de l'inflation, surtout dans une économie ouverte comme la nôtre, est l'**inflation importée.** L'inflation s'importe de deux manières. Premièrement, si l'économie américaine connaît un fort taux d'inflation, une partie non négligeable des biens et des services consommés au Canada subira une hausse de prix puisque nous achetons beaucoup chez nos voisins du Sud (voir le chapitre 9), ce qui peut entraîner une hausse du taux d'inflation. Une baisse de la valeur du dollar canadien (le taux de change) constitue l'autre façon d'importer de l'inflation. À ce moment, les produits venant de l'étranger coûtent plus cher et notre niveau de prix s'en ressent.

Inflation par les salaires
Inflation qui survient lorsque l'économie va bien, ce qui encourage les travailleurs à revendiquer de plus fortes hausses salariales.

Théorie des anticipations rationnelles
Théorie soutenant que les travailleurs et les entreprises peuvent prévoir les variations de l'inflation et les devancent en réclamant des hausses de salaires ou en fixant les prix.

Inflation importée
Inflation découlant de l'augmentation du prix des produits importés ou de la dépréciation de notre monnaie.

L'inflation constitue un phénomène complexe pouvant être alimenté par plusieurs causes simultanément. Il est difficile d'en faire baisser le taux à cause de sa grande inertie, et le prix à payer est souvent élevé. Dans ce cas, pourquoi les autorités monétaires étaient-elles prêtes à vivre une grande crise comme en 1982 pour faire chuter l'inflation ? C'est que l'inflation a des conséquences pernicieuses à moyen et à long terme sur le développement économique. Nous allons étudier ces conséquences dans la section suivante.

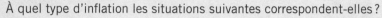

> **TEMPS D'ARRÊT 7.11**
>
> À quel type d'inflation les situations suivantes correspondent-elles ?
>
> a) Une sécheresse sévit en Amérique du Sud et fait augmenter les prix au Canada.
>
> b) Les dépenses de consommation et d'investissement augmentent très rapidement.
>
> c) Le prix du pétrole brut augmente, faisant augmenter le niveau général des prix.

7.4 Les conséquences de l'inflation

7.4.1 Les personnes ayant des revenus fixes ou partiellement indexés

La hausse des prix pour les personnes ayant des revenus fixes correspond à une perte de leur pouvoir d'achat qui équivaut au taux d'inflation. Qui sont donc ces gens ? Principalement, ce sont des retraités sans clause d'indexation dans leur régime de retraite. En effet, les clauses d'indexation sont apparues dans les années 1970, lorsque les taux d'inflation ont atteint des sommets. Avant cette époque, peu de gens se préoccupaient de l'indexation, car l'inflation n'était pas un véritable problème chronique. Lorsque les travailleurs négociaient un régime de retraite, ils considéraient surtout le pourcentage du revenu qu'ils toucheraient à la retraite. Ces personnes doivent se contenter maintenant d'un revenu ridicule, car les prix ont plus que triplé depuis le début des années 1970. Ainsi, 15 000 $ à la fin des années 1960 était un bon revenu. Maintenant, cela correspond à un revenu au-dessous du seuil de faible revenu. D'autres n'ont obtenu que des indexations partielles et voient d'autant leur pouvoir d'achat diminuer.

7.4.2 Les épargnants, les créanciers et les débiteurs

Les épargnants sont également des perdants en situation d'inflation, car l'argent qu'ils mettent de côté perd de son pouvoir d'achat à moins qu'ils ne touchent des intérêts égaux ou supérieurs au taux d'inflation. Les créanciers sont, en quelque sorte, dans la même situation que les épargnants. Au lieu de prêter à une banque ou à une caisse (en dépôts) ou au gouvernement (en bons et en obligations), ils font des prêts plus risqués. C'est pourquoi ils exigent des taux d'intérêt plus élevés. Lorsqu'une institution financière accorde un prêt, elle demande toujours un taux d'intérêt plus élevé que ce qu'elle consent aux épargnants. C'est de cette façon qu'elle peut faire des profits. Les prêteurs, comme les institutions prêteuses (c'est-à-dire les créanciers), exigent des taux d'intérêt réels positifs, sinon ils n'ont plus de motifs pour prêter. Le taux d'intérêt réel correspond à la différence entre le taux d'intérêt nominal, celui qui est inscrit sur le contrat, et le taux d'inflation. Si le créancier se trompe dans ses anticipations, il risque d'être perdant. En période d'instabilité économique, la plupart des créanciers n'accordent que des prêts à court ou à moyen terme, l'avenir étant trop incertain.

Le débiteur (celui qui doit de l'argent), pour sa part, est choyé par l'inflation. L'argent qu'il remet a un pouvoir d'achat moindre que celui qu'il a emprunté. S'il a négocié un emprunt à long terme à faible taux d'intérêt, il sort gagnant. Par exemple, si les créanciers exigent des taux d'intérêt élevés lors du renouvellement d'un emprunt hypothécaire, le débiteur (l'emprunteur) ne profitera pas beaucoup de la situation inflationniste. Mais s'il a emprunté sur une période de 5 ans pour une auto, à un taux de 1,9 %, et que l'inflation avoisine les 3 %, ses gains seront de l'ordre de 1,1 % annuellement (taux réel = taux nominal − taux d'inflation).

TEMPS D'ARRÊT 7.12
De quoi a-t-on besoin pour calculer le taux d'intérêt réel ?

7.4.3 Le transfert de richesse

L'inflation est également un facteur de redistribution des revenus et de la richesse. Résumons ce que nous savons jusqu'à présent des effets de l'inflation. Les personnes à revenu fixe (les plus démunies), les travailleurs qui ne possèdent pas de clauses d'indexation ou seulement une indexation partielle, les épargnants qui n'ont guère de pouvoir sur les taux d'intérêt, les créanciers qui auraient mal prévu l'inflation sont les grands perdants. D'un autre côté, les travailleurs qui ont des clauses d'indexation et les gros emprunteurs (les entreprises et les gouvernements) en sortent gagnants. Les sommes perdues par les uns ne s'évanouissent pas en fumée. Ce que les uns perdent, les autres le gagnent. Il y a donc un transfert de richesse des plus démunis vers les plus puissants.

Toutefois, il est important de noter qu'une même personne peut à la fois être épargnant et débiteur. En effet, une personne peut détenir des RÉER et une hypothèque sur sa maison. Dans ce cas, les effets de l'inflation peuvent se contrebalancer. Les problèmes liés à l'inflation n'ont pas des conséquences aussi désastreuses que celles qui sont occasionnées par le chômage. Le principal inconvénient réside dans le fait que l'inflation touche presque tout le monde et qu'elle peut nuire à long terme à la croissance économique.

7.4.4 L'inflation et le produit intérieur brut d'équilibre

Nous allons traiter de deux situations différentes quant aux effets de l'inflation sur le PIB d'équilibre. Supposons que l'économie ne se situe pas au niveau de plein-emploi et que le niveau des prix augmente légèrement (de 3 à 4 %). À court terme, les travailleurs ne peuvent pas rectifier leurs salaires. Les entreprises verront donc leurs profits augmenter. Cela stimulera sans doute l'investissement, et la demande agrégée augmentera, d'où la diminution du chômage. Par conséquent, une légère inflation non prévue peut stimuler l'économie.

Supposons maintenant que l'économie se trouve en équilibre au niveau de plein-emploi et qu'il se produise une inflation par les coûts. La demande agrégée ne pourra plus absorber toute la production et les stocks augmenteront. Les entreprises diminueront leur niveau de production, ce qui pourrait entraîner du chômage. C'est cette situation qu'a vécue l'économie canadienne à la suite des chocs pétroliers.

L'inflation peut également faire diminuer le PIB d'équilibre si elle déstabilise les entreprises. Il est fort difficile d'évaluer la rentabilité d'un investissement en période d'inflation. Une période d'inflation prolongée, plus ou moins stable, entraînera une diminution des dépenses d'investissement, ce qui fera diminuer la demande et, par conséquent, le PIB d'équilibre.

En conclusion, les conséquences de l'inflation dépendent de son origine, de la conjoncture et des agents économiques. Certains économistes craignent que l'inflation devienne une spirale inflationniste et dégénère en hyperinflation. Étudions la question de plus près.

7.4.5 La spirale inflationniste et l'hyperinflation

Spirale inflationniste
Situation où l'inflation s'alimente d'elle-même.

On parle de **spirale inflationniste** lorsque l'inflation s'alimente elle-même. Prenons comme exemple une situation où le taux d'inflation est faible. Survient alors un choc qui fait augmenter les prix. Ce peut être la guerre dans les pays producteurs de pétrole ou l'inflation importée de chez nos voisins. Les travailleurs perdent du pouvoir d'achat et exigent des hausses de salaires. Ces hausses, du fait qu'elles ne sont pas accompagnées d'une augmentation de la productivité, feront augmenter les prix. Alors les entreprises, prévoyant de nouvelles demandes salariales plus élevées, tenteront de les intégrer à l'avance dans leurs prix. Ces nouvelles hausses de prix entraîneront de nouvelles demandes d'augmentations de salaires plus élevées que les précédentes, et ainsi de suite. C'est ce qu'on appelle une « spirale inflationniste », puisque la présence d'inflation en crée davantage. Si les gouvernements n'interviennent pas afin de briser cette spirale, celle-ci risque de dégénérer en une hyperinflation pouvant provoquer l'effondrement de l'économie. C'est une des raisons pour lesquelles la Banque du Canada (voir le chapitre 10) est intervenue de façon si radicale en 1981 pour faire chuter l'inflation.

TEMPS D'ARRÊT 7.13

Commentez l'énoncé suivant : Dans le cas d'une spirale inflationniste, l'inflation se nourrit elle-même.

Pendant deux décennies, l'économie canadienne a dû faire face à des hausses générales élevées des prix qui étaient accompagnées de taux de chômage également élevés. La conjoncture est plus favorable depuis une dizaine d'années, mais il est bon de savoir ce qu'il pourrait arriver et de surveiller ce qui se passe. Dans la prochaine section, nous survolerons l'évolution du niveau des prix canadiens dans le temps et dans l'espace, et nous aborderons l'analyse de la conjoncture en matière d'inflation.

L'analyse de la conjoncture et les comparaisons sur le plan international

7.5 L'analyse de la conjoncture à court terme

Il n'est pas facile d'expliquer les variations du niveau des prix à court terme. Il est beaucoup plus facile d'expliquer les phénomènes passés que de prédire ce qu'il arrivera dans les mois qui viennent. L'analyse de l'évolution des prix pour un seul mois n'est pas, en général, suffisante pour prévoir la tendance de l'inflation. Toutefois, si ce sont des phénomènes exogènes qui font augmenter les prix plutôt qu'une augmentation de la demande intérieure, nous pouvons conclure qu'il n'y a pas de surchauffe, c'est-à-dire de pression sur les prix exercée par une demande excédentaire.

7.6 La comparaison sur le plan international

Pour terminer l'analyse de l'économie canadienne en matière de prix, il est indispensable de comparer son comportement avec celui des autres pays (voir la figure 7.5).

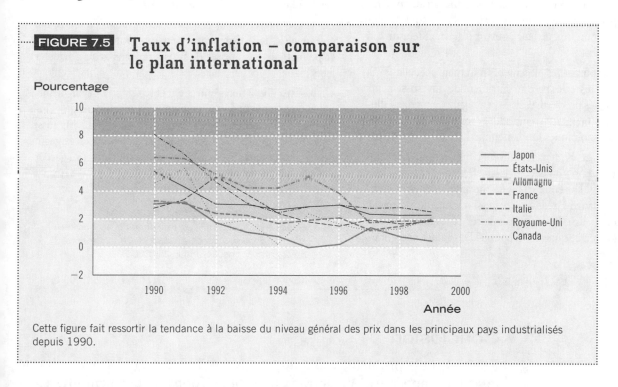

FIGURE 7.5 Taux d'inflation – comparaison sur le plan international

Pourcentage

- Japon
- États-Unis
- Allemagne
- France
- Italie
- Royaume-Uni
- Canada

Année

Cette figure fait ressortir la tendance à la baisse du niveau général des prix dans les principaux pays industrialisés depuis 1990.

Malgré des taux élevés de 1990 à 1992, le Canada se classe très bien par rapport aux autres pays avancés. On constate également que l'inflation semble suivre une tendance à la baisse depuis le début de la décennie. À la fin de celle-ci, la plupart des taux se situaient au-dessous de 2 %, et tous les pays avaient un taux inférieur à 3 %. Après les décennies 1970 et 1980, les économies ont enfin connu un répit en matière de prix en raison des politiques actives de lutte à l'inflation des banques centrales (voir le chapitre 9).

LECTURE DIRIGÉE 7 ········1. Quels liens pouvez-vous faire entre «inflation» et «pouvoir d'achat»?

2. Qu'entend-on par «placements purement spéculatifs»?

3. Quelle est la différence entre «coût» et «prix»?

4. Pouvez-vous nommer d'autres gens victimes de l'inflation?

5. Que viennent faire les revenus dans ce contexte?

6. Comment les investissements sont-ils encouragés? Voir le chapitre où l'on traite en détail du lien entre taux d'intérêt et investissement.

7. Expliquez concrètement comment des anticipations influent sur l'inflation.

Les avantages d'un bas taux d'inflation

Les mesures de politique monétaire que prend la Banque du Canada visent à tirer parti des nombreux avantages que comporte le maintien d'un taux d'inflation bas et stable et, partant, à favoriser un climat propice à une expansion économique soutenue et à la création d'emplois.

Les nombreux torts causés par une inflation élevée

L'inflation érode la valeur de la monnaie. Elle accroît l'incertitude quant à l'évolution future des prix, de sorte qu'il est plus difficile de prendre des décisions judicieuses en matière de consommation et d'épargne. Dans un tel contexte, les gens sont de plus en plus portés à craindre que leur pouvoir d'achat et leur niveau de vie se détériorent.

- L'inflation encourage les placements purement spéculatifs qui misent sur la hausse des prix, au détriment des investissements dans des activités productives. Elle peut également créer l'illusion de succès financiers temporaires tout en masquant des problèmes économiques fondamentaux.

- Les entreprises et les ménages doivent consacrer plus de temps et d'argent à se prémunir contre les effets de la montée des coûts et des prix. Les entreprises, les travailleurs et les investisseurs ont tendance à réagir aux pressions inflationnistes en poussant à la hausse les prix, les salaires et les taux d'intérêt pour se protéger, ce qui est susceptible d'entraîner une spirale inflationniste.

- L'inflation pénalise tout particulièrement les personnes dont les revenus ne croissent pas au même rythme que les prix, notamment les personnes qui ont un revenu fixe, comme les personnes âgées recevant des prestations de pension.

Les nombreux avantages d'un bas taux d'inflation

- Dans un climat de basse inflation, les consommateurs et les entreprises sont davantage en mesure de faire des projets à long terme, puisqu'ils savent que leur pouvoir d'achat ne s'érodera pas au fil des ans.

- Les taux d'intérêt nominaux et réels sont moins élevés, ce qui encourage les investissements visant à améliorer la productivité et permet aux entreprises de prospérer sans avoir à hausser leurs prix.

- Un bas taux d'inflation s'entretient et se renforce de lui-même. Si les entreprises et les particuliers sont convaincus que l'inflation sera contenue à long terme, ils ne réagiront pas aussi rapidement aux pressions à court terme sur les prix en exigeant des hausses des prix et des salaires, ce qui contribuera à garder l'inflation à un bas niveau.

Source : Banque du Canada, *Les avantages d'un bas taux d'inflation*, www.banqueducanada/fr/documents/bg-i2-f.html (consulté en janvier 2000).

Conclusion

En étudiant le problème économique qu'est l'inflation, nous avons abordé le secteur monétaire. Auparavant, nous nous étions uniquement intéressés au secteur réel de l'économie. Le secteur monétaire joue un rôle essentiel dans les économies avancées. Sans monnaie, les échanges deviendraient quasi impossibles : le commerce déclinerait, la spécialisation également. Bref, sans monnaie, il n'y aurait pas d'économies développées. Nous allons analyser en détail le rôle de la monnaie du système monétaire canadien dans le prochain chapitre.

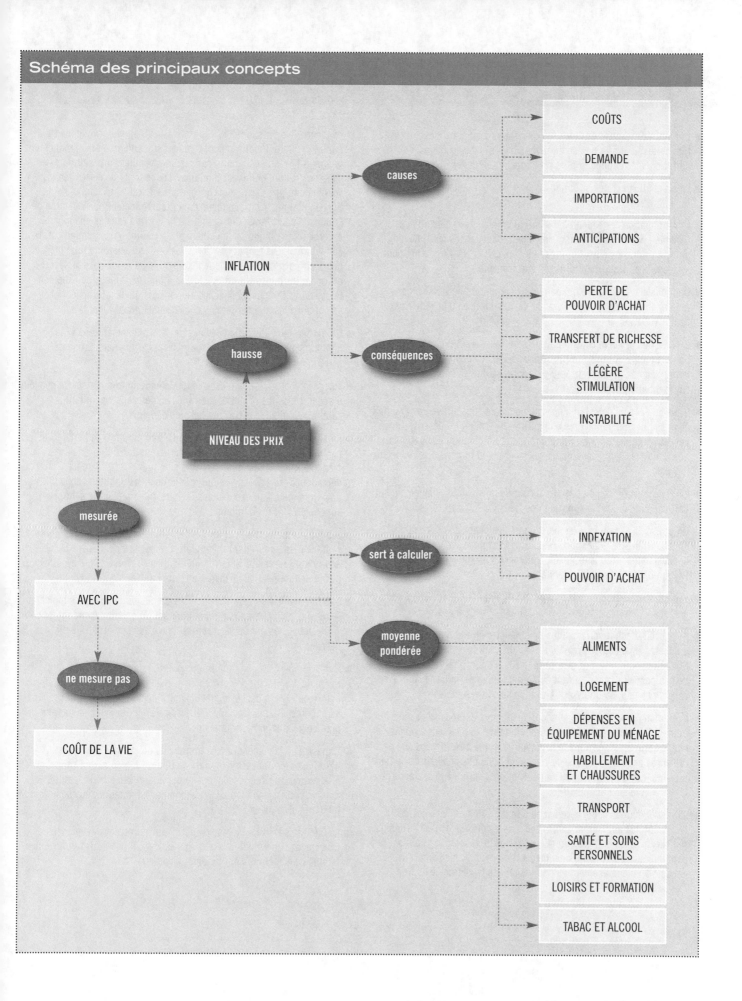

Résumé

- L'inflation correspond à la hausse du niveau des prix, tandis que la déflation correspond à la baisse du niveau des prix. Les périodes de déflation sont beaucoup plus rares que les périodes d'inflation.

- La stagflation est une situation où règnent simultanément le chômage et l'inflation.

- L'hyperinflation correspond à une situation où le taux d'inflation est tellement élevé que la monnaie ne peut plus jouer son rôle. Elle n'a plus de valeur et ne peut plus faciliter les échanges. L'hyperinflation survient le plus souvent après un choc exogène.

- Un indice est un nombre qui permet de comparer une variable dans le temps ou dans l'espace. Le point de comparaison d'un indice est égal à 100.

- L'indice des prix à la consommation sert à mesurer l'évolution des prix dans le temps. Statistique Canada recueille des données sur les prix d'un panier de biens et de services représentant les habitudes de consommation des Canadiens.

- L'indice d'ensemble est une moyenne pondérée des différentes grandes composantes du panier : les aliments, le logement, les dépenses et l'équipement du ménage, l'habillement et les chaussures, le transport, la santé et les soins personnels, les loisirs et la formation, le tabac et l'alcool.

- L'IPC ne nous renseigne pas sur le coût de la vie, mais uniquement sur l'augmentation ou la diminution des prix.

- On utilise l'IPC pour indexer les salaires, les pensions des retraités, l'aide sociale, les allocations familiales, certaines assurances ou les pensions alimentaires. On peut également s'en servir pour connaître l'évolution de son pouvoir d'achat.

- Le taux d'inflation correspond à la variation de l'IPC calculée en pourcentage. Il peut varier brusquement d'une période à l'autre.

- Le pouvoir d'achat correspond à ce que notre revenu nous permet d'acheter. On calcule le revenu réel en divisant le revenu nominal par l'IPC et en multipliant le résultat par 100. Pour connaître l'évolution de son pouvoir d'achat, il faut comparer l'augmentation des prix avec celle du revenu, ou analyser l'évolution de son revenu réel.

- L'inflation par la demande survient lorsqu'on s'approche du sommet d'un cycle économique. Cela se produit quand la demande agrégée coupe l'offre agrégée dans le segment intermédiaire ou classique de la courbe de l'offre agrégée. Surviennent alors des pénuries de certains intrants, car les producteurs ne peuvent plus suffire à la demande et le niveau des prix augmente.

- L'inflation par les coûts correspond à la hausse du niveau des prix découlant de l'augmentation des coûts de production ou de distribution : par exemple, les matières premières et auxiliaires, et les salaires. Elle peut survenir à n'importe quel moment du cycle économique. Elle découle d'un déplacement vers la gauche de la courbe de l'offre agrégée (la diminution de l'offre agrégée).

- La théorie des anticipations adaptatives explique la grande inertie de l'inflation. Cette théorie suppose que les travailleurs et les producteurs intègrent l'inflation courante dans leurs revendications salariales ou leurs prix, ce qui maintient l'inflation. Les tenants de cette théorie soutiennent qu'il existe un arbitrage entre le taux de chômage et le taux d'inflation, arbitrage représenté graphiquement par la courbe de Phillips. À court terme, au-dessous d'un certain taux de chômage naturel, toute diminution du chômage se traduit par une augmentation de l'inflation. Les tenants de la théorie des anticipations rationnelles, pour leur part, soutiennent que les travailleurs et les entreprises prévoient les hausses de prix découlant des politiques gouvernementales ou des facteurs endogènes et exogènes. Ils les devancent et créent ainsi les augmentations de prix qu'ils prévoyaient.

- L'importation de l'inflation découle de deux phénomènes : un taux d'inflation élevé dans les pays fournisseurs et la dépréciation de notre monnaie.

- Les gens dont le revenu n'est pas totalement indexé perdent du pouvoir d'achat. Ce sont souvent des retraités ou des gens travaillant au salaire minimum, c'est-à-dire les plus démunis.

- En situation d'inflation, les épargnants sont perdants si l'intérêt qu'ils perçoivent sur leurs épargnes est inférieur au taux d'inflation. Les créanciers sont également perdants si le taux d'intérêt qu'ils demandent est inférieur au taux d'inflation. Les débiteurs sont gagnants dans la mesure où les intérêts qu'ils paient ne sont pas supérieurs au taux d'inflation.

- Les grands gagnants sont les gros emprunteurs, et les grands perdants sont les petits épargnants. Toutefois, un ménage peut être à la fois un épargnant (grâce aux RÉER) et un débiteur (à cause d'une hypothèque). L'effet de l'un peut compenser l'effet de l'autre.

- Une faible inflation peut stimuler l'économie par les profits supplémentaires que peuvent réaliser les entreprises. Elle peut cependant, si elle varie ou est trop élevée, déstabiliser l'investissement et ralentir l'économie.

- L'inflation peut être sa propre source. On parle alors de spirale inflationniste. La hausse des prix entraîne des hausses de salaires qui entraînent des hausses de prix qui entraînent de nouvelles hausses de salaires, et ainsi de suite. Cette spirale est dangereuse, car elle peut dégénérer en hyperinflation.

- L'analyse de la conjoncture en matière de niveau des prix tente d'expliquer les causes de l'inflation et de prévoir ce qui va suivre. Elle permet de situer l'économie quant à la phase où elle se situe dans le cycle économique. Elle détermine les facteurs exogènes influant sur le niveau des prix.

- Le Canada se classe bien par rapport aux autres pays développés. On constate qu'à la fin des années 1990, l'inflation était faible dans la plupart des grands pays industrialisés.

Exercices

I BIEN COMPRENDRE LE VOCABULAIRE DE BASE

1 Comment appelez-vous :

a) la valeur des biens et des services que mon revenu me permet de me procurer ?

b) un niveau des prix à la hausse ?

c) un nombre utile à des fins de comparaison seulement ?

d) l'inflation que connaît l'économie à l'approche du sommet d'un cycle économique ?

e) une inflation qui dépasse les 1000 % ?

2 Définissez dans vos propres mots :

a) une déflation.

b) une spirale inflationniste.

c) le revenu nominal.

d) l'inflation par les salaires.

e) l'indice des prix à la consommation.

f) l'indexation.

3 Complétez les énoncés.

a) La _____ est la situation économique où le chômage et l'inflation sévissent en même temps.

b) Si je divise mon revenu nominal par l'IPC et que je multiplie le résultat par 100, j'obtiens _____.

c) Lorsque le prix des matières premières et auxiliaires augmente, l'économie subit de l'inflation _____.

d) Lorsque l'OPEP réduit sa production, cela provoque de l'inflation par _____ et plus spécifiquement par _____.

e) Lorsque le dollar canadien perd de la valeur, cela peut provoquer de l'inflation _____.

II BIEN COMPRENDRE LA THÉORIE DE BASE

1 Cherchez l'erreur.

a) L'IPC sert les travailleurs syndiqués uniquement.

b) Connaître le taux d'inflation crée de l'inflation.

c) L'inflation par la demande correspond à l'inflation découlant de demandes d'augmentation de salaires supérieures à la hausse de productivité.

d) L'IPC correspond à la hausse moyenne des prix dans l'économie.

e) L'inflation par les coûts correspond au fait qu'il en coûte plus cher pour se procurer des biens et des services.

f) Plus l'IPC est élevé, plus le coût de la vie l'est également.

g) L'IPC augmente chaque fois qu'un prix augmente.

h) L'inflation prévue n'a que des côtés positifs pour les consommateurs.

i) On importe nécessairement de l'inflation quand notre économie est trop ouverte.

j) Le taux d'inflation sert à fixer les taux d'intérêt.

k) L'inflation touche tout le monde, donc personne n'est perdant.

l) L'inflation est un phénomène positif puisqu'elle stimule l'économie.

m) L'indexation des salaires fait augmenter les coûts de production.

2 Suivez les directives.

a) Calculez l'IPC d'ensemble fictif de 2005, avec les indices suivants (1992 = 100) :

– les aliments : 120 ;

– le logement : 123 ;

– les dépenses et l'équipement du ménage : 109 ;

– l'habillement et les chaussures : 165 ;

– le transport : 143 ;

– la santé et les soins personnels : 225 ;

– les loisirs et la formation : 119 ;

– le tabac et l'alcool : 224.

Utilisez les pondérations du tableau 7.1.

b) Sachant que l'IPC de 2005 est de 128,1 et celui de 2004 de 125,4, calculez le taux d'inflation.

c) Vous gagniez 12 $ l'heure en 2004, et votre salaire horaire a augmenté à 15 $ en 2005. Si le taux d'inflation est de 30 %, qu'en est-il de votre pouvoir d'achat ?

d) Si l'indice des prix à la consommation est passé de 110 à 121 et que votre salaire était de 20 000 $, quelle est l'augmentation de salaire nominal dont vous avez besoin pour conserver votre pouvoir d'achat ?

e) Combien vaut 1 $ de l'année 2005, en dollars de l'année 1986, si l'indice des prix (1986 = 100) de l'an 2005 est de 150 ?

III APPROFONDIR LES OUTILS D'ANALYSE ÉCONOMIQUE

1 **Qui suis-je ou que suis-je?**

a) Je représente l'arbitrage entre le taux d'inflation et le taux de chômage.

b) Je crée de l'inflation importée.

c) Je suis le type d'inflation découlant d'un déplacement de la courbe de l'offre agrégée vers la gauche.

d) Je suis le type d'inflation découlant de l'augmentation des dépenses totales dans l'économie.

e) Je suis la théorie qui explique l'inflation en se basant sur le fait que les travailleurs et les entreprises agissent en fonction de l'inflation présente.

f) Je suis la théorie qui explique l'inflation en se basant sur le fait que les travailleurs et les entreprises agissent en fonction de l'inflation qu'ils prévoient.

g) Je suis le type d'inflation qui peut provenir des salaires, des intrants ou des profits.

h) Comme je suis instable, l'inflation peut provoquer une baisse du PIB d'équilibre.

PARTIE 4

L'ÉTAT DANS UNE ÉCONOMIE OUVERTE

LA MONNAIE ET LE SYSTÈME BANCAIRE CANADIEN

La monnaie et les institutions

8.1 La monnaie – définition

On peut définir la monnaie en se basant sur trois critères : 1) les rôles qu'elle joue dans l'économie, 2) les formes qu'elle peut prendre et 3) la valeur qu'elle représente. Nous étudierons d'abord les fonctions de la monnaie, puis nous examinerons ses diverses formes au cours de l'histoire. Finalement, nous verrons ce qui lui donne de la valeur.

8.1.1 Les fonctions de la monnaie

La simplification des échanges

Monnaie
Outil servant à faciliter les échanges, jouant le rôle d'étalon et permettant d'accumuler de la richesse.

Autarcique
Qui se suffit à lui-même.

La première fonction que doit exercer toute **monnaie** est de faciliter les échanges. Sans échanges, aucune économie ne peut se développer. Au sein d'une économie **autarcique,** les agents ne se spécialisent pas selon leur compétence, mais plutôt en fonction des ressources limitées dont ils disposent pour produire. L'économie est condamnée à ne consommer que sa propre production (l'autoconsommation), sauf quelques rares produits qu'elle peut se procurer grâce au troc. Elle ne peut donc pas se spécialiser dans les domaines où elle est plus productive et échanger ses surplus. Le troc consiste à échanger un bien ou un service contre un autre bien ou un autre service. Avec le troc, les échanges sont très limités, car il doit y avoir **concordance** des besoins entre les personnes qui désirent effectuer des échanges. Si la personne qui détient ce que l'on veut obtenir ne désire pas ce que l'on peut offrir, plusieurs transactions seront nécessaires avant que l'échange soit satisfaisant.

Concordance
Correspondance entre les divers éléments de deux ensembles ou plus.

Prenons, par exemple, une communauté spécialisée dans le domaine de la pêche qui veut se procurer du sel. Pour pratiquer le troc, elle doit avoir des surplus à échanger. Aussi, pour que l'échange réussisse, il faut que la communauté ayant un surplus de sel à échanger désire se procurer du poisson. Si elle n'en a pas besoin, l'échange ne pourra pas se faire directement. Supposons donc que la communauté possédant le sel souhaite obtenir du pemmican (une préparation de viande concentrée et séchée). La communauté qui a un surplus de poisson s'emploiera alors à échanger son poisson contre du pemmican en s'adressant à une communauté qui en produit, puis ira trouver la communauté qui a du sel pour, finalement, faire l'échange et avoir du sel. L'acquisition de sel a nécessité deux transactions et, encore, il est heureux que la communauté qui avait un surplus de pemmican ait voulu du poisson. Si elle avait plutôt voulu des pierres de lave, la première communauté aurait dû trouver une communauté disposant de pierres de lave qui soit prête à s'en départir contre du poisson, puis échanger les pierres de lave contre du pemmican et, finalement, échanger le pemmican contre le sel. Ce n'est pas évident, n'est-ce pas ? À ce rythme, il n'y a guère d'échanges. Si la monnaie avait existé, il n'y aurait eu que deux transactions : un échange de poisson contre de la monnaie et un échange de monnaie contre du sel. La monnaie limite le nombre de transactions à deux, ce qui n'est pas toujours le cas avec le troc. Ce dernier pouvait convenir à des économies primitives de petite taille ayant peu de surplus à échanger.

Ces économies devaient se suffire à elles-mêmes et ne pas trop compter sur les hasards du troc. Les produits à échanger ne devaient pas être trop volumineux pour être facilement transportables.

L'utilisation d'un étalon

Un deuxième problème vient des termes de l'échange. Combien une pierre de lave vaut-elle de sel ou de poissons ? On pourrait calculer différentes valeurs en fonction de l'utilité qu'on y accorde, de sa rareté, du temps nécessaire à sa production ou d'une technique de production dont le secret est bien gardé. Mais chacune de ces évaluations est très subjective, et il est nécessaire d'évaluer chaque bien en fonction de chacun des autres. Quelle quantité de pemmican, de pierres de lave, de noix de coco ou de vaches vaut un poisson ? Un poisson vaut bien moins qu'une vache. À quoi correspond un centième de vache ? À la tête, au foie, au filet mignon, à la queue ? À moins de passer la vache au hachoir, il est difficile de la subdiviser en petits morceaux d'égale valeur. La monnaie permet de préciser la valeur de chacun des biens et de comparer ces biens. Elle sert d'**étalon.** En exprimant la valeur de chaque bien et de chaque service sous forme de monnaie, on peut immédiatement savoir combien d'unités de l'un équivalent à une unité de l'autre, et ce, pour n'importe quel bien. Chaque bien n'a qu'un seul prix fixé sous forme de monnaie.

Étalon
Unité de comparaison.

L'accumulation de la richesse

Finalement, la monnaie remplit une troisième fonction : elle permet l'accumulation de la richesse. N'étant pas périssable, elle conserve sa valeur dans le temps. L'individu qui détient de la monnaie peut alors reporter sa consommation dans le temps ou se procurer des biens et des services d'une plus grande valeur en accumulant de petites sommes qui, une fois additionnées, forment un plus gros montant.

Tout bien ayant ces trois fonctions peut servir de monnaie. Il doit être accepté comme tel par tous ; il doit être homogène pour être facilement divisible ; il doit se transporter facilement pour servir de moyen d'échange ; et il doit être impérissable pour permettre l'accumulation de la richesse. De nombreux biens (et même des personnes considérées comme des biens) furent utilisés comme monnaie dans les temps anciens. Comme ils ne remplissaient pas adéquatement l'une ou l'autre fonction de la monnaie, ils furent remplacés.

TEMPS D'ARRÊT 8.1
Nommez une ou des fonctions de la monnaie que les « biens » suivants ne remplissent pas :
a) la crème glacée.
b) les menhirs.
c) l'huile.
d) les femmes.
e) les diamants.

8.1.2 Les types de monnaie

La monnaie marchandise

Pendant longtemps, diverses marchandises furent utilisées comme monnaie. La caractéristique principale de la **monnaie marchandise** est qu'elle possède une valeur en soi. Si les gens ne veulent pas l'accepter comme monnaie, rien n'est perdu, car le bien servant de monnaie a sa valeur propre. L'huile, les femmes, les esclaves, le bétail, les coquillages[1] et les métaux précieux ont servi un jour de monnaie d'échange. La différence avec le troc est qu'on n'accepte pas la monnaie marchandise pour son usage, mais plutôt comme monnaie intermédiaire dans les échanges, c'est-à-dire pour se procurer d'autres biens. Comme plusieurs de ces produits ou de ces personnes ne remplissaient pas toutes les fonctions d'une bonne monnaie, ils furent abandonnés au fil du temps. Les métaux précieux ont servi de monnaie durant une longue période, car ils possédaient toutes les qualités requises pour servir de monnaie : une valeur importante facile à transporter, relativement rare mais disponible en quantité suffisante, difficile à contrefaire, homogène et impérissable. À cette époque, on évaluait tout en fonction de l'or ou de l'argent. Le commerce se développa ; on découvrit de nouveaux mondes avec lesquels on pouvait « échanger ».

TEMPS D'ARRÊT 8.2

Pourquoi l'or a-t-il supplanté les autres biens comme monnaie ?

La monnaie fiduciaire

Monnaie fiduciaire : la valeur nominale est supérieure à la valeur intrinsèque.

Peu à peu, les métaux précieux devinrent rares par rapport aux besoins des commerçants et de la noblesse, qui les utilisaient pour accumuler de la richesse. Certains seigneurs, manquant de métal précieux, les mélangèrent avec des métaux moins précieux, et ce, à l'insu de la population. Malgré cela, le commerce se poursuivit sans heurts. De cette monnaie naît la première **monnaie fiduciaire,** c'est-à-dire une monnaie dont la valeur repose sur la confiance qu'on a qu'elle sera acceptée en échange de biens ou de services ou pour payer une dette. Les commerçants et les acheteurs ne détenaient plus la monnaie pour sa valeur intrinsèque, mais pour sa capacité de faciliter les échanges.

Par la suite, les pièces métalliques furent de plus en plus utilisées. Leur valeur nominale, celle qui était inscrite sur les pièces, était cependant supérieure à la valeur du métal précieux dont elles étaient faites. De nos jours, une loi oblige toute personne civile ou morale à accepter les billets de banque et les pièces émises par la banque centrale d'un pays. Au Canada, elle s'appelle la « Banque du Canada ». Aux États-Unis, c'est la Federal Reserve Bank. Les billets de banque ne sont que du papier sur lequel on a inscrit une valeur.

---

1. Les coquillages de dentale provenaient des eaux profondes et étaient utilisés comme monnaie par les peuples autochtones.

La valeur nominale des pièces de monnaie est nettement supérieure à celle du métal qu'elles contiennent (la valeur intrinsèque). On nomme **numéraire** les billets de banque et les pièces de monnaie.

Numéraire
Billets de banque et pièces métalliques.

En 1967, survint un problème. Le cours de l'argent grimpa de façon fulgurante. Les pièces de 10 ¢ et de 25 ¢ contenant de l'argent avaient une valeur en métal supérieure à leur valeur nominale. Les gens les ramassaient pour les faire fondre et obtenir le prix du métal. Les pièces disparaissaient rapidement. Bien qu'elle fût illégale, cette pratique força les autorités monétaires à frapper de nouvelles pièces de 10 ¢ et de 25 ¢ contenant du nickel plutôt que de l'argent. Maintenant, la composition d'une pièce de métal est indépendante de sa valeur nominale.

Bref, tout le système monétaire repose sur la confiance. C'est pourquoi on attache beaucoup d'importance à sa crédibilité. Nous y reviendrons un peu plus loin.

La monnaie scripturale et électronique

À une certaine époque, il devint très dangereux de transporter des métaux précieux ou des pièces de monnaie. Des brigands surveillaient les grandes routes et dévalisaient les imprudents. De plus, à chaque transaction, on devait vérifier la qualité du métal, le peser, et ainsi de suite. Les orfèvres commencèrent à accepter de garder l'or dans leurs coffres et ils émettaient un bout de papier (un billet) qui garantissait que le détenteur du billet avait bien de l'or en dépôt chez eux. Plutôt que de se promener avec le métal précieux, les gens utilisèrent de plus en plus ces billets à la place de l'or. Ce fut le premier papier monnaie. Les orfèvres, ancêtres de nos banquiers modernes, se mirent à émettre des billets d'une valeur supérieure à l'or qu'ils possédaient. Cela ne causait pas de problème, car il y avait peu de chances que tous les clients viennent réclamer leur or en même temps. C'est ainsi qu'est née la **monnaie scripturale.** Pendant longtemps, on a pu échanger le papier monnaie contre de l'or. Cette époque est maintenant révolue. C'est une loi qui garantit maintenant la valeur du papier monnaie. Elle oblige tout Canadien à accepter la monnaie en échange de biens et de services ou pour le remboursement d'une dette. La monnaie a **cours légal.**

Monnaie scripturale
Jeu d'écritures comptabilisant les débits et les crédits.

Cours légal
Monnaie légale, garantie par une loi.

De nos jours, la plus grande partie de la monnaie n'est même plus tangible. Elle consiste en un jeu d'écritures autrefois manuelles et maintenant électroniques. On fait des affaires par additions et soustractions. Lorsqu'on paye par chèque, on envoie un message à notre établissement financier lui demandant de soustraire un certain montant de notre compte et de l'additionner au compte d'une autre personne, ou de lui verser la somme en numéraire. La plupart du temps, rien de tangible ne circule. Actuellement, il est fréquent que les employeurs versent directement les salaires dans les comptes sans même que les salariés touchent un chèque. De la même manière, les cartes de débit permettent de transférer instantanément l'argent de façon électronique d'un compte personnel à celui d'un commerçant ou de personne à personne ; évidemment, le compte doit être approvisionné pour que la transaction puisse se faire. La monnaie devient un concept de plus en plus abstrait. On est bien loin de la monnaie marchandise. Toutefois, le principe demeure le même : la confiance, si ce n'est la certitude qu'on pourra obtenir, en échange de monnaie, des biens et des services.

TEMPS D'ARRÊT 8.3

Commentez l'énoncé suivant : « Si le papier monnaie ne possède pas de valeur intrinsèque, alors je peux le brûler et je ne perds rien. »

8.1.3 La valeur de la monnaie

La valeur d'une monnaie dépend de sa capacité de nous procurer des biens et des services. Même une monnaie qui a cours légal peut n'avoir que peu de valeur si elle ne nous permet pas d'acheter des marchandises. Comme on l'a vu dans le chapitre précédent, en période d'hyperinflation, la monnaie perd de la valeur. En effet, la valeur d'une monnaie est inversement proportionnelle au niveau des prix. La monnaie a également peu de valeur en situation de pénurie de biens et de services, comme dans l'ancienne URSS. Même si plusieurs personnes possédaient des comptes d'épargne bien garnis, les magasins restaient vides. C'est pourquoi il ne sert à rien d'imprimer du papier monnaie pour résoudre les problèmes économiques.

Il est facile d'imaginer comment on fabrique le papier monnaie ou les pièces métalliques, mais comment peut-on fabriquer de la monnaie électronique ? Comment augmenter la quantité de monnaie sans nuire à l'économie ? Nous aborderons cette question dans la section « Éléments d'économique » (p. 224) lorsque nous parlerons d'offre de monnaie. Tout d'abord, il faut décrire le rôle des principaux acteurs du système bancaire canadien.

8.2 Le système bancaire canadien

8.2.1 La Banque du Canada

Les origines

UNE BANQUE CENTRALE, POUR QUOI FAIRE ?

Durant les cinquante premières années de la Confédération, on s'intéressa peu à la création d'une banque centrale au Canada. Le premier projet explicite en ce sens fut formulé en 1913 à la Chambre des communes par W. F. Mac Lean, député de York Sud. Il suggérait l'établissement d'une banque centrale privée soumise au contrôle du gouvernement. La proposition fut rejetée. Le premier ministre Borden déclara alors qu'il ne voyait pas la nécessité immédiate d'une telle banque.

Jusqu'à la grande crise des années 1930, on ne jugea pas utile de doter d'une banque centrale un pays dont l'économie était essentiellement rurale et la population fortement dispersée.

Le système bancaire qui s'était développé au Canada était très différent de celui qui existait aux États-Unis. Chez nos voisins du Sud, une mentalité distincte avait favorisé la création de banques locales indépendantes, dont la viabilité était assurée par l'existence d'une population assez considérable, regroupée dans de grosses agglomérations.

Au Canada, l'organisation du système bancaire s'était faite dans la tradition britannique et avait donné lieu, durant les années ayant précédé l'établissement de la Confédération, à la création d'un nombre restreint de banques à succursales. La mise en place d'un régime de banques à succursales était la solution logique pour répondre aux besoins d'une population disséminée dans de petits villages sur un immense territoire. L'économie était encore relativement peu développée, et on pouvait ouvrir des succursales avec beaucoup moins de capital et de personnel spécialisé qu'il n'en aurait fallu pour établir des banques indépendantes dans chaque localité.

Pendant près d'un siècle, ce régime fonctionna assez bien. Durant cette période, la plupart des billets en circulation étaient émis par les banques à charte, et celles-ci répondaient bien aux besoins saisonniers

▷

ou imprévus. En outre, les banques les plus importantes administraient sans trop de peine les comptes bancaires du gouvernement, et le réseau bancaire s'était doté progressivement d'un système de compensation.

Les temps changent

Au début des années 30 cependant, le climat politique avait changé. La crise économique s'était aggravée et les critiques à l'égard du système financier allaient en s'amplifiant. En outre, le premier ministre de l'époque, R. B. Bennett, se préoccupait du fait qu'il n'existait pas de moyen direct au Canada pour régler les comptes internationaux. En 1933, il nomma une Commission royale pour étudier « l'organisation et le fonctionnement de tout notre système bancaire et monétaire [et] peser les arguments pour ou contre l'établissement d'une institution bancaire centrale [...] ».

Les arguments en faveur de l'établissement d'une telle institution l'emportèrent. La Commission royale, présidée par Lord Macmillan, recommanda dans son rapport la création d'une banque centrale. Une semaine environ après que le rapport eut été rendu public, le premier ministre annonça son intention d'en accepter les recommandations.

En fait, une annexe du rapport de la Commission Macmillan, intitulée « Suggestions quant à certains des principaux aspects de la constitution d'une banque centrale au Canada », servit de canevas pour la rédaction de la Loi sur la Banque du Canada, qui reçut la sanction royale le 3 juillet 1934. Fondée sous la forme d'une société privée dont les actions étaient vendues au public, la Banque du Canada ouvrit ses portes en mars 1935.

Une institution solidement établie

Graham F. Towers fut le premier gouverneur de la Banque du Canada. Ce Canadien, qui n'était âgé que de 37 ans, avait acquis une grande expérience à la Banque Royale du Canada, tant à l'étranger qu'au pays même, et il s'était présenté devant la Commission Macmillan en qualité de représentant des banques à charte. Il dirigea la Banque durant une vingtaine d'années.

Peu de temps après la fondation de la Banque du Canada et à la suite d'un changement de gouvernement, un projet de modification à la Loi sur la Banque du Canada fut présenté en vue de nationaliser l'institution. Celle-ci devint une entreprise publique en 1938, et elle l'est demeurée.

La banque centrale se vit confier à la fois des fonctions jusque-là exercées par d'autres organismes ainsi que des fonctions toutes nouvelles. Dès le départ, le ministère des Finances transmit à la Banque du Canada ses fonctions en matière d'émission de billets de banque, tandis que les bureaux du Receveur général, répartis dans tout le pays, devenaient des agences de la Banque.

Un département des Recherches fut établi afin de fournir des renseignements et des conseils sur l'évolution financière et sur la conjoncture économique au Canada et à l'étranger. Le Service des changes et le Service des valeurs entrèrent presque immédiatement en activité, mais le Service de la dette publique ne fut transféré du ministère des Finances à la Banque qu'au moment où celle-ci put disposer de locaux appropriés. Ce transfert eut lieu en 1938, après l'achèvement de l'immeuble qui abrite le siège de la Banque du Canada, au 234 de la rue Wellington. Depuis, de nouveaux bâtiments sont venus se greffer à l'immeuble original.

La Loi sur la Banque du Canada, dans laquelle sont énoncées les responsabilités qui incombent à la Banque, a été modifiée à maintes reprises depuis 1934. Son préambule toutefois est resté le même tout comme la raison d'être de la Banque, qui est toujours de « réglementer le crédit et la monnaie dans l'intérêt de la vie économique de la nation ».

Source : Banque du Canada, *Au sujet de la Banque du Canada : historique*, www.bankofcanada.ca/fr/bref/histoire-f.html (consulté le 02 février 2005).

La composition et les pouvoirs

La Banque du Canada est gérée par un conseil de direction composé d'un gouverneur et d'un sous-gouverneur, du sous-ministre des Finances (sans droit de vote) et de 12 directeurs qui reçoivent un mandat de 3 ans du gouvernement. Le mandat du gouverneur est de sept ans. Cela peut paraître long, mais la stabilité et la crédibilité sont essentielles dans le domaine monétaire, et l'indépendance de la banque centrale ne doit pas être mise à l'épreuve par des pressions politiques. Seule une loi du Parlement peut casser le mandat du gouverneur.

Le gouverneur doit échanger régulièrement avec le ministre des Finances afin que la politique monétaire coïncide avec les autres politiques du gouvernement fédéral. Depuis 1967, si un désaccord ne peut être résolu entre le gouverneur de la Banque du Canada et le ministre des Finances, ce dernier peut émettre une directive concernant la politique monétaire que la Banque sera tenue de respecter pour une période déterminée. Cependant,

TEMPS D'ARRÊT 8.4
Expliquez la raison d'être d'une banque centrale.

aucune directive de cette nature n'a encore été émise par le gouvernement. On peut donc supposer que ce dernier approuve les politiques adoptées par la Banque du Canada.

Les fonctions

La responsabilité la plus importante de la Banque du Canada est la définition et l'adoption de la politique monétaire. Nous verrons dans le chapitre 10 comment la politique monétaire peut influer sur l'économie à travers l'offre de monnaie et les taux d'intérêt. La Banque doit faire en sorte que la quantité de monnaie disponible s'adapte aux besoins de l'économie (voir la section « Éléments d'économique », p. 224).

La Banque du Canada agit également comme agent financier du gouvernement. Elle lui sert de banque. Le gouvernement emprunte beaucoup, on le sait, et c'est la Banque du Canada qui s'occupe de lui procurer les sommes dont il a besoin en émettant les obligations et en les rachetant, selon les besoins. Elle lui fournit également des comptes en banque dans lesquels sont déposées les sommes provenant des impôts et des taxes ; le gouvernement peut ainsi émettre des chèques.

La Banque du Canada doit aussi superviser les opérations des banques à charte. Comme on l'a dit précédemment, tout le système monétaire repose sur la confiance. La Banque du Canada est, en quelque sorte, garante des transactions effectuées par les banques. C'est pourquoi celles-ci sont soumises à des règles très strictes, par l'entremise de la *Loi des banques*, concernant le montant d'actif, le pourcentage des intérêts étrangers, les transactions admissibles, etc. La Banque du Canada conserve les dépôts en espèces des banques à charte, ce qui permet la compensation (l'échange) des chèques tirés d'une banque et déposés dans une autre.

Finalement, la Banque du Canada fournit le papier monnaie dont l'économie a besoin pour bien fonctionner. La quantité dépend du nombre de transactions effectuées en espèces et de la vitesse de circulation de la monnaie. Un même billet peut servir plusieurs fois dans une journée.

La Banque du Canada devient une entreprise publique en 1938.

TEMPS
D'ARRÊT 8.5
Pourquoi ne pouvez-vous pas ouvrir un compte à la Banque du Canada ?

8.2.2 Les institutions financières

Définition

Une **institution financière** est une entreprise qui accepte les dépôts et accorde des prêts. Elle agit comme intermédiaire financier entre les épargnants et les emprunteurs. Elle réunit les petits montants dont disposent les épargnants et les accumule en de grosses sommes qui seront empruntées par les particuliers (pour l'achat d'une maison, par exemple) et les entreprises (pour des dépenses d'investissement). En général, les épargnants veulent des placements sûrs et plutôt liquides, c'est-à-dire encaissables rapidement.

Les institutions financières assument les risques liés aux prêts et offrent des titres à courte échéance relativement liquides. On distingue deux types d'institutions financières au Canada : les banques à charte et les autres institutions financières non bancaires. Nous allons les étudier séparément.

> **Institution financière**
> Entité qui accepte les dépôts et accorde des prêts.

Les banques à charte

Les **banques à charte** relèvent du gouvernement fédéral. Seules ces institutions financières peuvent utiliser le mot « banque » dans leur nom. Elles sont liées par une charte qui leur permet d'offrir de nombreux services financiers. Elles sont soumises à la *Loi des banques*. Il existe peu de banques à charte au Canada. Notre système bancaire est très concentré si on le compare au système américain, qui compte plus de 10 000 institutions. Au Canada, 6 grandes banques contrôlent presque 90 % de tous les dépôts et l'avoir des banques à charte : la Banque Royale, la CIBC, la Banque de Montréal, la Banque de Nouvelle-Écosse, la Banque Toronto Dominion et la Banque Nationale.

Même si, contrairement à autrefois, elles ne sont plus tenues par la loi de conserver des réserves liquides, les banques à charte en détiennent quand même pour être en mesure de répondre aux demandes du public.

> **Banques à charte**
> Banques soumises à la *Loi des banques*.

Les autres institutions financières

Parmi les autres institutions financières, certaines ont des rôles similaires à ceux des banques. C'est pourquoi on les appelle des « quasi-banques ». Elles reçoivent des dépôts et accordent des prêts. Cependant, elles n'ont pas de charte fédérale et sont sous la responsabilité des provinces. Les caisses populaires au Québec, les Credit Unions ailleurs au Canada, offrent davantage de services aux particuliers et aux petites entreprises. Ce sont des entreprises dont le but n'est pas de faire des profits mais de servir leurs membres. Les trusts, les compagnies de prêts hypothécaires, les fiducies, les compagnies d'assurances, les sociétés d'investissement (comme les fonds mutuels) et les sociétés de financement et de petits prêts à la consommation sont également des institutions financières. Celles-ci sont toutes spécialisées dans certains services, mais elles tendent de plus en plus à se diversifier. On ne comptabilise pas les dépôts de ces institutions financières.

Maintenant que nous avons décrit les principaux acteurs du système monétaire canadien, nous allons étudier le marché monétaire : la demande et l'offre de monnaie ainsi que la détermination du taux d'intérêt.

> **TEMPS D'ARRÊT 8.6**
>
> Quels sont les points communs des institutions financières ?

ÉLÉMENTS D'ÉCONOMIQUE

Le marché monétaire

8.3 La demande de monnaie

Demande de monnaie
Montant que désirent détenir les agents économiques à des fins de transaction ou comme actif liquide.

La **demande de monnaie** provient du public en général, c'est-à-dire des individus et des entreprises. Il y a deux raisons majeures qui poussent le public à vouloir de la monnaie : réaliser des transactions et détenir un actif liquide.

8.3.1 La demande à des fins de transaction et de précaution

Les ménages ont besoin de monnaie pour effectuer toutes leurs transactions quotidiennes. Qu'il s'agisse d'acheter une paire de bas, un café ou une automobile, les gens ont besoin de monnaie. Pour payer leurs dettes, faire un cadeau, payer les factures, les ménages ont encore besoin de monnaie. La demande à des fins de transaction D_t dépend donc en grande partie du PIB nominal (à prix courant). Rappelons que le PIB nominal, dans l'économie, correspond à l'ensemble des dépenses effectuées pour acheter la production au prix en vigueur au moment de la transaction. Plus ces dépenses sont nombreuses, plus la demande de monnaie à des fins de transaction sera grande. Si les prix ou le nombre de transactions réelles augmentent, les besoins de monnaie seront plus grands. La figure 8.1 illustre la relation entre la quantité demandée à des fins de transaction et le taux d'intérêt. Comme cette quantité dépend du PIB nominal et ne relève pas du taux d'intérêt, la courbe de la demande à des fins de transaction prendra la forme d'une droite verticale correspondant à une fraction du PIB, selon le nombre de fois qu'un même dollar est utilisé à des fins de transaction (la vélocité ou la vitesse de circulation de la monnaie).

8.3.2 La demande de monnaie comme actif liquide ou pour spéculation

On peut aussi vouloir posséder de la monnaie pour qu'elle nous rapporte, sans toutefois l'immobiliser trop longtemps ou sans prendre un trop grand risque. C'est pourquoi il existe une demande de monnaie comme actif liquide D_a. Lorsqu'on détient de la monnaie sous forme liquide, elle ne nous rapporte pas d'intérêt. Le coût d'option pour la liquidité est l'intérêt qu'on sacrifie. Plus le taux d'intérêt est élevé, plus le sacrifice est grand. C'est pourquoi il existe une relation inverse entre le taux d'intérêt et la demande de monnaie comme actif liquide. Graphiquement, cette relation se traduit par une droite à pente négative (voir la figure 8.1). Plus le taux d'intérêt est élevé, moins la quantité de monnaie détenue comme actif liquide sera grande ; plus il sera bas, plus grande sera la quantité de monnaie détenue comme actif liquide parce que le coût d'option sera faible.

> **TEMPS D'ARRÊT 8.7**
> Quelle différence existe-t-il entre la monnaie détenue à des fins de transaction et la monnaie détenue comme actif liquide ?

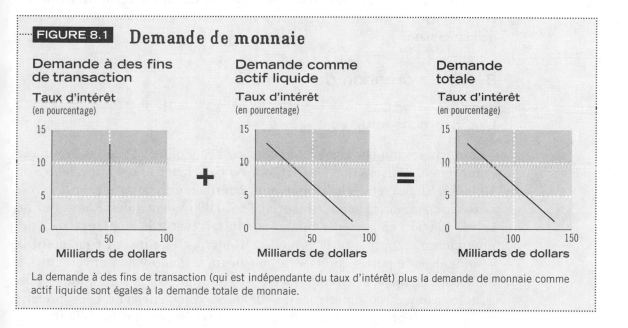

FIGURE 8.1 **Demande de monnaie**

La demande à des fins de transaction (qui est indépendante du taux d'intérêt) plus la demande de monnaie comme actif liquide sont égales à la demande totale de monnaie.

8.3.3 La demande du marché monétaire

La demande totale de monnaie correspond à la somme de la demande à des fins de transaction et de la demande comme actif liquide. Graphiquement, si on additionne les quantités demandées par rapport à chacun des taux d'intérêt, on obtiendra la demande totale de monnaie D_t. Cette courbe de pente négative se situera plus à droite si le PIB nominal augmente et plus à gauche s'il diminue (voir la figure 8.1).

8.4 L'offre de monnaie

8.4.1 La masse monétaire

Nous considérerons la définition la plus simple de la **masse monétaire M1**[2]. Celle-ci est composée du numéraire (des pièces et des billets) hors banque et des dépôts à vue (M1) dans les banques. On ne compte pas le numéraire dans les banques puisqu'une fois qu'il est déposé, il est calculé sous forme de dépôt (le montant inscrit dans le livret bancaire ou sur un relevé mensuel). Il ne faut pas calculer deux fois le même montant. On imagine facilement comment est créé le numéraire. L'Hôtel de la monnaie frappe les pièces et la Banque du Canada fournit le papier monnaie. Mais comment peut-on créer de nouveaux dépôts ? Bien sûr, la première chose à laquelle on pense, c'est qu'en déposant du numéraire, on le transforme en monnaie scripturale ou électronique. La masse monétaire n'a pas changé, mais sa composition est différente : il y a moins de numéraire hors banque et plus de dépôts dans les banques. Toutefois, la quantité de numéraire présente dans l'économie est nettement plus faible que la masse monétaire. Il n'est pas nécessaire d'avoir beaucoup de monnaie fiduciaire, car la plupart des transactions se font par chèques ou par transferts électroniques. Comment la masse monétaire peut-elle s'adapter aux besoins d'une économie en croissance ? Comment connaître la quantité de monnaie dont l'économie a besoin pour fonctionner efficacement ? « Rien ne se perd, rien ne se crée. » Comment peut-on créer de la monnaie ?

8.4.2 La création de monnaie

Une approche intuitive

Comment la monnaie est-elle créée dans l'économie ? Prenons l'exemple d'une automobiliste, Mme Ouellet, qui veut s'acheter une voiture neuve de 10 000 $. Elle se rend à la banque pour contracter un emprunt. Après avoir analysé son crédit, la banque lui prête les 10 000 $ demandés. Plutôt que de verser 10 000 $ en papier monnaie, elle inscrit plutôt le montant dans l'ordinateur au compte de Mme Ouellet. Toutefois, elle inscrit également la somme dans le poste « prêts » de son bilan. Calculons la nouvelle masse monétaire. La monnaie en circulation n'a pas changé, mais la somme des dépôts dans les banques est supérieure de 10 000 $ à ce qu'elle était. C'est un fait : il y a dans l'économie un potentiel de dépenses supérieur de 10 000 $ à ce

---

2. Autrefois, l'indicateur M1 était suffisant ; maintenant, on utilise les indicateurs M1+ et M1++ comprenant plus de formes de monnaie scripturale ou électronique. L'indicateur M1 comprend la monnaie hors banque, les comptes-chèques personnels et les comptes courants.

L'indicateur M1+ comprend la monnaie hors banque détenue par le public et tous les dépôts avec tirage de chèques tenus dans les banques à charte, les caisses populaires, les Credit Unions et les sociétés de fiducie ou de prêt hypothécaire.

Le M1++ comprend l'indicateur M1+, tous les dépôts à préavis sans tirage de chèques tenus dans les banques à charte, les caisses populaires, les Credit Unions et les sociétés de fiducie ou de prêt hypothécaire. Toutefois, à la différence de l'indicateur M1, la composante « monnaie hors banque » de M1+ et de M1++ exclut les espèces conservées dans les chambres fortes des caisses populaires, des Credit Unions et des sociétés de fiducie ou de prêt hypothécaire.

qu'il était. Le concessionnaire automobile touchera les 10 000 $. Il s'en servira sans doute pour payer certaines de ses dépenses : la commission de vente, le loyer, l'électricité, le fabricant, etc. Cet argent circulera dans l'économie et permettra la réalisation de nouvelles transactions. Lorsque Mme Ouellet remboursera son prêt, une petite quantité de monnaie disparaîtra à chaque paiement. Lorsque le prêt aura été remboursé, la nouvelle monnaie aura disparu.

C'est donc grâce au crédit que se crée la nouvelle monnaie électronique. Celle-ci correspond exactement aux besoins à des fins de transaction. En effet, qui emprunterait seulement pour le plaisir ? On emprunte uniquement lorsqu'on a une transaction à effectuer.

TEMPS D'ARRÊT 8.8

Pourquoi dit-on que c'est grâce au crédit (à l'emprunt) que se crée de la nouvelle monnaie ?

Une approche formelle

Nous allons maintenant étudier la création de monnaie d'une façon plus formelle. Nous supposerons que, dans notre système bancaire, il n'existe qu'une seule banque. Par conséquent, tous les retraits et les dépôts se font dans notre banque, qui symbolise l'ensemble des banques. Pour illustrer clairement la création de monnaie, nous avons besoin du bilan de cette banque. Un bilan est constitué de tous les avoirs (l'actif) de l'entreprise et de toutes ses dettes (le passif) à un moment donné. Comme tous les avoirs appartiennent nécessairement à quelqu'un, il est logique que la banque les doive à des personnes morales ou physiques. Par conséquent, l'actif (ce qu'elle possède) est toujours égal au passif (ce qu'elle doit) plus l'avoir des actionnaires. C'est une règle comptable. Le tableau 8.1 présente le bilan de notre banque.

TABLEAU 8.1 Bilan de la banque

Actif	Passif + Avoir des actionnaires
Dépôts à la Banque du Canada	Capital-actions
Encaisse	Dépôts des clients
Prêts	
Total	Total

Tout d'abord, du côté de l'actif, les banques à charte possèdent des dépôts sous forme de numéraire à la Banque du Canada afin de permettre la compensation de chèques entre les banques. Dans notre exemple, comme il n'y a qu'une seule banque, ce poste sera omis à l'avenir. La banque à charte détient également dans ses coffres des réserves en numéraire. Avant 1991, la *Loi des banques* l'y obligeait. Aujourd'hui, elle n'est tenue de conserver qu'un montant de réserve nécessaire à la compensation de chèques. En effet, la banque doit pouvoir répondre aux besoins de ses clients sous forme d'argent liquide. Cette réserve ne correspond toutefois qu'à un faible pourcentage des dépôts, car de moins en moins de transactions s'appliquent à du numéraire, et la banque veut que son actif lui rapporte le plus possible. Le pourcentage qu'elle conserve sous forme liquide s'appelle le **coefficient de réserve encaisse** (ou d'argent liquide).

Finalement, du côté de l'actif, la banque comptabilise la somme de tous les prêts qu'elle a accordés. Comme ces prêts lui seront remboursés, il s'agit donc d'une richesse qu'elle possède. Elle peut également détenir des bons du Trésor et des obligations qui ne sont pas considérés ici, car ils ne sont pas nécessaires pour expliquer le processus de création de la monnaie. Elle possède également des immobilisations dont la valeur fait partie de l'actif.

Du côté du passif, le capital que les actionnaires ont placé dans l'entreprise correspond à des sommes que la banque doit aux propriétaires de l'entreprise. Ensuite, les dépôts avec privilège de chèques (ou droit de tirer des chèques) de ses clients sont autant d'argent qu'elle doit leur remettre s'ils en font la demande.

On suppose la situation initiale suivante : 1) 35 milliards de dollars de numéraire sont en circulation ; 2) la banque conserve toujours au moins 2 % de ses dépôts en numéraire ; 3) elle a des dépôts à vue de 10 milliards de dollars et une encaisse de 20 milliards de dollars ; 4) elle n'a pas encore accordé de prêts, donc la valeur de ceux-ci est égale à zéro (voir le tableau 8.2).

Coefficient de réserve encaisse
Pourcentage des dépôts à vue qu'une institution financière conserve sous forme liquide.

TEMPS D'ARRÊT 8.9

Quel est le coefficient de réserve encaisse de cette banque ?

TABLEAU 8.2 Bilan initial

Actif (en milliards de dollars)	Passif + Avoir des actionnaires (en milliards de dollars)
Immobilisations : 15	Capital-actions : 25
Encaisse : 20	Dépôts des clients : 10
Prêts : 0	
Total : 35	**Total : 35**

On calcule la masse monétaire (en milliards de dollars) M1 (simplifiée) :

$$
\begin{aligned}
M1 &= \textit{Numéraire en circulation + Dépôts} \\
&= 10 + 35 \\
&= 45
\end{aligned}
$$

Supposons que les consommateurs déposent un milliard de dollars en numéraire. Le bilan se modifie (voir le tableau 8.3).

TABLEAU 8.3

Bilan à la suite des dépôts

Actif (en milliards de dollars)	Passif + Avoir des actionnaires (en milliards de dollars)
Immobilisations : 15	Capital-actions : 25
Encaisse : 20 + 1 = 21	Dépôts : 10 + 1 = 11
Prêts : 0	
Total : 36	Total : 36

La masse monétaire (en milliards de dollars) M1 est maintenant égale à

$$
\begin{aligned}
M1 &= \textit{Numéraire en circulation} + \textit{Dépôts} \\
&= (35 - 1 \text{ de dépôts}) + (10 + 1 \text{ de dépôts}) \\
&= 34 + 11 \\
&= 45
\end{aligned}
$$

La masse monétaire est demeurée la même, soit 45 milliards de dollars. Seule la composition a changé : plus de dépôts et moins de numéraire sont en circulation. On a la même quantité de monnaie ; aucune monnaie n'a donc été créée.

Supposons maintenant que la banque accorde des prêts de 21 milliards de dollars. Que se passera-t-il ? Elle inscrit dans les comptes de ses clients les 21 milliards de dollars de dépôts supplémentaires. Les clients peuvent dépenser cet argent, mais comme il n'y a qu'une banque symbolisant l'ensemble du système, l'argent sera transféré d'un compte à un autre si la dépense se fait par l'entremise d'un chèque, d'une carte de débit ou d'un virement. Si la dépense s'effectue en numéraire et que l'argent n'est pas redéposé, il y aura plus de numéraire en circulation, une encaisse moins élevée et des dépôts moins élevés, mais la masse monétaire n'aura pas changé. On supposera que les clients ne font pas leurs transactions avec du numéraire (voir le tableau 8.4).

TEMPS D'ARRÊT 8.10

On dit que la masse monétaire s'élève à 66 milliards de dollars. Qu'est-ce que cela veut dire, concrètement ?

TABLEAU 8.4

Bilan après les prêts

Actif (en milliards de dollars)	Passif + Avoir des actionnaires (en milliards de dollars)
Immobilisations : 15	Capital-actions : 25
Encaisse : 21	Dépôts à vue : 11 + 21 = 32
Prêts : 0 + 21 = 21	
Total : 57	Total : 57

Calculons l'effet de ces prêts totalisant 21 milliards de dollars sur la masse monétaire :

$$M1 = \textit{Numéraire en circulation + Dépôts}$$
$$= 34 + (11 + 21)$$
$$= 34 + 32$$
$$= 66$$

La masse monétaire a augmenté de 21 milliards de dollars, soit exactement le montant des prêts. La banque (le système bancaire) peut-elle encore prêter ? En suivant sa règle voulant qu'elle garde en liquide 2 % de la valeur de ses dépôts, elle peut effectivement prêter encore beaucoup. Combien ? Pour le savoir, il faut calculer le montant total de dépôts qu'elle peut détenir avec une encaisse de 21 milliards de dollars. Pour ce faire, il suffit de calculer l'inverse du coefficient de réserve encaisse. Ce calcul donne le multiplicateur. Il ne reste qu'à multiplier le multiplicateur par la valeur de l'encaisse afin de trouver le montant total de dépôts qu'elle peut détenir.

$R = 2\% = 0,02$

$1/R = 1/0,02 = 100/2 = 50 = \textit{Multiplicateur}$

$\textit{Multiplicateur} \times \textit{Encaisse} = 21 \times 50 = 1050$

Comme elle détient déjà des dépôts de 32 milliards de dollars, elle pourrait prêter encore 1018 milliards de dollars. Établissons la transaction maximale. La banque prête tout ce que son encaisse lui permet de prêter tout en respectant le coefficient de réserve de caisse de 2 % (voir le tableau 8.5).

TABLEAU 8.5 Bilan final

Actif (en milliards de dollars)	Passif + Avoir des actionnaires (en milliards de dollars)
Immobilisations : 15	Capital-actions : 25
Encaisse : 21	Dépôts : 32 + 1018 = 1050
Prêts : 21 + 1018 = 1039	
Total : 1075	**Total : 1075**

La banque qui, dans cet exemple, représente le système bancaire, peut se permettre de prêter une valeur beaucoup plus importante que son encaisse, car elle a déjà calculé le pourcentage de numéraire à conserver pour satisfaire les besoins de ses clients. De plus, comme elle est unique, il est certain que les sommes dépensées par les emprunteurs vont être redéposées chez elle. Il en va de même du système bancaire dans son ensemble. Calculons une dernière fois la masse monétaire.

$$M1 = \textit{Numéraire en circulation + Dépôts des clients}$$
$$= 34 + (32 + 1018)$$
$$= 34 + 1050$$
$$= 1075$$

Lorsqu'une banque accorde des prêts, cela fait augmenter la masse monétaire. La capacité de dépenser dans l'économie augmente. C'est grâce aux prêts qu'est créée la monnaie scripturale ou électronique. Le système fonctionne bien, car les gens ont confiance ; ils savent qu'ils vont obtenir les biens et les services qu'ils veulent ou avoir la possibilité de rembourser leurs dettes avec ce type de monnaie. Cependant, si tous voulaient en même temps vider leurs comptes et en recevoir la valeur sous forme de numéraire, cela serait impossible et le système s'effondrerait. Mais pourquoi les consommateurs le feraient-ils puisque tout fonctionne bien ? Encore une fois, c'est la confiance qui donne sa valeur à la monnaie.

Comme nous le verrons dans le chapitre traitant des politiques économiques, la Banque du Canada peut rendre le crédit plus ou moins facile. Ainsi, elle influe sur l'offre de monnaie. C'est pourquoi l'offre de monnaie sera représentée par une droite verticale puisqu'elle est, en quelque sorte, déterminée par la Banque du Canada. Donc, l'offre de monnaie est exogène.

En combinant l'offre et la demande de monnaie, on obtient le marché monétaire et le taux d'intérêt d'équilibre (voir la figure 8.2). Relativement à une offre de monnaie donnée, si la demande de monnaie augmente, le taux d'intérêt d'équilibre augmentera. Le taux d'intérêt diminuera si la demande diminue. Si l'offre de monnaie augmente et que la demande reste stable, le taux d'intérêt diminuera. Si l'offre de monnaie diminue, alors le taux d'intérêt augmentera.

TEMPS D'ARRÊT 8.11

a) Par quatre graphiques, représentez les conséquences respectives d'une augmentation de l'offre de monnaie, d'une diminution de l'offre de monnaie, d'une augmentation de la demande de monnaie et d'une diminution de la demande de monnaie.

b) Que pouvez-vous dire au sujet du taux d'intérêt ?

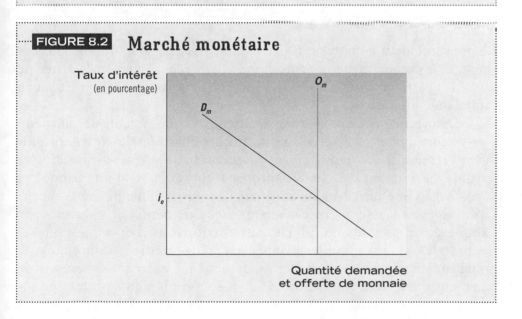

FIGURE 8.2   Marché monétaire

Le secteur des services financiers canadiens et les agrégats monétaires

8.5 Les tendances du secteur des services financiers canadiens

Le système financier est en évolution constante et il importe d'en corriger la réglementation régulièrement pour tenir compte des changements. On révise maintenant la législation tous les cinq ans. Les principes directeurs des réformes sont les suivants : 1) laisser suffisamment de marge de manœuvre aux institutions financières pour qu'elles puissent s'adapter au marché en évolution ; 2) accentuer la concurrence pour stimuler l'innovation et la compétitivité des entreprises nationales ; 3) permettre l'accès à tous et accroître la protection des consommateurs de services financiers ; 4) améliorer la réglementation pour la rendre plus efficace et mieux adaptée au secteur financier tout en renforçant la confiance dans le système.

8.5.1 La marge de manœuvre des institutions financières

Le gouvernement permet déjà la transformation des mutuelles en société par actions. Il compte permettre de nouvelles formes de propriété pour les institutions financières de manière à faciliter la mise en place de nouvelles formes d'organisation. Il prévoit également mettre à contribution le public au moment de l'examen des fusions bancaires et revoir avec les provinces l'impôt sur le capital.

8.5.2 La concurrence

Le gouvernement compte accroître la concurrence pour stimuler l'innovation et la compétitivité des entreprises. Il cherche à faciliter la venue de nouveaux participants et à libéraliser les règles relatives à la propriété et au capital initial requis.

Le gouvernement compte aussi faciliter l'accès au système de paiement. Ce système autrefois réservé aux banques à charte est maintenant plus ouvert. Il servait, à l'origine, à compenser les chèques, c'est-à-dire à régler le solde du montant des chèques provenant des dépôts d'une banque et déposés dans une autre banque. En 1980, l'ancienne « chambre de compensation » devint l'Association canadienne des paiements et fut ouverte aux banques, aux sociétés de fiducie, aux institutions d'épargne gouvernementales et aux grandes coopératives de crédit. Maintenant, le gouvernement permet d'utiliser également les autres instruments de paiement pour faire des opérations dans l'ensemble du système économique. Mentionnons, comme exemples d'instruments, les chèques, les cartes de crédit Visa et MasterCard, les guichets automatiques et la carte de débit Interac. S'y ajouteront d'autres systèmes de compensation concernant les dettes, les capitaux propres et les fonds mutuels.

Les changements apportés visent l'efficacité, la sécurité et l'intérêt du consommateur. Ils permettront l'accès aux sociétés d'assurance-vie, aux courtiers en valeurs mobilières et aux fonds communs de placement du marché monétaire. Ce système facilitera l'accès à des succursales de banques étrangères.

LECTURE DIRIGÉE 8 ······· La monnaie de transaction

L'évolution récente des agrégats monétaires et son incidence

Les innovations financières et la monnaie de transaction

L'agrégat M1, qui se compose de la monnaie hors banque, des comptes-chèques personnels et des comptes courants, sert habituellement à mesurer les encaisses de transaction au Canada ; la majeure partie de ces encaisses est détenue par les entreprises plutôt que par les particuliers. Par le passé, il était relativement facile de relier l'évolution de M1 au PIB réel, au niveau général des prix et aux variations des taux d'intérêt à court terme. Ces variables ne permettent toutefois pas d'expliquer l'essor remarquablement rapide de M1 vers le milieu des années 1990. Si la faiblesse des taux à court terme est en partie à l'origine de la vigueur de M1, la croissance de cet agrégat a été considé-
❶ rablement stimulée par les innovations financières et d'autres facteurs particuliers au cours de la décennie 1990.

❷ La rapidité des progrès techniques, la vogue croissante des fonds communs de placement et l'élimination des réserves obligatoires ont contribué à modifier le comportement de la monnaie de transaction dans les années 1990. Au cours des dix dernières années, les taux de rendement avantageux obtenus sur les fonds communs de placement ont incité les ménages à y transférer l'épargne déposée jusqu'alors dans des comptes à terme fixe ou à préavis. Ce transfert s'est répercuté sur M1 principalement
❸ par le jeu des « soldes disponibles », c'est-à-dire les encaisses de transaction détenues chez les courtiers en valeurs mobilières.
❹ L'élimination, dans la première moitié des années 1990, des coefficients différents de réserves obligatoires à l'égard des dépôts à vue et à préavis a mené les banques à offrir des comptes courants assortis de taux d'intérêt progressifs voisins de ceux du marché. Parallèlement, ces dernières ont invité les petites entreprises à détenir une plus forte proportion de leurs liquidités dans des comptes de dépôt à vue, soit en réduisant les frais de transaction sur les comptes non rémunérés des entreprises, soit en offrant à ces dernières des taux concurrentiels sur leurs comptes à vue. Afin de tirer parti des nouvelles modalités en vigueur, les entreprises se sont alors mises à placer dans ces comptes à taux d'intérêt progressifs les fonds détenus jusque-là dans des comptes à terme et à préavis. Si toutes ces innovations financières ont gonflé la croissance de M1, la floraison de petites et moyennes entreprises

après la récession de 1990-1991 a peut-être également contribué au phénomène. En effet, ces entreprises détiennent en général des encaisses de leur transaction relativement importantes parce que leurs flux de trésorerie sont moins prévisibles.

À l'opposé, il se peut que l'amélioration des services financiers fournis par voie électronique et le développement des cartes de débit, des guichets automatiques et des services bancaires par téléphone et par ordinateur personnel au cours des années 1990 ait incité les agents économiques à réduire les encaisses qu'ils détenaient dans les comptes inclus dans M1 en facilitant l'accès aux comptes non compris dans M1 pour le règlement des transactions. Ces progrès techniques ont contribué à accentuer la substituabilité des comptes à vue et des comptes à préavis, ce qui a probablement freiné le taux de croissance de M1. Auby et Nott (2000) estiment que les innovations qui ont marqué les années 1990 ❺ ont entraîné une hausse d'environ 25 milliards de dollars (43 %) de M1 entre 1993 et 1998. [...]

La prise en compte des répercussions des innovations financières

En raison des innovations financières survenues dans les années 1990, l'agrégat M1 est devenu moins représentatif des encaisses de transaction au Canada. La Banque a réagi à la situation de deux façons : 1) elle a commencé à suivre de près deux autres mesures de la monnaie de transaction ; 2) elle a essayé de rendre compte au moyen d'un modèle de l'incidence que les facteurs particuliers ont exercée sur la croissance de M1.

[...]

Les économistes de la Banque recourent à bien des modèles différents pour étudier les déterminants de l'inflation. L'un d'eux ❻ est un modèle vectoriel à correction d'erreurs (MVCE) basé sur M1, qui tire parti de la relation à long terme entre M1, les prix, la production et les taux d'intérêt. Cette relation repose sur la fonction de demande à long terme de M1. Dans ce modèle, l'écart de M1 par rapport à sa demande à long terme, appelé « écart ❼ monétaire », s'est révélé un bon indicateur avancé de l'évolution des prix. On a constaté qu'en général, le modèle permettait de très bien prévoir l'inflation.

▷

❽ Cependant, les innovations financières des années 1990 et les autres facteurs qui ont influé sur la croissance de M1 ont aussi rendu instables les paramètres du modèle. Cette instabilité a amené la Banque à élaborer une mesure de M1 qui ne soit pas touchée par ces facteurs particuliers. Nous l'appelons M1 « corrigé ». [...] M1 corrigé est une somme pondérée de trois composantes : la monnaie hors banque, les dépôts à vue et à préavis **❾** autres que ceux des particuliers tenus dans les banques à charte et les dépôts à préavis des particuliers dans les banques à charte. [...] La croissance de M1 corrigé peut être interprétée comme l'expansion monétaire qui aurait été observée en l'absence des innovations financières des années 1990 et de la modification de la relation historique entre la monnaie, la production, les taux d'intérêt et les prix. [...]

En résumé, sous l'effet des innovations financières et d'autres facteurs, M1 a connu au milieu des années 1990 une augmentation bien supérieure à celle qui cadrait avec la situation fondamentale de l'économie. La relation empirique entre M1, la production, les prix et les taux d'intérêt est par conséquent devenue plus compliquée, et les économistes doivent tenir compte de sa complexité accrue lorsqu'ils analysent le comportement de M1. À cette fin, la Banque a élaboré à partir d'un modèle une mesure corrigée de M1 dans le but d'estimer l'incidence des facteurs particuliers sur le taux de croissance de M1 [...].

[...]

En dépit de l'instabilité due aux innovations financières, les agrégats de transaction continuent de fournir une information utile à la Banque. La monnaie de transaction, en particulier, nous renseigne sur l'évolution à court terme du PIB réel [...] tandis que M1 corrigé aide à prévoir l'inflation à plus long terme. [...]

Source : Extraits de Joseph Atta-Mensah, « L'évolution récente des agrégats monétaires et son incidence », *Revue de la Banque du Canada,* printemps 2000, p. 3-11.

Les commentaires qui suivent aident à comprendre certaines parties surlignées du texte. Associez chaque commentaire à son passage. Justifiez votre réponse.

* M1 avait aussi subi l'influence d'une série d'innovations financières au cours des années 1980 (Aubry et Nott, 2000).

* On trouvera un exposé plus complet des facteurs qui ont influé sur la croissance de M1 dans Atta-Mensah et Nott (1999).

* En 1987, les changements apportés à la législation fédérale et provinciale ont permis aux banques à charte de prendre pied dans le secteur des valeurs mobilières. Dès 1988, les six plus grandes banques du Canada avaient ou bien acquis ou bien créé des filiales de courtage en valeurs mobilières. Depuis que la Banque du Canada a consolidé les bilans des banques à charte et de leurs filiales à la fin des années 1980, les « soldes disponibles » des particuliers sont amalgamés aux comptes-chèques personnels. Ces soldes servent à l'achat d'actifs financiers. Les soldes disponibles des entreprises sont regroupés avec les dépôts autres que ceux des particuliers.

* Les réserves obligatoires ont été éliminées progressivement entre juin 1992 – lorsqu'elles ont été fixées à zéro à la marge – et juin 1994. Elles étaient auparavant de 10 et 3 % respectivement sur les comptes de dépôt à vue et à préavis. Les banques à charte étaient les seules institutions de dépôt tenues de conserver des réserves à l'égard des dépôts.

* Il ressort de simulations effectuées par Adam et Hendry (2000) que la variation de M1 pourrait être de l'ordre de 25 %.

* Armour et autres (1996), Engert et Hendry (1998) ainsi qu'Adam et Hendry (2000) consacrent des exposés plus détaillés à ce modèle.

* Le modèle fait également intervenir les taux d'intérêt à court terme aux États-Unis, le taux de change, une mesure de l'écart de production et un terme représentant les innovations financières du début des années 1980. On impose un ensemble de conditions d'équilibre au modèle afin que les variables suivent une évolution plausible à long terme.

* Ici, le raisonnement est le suivant : les déséquilibres monétaires, représentés par l'écart de M1 par rapport à sa demande à long terme, font partie intégrante du processus d'inflation. Dans le MVCE, un « écart monétaire » apparaît donc avant l'inflation, et il persiste à l'échelle de l'économie jusqu'à ce que les prix se modifient pour rétablir l'équilibre entre l'offre et la demande de monnaie. Laidler (1999) traite du lien qui existe entre l'inflation et l'écart des encaisses effectives par rapport au niveau souhaité (l'« écart monétaire »).

* Signalons que les comptes-chèques personnels sont exclus parce que leur croissance récente est due principalement à l'essor des soldes disponibles, que les agents détiennent afin d'acquérir des actifs financiers, comme des parts de fonds communs de placement, plutôt que pour acheter des biens et des services.

8.5.3 Les consommateurs de services financiers

Les prochains changements visent en outre à permettre à tous les consommateurs (les individus comme les entreprises), peu importe la région où ils vivent et les revenus qu'ils gagnent, de pouvoir ouvrir un compte et d'encaisser les chèques du gouvernement fédéral. Ces comptes ne doivent pas comporter de solde minimal, les frais doivent en être minimes, deux seules cartes d'identité devraient être nécessaires pour en ouvrir un et il ne devrait pas être obligatoire d'occuper un emploi pour le faire. Dans les régions éloignées, la fermeture d'une succursale devra être annoncée trois mois à l'avance et six mois à l'avance si elle est la seule de la région. La protection du consommateur passe également par une plus grande information sur ses droits. Les ventes de produits liés par des moyens coercitifs seront formellement interdites. Il faudra aussi s'assurer que les personnes âgées et celles qui ont de la difficulté à s'adapter à la monnaie électronique puissent obtenir des services adéquats. De plus, un ombudsman, ou protecteur du citoyen, aura un bureau indépendant pour répondre aux plaintes des consommateurs relatives aux services financiers.

8.5.4 L'amélioration du cadre réglementaire

Pour suivre l'évolution rapide du secteur financier, la réglementation est mise à jour régulièrement. Autrefois, la loi changeait tous les 10 ans, souvent avec des retards. La situation n'est plus la même : des changements ont été apportés en 1992, en 1996 et en 1997... D'autres changements auront lieu pour que le cadre réglementaire s'adapte à l'évolution du secteur. Tous ces changements surviennent après une consultation générale des intéressés. Un comité mis sur pied en 1996 a rendu ses recommandations en 1998, le projet de loi a été déposé en 1999 et de nouveaux changements sont entrés en vigueur en 2002.

Le secteur financier est très mouvant. Les innovations se succèdent et nos anciens indicateurs M1, qui permettaient d'évaluer l'état du domaine monétaire, doivent également être mis à jour. C'est ce que l'étude citée dans la prochaine section démontre.

8.5.5 L'évolution récente des agrégats monétaires

L'article présenté aux pages 233 et 234 décrit l'évolution récente des agrégats monétaires au Canada, les conséquences sur l'économie canadienne et les indicateurs à utiliser.

TEMPS D'ARRÊT 8.12
À quoi peut servir l'indicateur M1 ?

Conclusion

La monnaie et le système financier ajoutent une nouvelle dimension à la compréhension des systèmes économiques. Les échanges sont à la base de tout développement économique. Sans une monnaie efficace et capable de s'adapter à l'évolution de l'activité économique, le progrès s'éteindrait. Dans ce chapitre, nous avons étudié les échanges au sein d'une économie. Dans le prochain chapitre, nous aborderons les échanges internationaux et leur contribution au développement économique de chacun des partenaires.

Schéma des principaux concepts

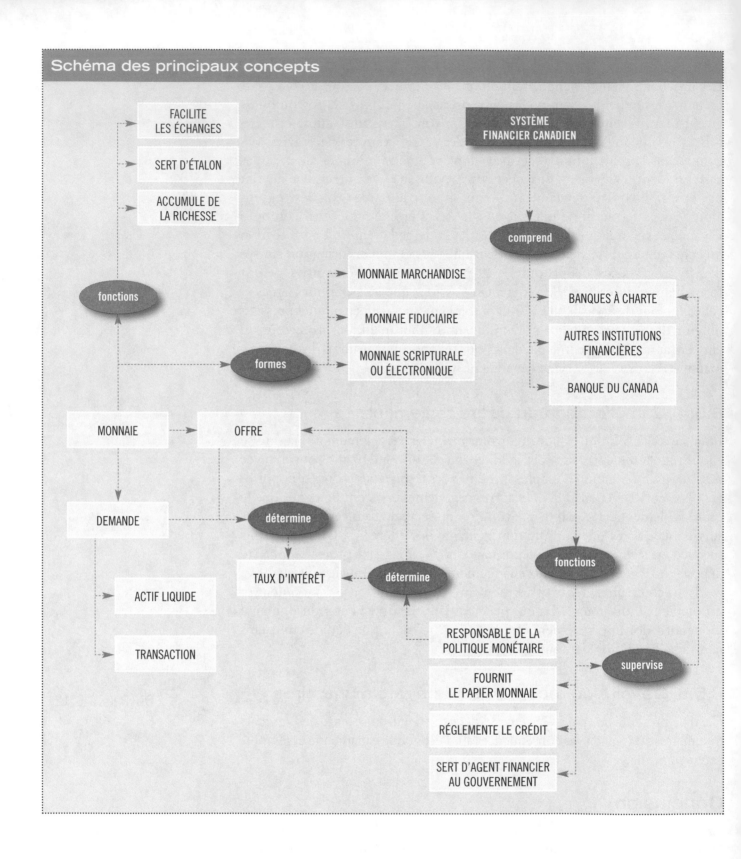

- La monnaie a pour fonctions : 1) de faciliter les échanges, 2) de servir d'étalon et 3) d'accumuler de la richesse. Elle permet, dans un échange, de limiter le nombre de transactions à deux, elle donne un et un seul prix à tous les biens et elle permet de reporter la consommation dans le temps.

- La monnaie a pris différentes formes au fil des ans : la monnaie marchandise, le numéraire (les pièces métalliques et le papier monnaie), la monnaie scripturale et la monnaie électronique. La monnaie fiduciaire est une monnaie dont la valeur nominale est supérieure à sa valeur intrinsèque. Au Canada, la monnaie a cours légal, c'est-à-dire qu'une loi oblige quiconque à l'accepter en échange de biens ou de services et comme paiement de dettes.

- La valeur d'une monnaie dépend de sa capacité de nous procurer des biens et des services. Elle est inversement proportionnelle au niveau des prix si ceux-ci reflètent bien la rareté des produits.

- La Banque du Canada a été créée à la suite de la crise des années 1930. Elle a été mise en place par une Commission royale qui avait pour but d'étudier l'organisation et le fonctionnement du système bancaire et monétaire. Au départ privée (en 1934), elle fut rapidement nationalisée (en 1938). Sa raison d'être est de « réglementer le crédit et la monnaie dans l'intérêt de la vie économique de la nation ».

- Le mandat du gouverneur de la Banque du Canada dure sept ans. Il doit échanger régulièrement avec le ministre des Finances sur la politique monétaire.

- La Banque du Canada a la responsabilité de la politique monétaire. Elle agit comme agent financier du gouvernement. Elle supervise les banques à charte, dont elle conserve les dépôts devant servir à la compensation. Elle fournit le papier monnaie dont l'économie a besoin.

- Une institution financière est un organisme qui accepte les dépôts et accorde des prêts. Les banques à charte relèvent du gouvernement fédéral. Elles sont soumises à la *Loi des banques*. Ce sont les seules à pouvoir utiliser l'appellation « banque » dans leur nom. Notre système bancaire est très centralisé. Il existe d'autres institutions financières comme les caisses populaires et les Credit Unions, les trusts, les fiducies, les compagnies d'assurances, les sociétés d'investissement et de petits prêts à la consommation.

- La demande du marché monétaire est constituée d'une demande à des fins de transaction qui varie en fonction du PIB et qui est indépendante du taux d'intérêt, et d'une demande d'actifs liquides qui évolue de façon inverse à l'évolution du taux d'intérêt.

- La masse monétaire M1 est composée du numéraire (des pièces métalliques et de billets de banque) en circulation et des dépôts dans les banques (la monnaie scripturale ou électronique). La masse monétaire varie selon les prêts effectués par les banques à charte. Plus il y a de prêts, plus il y a de dépôts dans le système bancaire et plus la valeur des transactions possibles est grande. L'emprunt crée la monnaie scripturale ou électronique. Le coefficient de réserve encaisse, calculé en pourcentage des dépôts, est l'encaisse liquide que détient une institution pour satisfaire les besoins de ses clients.

- Le système financier est en constante évolution, et le gouvernement modifie régulièrement sa réglementation pour l'adapter à cette réalité changeante. Les principes directeurs des réformes sont : 1) de laisser suffisamment de marge de manœuvre aux institutions financières pour qu'elles puissent s'adapter à l'évolution du marché ; 2) d'accentuer la concurrence pour stimuler l'innovation et la compétitivité des entreprises nationales ; 3) d'améliorer l'accès des consommateurs aux services financiers et la protection des consommateurs ; 4) d'améliorer le cadre réglementaire pour suivre l'évolution rapide du secteur financier.

- L'évolution du secteur financier nous oblige à définir de nouveaux indicateurs de la monnaie de transaction comprenant d'autres formes de monnaie. Ces indicateurs permettent de suivre l'évolution du PIB et de l'inflation.

Exercices

I BIEN COMPRENDRE LE VOCABULAIRE DE BASE

1 Comment appelez-vous :

a) la fonction de la monnaie qui permet de comparer directement la valeur de deux biens ?

b) un bien qui est échangé contre un autre ?

c) la fonction de la monnaie qui permet de différer sa consommation dans le temps ?

d) une monnaie dont la valeur nominale est supérieure à sa valeur intrinsèque ?

e) une monnaie qui possède une valeur en soi ?

2 Définissez dans vos propres mots :

a) la monnaie fiduciaire.

b) le numéraire.

c) la demande de monnaie comme actif liquide.

d) la masse monétaire.

e) une banque à charte.

3 Complétez les énoncés.

a) Les _____ acceptent les dépôts et accordent des prêts.

b) La demande de monnaie _____ dépend en grande partie du PIB.

c) De nos jours, la forme la plus abstraite de monnaie est la monnaie _____.

d) La _____ est la Banque centrale au Canada.

e) Les _____, _____, _____ sont des institutions financières non bancaires.

II BIEN COMPRENDRE LA THÉORIE DE BASE

1 Cherchez l'erreur.

a) Tout bien peut servir de monnaie.

b) La monnaie électronique est créée par Internet.

c) La Banque du Canada a pour fonction de servir d'agent financier du gouvernement. Cela veut dire qu'elle lui prête l'argent nécessaire pour financer son déficit.

d) Le système bancaire canadien est très décentralisé, car les banques à charte ont des succursales partout au Canada.

e) La seule monnaie qui ait vraiment de la valeur est le numéraire. Le reste n'est qu'une représentation abstraite.

f) Le troc est la première forme de monnaie.

g) Les chèques correspondent à de la monnaie scripturale.

h) Le système financier canadien est très stable, ce qui se révèle important pour conserver la confiance des consommateurs dans les services financiers.

i) La *Loi des banques* est la relation qui existe entre la demande de monnaie comme actif liquide et le taux d'intérêt.

j) Le gouverneur de la Banque du Canada est nommé par le ministre des Finances chaque fois que le gouvernement change.

k) Les modifications apportées au système financier visent à permettre à tous d'avoir accès à un compte en banque pour faire augmenter les profits des banques.

l) N'importe qui peut ouvrir une banque ; il suffit de posséder cinq milliards de dollars.

m) En combinant l'offre et la demande de monnaie, on obtient la quantité de papier monnaie nécessaire au bon fonctionnement de l'économie.

2 Suivez les directives.

a) Si le coefficient de réserve encaisse est de 5 %, trouvez l'équation qui permet de connaître le crédit potentiel du secteur financier.

b) Quelle relation (directe ou inverse) y a-t-il entre le coefficient de réserve encaisse et le crédit potentiel ? Rédigez une phrase décrivant cette relation.

c) Si le système financier n'est constitué que d'une seule banque et que son coefficient de réserve encaisse est de 10 %, que son encaisse est de 20 milliards de dollars et que ses dépôts sont de 20 milliards de dollars, combien la banque pourra-t-elle prêter ?

d) Si le système financier n'est constitué que d'une seule banque, que son encaisse est de 100 milliards de dollars, que ses dépôts sont de 450 milliards de dollars et qu'elle peut prêter 550 milliards, quel est son coefficient de réserve encaisse ?

e) Après avoir suivi ce cours, avez-vous envie de retirer votre argent de l'institution financière où elle se trouve ? Dites pourquoi.

III APPROFONDIR LES OUTILS D'ANALYSE ÉCONOMIQUE

1. Définissez les termes *M1*, *PIB réel*, *Niveau général des prix*, *Taux d'intérêt*, *Innovations financières*, *Réserves obligatoires*, *Monnaie de transaction*, *Récession de 1990-1991*, *Agents économiques*, *Inflation*, *Monnaie hors banque*, *Dépôts à vue*, *Dépôts à préavis*, que l'on trouve dans le texte d'actualité des pages 233-234.

2. Quelle est l'utilité d'étudier le système financier canadien?

3. Pourquoi doit-on inclure plus d'éléments dans nos indicateurs de la masse monétaire?

4. À quoi sert le modèle MVCE?

CHAPITRE 9

LES POLITIQUES ÉCONOMIQUES

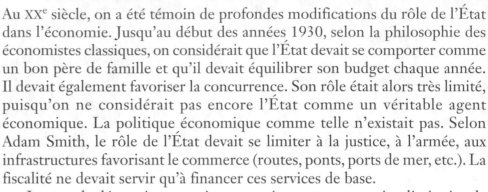

INTRODUCTION

L'intervention de l'État dans l'économie

9.1 Les formes d'intervention

Au XXᵉ siècle, on a été témoin de profondes modifications du rôle de l'État dans l'économie. Jusqu'au début des années 1930, selon la philosophie des économistes classiques, on considérait que l'État devait se comporter comme un bon père de famille et qu'il devait équilibrer son budget chaque année. Il devait également favoriser la concurrence. Son rôle était alors très limité, puisqu'on ne considérait pas encore l'État comme un véritable agent économique. La politique économique comme telle n'existait pas. Selon Adam Smith, le rôle de l'État devait se limiter à la justice, à l'armée, aux infrastructures favorisant le commerce (routes, ponts, ports de mer, etc.). La fiscalité ne devait servir qu'à financer ces services de base.

La grande dépression a remis en question cette conception limitative de l'intervention de l'État dans l'économie. La théorie keynésienne est la source première de cette révolution. L'État accepte alors d'avoir des déficits ; il met en place des programmes sociaux, subventionne des entreprises et réglemente les marchés. Il utilise la fiscalité non plus uniquement comme source de revenus, mais aussi comme moyen d'agir sur l'économie. De plus, il nationalise certaines entreprises, il prend le contrôle de la monnaie et gère son offre en fonction des besoins de l'économie. L'État devient un employeur important.

9.2 La taille de l'État

Toutes ces interventions font croître la taille de l'État. Celui-ci devient, du fait de ses dépenses, de ses revenus et de ses actifs, un agent économique important. À la fin de 1989, les dépenses de l'État (tous les ordres de gouvernement : fédéral, provincial) correspondent à près de 42 % du produit intérieur brut (PIB). La **dette publique** s'accroît également à un rythme de plus en plus rapide. En 1998, elle s'élève à près de 600 milliards de dollars, ce qui correspond à près de 75 % du PIB.

Ce phénomène se produit aussi à l'extérieur du Canada. La plupart des pays industrialisés sont fortement endettés, et les taux d'inflation atteignent des sommets. C'est pourquoi, durant les années 1980, un nouveau courant économique appelé **néolibéralisme** fait son apparition. Les tenants du néolibéralisme prônent un retour aux sources, vers les dépenses de base énoncées par Adam Smith. Les plus radicaux veulent tout privatiser (vente des entreprises d'État). Ils prônent également l'équilibre budgétaire au moyen de la diminution des dépenses et des impôts, de la privatisation et de la déréglementation (diminuer le nombre de lois et de règlements influant sur l'économie). Dans ce contexte, la politique monétaire serait appelée à jouer un plus grand rôle afin d'atténuer les effets des cycles économiques.

La croissance forte et soutenue des années 1994-2000, associée à des hausses d'impôts et à des coupures importantes dans certains programmes sociaux, permet d'atteindre l'équilibre budgétaire (voir le chapitre 10). La définition néolibérale du rôle de l'État ne fait cependant pas l'unanimité. De nombreuses voix s'élèvent contre les coupures dans les programmes sociaux, la santé et l'éducation. La protection de l'environnement et la lutte contre la pauvreté soulèvent des passions. Les deux textes qui suivent font valoir les

Adam Smith affirmait qu'une main invisible ramène toujours l'économie au plein-emploi.

Dette publique
Ensemble des sommes dues par les administrations publiques (les gouvernements).

Néolibéralisme
École de pensée prônant que l'État doit jouer un rôle restreint dans l'économie.

deux points de vue. En effet, l'équation de la politique économique correspond aux valeurs défendues à l'aide d'une approche scientifique. Par exemple, si la lutte contre l'inflation devient une priorité parce qu'elle nuit aux entreprises, l'économique fournira les moyens de lutter contre l'inflation, souvent au prix d'un chômage élevé. Tout le long de ce chapitre, il ne faut pas oublier que la politique économique ne se résume pas à une science. Les valeurs conditionnent les objectifs économiques retenus.

9.3 Le néolibéralisme

Dans les sections qui viennent, vous vous familiariserez avec diverses pratiques néolibérales d'un peu partout dans le monde. Relevez les aspects positifs et négatifs qui en découlent.

Faites bien attention de distinguer entre faits, théorie et opinion.

9.3.1 Les partisans du néolibéralisme

LE NÉOLIBÉRALISME A LE DOS BIEN LARGE

Pierre Arbour

Une habile campagne menée par la presse mondiale dite de gauche critiquant le système économique américain, symbole du néolibéralisme, a réussi à discréditer cette approche chez plusieurs intellectuels canadiens et, en particulier, québécois. Qu'est-ce que le néolibéralisme?

Une définition simple le décrirait comme la gestion de l'économie par le biais de l'initiative privée dans la transparence et la responsabilité financière. Le néolibéralisme n'exclut donc pas les avantages sociaux aux plus démunis ni la création d'un régime universel d'assurance-maladie ou de retraite; le néolibéralisme ne s'identifie pas au seul modèle américain. Le néolibéralisme, par contre, exclut les pratiques de certains pays en voie de développement tendant à favoriser les parents et amis du président, tel qu'on l'a vu récemment en Indonésie. Il ne faut pas confondre néolibéralisme avec liberté des marchés sans règles de droit, qui peut conduire à la quasi-anarchie, comme on le voit en Russie. La prospérité évidente des pays qui ont adopté le néolibéralisme, tels que les États-Unis, l'Angleterre et à un moindre degré le Canada n'existe, surtout, que grâce au respect des lois qui permettent ainsi aux entreprises et aux individus de transiger entre eux avec confiance.

Le néolibéralisme implique aussi la vérité des finances de l'État ainsi que du système bancaire national comme ont réussi à le faire la plupart des pays développés. Nous pouvons affirmer que la tendance vers un équilibre budgétaire et une inflation subjuguée, deux conséquences du néolibéralisme, fut initiée par Ronald Reagan et Margaret Thatcher qui, tous deux, en 1982, firent en sorte de briser le monopole des grands syndicats; dans le cas de Reagan, le syndicat des contrôleurs aériens et, dans le cas de Thatcher, les syndicats du charbon et des transports ferroviaires; celle-ci réussit, par législation, à diminuer le pouvoir excessif de ces syndicats et à privatiser la plupart des sociétés d'État rendues alourdies par la bureaucratie.

Comme résultat, le nombre d'heures perdues à cause des conflits de travail est passé de 1 300 000 heures en 1972 à 250 000 en 1997. Des baisses d'impôts et une inflation modérée permirent à l'économie anglaise de croître plus rapidement que celle de ses voisins, épongeant ainsi un chômage endémique qui diminua de 11 % à 5 % de 1987 à 1989; aux États-Unis, pendant la même période, le chômage diminua de 10,5 % à 4,6 %.

Pendant ce temps, la France n'a pas eu le courage politique de diminuer ni les impôts ni le pouvoir de chantage exercé régulièrement par les grands syndicats des cheminots et des camionneurs; deux fois dans les derniers trois ans, les camionneurs réussirent à paralyser l'économie française durant plus d'une semaine grâce à un blocus des axes routiers, jusqu'à la victoire complète des syndiqués. Entre-temps, le chômage français est de plus de 12,25 % et les jeunes sont de plus en plus révoltés de cette situation.

Le Québec et son élite, peu de temps après la Révolution tranquille, devinrent disciples de la France en ce qui a trait aux plans de développement industriel par l'économie mixte; ce modèle enthousiasma plusieurs représentants de notre élite qui firent des séjours d'études et de travail en France et qui revinrent au Québec prêts à tenter la grande aventure dirigiste. Le Québec eut un succès mitigé avec ses entreprises d'État pendant que la France, qui, souvent, dénigre le néolibéralisme, doit maintenant régler la note des ambitions dirigistes du gouvernement Mitterrand qui nationalisa la plupart des banques françaises en 1988. La facture finale attribuée à la seule « éponge » pour le Crédit Lyonnais dépassera, suivant une commission de l'Union européenne, les 110 milliards de francs, soit près de 2000 francs par habitant. Ces pertes énormes, conséquence des rêves socialisants de François Mitterrand, ne sont pas vraiment discutées dans la presse française dite de gauche et, pourtant, les sujets ne manquent pas, dont les déficits de la Société nationale des chemins de fer (SNCF), d'Air France et des Charbonnages de France.

Quand ce ne sont pas les déficits des grandes sociétés d'État qui priment, c'est la corruption qui exerce son influence néfaste, tel

▷

l'ancien président de la société pétrolière Elf-Erap, possédée en partie par l'État français, accusé d'avoir présidé à une opération de corruption sans précédent dans l'histoire des sociétés d'État françaises.

[...]

En plus de sa loi anticorruption, les États-Unis ont contribué à l'élimination des monopoles et des collusions commerciales grâce à leur loi antitrust [...].

[...]

« Que les riches paient ! »

Ce slogan familier, surtout au Québec, donne le ton aux discussions fréquentes sur la pauvreté en général et sur les privilèges des riches qui ne paieraient pas leur juste part d'impôts au Canada.

Récemment, Revenu Canada publiait sa 52e édition sur l'impôt des particuliers. L'édition de 1997 comporte des renseignements sur toutes les déclarations de revenus de l'année d'imposition 1995 qui ont été produites. Sur les 20 514 000 particuliers ayant fait des déclarations d'impôts, 6,7 % seulement avaient des revenus de 60 000 $ et plus, pendant que le reste, soit 83,3 %, avaient moins de 60 000 $ de revenus. Ces 6,7 % de contribuables fournirent plus de 41,5 % des impôts payés, ce qui démontre que malgré les abris fiscaux dénoncés par certains, les « riches » paient certainement une proportion énorme des impôts personnels ; les bas revenus, ceux qui font moins de 35 000 $ par année, soit 75,5 % des contribuables, contribuèrent en 1995 à 23,7 % du total des impôts payés. Si l'on veut que le capitalisme survive et par extension la libre entreprise, il va falloir protéger à tout prix les acquis sociaux et continuer à fournir des revenus d'appoint aux plus démunis. Quant aux abus du capitalisme sauvage, il devra être restreint par une réglementation éclairée visant à répartir les chances de réussir sur l'ensemble de la population et pas seulement pour les riches ; l'État doit alors assumer son rôle d'arbitre impartial du système capitaliste.

Recette contre le chômage

Le néolibéralisme tend à donner le maximum de liberté aux individus et aux entreprises à l'intérieur d'un cadre de lois visant à restreindre les abus ; les pays anglo-saxons semblent avoir adopté ce système plus que les autres, certainement plus que la France, qui s'en tient encore au vieux modèle de l'après-guerre de l'économie mixte et de niveaux d'impôts élevés. On peut se demander si les succès économiques mondiaux, particulièrement en ce qui a trait au niveau du chômage, ne seraient pas reliés à une recette fort simple de taxation moindre de l'économie, contrairement à ce qui est pratiqué au Québec ou en France.

Si l'on juge un arbre à ses fruits, on peut alors affirmer que le néolibéralisme tel qu'adopté par les États-Unis a su juguler la catastrophe n° 1 de l'Occident, le chômage, surtout chez les jeunes. Pendant que les États-Unis, malgré de nombreux licenciements chez la grande entreprise, créaient plus de 17 millions d'emplois en dix ans, l'Europe sauf la Grande-Bretagne en était au même point qu'en 1987, avec le double du chômage. Le danger qui nous guette, ce n'est pas le néolibéralisme mais bien l'hostilité des élites françaises et québécoises vis-à-vis d'un système qui a fait ses preuves de création d'emplois, contrant ainsi la plaie sociale de notre temps, qui est le chômage endémique de nos jeunes.

Source : Tiré de Pierre Arbour, « Le néolibéralisme a le dos bien large », *Le Devoir*, 5 mai 1998, vigile.net/economie/critique/arbourdoslarge.html.

9.3.2 Les opposants au néolibéralisme

POUR UN NÉOLIBÉRALISME À VISAGE HUMAIN

Yao Assogba

Dans son texte intitulé « Le néolibéralisme a le dos large » (*Le Devoir*, 5 mai 1998), Pierre Arbour dénonce « la presse mondiale dite de gauche » qui critique fortement le néolibéralisme jusqu'à réussir à le discréditer « chez plusieurs intellectuels canadiens et en particulier québécois ». Mais, en fait, « qu'est-ce que le néolibéralisme ? », se demande-t-il ? M. Arbour s'attarde à le définir par ses vertus essentiellement économiques, comme si les critiques du néolibéralisme ne les connaissaient pas.

Certes, depuis l'effondrement du Bloc communiste, l'économie de marché se présente mondialement comme le système qui aura « triomphé » du temps et de l'espace, et auquel l'histoire aurait donné raison jusqu'à preuve du contraire. Mais le néolibéralisme triomphant est loin d'être « la fin de l'histoire ». Celle-ci continue de s'écrire sous nos yeux tous les jours. Les critiques du néolibéralisme n'ignorent pas les « vertus » économiques de ce système, mais ils s'attaquent plutôt à ses graves conséquences sociales. L'apologie que fait M. Arbour du néolibéralisme me rappelle celle que, jadis, le colonisateur européen faisait du colonialisme. J'emprunterai donc le style que le grand poète et écrivain antillais Aimé Césaire a utilisé dans son ouvrage *Discours sur le colonialisme* pour répliquer au colonisateur.

[...]

M. Arbour parle de diminution du nombre d'heures de conflits de travail (il serait passé « de 1 300 000 heures en 1972 à 250 000 en 1997 ») en Grande-Bretagne grâce à la politique néolibérale qui a brisé « le monopole des grands syndicats ». Les critiques parlent de licenciements massifs, de détresse et de brisure de nombreux foyers.

M. Arbour parle de « baisses d'impôts et d'une inflation modérée » qui ont permis « à l'économie anglaise de croître plus rapidement que celle de ses voisins, épongeant ainsi un chômage endémique qui diminua

▷

de 11 % à 5 % de 1987 à 1989 ». Les critiques citent les rapports récents de l'ONU, de la Banque mondiale et de l'OCDE :

« Au Royaume-Uni, les inégalités entre riches et pauvres sont les plus importantes du monde occidental, comparables à celles qui existent au Nigeria, et plus profondes que celles que l'on trouve, par exemple, à la Jamaïque, au Sri Lanka ou en Éthiopie. » (Ignacio Ramonet, *Géopolitique du chaos*, Paris, Galilée).

M. Arbour parle de diminution du chômage, [qui est passé] de 10,5 % à 4,6 % de 1987 à 1989 aux États-Unis. Les critiques parlent de 60 millions de pauvres aux États-Unis, le pays le plus riche du monde et le « symbole » par excellence du néolibéralisme (*Le Monde diplomatique*, n° 530, mai 1998), d'aggravation des inégalités socio-économiques : 41 millions de citoyens américains ne disposent pas d'assurance-maladie publique.

M. Arbour parle des deux grands pays anglo-saxons qui ont « jugulé la catastrophe n° 1 de l'Occident, le chômage, surtout chez les jeunes ». Les critiques parlent de décrochage scolaire, de chômage chronique, d'exclusion, de hausse de criminalité, de tabagisme, de toxicomanie, de prostitution, d'augmentation du taux de suicide chez les jeunes, de taux de grossesse élevé chez les adolescentes, etc. (*Le Devoir*, 6 mars 1998). Les jeunes de tous les pays du monde, y compris les États-Unis et l'Angleterre, que M. Arbour cite comme modèles de néo-libéralisme à succès. Il y a une mondialisation de la détresse des jeunes dans les sociétés contemporaines déboussolées, privées de sens, dépourvues d'« humanitude » à cause des grands maîtres du monde qui sont soumis à ce qu'Albert Jacquart appelle la « dictature de l'économisme ».

M. Arbour parle des riches qui « paient certainement une proportion énorme des impôts personnels ». La presse mondiale dite de gauche, et dans le cas présent *Le Devoir*, nous apprend qu'en dépit de la croissance économique, le taux de pauvreté infantile a atteint son plus haut sommet en 17 ans. « Les gouvernements ont réussi à éliminer ou réduire leur déficit mais ils l'ont fait au prix d'une hausse du taux de pauvreté au Canada, révèle le dernier rapport du Conseil du bien-être social », (Manon Cornellier, *Le Devoir*, 12 mai 1998).

M. Arbour parle de croissance économique et de réduction des déficits. Les critiques parlent de démantèlement des services sociaux et de santé, d'éducation, de salles d'urgence engorgées, de professionnels de la santé submergés, d'écoles qui manquent de livres…

Bref, M. Arbour fait l'éloge du néolibéralisme en général et des modèles des États-Unis et de l'Angleterre en particulier. Les critiques reconnaissent les capacités économiques du système néolibéral mais rappellent que ces capacités doivent être mises au service du bien-être des individus, des groupes et de la majorité de la population. Une minorité de rentiers ne doivent pas réduire des pans entiers de collectivités en « assistés sociaux », et en pauvres dans un monde de plus en plus riche. Il faut une redistribution des revenus. Par exemple, une taxe de 0,1 % sur les transactions sur les marchés des changes procurerait à la communauté internationale « environ 166 milliards de dollars, soit deux fois plus que la somme annuelle nécessaire pour éradiquer la pauvreté d'ici la fin du siècle » (Ignacio Ramonet, *Le Monde diplomatique*, n° 525, décembre 1997). Et, d'après l'avis des experts, l'instauration d'une telle taxe est techniquement possible.

Certes, du point de vue de l'histoire, on doit composer avec le néolibéralisme, mais il faut qu'il ait un visage humain, car depuis Marcel Mauss on sait qu'aucune société humaine ne saurait se construire sur le seul registre du contrat économique et utilitaire. La vie sociale est dons, et ce sont ces dons qui favorisent le bien-être global de l'être humain et donnent un sens à sa vie. Donc, « un autre monde est possible » (lire *Le Monde diplomatique*, n° 530, mai 1998).

Source : Tiré de Yao Assogba, « Pour un néolibéralisme à visage humain », *Le Devoir*, 6 juin 1998.

9.3.3 Le néolibéralisme dans le monde

TEMPS

D'ARRÊT 9.1

Résumez la façon dont se sont traduites les diverses caractéristiques du néolibéralisme en Afrique, en Amérique latine et en Asie.

L'AFRIQUE : UN CONTINENT EN MUTATION

Ignacio Ramonet

L'Afrique semble crouler sous les problèmes : guerres, massacres, coups d'État, crises politiques et sociales, dictatures, maladies, exodes… Et pourtant, là comme ailleurs, des femmes et des hommes luttent pour leurs droits et leur dignité, des associations à caractère civique se multiplient, des expériences démocratiques se prolongent, les créateurs, les artistes et les artisans font preuve d'une formidable vitalité, les sociétés de plus en plus urbanisées bougent, se transforment et se projettent avec confiance vers l'avenir.

[…]

Après les indépendances, beaucoup de pays avaient choisi des politiques volontaristes de développement. Elles n'ont pas permis le décollage économique à cause du poids écrasant de la dette extérieure et d'une division internationale du travail déséquilibrée. Depuis, les

▷

institutions financières du Nord imposent, avec la complicité des élites locales, des politiques libérales qui aggravent la crise. Avec les accords de Lomé, la Communauté européenne avait voulu atténuer les rigueurs de la compétition mondiale en accordant aux pays d'Afrique, des Caraïbes et du Pacifique des avantages unilatéraux, tel l'accès privilégié au marché européen. Elle cherchait aussi à compenser la variation des prix mondiaux des matières premières et des produits agricoles. En 2000, avec l'adoption de l'accord de Cotonou, les Européens ont abandonné cette ambition et adopté le libre-échange classique.

Mais la mondialisation profite peu au continent. Le prix Nobel d'économie et ancien vice-président de la banque mondiale Joseph Stiglitz a démontré, à partir du cas de l'Éthiopie, l'inanité des directives que le Fonds monétaire international impose aux États africains. « Ce que disent les statistiques, écrit Stiglitz, ceux qui sortent des capitales le voient de leurs yeux dans les villages d'Afrique : l'abîme entre les pauvres et les riches s'est creusé, le nombre de personnes qui vivent dans la pauvreté absolue, [avec] moins de 1 euro par jour, a augmenté. Si un pays ne répond pas à certains critères minimaux, le FMI suspend son aide, et, quand il le fait, il est d'usage que d'autres donateurs l'imitent. Cette logique du FMI pose un problème évident : elle implique que, s'il obtient de l'aide pour une réalisation quelconque, un pays africain ne pourra jamais dépenser cet argent. Si la Suède, par exemple, octroie une aide financière à l'Éthiopie pour qu'elle construise des écoles, la logique du FMI impose à Addis-Abeba de conserver ces fonds dans ses réserves, au prétexte que la construction de ces écoles va entraîner des dépenses de fonctionnement (salaires des personnels, maintenance des équipements) non prévues au budget et va conduire à des déséquilibres nuisibles pour le pays. »

Ces politiques néolibérales fragilisent en particulier les producteurs africains de coton. C'est toute l'économie des grands pays du Sahel qui est menacée. Pour le Tchad, le coton est le premier produit d'exportation ; au Bénin, il représente 75 % des recettes d'exportation ; au Mali, 50 % des ressources en devises, et au Burkina Faso, 60 % des recettes d'exportation et plus du tiers du produit intérieur brut (PIB). L'huile obtenue à partir des graines de coton représente l'essentiel de la consommation d'huile alimentaire au Mali, au Tchad, au Burkina Faso, au Togo, et une proportion importante en Côte d'Ivoire et au Cameroun. Sans parler de l'alimentation pour le bétail dérivée du coton.

La dévaluation du franc CFA, imposée en 1994, n'a pas arrangé les choses. Elle a aggravé les déséquilibres structurels des quatorze États concernés, dont onze figurent parmi les pays les moins avancés du monde. L'échec économique d'une grande partie de l'Afrique subsaharienne impose de redéfinir le concept même de développement.

En matière de politique étrangère, depuis l'abolition de l'apartheid en Afrique du Sud et la fin du conflit Est-Ouest, les cartes se redistribuent sur l'ensemble du continent. Plusieurs pays développent une diplomatie autonome, en particulier la République sud-africaine, qui est devenue un acteur majeur, même si, au-delà d'initiatives ponctuelles, la politique de Pretoria semble tâtonner.

Les puissances occidentales se livrent à une nouvelle guerre d'influence à coups d'accords économiques et de partenariats militaires. Au prétexte de lutter contre le terrorisme, les États-Unis ont multiplié ces dernières années les accords militaires avec les pays africains, y compris les États francophones liés à Paris. Washington marque ainsi des points dans le pré carré français. Il faut dire que, quarante ans après les indépendances, Paris n'a plus de projet affirmé. La France était naguère « faiseuse de rois » dans sa « chasse gardée » africaine. Et ses ambassadeurs, doublés au Tchad, en Centrafrique ou au Gabon d'influents agents plus ou moins secrets, orientaient ouvertement la politique intérieure. Incapable de rompre avec cette tradition « françafricaine », Paris s'est retrouvé piégé en Côte d'Ivoire.

[…]

Les crises qui frappent l'Afrique sont aussi sanitaires. Le paludisme tue de 1 à 2 millions de personnes par an, et le sida beaucoup plus. Le principal allié du sida est la pauvreté. Dans les pays africains, les populations et les États ne peuvent rien faire pour tenter d'enrayer la maladie par faute de moyens. Ne rien faire, c'est se résigner à voir disparaître des populations entières. L'Afrique subsaharienne à elle seule compte 71 % des personnes atteintes, soit 24,5 millions de personnes adultes et enfants. Chez les jeunes Africaines, le taux moyen d'infection est cinq fois plus élevé que chez les jeunes hommes.

Mais les raisons d'espérer abondent. Et pour peu qu'on soit curieux, on peut observer le pullement d'expériences qui témoignent d'une exceptionnelle vitalité. Par exemple, en décembre 2004, à Lusaka (Zambie), s'est tenu le 3e Forum social africain. Malgré le manque de moyens, cette réunion précédée de plusieurs forums locaux a montré la diversité et la richesse du mouvement social. Malgré la crise et l'instabilité politique, les expériences démocratiques se sont multipliées depuis les années 1990. Des pratiques civiques originales en émergent. L'avènement du multipartisme a permis, à peu près partout, l'éclosion de nouveaux espaces de liberté, même s'il a rarement conduit à des transformations qualitatives irréversibles, tant du point de vue de la vie civique que du point de vue du bien-être matériel des populations. En outre, partout, l'absence de solutions de rechange crédibles au modèle néolibéral a provoqué soit le repli dans un discours moral ou religieux, soit des crispations identitaires, soit encore l'aggravation des luttes pour la conquête ou la conservation du pouvoir. On l'a vu au Sénégal où, en mars 2000, la défaite électorale du président Abdou Diouf et l'accession au pouvoir de M. Abdoulaye Wade ont suscité un vaste espoir de changement politique et social. Mais la nouvelle équipe n'a pas su, jusqu'à présent, engager les réformes d'envergure indispensables.

À l'échelle continentale, l'échec de l'Organisation de l'unité africaine (OUA), qui avait vu le jour en 1963 à Addis-Abeba (Éthiopie), s'est confirmé. Son bilan apparaît globalement négatif au regard des objectifs prévus par sa charte fondatrice, en particulier son article 2, qui prévoyait le renforcement de la solidarité entre États et la coordination de leurs politiques. En ce qui concerne un autre point capital, la défense de la souveraineté, de l'intégrité territoriale et l'indépendance des États membres, l'OUA s'est retrouvée dans l'incapacité de régler les conflits du Liberia, de la Somalie, de la Sierra Leone, du Rwanda, du Burundi et de la République démocratique du Congo. Comment s'étonner que, devant tant d'échecs, l'OUA ait été remplacée, en juillet 2001, par l'Union africaine, qui aura à relever les graves défis continentaux ? Une nouvelle étape s'ouvre ainsi dans l'histoire du panafricanisme.

Source : Tiré de Ignacio Ramonet, « Un continent en mutation », *Le Monde diplomatique*, février 2005, p. 6-7, www.monde-diplomatique.fr/mav/79/RAMONET/11856.

AMÉRIQUE LATINE : L'ORDRE NÉOLIBÉRAL EN PLEIN DÉSORDRE

Ernesto Herrera

Un regard porté sur la situation politique de l'Amérique latine nous contraint à poser une question : les mutations à l'œuvre y indiquent-elles l'émergence d'une nouvelle forme de rapports de forces sociopolitiques ? Divers facteurs d'ordre politique, économique, social et militaire créent progressivement un cadre où s'affirme avec force une crise de gouvernance.

Frappée de plein fouet par la crise de la dette de 1982, l'Amérique latine a appliqué les recettes du FMI et de la Banque mondiale : les entreprises publiques ont été privatisées, les dépenses budgétaires ont été réduites et la maîtrise de l'inflation est devenue une priorité. Aujourd'hui, le paysage sociopolitique latino-américain, taillé par ces années de politique néolibérale, est en train de se déliter.

Depuis 1980, le nombre de pauvres est passé de 120 millions à 200 millions au sein du continent. Conséquence logique : dans plusieurs pays, le « désordre » est à l'ordre du jour et le changement de millénaire en Amérique latine donne lieu à une vague d'explosions sociales, de grèves, d'occupations de terres, de marches de protestation et d'affrontements violents.

Une fin de siècle en désordre

En Bolivie, la privatisation du système de distribution d'eau à Cochabamba a entraîné un véritable état de siège à la mi-avril 2000. Cette décision, prise sous les conseils de la Banque mondiale, a en réalité conduit à une hausse très forte du prix de l'eau. La Banque mondiale estimant que les consommateurs devaient assumer seuls cette hausse drastique, les conflits se sont multipliés, poussant le gouvernement à démissionner en bloc.

Au Pérou, le coup de force réalisé par le président Fujimori, afin de briguer un troisième mandat présidentiel – alors que la Constitution péruvienne ne lui permet que deux mandats successifs – a aggravé la crise que traverse le pays. Alors qu'une large série de fraudes électorales ont été constatées (lacunes dans l'enregistrement informatique, électeurs fantômes, etc.), les Péruviens sont descendus dans la rue pour refuser cinq ans de dictature supplémentaire.

Au Venezuela, on assiste depuis fin 1999 à un écroulement de l'ensemble des institutions politiques de l'ancien régime et à la naissance d'un nouveau régime politique qui reçoit un appui de masse enthousiaste. Un populisme à double face entre en scène : d'un côté, il démantèle l'État clientéliste des partis traditionnels et modifie les relations avec les États-Unis. De l'autre, il applique un plan économique d'austérité qui garantit les flux des capitaux étrangers dans les secteurs stratégiques de l'économie vénézuélienne (entre autres celui de l'industrie pétrochimique).

Au Brésil, des dizaines de milliers de citoyens (paysans, ouvriers, etc.) organisent des marches dans le pays et exigent la démission du président Fernando Henrique Cardoso qui, pour se justifier, accuse le FMI de freiner les programmes sociaux du gouvernement.

En Équateur, il n'est pas exagéré d'affirmer que des soulèvements à caractère insurrectionnel, certes sans débouché politique défini, marquent la vie du pays depuis plusieurs années. En janvier 2000, le président équatorien Mahuad remplaçait la monnaie nationale (le sucre) par le dollar, tandis que 10 000 Indiens occupaient Quito et dénonçaient cette dollarisation du pays (les Indiens représentent un quart de la population équatorienne). Un coup d'État mort-né a eu lieu, puisque le président déposé Mahuad a été remplacé par son vice-président, Gustavo Noboa, qui poursuit la politique de son prédécesseur : suite à un prêt de 304 millions de dollars accordé par le FMI, le pays applique depuis avril 2000 un programme de mesures drastiques (austérité budgétaire et suppression des subventions sur les produits de base), provoquant manifestations, grèves générales et démission du ministre des Finances.

Au Mexique, la grève de la plus grande université, la UNAM (160 000 étudiants), qui a débuté fin 1998, a en définitive duré onze mois, alors que les mobilisations des populations indigènes et zapatistes restent d'actualité.

Dans le Chili de la « concertation », les luttes des paysans mapuches et de divers syndicats convergent avec les revendications des organisations de défense des droits de la personne humaine, qui maintiennent leur exigence d'un jugement de Pinochet. En Argentine, où 40 % de l'industrie et 90 % des banques sont déjà aux mains des investisseurs internationaux, des dizaines de milliers de personnes protestent en juin 2000 contre une nouvelle coupe budgétaire imposée par le FMI et appellent à la grève générale.

Ces « désordres » se sont aussi développés, avec plus ou moins d'intensité, au Panama, au Nicaragua et en Uruguay.

Lorsqu'on examine ces divers mouvements, des revendications communes ressortent : l'opposition aux programmes d'ajustement et de privatisation imposés par le FMI, la Banque mondiale et la BID (Banque interaméricaine de développement), la lutte contre la « flexibilisation » sans limite du travail, la montée du chômage et de la précarité, ainsi que contre les baisses salariales.

[...]

En résumé, la crise de domination des classes dirigeantes, dans de nombreux pays d'Amérique latine, s'insère simultanément dans un processus de transition politique et de crise économique, avec toutefois une prédominance pour le second élément.

Une crise qui s'approfondit

[...] Pour faire court, on a assisté à un transfert massif de la propriété publique vers le secteur privé, sur lequel l'emprise étrangère s'est accrue. Autrement dit, des secteurs stratégiques de nombreux pays d'Amérique latine sont directement contrôlés par un cercle restreint de groupes financiers ayant leur base dans les pays du G7 (Groupe des sept pays les plus industrialisés). Et les revenus des privatisations ont servi au financement du service de la dette extérieure. L'Argentine représente l'exemple le plus frappant à ce propos : sur les 39,6 milliards de dollars résultant des privatisations au cours de la période 1989-1998, 57 % furent consacrés au paiement de la dette extérieure.

[...]

Une population prise en otage financier

Les mécanismes de transfert de richesses des travailleurs de l'Amérique latine en direction du capital financier des pays industrialisés sont d'une brutalité extrême. À l'échelle de chaque pays, la même machinerie est à l'œuvre. Le dernier rapport de la BID, intitulé *Amérique latine : face à l'inégalité*, le confirme sans détours : « L'Amérique latine et la Caraïbe est *(sic)* la région où se concentrent les plus grandes inégalités dans la redistribution des revenus et où les personnes les plus riches reçoivent la part la plus grande de la richesse produite : 40 % des revenus sont aux mains de 1 % de la couche la plus riche. » La BID peut multiplier les explications d'ordre technique, elle ne peut voiler les résultats sociaux d'un développement économique du continent soumis aux diktats du capital financier international : plus de 150 millions de Latino-Américains, c'est-à-dire quelque 33 % de la population, disposent d'un revenu inférieur à deux dollars par jour. Aujourd'hui, le pouvoir d'achat des salaires minimums – pourtant une norme loin d'être respectée par le passé – est de 27 fois inférieur à celui du tout début des années 80. Dans le secteur dit informel, qui occupe une place très importante dans tout le continent, les études montrent un recul de 1 % des revenus entre 1990 et 1998. Or, comme l'a confirmé l'étude de l'OIT (Organisation internationale du travail), rendue publique à Lima en août 1999, l'essentiel des emplois créés durant les dernières années le furent dans ce secteur informel.

Face à des inégalités aussi criantes, la réponse d'une économiste mexicaine de la BID, Diana Alarcon – publiée dans la revue *Tres Puntos* (Buenos Aires) en juillet 1999 – mérite d'être relevée : « De quel marché parlons-nous si plus d'un tiers de la population latino-américaine est exclu du marché par la pauvreté ? Le grand défi des politiques actuelles consiste à incorporer les pauvres au marché. Si la région ne veut pas voir perdurer les taux de croissance médiocres des dernières années, il faut faire des pas dans la direction d'une redistribution des revenus. » Ce discours, qui entre en syntonie avec celui de la Banque mondiale et du FMI, révèle le souci des institutions financières internationales de prendre quelques mesures préventives pour canaliser et freiner les luttes populaires qui prospèrent sur le terreau préparé par leur propre politique.

L'urgence de programmes alternatifs

Il n'y a manifestement aucune illusion à avoir sur le contenu économique et social des nouveaux programmes popularisés par Joseph Stiglitz, lorsqu'il était encore vice-président de la Banque mondiale[1]. D'où l'urgence que les mobilisations populaires s'accompagnent d'un débat à l'échelle du continent. Un débat qui porte entre autres sur les programmes alternatifs *(sic)* à défendre. Les têtes de chapitre de tels programmes peuvent déjà être repérées dans les revendications portées par les divers mouvements sociaux : l'opposition aux programmes d'ajustement imposés par le FMI, la Banque mondiale et la BID ; la remise en question de l'actuel service de la dette extérieure ; un ensemble d'exigences portant sur le système de santé, l'éducation, le logement, l'emploi, les salaires et la « flexibilisation » extrême du travail ; la défense effective des droits de la personne humaine conjointement aux droits sociaux, démocratiques et politiques, ce qui débouche sur une remise en question des rapports marché/démocratie ; la redéfinition du rôle de l'État face à l'ouverture des marchés.

L'ensemble des programmes mis en avant par des composantes sociales diverses aboutit à la nécessité d'une relance d'un véritable débat sur les thèmes de la croissance, d'un modèle de développement dans le contexte de la mondialisation et de projets de société dits alternatifs.

Enfin, dans certaines plates-formes s'esquissent des éléments proposant, à l'occasion de la critique des processus d'intégration économiques régionaux, une « déconnexion relative », une rupture face au modèle présent de concentration du capital à l'échelle mondiale.

Source : Tiré de Ernesto Herrera, « Amérique latine :
L'ordre néolibéral en plein désordre »,
users.skynet.be/cadtm/pages/francais/herrera.htm

1. Joseph Stiglitz, vice-président de la Banque mondiale, a dénoncé à plusieurs reprises les dérives socioéconomiques entraînées notamment par les plans drastiques d'ajustement du FMI et de la Banque mondiale. À un point tel qu'il fut sommé de remettre sa démission en décembre 1999 (sous la pression du secrétaire aux finances américain, Larry Summers).

AUX ORIGINES DU NÉOLIBÉRALISME EN CHINE

Wang Hui

La répression du mouvement de 1989, place Tiananmen, a marqué un tournant dans l'histoire chinoise. Cette mobilisation abusivement réduite par les commentateurs à une protestation estudiantine et libérale a touché de bien plus vastes couches de la population, porteuses d'une double revendication sociale et politique. L'écrasement du mouvement a permis l'accélération de la « transition » chinoise vers l'économie de marché dans des conditions autoritaires, avec une montée des inégalités. Analyse de l'une des grandes figures intellectuelles chinoises.

Depuis la fin des années 1970, et surtout depuis 1989, le gouvernement chinois a engagé une politique de libéralisation radicale et rejoint les acteurs les plus enthousiastes de la mondialisation. Si les réformes instaurant une économie de marché ont été abondamment commentées, en revanche, l'interaction entre l'État et les marchés n'a guère retenu l'attention. Or les réformes, notamment celle de l'urbanisme mise en œuvre à partir de 1984, ont entraîné une redistribution des richesses : le transfert et la privatisation de ressources détenues jusque-là par l'État ont profité à de nouveaux groupes d'intérêts particuliers, qui ont détourné le processus réformateur à leurs propres fins. Des inégalités fortes sont apparues, comme en témoignent l'effritement de la couverture sociale, le fossé grandissant entre riches et pauvres, le chômage de masse et l'exode des populations rurales vers les zones urbaines.

▷

Rien de cela n'aurait pu se produire sans l'intervention de l'État, qui a maintenu le système politique en vie, mais s'est dégagé des autres fonctions qu'il exerçait dans la société. [...] (lire « Gagnants et perdants de l'ouverture chinoise »).

Pour en comprendre l'origine, il faut remonter aux transformations économiques qui ont eu lieu entre 1978 et 1989, et analyser le rôle de l'État dans la mise en place de l'économie de marché. L'échec du mouvement social de 1989, dont les aspirations sociales et démocratiques ont été écrasées le 4 juin sur la place Tiananmen, représente le moment décisif de cette évolution.

Si la plupart des études ont mis en avant le rôle des étudiants, des intellectuels et des noyaux « réformistes » au sein de l'État, en réalité, le mouvement social a mobilisé des secteurs bien plus vastes de la société. Les étudiants, bien entendu, ont joué un rôle, car la libération intellectuelle et les « Lumières » des années 1980 avaient sapé les anciennes idéologies et ouvert de nouvelles perspectives à la pensée critique. Mais la spontanéité et l'étendue de la mobilisation de 1989 montrent que son origine sociale était bien plus large et plus diversifiée.

[...]

On peut distinguer deux phases dans les réformes. La première, entre 1978 et 1984, a concerné les zones rurales. L'augmentation du prix des produits agricoles, l'encouragement à la consommation et le développement de l'industrie locale ont progressivement réduit l'écart de revenus entre villes et campagnes. Si l'introduction partielle de mécanismes de marché a joué un rôle annexe dans cette évolution positive, les réformes étaient fondées sur des pratiques traditionnelles chinoises de répartition de la terre obéissant à des principes d'égalité. La productivité agricole a augmenté et, pendant un temps, la polarisation entre zones urbaines et rurales s'est atténuée. En 1984 a commencé une seconde phase, urbaine et généralement considérée comme décisive pour le développement de l'économie de marché. Du point de vue social, cette période a été caractérisée par la « décentralisation du pouvoir et des intérêts » (*fangquan rangli*) : un processus de redistribution des avantages sociaux et des intérêts économiques, via *(sic)* le transfert à des intérêts privés des ressources précédemment contrôlées et coordonnées par l'État. Les dépenses publiques ont fortement baissé après 1978 et les gouvernements locaux se sont vu accorder un pouvoir et une indépendance accrus.

[...]

L'accent a surtout été mis sur la réforme des entreprises d'État : elles ont d'abord disposé d'une plus grande indépendance et elles ont été encouragées à réorganiser leurs activités, à changer leur mode de gestion. Puis, sous la pression d'un chômage grandissant, l'État a préféré les transferts d'actifs aux fermetures d'entreprises tout en maintenant l'orientation fondamentale vers l'économie de marché. L'ensemble du processus – fusions, transferts d'actifs et fermetures d'entreprises – a transformé les rapports de production. Une fois que l'État a commencé à renoncer à ses prérogatives dans les domaines industriel et commercial, qu'il est passé de l'élaboration et de l'application du Plan à un ajustement macroéconomique, les inégalités dans la distribution des ressources propre à l'ancien système ont explosé, se traduisant immédiatement par de nouvelles inégalités entre couches sociales et entre individus.

C'était presque inévitable, en l'absence de contrôle démocratique et d'un système économique approprié. La position et les intérêts des travailleurs, et même ceux des fonctionnaires, ont été sérieusement malmenés. En témoignent l'affaiblissement de leur rôle économique, la polarisation au sein d'une même couche de la société, la stagnation des avantages sociaux et des revenus ouvriers. Sans parler de l'absence de toute sécurité de l'emploi pour les personnes âgées, faibles, malades, handicapées et les femmes enceintes. [...]

Au milieu des années 1980, l'inflation galopante, la menace de chaos économique et d'instabilité sociale à grande échelle ont relancé le débat : quelle voie choisir entre, d'une part, une réforme radicale de la propriété et la privatisation générale des entreprises publiques, de l'autre, un ajustement structurel encadré par l'État et une libéralisation partielle des prix ? Le choix s'est porté sur la seconde option, qui a, dans l'ensemble, réussi, car la réforme des prix a contraint les anciens monopoles à s'adapter, en stimulant des mécanismes de marché. L'importance du succès ressort clairement lorsque l'on compare ces résultats à ceux de la « privatisation spontanée » en Russie.

[...]

La stagnation de la réforme rurale après 1985 n'a fait qu'accentuer la désillusion grandissante quant au programme de réformes. Si l'on ajoute à tout cela l'exacerbation des conflits d'intérêts au sein même de l'État, tous les ingrédients étaient réunis pour une crise de légitimité en bonne et due forme. L'opinion chinoise n'approuvait pas l'économie planifiée. Mais la transformation du système entamée à la fin des années 1970 a inspiré la défiance lorsque de nouvelles inégalités sont apparues au grand jour. La légitimité des réformes, leur fondement politique et légal ont alors été remis en question.

[...]

Dans l'ensemble, le mouvement a représenté une réaction spontanée d'autoprotection sociale et de protestation contre l'autoritarisme. Cependant, il comptait, parmi ses différentes composantes, les groupes d'intérêts particuliers qui avaient naguère été les grands vainqueurs de la décentralisation du pouvoir et des richesses. Ces derniers avancèrent leurs propres revendications, réclamant du gouvernement qu'il mette en œuvre un programme de privatisation radical. Ils instrumentalisèrent le mouvement pour modifier les rapports de force au sein du gouvernement dans un sens qui les arrangeait (des groupements économiques comme la Kanghua Company et la Sitong Company ont exercé de fortes pressions). Le même phénomène s'est produit parmi les intellectuels étroitement liés au pouvoir d'État.

[...]

Il faut situer le mouvement dans le contexte global de l'essor des marchés et de l'émergence de forces sociales contestant le système mondial dominant. Il fait partie d'un continuum qui a conduit aux mouvements de protestation contre l'OMC à Seattle, en novembre-décembre 1999, et contre le FMI à Washington, en avril-mai 2000. Toutes ces mobilisations ont exprimé un espoir utopique d'égalité *et* de liberté. Plutôt que de reconnaître cette double signification du mouvement de 1989, le discours dominant en a fait la preuve de l'excellence du modèle occidental. L'événement a ainsi été vidé de son contenu et de sa force critique. Il a été dépossédé de son importance

▷

historique en tant que protestation contre les nouveaux rapports de pouvoir contre la nouvelle hégémonie et la nouvelle tyrannie (et non plus seulement l'ancienne).

Après Tiananmen, la contestation sociale a été comprimée dans un espace très réduit et le discours néolibéral est devenu hégémonique. En septembre 1989, le gouvernement a mis en œuvre la réforme des prix qu'il n'avait pu imposer quelques années plus tôt. Et suite à la tournée de M. Deng Xiaoping dans le Sud, en 1992, il a accéléré la mise en place du marché. La politique monétaire est devenue un important instrument de contrôle et le taux de change a été ajusté afin de promouvoir les exportations. La concurrence à l'exportation a entraîné l'apparition et le développement des compagnies de gestion ; les différences de prix dues au « double système » ont diminué ; le district de Pudong, à Shanghaï, a été ouvert au développement et de nouvelles « zones de développement » ont bientôt essaimé partout.

Dans les années qui ont suivi, les écarts de revenus entre couches sociales et entre régions se sont creusés ; une nouvelle population de pauvres n'a cessé de croître. Irrécupérable, l'ancienne idéologie a été remplacée par la stratégie dite « forts sur deux fronts » (idéologique et économique) [*liangshou ying*] qui, se conjuguant aux réformes économiques, est devenue un nouveau mode de tyrannie. Le « néolibéralisme » a remplacé l'idéologie d'État comme idéologie dominante, donnant leur orientation et leur cohérence aux choix du gouvernement, à sa politique étrangère et aux valeurs nouvelles des médias.

La mise en place d'une société de marché n'a pas supprimé les causes du mouvement social de 1989. Elle les a *légalisées*. Les immenses problèmes sociaux des années 1990 – la corruption, la spéculation immobilière, le déclin de la protection sociale, le chômage, la marchandisation du travail rural, les migrations de masse des campagnes vers les villes, les crises écologiques, etc. – sont intimement liés aux conditions sociales d'avant 1989. La mondialisation a encore aggravé ces problèmes, leur ampleur et leur étendue géographique. Bref, l'essor des marchés a conduit à la polarisation sociale et à un développement inégal, déstabilisant ainsi les fondements de la société. Il a aussi contribué à faire le lit du nouvel autoritarisme.

Bien entendu, les réformes et l'ouverture économiques n'ont pas eu que des effets négatifs. Elles ont émancipé la Chine de ses contraintes et des impasses causées par la Révolution culturelle. Elles ont amorcé un développement économique réel et important. Elles ont eu des effets libérateurs. C'est pour cela que les intellectuels chinois les ont saluées. Mais, si l'on se place d'un point de vue historique, elles ont aussi laissé de profondes cicatrices.

[...]

La Chine ne peut cependant pas se contenter de se mesurer à l'aune du développement historique du capitalisme occidental. Au contraire, ce capitalisme doit être soumis à la critique, non pas pour le plaisir, mais pour évaluer d'un œil neuf la trajectoire chinoise et mondiale et découvrir les possibilités nouvelles que l'histoire nous offre. Il ne s'agit pas de rejeter l'expérience de la modernité, qui est, avant toute chose, un mouvement de libération par rapport à la téléologie historique, au déterminisme et au fétichisme du système antérieur. Il s'agit de faire des expériences historiques de la Chine et d'autres pays des ressources où puiser l'innovation théorique et pratique.

Source : Tiré de Wang Hui, « La défaite du mouvement social de Tiananmen : Aux origines du néolibéralisme en Chine », *Le Monde diplomatique*, n° 577, avril 2002, p. 20-21.

Les différentes politiques économiques

S'il choisit d'intervenir dans l'économie, l'État dispose de toute une panoplie d'outils d'intervention. Nous décrirons ces principaux outils dans cette section.

9.4 La politique fiscale et budgétaire

La politique fiscale et budgétaire se définit comme étant les mesures prises par l'État pour influer sur l'économie à partir de ses dépenses et de ses recettes.

9.4.1 Les dépenses gouvernementales et le produit intérieur brut

Les stabilisateurs automatiques

Même si l'État n'intervenait pas ponctuellement pour limiter les fluctuations économiques, certains programmes mis en place jouent ce rôle automatiquement. On les appelle des **stabilisateurs automatiques.** Mentionnons, par exemple, l'assurance-emploi. Lorsque le taux de chômage est élevé, l'État verse plus de transferts sous forme de prestations d'assurance-emploi ou plus d'aide sociale. Les revenus augmentent ainsi que la demande globale, ce qui stimule l'économie. L'inverse est également vrai. Si l'économie croît très rapidement, il y a moins de chômage et de pauvreté. L'État effectue moins de transferts, ce qui évite la surchauffe.

> **Stabilisateurs automatiques**
> Programmes gouvernementaux qui minimisent les fluctuations économiques sans autres interventions de l'État.

La fiscalité joue aussi un rôle de stabilisateur automatique. En effet, l'impôt sur le revenu des particuliers, qui est progressif (le pourcentage augmente avec le revenu), la TPS ou la TVQ, l'impôt sur les bénéfices des entreprises, les taxes sur la masse salariale augmentent tous quand le PIB augmente. Cette ponction dans l'économie ralentit la poussée de croissance qui pourrait engendrer de l'inflation. Inversement, lorsque l'économie se trouve à un niveau de production se situant loin du plein-emploi, les revenus de l'État diminuent, ce qui stimule l'économie. Cette diminution de la ponction de l'État aide à atteindre le plein-emploi. En effet, le PIB et les revenus sont plus bas, alors les impôts et les taxes chutent, ce qui fait diminuer les revenus de l'État. Dans un système d'impôt progressif, lorsque les revenus diminuent, la proportion d'impôts payés sur le revenu diminue. Cela permet de soutenir le revenu disponible et les dépenses dans l'économie.

Toutefois, si l'économie se situe dans un creux, donc loin du plein-emploi, ce genre de stabilisation automatique peut se révéler négatif. En effet, si la reprise survient, le PIB augmente, tout comme les ponctions de l'État. Cependant, les dépenses en transferts diminuent, ce qui ralentit le début d'expansion.

Néanmoins, l'État peut, grâce à des **mesures discrétionnaires** telles que la réglementation, accentuer ou ralentir l'effet des stabilisateurs automatiques. Il peut faciliter ou limiter l'accès à l'assurance-emploi. Il lui est aussi possible de rendre les tables d'imposition plus ou moins progressives (les taux d'imposition variant en fonction du revenu).

> **Mesures discrétionnaires**
> Réglementations visant à accentuer ou à ralentir l'effet des stabilisateurs automatiques.

On ne peut cependant compter sur les stabilisateurs à eux seuls pour enrayer les fluctuations économiques. Ils peuvent, au mieux, en diminuer l'amplitude. Par exemple, s'il n'y avait pas d'assurance-emploi, les chômeurs verraient leurs revenus disparaître ainsi que leur consommation. Comme la crise des années 1930 le prouve très bien, l'économie s'effondre faute de revenus et ne peut repartir faute de dépenses.

TEMPS D'ARRÊT 9.2
Sauriez-vous trouver un autre stabilisateur automatique ?

Les politiques discrétionnaires

Comme on l'a étudié dans le chapitre 5, la théorie keynésienne appliquée après la Deuxième Guerre mondiale révolutionna le rôle de l'État dans l'économie. Puisque les dépenses gouvernementales G constituent une des composantes de la demande globale, le gouvernement pouvait baisser les impôts afin d'encourager la consommation et l'investissement en période de récession et, ainsi, stimuler l'économie. L'effet multiplicateur permettait de déplacer le PIB vers le plein-emploi quitte à réaliser un déficit (augmentation des dépenses et diminution des revenus du gouvernement). On parle, dans ce cas-là, d'une « politique fiscale expansionniste ».

Inversement, en période de surchauffe économique, un gouvernement se devait de réduire ses dépenses ou d'augmenter ses impôts afin de faire diminuer la demande globale trop élevée par rapport aux capacités des entreprises et de limiter les risques d'inflation. On parle alors d'une « politique fiscale restrictive ». Ce type de politique rend possible la réalisation de surplus budgétaires, ce qui permet de compenser les déficits liés aux politiques ayant pour but la lutte à la récession. Keynes suggérait donc d'équilibrer le budget de façon cyclique plutôt qu'annuelle.

Keynes démontra, de plus, qu'en cherchant à respecter l'équilibre budgétaire, l'État amplifiait les cycles économiques. En effet, en période de récession, l'atteinte de l'équilibre budgétaire (revenus = dépenses) se traduisait inévitablement par une baisse des dépenses ou une hausse des impôts, car les recettes de l'État diminuaient. Cette situation ralentissait l'économie. Au contraire, en période de surchauffe, l'atteinte de l'équilibre budgétaire se traduisait par une hausse des dépenses ou une baisse des impôts, car les recettes du gouvernement augmentaient. Cette situation risquait d'aggraver la surchauffe. En voulant à tout prix équilibrer son budget annuellement, (revenus = dépenses) l'État influait négativement sur l'économie. Comme nous allons le voir dans la section 9.6.2, le multiplicateur d'un budget équilibré n'est pas nul, il est de 1.

Keynes démontra que l'économie pouvait être en équilibre à un niveau autre que le plein-emploi.

9.4.2 Le multiplicateur du budget équilibré

Pour calculer le **multiplicateur du budget équilibré,** il faut évaluer l'effet d'une hausse identique des dépenses et des impôts. Supposons que le gouvernement augmente ses dépenses et ses impôts de 50 milliards de dollars respectivement. Supposons également que la propension marginale à consommer s'élève à 0,9. Le multiplicateur est donc de 10, soit $(1/1 - \text{PmC})$, c'est-à-dire $1/(1 - 0,9)$. Si les dépenses gouvernementales augmentent de 50 milliards de dollars, l'effet total de cette hausse initiale sera de 500 milliards de dollars, soit 50×10. D'un autre côté, si le gouvernement augmente ses impôts de 50 milliards de dollars, le revenu disponible des contribuables diminuera de 50 milliards de dollars. Cette baisse se traduira par une baisse de consommation équivalant à $0,9 \times 50$ milliards de dollars, soit 45 milliards de dollars de moins qui seront dépensés dans l'économie. Avec l'effet multiplicateur, le PIB chutera de 45 milliards de dollars $\times 10 = 450$ milliards de dollars. Le résultat net de la hausse des dépenses et des impôts sera de $500 - 450$ milliards de dollars $= 50$ milliards de dollars. En équilibrant ses dépenses et ses revenus, le gouvernement a fait augmenter le PIB de 50 milliards de dollars. Le multiplicateur est donc de 1.

TEMPS
D'ARRÊT 9.3
Démontrez que le multiplicateur est de 1 quand le gouvernement réduit ses dépenses et ses impôts de 20 milliards de dollars de manière à équilibrer son budget et que, par conséquent, l'État n'est pas neutre.

Pendant plusieurs décennies, le gouvernement a ainsi utilisé son budget et la fiscalité pour stimuler (en exerçant une politique expansionniste) ou ralentir (en exerçant une politique restrictive) l'économie. Nous verrons dans le chapitre suivant comment, depuis le milieu des années 1970, le gouvernement a oublié un aspect de la théorie keynésienne, équilibrer cycliquement son budget, et qu'il a ainsi engendré plus de problèmes qu'il n'en a résolu durant cette période.

9.4.3 L'efficacité des politiques fiscales et budgétaires

À la lumière de la section 9.6.2, on remarque que, lorsque le gouvernement utilise les dépenses gouvernementales comme outil de politique fiscale, l'effet est plus fort sur l'économie que lorsqu'il se sert des impôts. L'effet des dépenses est également plus direct, donc il est ressenti plus rapidement. Si le gouvernement embauche de nouveaux fonctionnaires ou subventionne des entreprises créatrices d'emplois, l'économie en ressent rapidement les effets. Ces nouveaux travailleurs ont davantage de revenus et accroissent leur consommation ($\uparrow RD \rightarrow \uparrow C \rightarrow \uparrow DG$). Toutefois, des baisses d'impôts ou de taxes sont moins tangibles, car l'effet de richesse se fait moins sentir ($\downarrow T \rightarrow \uparrow RD \rightarrow \uparrow C \rightarrow \uparrow DG$). L'épargne aura tendance à augmenter avant la consommation. Par exemple, si le gouvernement diminue la TPS de 1 %, cela diminuera ses recettes de plusieurs millions de dollars, mais les consommateurs ne se mettront pas immédiatement à dépenser davantage.

Il faut aussi mentionner les délais de réaction par rapport à la politique fiscale. Certes, le temps qui s'écoule entre la présentation d'un projet de loi, son adoption et son effet sur la production, l'emploi ou le niveau des prix peut varier entre 6 et 18 mois. On ne répare pas l'autoroute métropolitaine (la 40 à Montréal) en quelques semaines. Par exemple, si l'opposition cherche à contrer un projet à cause de raisons environnementales, l'adoption d'un projet de loi peut prendre alors plus d'un an.

Finalement, les cycles économiques ne sont pas d'égale durée ni de même intensité. Rien ne garantit que les déficits compenseront les surplus ou inversement.

Des raisons autres qu'économiques peuvent expliquer certaines mesures discrétionnaires. La tenue d'élections, par exemple, engendre presque toujours des baisses d'impôts et des augmentations de dépenses, peu importe la période du cycle économique que traverse l'économie.

Il existe heureusement d'autres politiques économiques auxquelles les gouvernements peuvent recourir pour améliorer leur intervention.

TEMPS
D'ARRÊT 9.4
Résumez les avantages et les inconvénients de la politique fiscale ou budgétaire.

9.5 La politique monétaire

9.5.1 Le fonctionnement de la politique monétaire

Politique monétaire
Mesures prises par la Banque du Canada pour influer sur l'économie et, surtout, combattre l'inflation à partir des taux d'intérêt.

La **politique monétaire** est sous la responsabilité de la Banque du Canada. À l'aide de différents outils, celle-ci essaie de contrôler la quantité de monnaie en circulation et les taux d'intérêt pour que l'économie se situe à son niveau optimal. Une trop grande quantité de monnaie risque de créer de l'inflation. En effet, toute cette monnaie crée une demande de biens et de services supérieure à la capacité de production de l'économie. Par ailleurs, une trop faible quantité de monnaie risque de réduire les échanges. L'économie s'éloignerait alors de sa production potentielle.

Depuis plusieurs années, le principal objectif de la Banque du Canada est de maintenir le taux d'inflation dans une fourchette de 1 à 3 %, le taux cible étant 2 %. Un taux d'inflation aussi bas permet aux agents économiques, aux entreprises et aux consommateurs de mieux planifier leurs dépenses. Pour les investissements à long terme, c'est très important. Le rendement anticipé d'un projet varie énormément en fonction du niveau des prix. Si ce dernier est instable, il est impossible de mesurer les profits qui peuvent éventuellement découler d'un investissement, et celui-ci risque de ne pas se réaliser. La Federal Reserve Bank des États-Unis vise également la croissance économique. La Banque du Canada a décidé de cibler uniquement la stabilité des prix qui, selon elle, devrait assurer la stabilité économique. Autrefois, la Banque du Canada tentait d'ajuster la masse monétaire aux besoins de l'économie. Les délais d'ajustement rendaient bien difficile la tâche de gérer l'offre de monnaie en même temps que les taux d'intérêt. C'est pourquoi elle se concentre maintenant uniquement sur les taux d'intérêt pour assurer la stabilité des prix et du taux de change (voir le chapitre 11). En 2001, elle décide de faire part de ses décisions quant au taux d'escompte à des dates fixes pour assurer une plus grande transparence.

Le niveau des taux d'intérêt et du taux de change que nous étudierons dans le chapitre 11 sont les principales préoccupations de la Banque du Canada. Des taux d'intérêt trop élevés freinent la demande pour les biens de consommation et de production (les investissements) et, avec l'effet multiplicateur, ils ralentissent l'économie. D'un autre côté, des taux trop faibles stimulent la demande (la consommation et les investissements) au-delà de la capacité de production de l'économie, ce qui occasionne une surchauffe qui fait augmenter les prix.

La Banque du Canada tente donc de maintenir la quantité de monnaie et les taux d'intérêt à un niveau tel qu'ils ne ralentissent ni n'accélèrent indûment l'activité économique. Si l'économie subit une récession, elle adoptera une politique expansionniste, c'est-à-dire qu'elle baissera les taux d'intérêt. Au contraire, si l'inflation menace, à la suite d'une surchauffe, elle adoptera une politique restrictive, c'est-à-dire qu'elle augmentera les taux d'intérêt. Il va sans dire que l'effet d'une hausse des taux d'intérêt sur l'économie dépasse celui d'une baisse. Pourquoi ? Si les consommateurs et les investisseurs ont des projets, ils devront les mettre de côté si les coûts de financement sont trop élevés. D'un autre côté, si les consommateurs et les entreprises n'ont pas de projets, ils ne vont pas en inventer uniquement parce que le financement devient plus accessible. Si on ne veut pas acheter une maison, la baisse des taux d'intérêt n'incitera pas à le faire.

9.5.2 Le principal outil de la politique monétaire – le taux d'escompte[2]

L'outil principal d'intervention de la Banque du Canada dans l'économie est le **taux d'escompte**. Ce dernier correspond à la limite supérieure d'une fourchette de 0,5 %, à l'intérieur de laquelle les prêts au jour le jour des banques à charte se négocient. Ces prêts se font entre les institutions financières ou auprès de la Banque du Canada. Ce sont des prêts d'une journée dont une institution peut avoir besoin pour couvrir les opérations effectuées au cours de cette journée. Par exemple, si le taux d'escompte s'élève à 4 %, cela signifie que les prêts d'un jour se négocient entre 3,5 et 4 %. Ce taux correspond donc au taux payé par les institutions financières pour les prêts d'un jour.

Le taux d'escompte influe sur tous les autres taux d'intérêt en vigueur dans l'économie. Imaginez un ascenseur dont le plancher serait le taux d'escompte. L'ascenseur contient des tablettes. Les tablettes les plus basses correspondent au taux imputé aux meilleurs clients, les plus sûrs. Les autres tablettes correspondent aux taux hypothécaires, aux prêts personnels, et ainsi de suite. On peut changer la hauteur respective des tablettes mais, quand l'ascenseur monte, toutes les tablettes suivent et quand l'ascenseur redescend, toutes les tablettes se trouvent à un niveau plus bas.

Quand la Banque du Canada hausse son taux d'escompte, elle indique clairement aux institutions financières la direction que doivent prendre les taux d'intérêt et l'orientation de sa politique monétaire. C'est un signal.

> **Taux d'escompte**
> Taux d'intérêt imputé par la Banque du Canada aux banques à charte pour les prêts d'une journée.

9.5.3 L'efficacité de la politique monétaire

Toutefois, les effets de la politique monétaire ne sont pas toujours prévisibles. Par exemple, des chocs exogènes peuvent influer sur les taux d'intérêt et les prix. Mentionnons les chocs pétroliers, l'incertitude politique et l'évolution des économies des autres pays.

De plus, les effets de la politique monétaire tardent à se manifester (de 0 à 24 mois) et varient en fonction des attentes des investisseurs et des consommateurs. Les anticipations influent grandement sur les dépenses de consommation et d'investissement et, par conséquent, sur la demande agrégée qui, elle-même, détermine le niveau des prix dans les segments intermédiaires et classiques de la courbe de l'offre agrégée.

Pour plus de détails, les étudiants intéressés peuvent consulter le site Web de la Banque du Canada à l'adresse www.banqueducanada.ca/fr/monetaire/monetaire_principale.html. On y trouve des animations fort explicites.

> **TEMPS D'ARRÊT 9.5**
> Résumez les avantages et les inconvénients de la politique monétaire.

---

2. Le taux directeur de la Banque du Canada est le taux cible du financement à un jour, qui correspond au point médian de la fourchette opérationnelle définie par la Banque pour le taux des fonds à un jour. Auparavant, le taux directeur était le taux officiel d'escompte, établi à la limite supérieure de la fourchette opérationnelle.

9.6 Les politiques fiscales et monétaires – synthèse

Bien qu'assez autonome, la Banque du Canada ne peut faire fi des politiques fiscales ou budgétaires. Il doit y avoir concertation sur les objectifs de croissance économique. La Banque du Canada ne pourrait, par exemple, utiliser une politique restrictive (une hausse des taux d'intérêt) alors que le gouvernement prônerait une politique expansionniste (une hausse des dépenses ou une baisse des impôts). Les efforts du gouvernement seraient annulés par ceux de la Banque du Canada. De la même manière, la Banque du Canada ne peut avoir une politique expansionniste (une baisse des taux d'intérêt) alors que le gouvernement fédéral applique une politique restrictive (une hausse des impôts ou une baisse des dépenses). Un problème se pose toutefois quand la Banque du Canada veut limiter les variations du taux de change et que les mesures qu'elle adopte entrent en contradiction avec les objectifs macroéconomiques internes. Nous en reparlerons dans le chapitre 11.

9.7 Les politiques axées sur l'offre

9.7.1 Les déplacements de la courbe de l'offre agrégée

Économie axée sur l'offre
Économie considérant l'offre agrégée comme le principal déterminant du niveau de l'activité économique.

Dans une **économie axée sur l'offre** (néolibérale), on considère l'offre agrégée comme le principal déterminant du niveau de l'activité économique. C'est pourquoi les économistes préconisent des mesures visant à limiter sérieusement l'intervention de l'État dans l'économie. Pour ceux-ci, l'abus de réglementation fait gaspiller un temps précieux aux entrepreneurs, fait augmenter les coûts de production, entre autres ceux liés à l'environnement, et rend certains investissements non productifs. Selon eux, l'existence d'un salaire minimum et de transferts sociaux (assurance-emploi, aide sociale) trop généreux crée un salaire de réserve en dessous duquel les travailleurs n'ont pas d'incitation à retourner sur le marché du travail. Aussi, puisque ce salaire de réserve est supérieur au salaire déterminé par le marché, c'est-à-dire le salaire que l'employeur offrirait spontanément à l'employé, cela engendre davantage de chômage. De plus, les normes (les congés fériés, la santé et la sécurité, etc.) coûtent très cher à l'entreprise et la rendent moins concurrentielle sur les marchés étrangers.

Pour eux, les entreprises d'État ou les entreprises subventionnées créent une concurrence déloyale car elles ne font pas face aux mêmes exigences tant au point de vue des profits qu'à celui des coûts de production.

Selon eux, tous ces facteurs diminuent l'offre agrégée et déplacent la courbe vers la gauche. Cela occasionne une réduction de la production et une hausse du niveau des prix (la stagflation), comme ce fut le cas dans les années 1970-1980.

9.7.2 La fiscalité – la courbe de Laffer

Les économistes qui se basent sur l'offre prônent une baisse importante de la taxation afin d'augmenter l'incitation au travail, à l'investissement et à l'épargne. Ainsi, ils croient qu'une diminution des impôts peut faire augmenter l'offre agrégée, donc enrayer la stagflation. Ils croient aussi que les programmes sociaux et les dépenses budgétaires grandissantes issus des politiques keynésiennes ont fait augmenter la fiscalité à un point tel qu'elle nuit à la productivité des travailleurs, à l'investissement et à l'épargne. Un économiste nommé **Laffer** s'impose dans ce domaine. Il considère également que des taux de taxation trop élevés nuisent à l'équilibre budgétaire. Selon lui, à partir d'un certain seuil, toute augmentation des taux d'imposition entraîne une diminution des recettes de l'État (voir la figure 9.1).

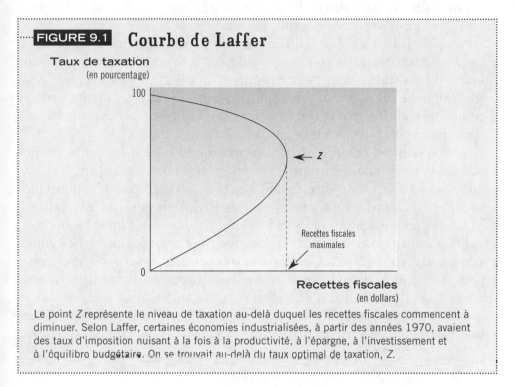

FIGURE 9.1 **Courbe de Laffer**

Le point Z représente le niveau de taxation au-delà duquel les recettes fiscales commencent à diminuer. Selon Laffer, certaines économies industrialisées, à partir des années 1970, avaient des taux d'imposition nuisant à la fois à la productivité, à l'épargne, à l'investissement et à l'équilibre budgétaire. On se trouvait au-delà du taux optimal de taxation, Z.

Comment expliquer un tel phénomène ? Une bonne partie de l'explication provient de l'existence du marché noir du travail ou des ventes et d'échappatoires fiscales. Mentionnons les métiers de la construction, où le travail au noir est très répandu, et le marché des cigarettes, où le marché noir varie en fonction du taux de taxation. Les taux de taxation élevés encouragent fortement l'évasion fiscale. L'**assiette fiscale,** c'est-à-dire le montant total sur lequel portent les taxes et les impôts, rétrécit au-delà d'un certain taux d'imposition qu'on ne connaît pas de façon exacte, malheureusement. De plus, les gens peuvent décider de ne pas faire d'heures supplémentaires ou de travailler moins pour payer moins d'impôt.

En dehors des considérations relatives à la santé et à l'éducation, le marché des cigarettes constitue un bon exemple de ce phénomène. L'augmentation des taxes avait fait exploser le marché de la contrebande et diminuer, par le fait même, les revenus de l'État. En diminuant les taxes sur les produits du tabac, l'État a vu ses recettes augmenter puisque la majorité des citoyens sont revenus vers les marchés officiels.

9.8 Les politiques en période de stagflation

Lorsque l'économie se trouve dans une situation où il existe à la fois du chômage et de l'inflation (la stagflation), comme durant les années 1970 et 1980, les politiques fiscales et monétaires créent toujours un dilemme. Si on cherche à résoudre un problème, on aggrave l'autre. Les gouvernements en place ont dû faire preuve d'imagination et essayer de nouvelles approches plus ou moins efficaces : les politiques de marché et les politiques des revenus.

9.8.1 Les politiques de marché

Politiques de marché
Mesures prises par l'État concernant la main-d'œuvre ou la concurrence.

Politiques de main-d'œuvre
Mesures prises par l'État pour adapter la main-d'œuvre aux besoins du marché du travail.

Politiques favorisant la concurrence
Mesures prises par l'État pour limiter le pouvoir des syndicats et des grandes entreprises de manière à abaisser les prix.

Les **politiques de marché** se divisent en deux grandes catégories : les politiques de main-d'œuvre et les politiques favorisant la concurrence.

Les **politiques de main-d'œuvre** visent principalement la lutte au chômage structurel. Elles consistent à adapter la main-d'œuvre aux besoins du marché du travail. Elles comprennent les programmes de formation professionnelle ou de recyclage, l'information disponible dans les centres d'emploi ou dans Internet et la lutte contre la discrimination, les programmes de discrimination positive en constituant un exemple.

Les **politiques favorisant la concurrence** limitent les pouvoirs des syndicats et des grandes entreprises de manière à abaisser les prix. Des lois antitrust et les accords de libre-échange en sont des exemples. Ces politiques sont cependant loin d'avoir fait leurs preuves. Réduire le pouvoir des syndicats, c'est faire payer aux seuls travailleurs les problèmes touchant toute l'économie. Des lois antitrust existent depuis fort longtemps et n'ont pas empêché l'émergence d'entreprises géantes. Ces lois sont très peu efficaces. En fin de compte, favoriser ce genre de politique risque davantage de se traduire par une détérioration des conditions de travail et une augmentation des profits des entreprises que par une baisse des prix. Il faut noter, cependant, que la concurrence internationale a fait baisser les prix et a réduit le pouvoir des syndicats.

9.8.2 Les politiques des revenus

En 1975, sous l'administration Trudeau, le Canada décida de geler les prix et les salaires pour contrer la spirale inflationniste créée à la suite du premier choc pétrolier. Dans les faits, les pénuries que ces prix plafonds engendraient ont surtout favorisé l'émergence de marchés noirs où les prix dépassaient largement les prix du marché.

Les contrôles ont davantage un effet incitatif dans la lutte contre la spirale inflationniste. Si les travailleurs sont persuadés que les prix n'augmenteront pas, ils ne demanderont pas de fortes hausses de salaires et, effectivement, si les entreprises partagent cette conviction, les prix devraient moins augmenter. C'est donc en contrant les anticipations que ces contrôles peuvent avoir un certain effet.

TEMPS D'ARRÊT 9.6
Résumez les avantages et les inconvénients des politiques économiques axées sur l'offre.

Les politiques économiques en pratique[3]

L'État providence et le *New Deal* sont issus de deux événements déterminants dans l'histoire économique : la grande dépression des années 1930 et la publication de la théorie générale de l'emploi et de l'intérêt de John Maynard Keynes. C'est à cette époque que les gouvernements ont complètement modifié leur rôle économique et ont décidé d'intervenir de façon discrétionnaire dans l'économie. Cela sembla fonctionner puisque l'économie sort enfin de son marasme. Toutefois, il ne faut pas négliger le rôle de la Deuxième Guerre mondiale, qui a favorisé l'économie.

Après une brève interruption durant la guerre, le *New Deal* de Roosevelt remet en question les anciennes règles du jeu (le libéralisme d'Adam Smith) et met de l'avant l'interventionnisme étatique et l'État providence. La réforme du capitalisme était devenue nécessaire pour favoriser la paix sociale. La grande dépression a suscité la montée d'extrémisme et d'idées révolutionnaires relatives à l'économie planifiée. Pour sauver le capitalisme, il faut le réformer. Ce passage du libéralisme à la théorie keynésienne fait naître une controverse. L'économiste August von Hayek attaque cette vision interventionniste du rôle de l'État en publiant, en 1944, *The Road to Serfdom* (*La route de la servitude*). Certains de ses disciples, comme Milton Friedman, poursuivent son œuvre à l'Université de Chicago et créent ainsi un courant de pensée appelé « néolibéralisme ». Comme l'économie va on ne peut mieux, cette thèse défendant un capitalisme pur où l'État n'intervient que pour assurer la concurrence est demeurée, à cette époque, uniquement théorique.

Le choc pétrolier de 1974, en engendrant la stagflation qui paralyse les économies, ouvre une porte aux idées néolibérales. En 1979, en Angleterre, Margaret Thatcher, qu'on surnomme la Dame de fer, représente le premier gouvernement à mettre en pratique les idées véhiculées par le courant néolibéral. Ces idées ont trait à l'allocation plus efficace des ressources physiques, naturelles, humaines et financières. Friedman est un conseiller économique qui a beaucoup d'influence sur Thatcher et Reagan. Les résultats sont loin d'être probants puisque le pourcentage de la population vivant sous le seuil de faible revenu passe de 10 % avant la réforme à 25 % à la suite de l'application des thèses néolibérales par Mme Thatcher. En 1980, Reagan, alors président des États-Unis, met également en pratique les recommandations des néolibéraux. Durant une décennie, les 10 % les plus riches de la population connaissent une hausse de leur revenu familial moyen de 16 %, les 5 % les plus riches, de 23 % et le 1 % le plus riche, de 50 %. De leur côté, les 10 % les plus pauvres connaissent une baisse de leurs revenus familiaux de 15 %. En 1987, le 1 % le plus riche de la population a un revenu 115 fois plus important que les 10 % les plus pauvres. Les inégalités augmentent de façon éhontée et mènent à « la loi de la jungle », c'est-à-dire

3. Les textes suivants ont grandement aidé à l'écriture de cette section : Susan George, *Une courte histoire du néolibéralisme : vingt ans d'économie de l'élite et amorce de possibilité d'un changement structurel*, [www.attac.org/fra/toil/doc/georgefr.htm] (16 septembre 2000) ; Perry Anderson, *Histoire et leçons du néolibéralisme : La construction d'une voie unique*, [www.fastnet.ch/page2/p2_neolib_anderson.html] (16 septembre 2000).

à la lutte pour la survie. Les plus riches en profitent, les plus démunis s'appauvrissent encore davantage.

De plus, les néolibéraux jugent le secteur public inefficace puisque, selon eux, il constitue une concurrence injuste au secteur privé tant au point de vue des prix qu'à celui des parts de marché. Jusqu'en 1980, dans la plupart des pays industrialisés, les postes, les télécommunications, l'électricité, le gaz, les chemins de fer, les métros, le transport aérien, l'eau, l'enlèvement des ordures, par exemple, appartiennent en totalité ou en partie à l'État. Les États-Unis font exception à cause de la taille immense de leur marché. En Angleterre, au nom de la concurrence, Mme Thatcher recourt à la privatisation pour lutter contre les syndicats.

Les résultats de ces différentes mesures se traduisent par une hausse du chômage, phénomène jugé acceptable par les néolibéraux puisqu'il permet de limiter les coûts de la main-d'œuvre en accentuant la concurrence sur le marché du travail. De telles mesures ne réussissent pas à vaincre l'inflation. Seules des politiques monétaires musclées (la hausse du taux d'escompte à 21 %) viennent à bout de l'inflation et engendrent la plus grave crise économique (1982) depuis la grande dépression.

Les néolibéraux s'attaquent ensuite aux transferts, qu'ils jugent trop généreux et nuisibles à l'incitation au travail. Pour eux, plus le bassin de main-d'œuvre est grand, plus les salaires seront faibles. Les normes minimales du travail qui contreviennent à cette idée sont jugées trop généreuses et les normes environnementales, trop restrictives. Les néolibéraux prônent la déréglementation.

Le Canada ne fait pas bande à part dans ce domaine. La majorité des entreprises publiques rentables ont été privatisées. L'accès à l'assurance-emploi a été réduit à un point tel que le compte d'assurance-emploi affiche des surplus de plusieurs milliards de dollars. La santé et l'éducation ont connu le couperet. Les étudiants fréquentant les universités doivent assumer une part de plus en plus grande des frais qu'ils occasionnent. C'est ce qu'on appelle le « financement privé ». On parle souvent de ticket modérateur ou d'usager payeur dans le domaine de la santé. On veut également donner un rôle plus grand aux cliniques privées. Mais les gouvernements en place hésitent, sachant à quel point la population tient à son système de santé. Les valeurs et la science conditionnent les politiques économiques.

Conclusion

Comme nous l'avons vu dans le chapitre 1, lorsqu'on parle de politique économique, non seulement la science entre en jeu, mais aussi les valeurs. C'est pourquoi nul ne peut être parfaitement objectif. On peut opposer des arguments économiques, mais ce sont les valeurs sous-jacentes qui déterminent une position.

Trouvez les passages qui correspondent aux énoncés suivants.

1. Définition d'un État qui vise à combler tous les besoins de base des individus.
2. Personnes qui militent contre toute intervention de l'État dans l'économie de marché, sauf les interventions visant à maintenir la concurrence.
3. Dépenses faites par les gouvernements dans les domaines sociaux.
4. Problème des finances publiques.
5. Ils ont atteint des sommets inégalés.
6. Comme on le verra dans le chapitre 10, le service de la dette pèse trop lourd dans le budget du gouvernement.
7. Une mesure préconisée par les néolibéraux.
8. Certaines de ces mesures sont coercitives.
9. Le type de chômage ayant changé, on doit changer les mesures.
10. Cette situation a changé dans les années 1990.
11. Les coûts sociaux du chômage.

Mouvements sociaux, travail social et économie solidaire face à la crise de l'emploi et de l'État providence

Crise de l'État providence : quelle crise dans quelle société ?

Au Québec, depuis une quinzaine d'années, le débat engagé par divers acteurs sociaux sur l'État providence et sa crise recouvre trois ordres de critique. La première, au début des années 80 est venue, sur le flanc droit, des « néo-libéraux » qui évaluaient que les dépenses sociales (notamment en matière d'éducation, de santé et de services sociaux) coûtaient trop cher. Dans cette foulée, les coûts de l'aide sociale et de l'assurance-chômage ont également été jugés trop coûteux. Sur le flanc gauche, la critique est venue de mouvements sociaux, notamment du monde communautaire (ou associatif) et syndical, qui ont mis en évidence le caractère distant des services aux personnes et une gestion publique prenant peu en compte les conditions locales et régionales de livraison et de développement de ces services tout en imposant un encadrement fortement balisé par des programmes destinés à des populations cibles. En troisième lieu, plusieurs ont commencé à faire le constat d'un échec relatif de la « guerre à la pauvreté » qui avait été définie comme objectif de première importance pour justifier le développement de cet État providence. Ces critiques révèlent à leur manière trois registres d'analyse de la crise que traverse l'État social : 1) d'abord, la crise des finances publiques, qui provoque un double mouvement, celui de la privatisation de certains services, un second, celui de l'émergence d'un nouveau secteur communautaire, notamment dans le domaine de la santé et des services sociaux ; 2) la crise de la centralisation des services et de la gestion tutélaire qui conduira à la régionalisation de plusieurs politiques publiques (santé, services sociaux, formation de la main-d'œuvre…) au début des années 1990 ; 3) la crise de l'insertion sociale et professionnelle des nouvelles générations, rendue plus visible par la montée du chômage et de la pauvreté, qui conduira à la mise en œuvre de nouveaux dispositifs d'intégration des chômeurs et des prestataires de la sécurité du revenu.

Dans les champs de l'aide sociale, de l'assurance-chômage et de la formation professionnelle, l'évolution sur quelques décennies des politiques publiques est particulièrement révélatrice du malaise provoqué par cette crise de l'État social. De 1945 à 1975, les politiques publiques en la matière ont été surtout centrées sur un ensemble de mesures destinées à répondre à des besoins immédiats et à des situations du marché du travail considérées comme temporaires et donc transitoires. Dans les années 80, on assiste au développement de nouveaux programmes sectoriels et par populations cibles mis en place pour répondre aux besoins de groupes sociaux marginalisés.

La mise en perspective historique est, à ce chapitre, éclairante. Il y a d'abord le grand tournant qui met fin aux « Trente glorieuses » (1945-1975) : portées par la croissance, les politiques de l'emploi d'avant 1975 cherchaient à répondre à un chômage de courte durée. Elles visaient également à favoriser la stabilité de la main-d'œuvre de même que l'attachement de cette dernière à l'entreprise. Mais les déséquilibres du marché du travail vont peu à peu rendre impératives de nouvelles mesures. C'est alors que commence à s'empiler – gouvernement fédéral et gouvernement du Québec inclus – des mesures destinées à l'insertion de catégories de plus en plus spécifiques de chômeurs et de prestataires de sécurité du revenu. À la mi-décennie 80, de nouveaux programmes en matière de formation professionnelle entrent à leur tour en vigueur : 1) on réactive les Commissions de formation professionnelle (les CFP) ; 2) on attribue la responsabilité de l'éducation des adultes au ministère de la Sécurité du revenu et de la Formation professionnelle (MSRFP) au détriment du ministère de l'Éducation. Puis, suite à la réforme de l'aide sociale mise en œuvre en 1989, divers programmes, cette fois-ci, d'aide à l'emploi et d'amélioration de l'« employabilité » pour les assistés sociaux aptes au travail sont modifiés ou créés (formation de courte durée par des stages…). Enfin, dernière décision et non la moindre, la Société québécoise

▷

de développement de la main-d'œuvre (SQDM), créée en 1993, consacre le virage de 1985 en matière d'éducation des adultes, soit le virage de la formation professionnelle.

Le milieu des années 80 marque donc l'arrivée des premières mesures d'«employabilité» (ou d'insertion sociale): Ottawa et Québec signent une entente permettant d'utiliser les fonds du Régime d'aide sociale et ainsi financer des programmes de réintégration des prestataires de la sécurité du revenu sur le marché du travail (Paquet, 1993). En 1990, dans sa réforme du Régime d'assurance-chômage, le gouvernement fédéral accentue la tendance en ouvrant la porte à l'utilisation – jusqu'à concurrence de 15 % – du fonds de la Caisse du Régime d'assurance-chômage pour des «utilisations à des fins productives». Cette année-là, une somme de $ 1,3 milliards (CAN) sera ainsi dégagée à des fins dites «productives», dont $ 800 millions pour soutenir des activités de formation, d'intégration au marché du travail et d'aide à l'emploi. C'est de là qu'une bonne partie des fonds des organismes communautaires d'employabilité (associations œuvrant dans l'insertion) provient. Une tendance nouvelle se dessine alors, celle de la «dualisation» de la formation avec, d'un côté, une filière de formation de longue durée et qualifiante pour les uns (les collèges et les universités) et, de l'autre, une filière de courte durée, d'employabilité et de «petits boulots».

Le problème central auquel se butera (sic) très rapidement ces politiques et mesures nouvelles est le suivant: le chômage ne recule pas ou si peu. C'est qu'il a changé en volume et en nature. Il touche plus de monde et dure plus longtemps. Avec les années 80-90, la crise de l'emploi combinée au déclin des communautés locales et des régions ont eu pour effet de placer ces personnes et ces populations en situation non plus de simple marginalité, mais bien d'exclusion. Il ne s'agit plus seulement de populations à faible revenu dont la participation à la «société de consommation» est réduite. L'ampleur du chômage, sa durée prolongée, sa diffusion dans tout le corps social a introduit une «fracture sociale» (Julien, 1995). La perte prolongée d'un emploi a désormais un effet cumulatif. Il y a non seulement baisse de revenu mais surtout, isolement social, perte d'estime de soi… et immense difficulté à demeurer actif. Sensibles aux mouvements sociaux, certains secteurs de l'État vont alors reprendre à leur compte un diagnostic de forte crise sociale, d'où situation d'incertitude ou de redéfinition au sein même de l'État.

Bref, avec les années 80-90, les réponses par une logique quasi-exclusivement d'urgence, sans perspective à moyen et long terme, ont créé une situation d'empilement progressif de mesures destinées à réparer les dégâts du «progrès». C'est l'ouverture d'une période où l'employabilité a désormais toutes les vertus.

Les limites politiques et sociales de ces programmes publics peuvent se résumer de la façon suivante: 1) ces politiques et les pratiques qui les accompagnent sont compartimentées; 2) les sommes investies dans ces mesures sont faibles comparativement à la part consacrée aux indemnisations, mais nettement plus fortes que celles destinées au développement des groupes, des quartiers et des régions en difficulté; 3) les programmes sont généralement peu flexibles et mettent leurs bénéficiaires sous surveillance; 4) enfin, leur effet premier est de répondre à des besoins immédiats, mais leur effet second va plutôt dans le sens d'accréditer le processus en cours de dualisation sociale. Bref, l'État social tend à devenir un simple accompagnateur qui pallie, qui supplée, qui gère – ou fait gérer par des associations – l'exclusion à partir de mesures d'assistance. Effet principal: nous sommes à la veille de créer un secteur d'insertion, sorte de zone mitoyenne entre le monde du travail et du non travail.

[…]

Source: Louis Favreau, R.4 – (1996) *Cahiers de la Chaire de recherche en développement communautaire: Série Recherche # 1*, 32 p., www.uqo.ca/crdc-geris/crdc/publications/R1.rtf.

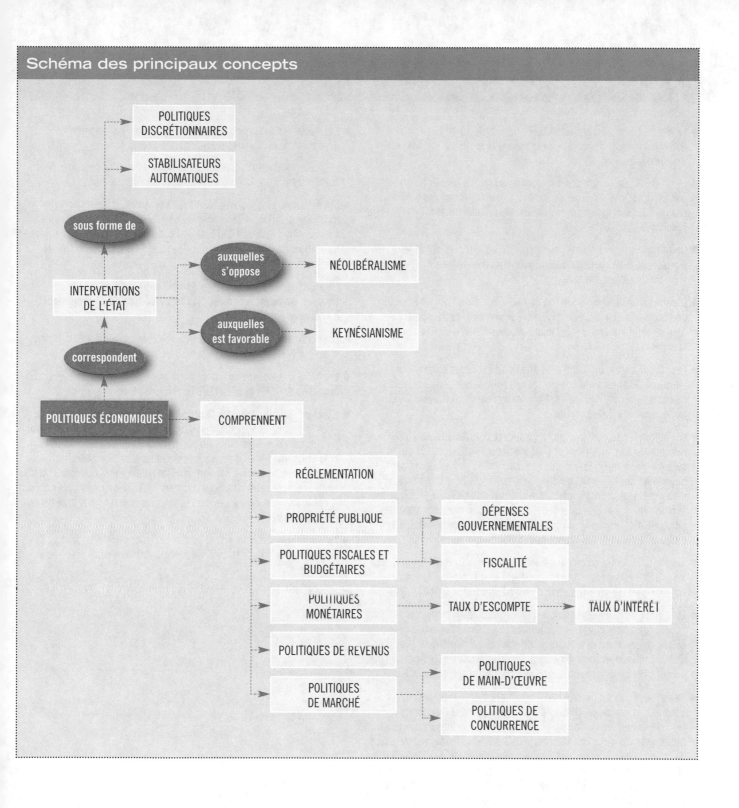

Résumé

- Le rôle de l'État s'est considérablement modifié au XXe siècle, notamment avec l'apparition de la théorie keynésienne et de la grande dépression.

- L'État devient un agent économique important. Les années 1980 se caractérisent par un endettement inégalé de la plupart des pays industrialisés. La stagflation règne et le néolibéralisme (le retrait de l'État de l'économie) fait son chemin.

- Certains s'opposent au néolibéralisme qui, à leur avis, réduit les êtres humains et leurs rapports à l'unique motivation du gain. Seuls les plus forts tireront leur épingle du jeu.

- D'autres se portent à la défense du néolibéralisme, y voyant la gestion de l'économie au moyen de l'initiative privée dans la transparence et la responsabilité financière. Selon eux, le libéralisme a permis de réduire le chômage.

- Les stabilisateurs automatiques atténuent les cycles économiques sans que l'État ait besoin d'utiliser des politiques discrétionnaires. Ils comprennent, entre autres, l'assurance-emploi, l'aide sociale et la progressivité de la taxation.

- Les politiques discrétionnaires correspondent à des décisions ponctuelles du gouvernement pour contrer les problèmes liés aux cycles économiques. En période de récession, le gouvernement peut augmenter ses dépenses ou diminuer les impôts pour stimuler une demande globale anémique, quitte à réaliser un déficit. En période de surchauffe, il peut diminuer ses dépenses ou augmenter ses recettes pour ralentir l'économie, quitte à réaliser un surplus. En fait, il s'agit d'équilibrer son budget cycliquement plutôt qu'annuellement.

- Keynes a démontré qu'en cherchant l'équilibre budgétaire, c'est-à-dire à égaliser ses dépenses et ses recettes, l'État accentuait les cycles économiques. Le multiplicateur d'un budget équilibré est égal à 1.

- La variation des dépenses gouvernementales a plus d'effet sur l'économie que la variation des impôts et des taxes. La politique fiscale entraîne également des délais de réaction pouvant atteindre plus d'un an. La politique en elle-même peut aussi influer sur les gouvernements, dont les décisions ne sont pas toujours à l'avantage de l'économie.

- La politique monétaire consiste à ajuster l'offre de monnaie aux besoins de l'économie. Le taux d'escompte constitue l'instrument privilégié de la Banque du Canada. Ses objectifs consistent à maintenir le taux d'inflation dans une fourchette de 1 à 3 % et à administrer le taux de change. Si la Banque du Canada craint une montée de l'inflation, elle augmentera son taux d'escompte pour faire augmenter les taux d'intérêt, ralentissant ainsi l'investissement et la consommation, donc la demande globale et l'économie. Au contraire, si l'économie traverse une période de récession, elle abaissera les taux d'intérêt pour stimuler l'investissement et la consommation, donc la demande globale et l'économie.

- Les effets des politiques monétaires sont longs à se manifester et dépendent beaucoup des prévisions des agents économiques.

- Le gouvernement et la Banque du Canada doivent se concerter pour établir des politiques économiques qui ne s'opposent pas.

- Les économistes qui privilégient l'offre considèrent l'offre agrégée comme le principal déterminant du niveau de l'activité économique. Ils souhaitent le retrait de l'État de l'économie au moyen de la déréglementation, de la privatisation, et de la baisse des dépenses et des impôts.

- La courbe de Laffer suggère qu'au-delà d'un certain niveau de taxation, les recettes fiscales diminuent à cause du développement de marchés noirs.

- Les politiques de marché comprennent les politiques de main-d'œuvre et les politiques favorisant la concurrence.

- Les politiques des revenus (les contrôles des prix et des salaires) sont apparues dans les années 1970 pour lutter contre la stagflation.

- L'État providence et le *New Deal* découlent de la théorie keynésienne et de la grande dépression. Après la Deuxième Guerre mondiale, l'État providence est mis en place un peu partout. Le choc pétrolier de 1974 et la stagflation favorisent les idées néolibérales. Margaret Thatcher en Angleterre et Ronald Reagan aux États-Unis sont les premiers à les mettre en application, ce qui a augmenté l'écart entre les plus riches et les plus pauvres. Après une montée fulgurante du chômage, ce dernier décroît lentement.

- La politique économique n'est pas une science pure. Il ne faut pas oublier qu'elle repose sur des valeurs qui diffèrent selon les gens et les époques.

Exercices

I BIEN COMPRENDRE LE VOCABULAIRE DE BASE

1 Comment appelez-vous :

a) les interventions de l'État dans l'économie pour en améliorer les performances ?

b) la présence simultanée d'inflation et de chômage ?

c) l'idéologie selon laquelle l'État ne doit pas intervenir dans l'économie sauf pour préserver la concurrence ?

d) certains programmes qui diminuent automatiquement l'amplitude des cycles économiques ?

e) une intervention ponctuelle de l'État dans l'économie ?

f) les mesures prises par l'État pour faire varier la masse monétaire dans le but d'influer sur l'économie ?

g) le taux d'intérêt facturé par la Banque du Canada aux banques à charte pour les prêts d'un jour ?

h) les économistes qui considèrent l'offre agrégée comme le principal déterminant du niveau de l'activité économique ?

i) la courbe mettant en relation le taux d'imposition et les recettes fiscales ?

j) les politiques de main-d'œuvre et les politiques favorisant la concurrence ?

k) les politiques visant à contrôler les salaires et les prix ?

l) lo rôle de l'État visant à s'assurer de la bonne marche de l'économie et à combler les failles de l'économie de marché ?

2 Complétez les énoncés.

a) On appelle _____ la plus longue période où l'économie est demeurée en récession au XXe siècle.

b) La théorie qui a révolutionné le rôle de l'État au milieu du XXe siècle est la théorie _____.

c) Les néolibéralistes veulent _____ l'intervention de l'État dans l'économie.

d) Les _____ sont des mesures mises en place qui limitent automatiquement les fluctuations économiques.

e) _____ est un exemple de stabilisateur automatique.

f) Le multiplicateur du budget équilibré est égal à _____.

g) La _____ vise à influer sur l'économie en faisant varier la masse monétaire.

h) Le niveau des _____ dépend du taux d'escompte.

i) Si _____ se déplace vers la droite, le niveau de production augmentera sans faire augmenter le niveau des prix.

j) La courbe de Laffer décrit la relation entre _____ et _____.

k) Les politiques concernant la main-d'œuvre comprennent les _____, _____ et _____.

l) Les politiques visant à favoriser la concurrence _____ le pouvoir des syndicats.

II BIEN COMPRENDRE LA THÉORIE DE BASE

1 Cherchez l'erreur.

a) Au cours du XXe siècle, le rôle joué par l'État a considérablement augmenté.

b) La politique économique a toujours existé.

c) L'État utilise la fiscalité comme source de revenus pour financer ses dépenses.

d) L'équilibre budgétaire est un objectif économique de première importance.

e) Le néolibéralisme est maintenant un courant de pensée présent dans la plupart des pays industrialisés.

f) La poursuite d'intérêts personnels contribue au bien-être collectif.

g) Les stabilisateurs automatiques contribuent à éliminer les cycles économiques.

h) Pour Keynes, les déficits n'étaient pas graves.

i) L'État peut être neutre dans l'économie en équilibrant ses dépenses et ses revenus.

j) Le multiplicateur du budget équilibré est égal à zéro.

k) Les politiques monétaires agissent aussi rapidement que les politiques fiscales ou budgétaires.

l) La politique monétaire a comme seul objectif de limiter l'inflation.

m) L'offre agrégée est le principal déterminant du niveau de production.

n) L'État ne doit pas subventionner les entreprises, car il crée ainsi une concurrence déloyale.

o) L'assiette fiscale se situe en dessous du point Z de la courbe de Laffer.

p) Les politiques de marché concernent le marché boursier.

q) Les politiques favorisant la concurrence sont plus efficaces pour les entreprises que pour les syndicats.

r) L'efficacité des politiques de revenus dépend de l'ampleur des sanctions prévues par la loi à l'égard des contrevenants.

② **Décrivez les situations suivantes dans un texte de cinq lignes ou moins.**

a) Vous êtes le directeur de la Banque du Canada et vous vous adressez au ministre des Finances comme suit: « Je ne partage pas votre point de vue en matière de politique économique, car je crains un retour de l'inflation. » Que répondrait le ministre des Finances?

b) Vous êtes ministre des Finances. L'économie traverse une période de stagflation. Vous prononcez un discours expliquant trois politiques fiscales que vous préconisez.

c) Vous êtes ministre des Finances et devez faire face à une grave récession. Que dites-vous au gouverneur de la Banque du Canada?

d) Vous êtes ministre des Finances et devez faire face à une grave récession. Quelles politiques économiques mettez-vous de l'avant?

e) Vous êtes chef de l'opposition. Vous répondez au discours du ministre des Finances, qui annonce des baisses d'impôts alors que l'économie voit son taux d'inflation monter à 4 %.

III APPROFONDIR LES OUTILS D'ANALYSE ÉCONOMIQUE

① **Déterminez les situations où les politiques suivantes sont appropriées.**

a) Le contrôle des prix et des salaires.

b) La baisse des impôts.

c) La hausse des dépenses.

d) La hausse du taux d'escompte.

e) Le recyclage de la main-d'œuvre.

f) La privatisation.

g) La hausse du salaire minimum.

h) L'augmentation de l'accessibilité à l'assurance-emploi.

i) Les coupures budgétaires.

j) La hausse des dépenses dans l'éducation.

② **Déterminez de quel type de politique il s'agit dans chacune des situations précédentes.**

③ **Dans chacune des situations suivantes, précisez la ou les politiques que vous privilégieriez. Expliquez votre réponse.**

a) Un chômage élevé, une croissance modérée.

b) Un chômage élevé, une croissance faible.

c) Une inflation élevée, une croissance rapide.

d) Une inflation faible, un chômage en diminution, une croissance élevée.

e) Un chômage faible, une inflation en hausse.

f) Un chômage élevé, une inflation élevée, une croissance modérée.

LES FINANCES PUBLIQUES

Les finances publiques – définitions et historique

10.1 Définitions

Les finances publiques n'ont jamais autant attiré l'attention qu'en ce début du XXIe siècle. En réalité, cela fait près de 20 ans que tout budget est scruté à la loupe et que les politiciens en font un enjeu majeur de chaque élection provinciale et fédérale. Pourquoi accorder une telle importance à ce qui semblait autrefois si secondaire ? Ce chapitre vise à nous faire mieux saisir le vocabulaire utilisé dans le discours politique et économique moderne ; à nous faire comprendre la façon dont le Canada, comme la plupart des pays industrialisés, s'est fortement endetté et tente de s'en sortir ; à éclaircir les enjeux cruciaux pour la population actuelle et future ; à nous outiller afin que nous puissions prendre position au cours des débats à venir.

Finances publiques
Ensemble des opérations effectuées par les gouvernements concernant leurs recettes et leurs dépenses et le financement de leurs emprunts.

Tout d'abord, définissons ce que sont les **finances publiques.** Celles-ci englobent, d'une part, l'ensemble des opérations effectuées par les gouvernements pour se procurer les revenus dont ils ont besoin pour soutenir leurs dépenses et, d'autre part, l'ensemble des transactions financières servant à emprunter les sommes qui permettent de combler la différence entre les dépenses et les revenus.

Budget
Prévisions de recettes et de dépenses pour un exercice financier.

Chaque année, les gouvernements présentent un **budget** dans lequel ils annoncent les dépenses qu'ils comptent effectuer ainsi que les revenus fiscaux (les impôts, les taxes et les dividendes des sociétés d'État) qu'ils croient pouvoir recueillir durant le prochain exercice financier. Ces prévisions dépendent des décisions politiques, mais également des prévisions économiques. Selon qu'on prévoit une croissance faible, modérée ou forte, les dépenses de l'État et ses revenus varieront.

Les recettes tout comme les dépenses diffèrent selon l'ordre de gouvernement. Au fédéral [voir la figure 10.1 a)], la plus grande source de revenus, plus de la moitié, provient des impôts sur le revenu des particuliers. Suivent de loin les impôts des sociétés, puis la taxe sur les produits et services (TPS) et les cotisations à l'assurance-emploi. Enfin, les frais de douane, les taxes d'accises (taxe spécifique ou proportionnelle sur un produit considéré comme un luxe : climatiseur d'automobile, bijou, etc.), les autres taxes ainsi que les recettes non fiscales complètent ses revenus.

Service de la dette
Remboursement de la dette et paiement des intérêts sur la dette.

Du côté des dépenses, le **service de la dette,** c'est-à-dire les intérêts que le gouvernement doit verser à ceux qui lui ont prêté de l'argent ainsi que le remboursement du principal arrivé à échéance, constitue le principal poste (voir la figure 10.2, p. 270). Ce poste représentait plus de 40 % des dépenses budgétaires en 1998 ; il ne représente plus que 18 % en 2005. Comme on le verra plus loin, le gouvernement fédéral a déjà été un très gros emprunteur. Chaque année, le gouvernement fédéral empruntait pour payer des dépenses que ses revenus ne lui permettaient pas d'effectuer.

Déficit
Situation budgétaire où les recettes sont inférieures aux dépenses.

C'est ce qu'on appelle un **déficit** (voir le tableau 10.1, p. 273) : les revenus ne suffisent pas à couvrir les dépenses. Le gouvernement fédéral a réalisé tant de déficits, année après année, qu'il a accumulé une dette gigantesque, soit près de 550 milliards de dollars.

Comme autres dépenses [voir la figure 10.1 b)] viennent ensuite les pensions de vieillesse, les dépenses des ministères et les transferts aux

FIGURE 10.1

a) **Répartition de la provenance des revenus du gouvernement fédéral, 2005-2006**

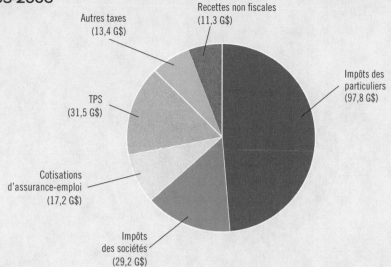

Autres taxes
(13,4 G$)

Recettes non fiscales
(11,3 G$)

TPS
(31,5 G$)

Impôts des
particuliers
(97,8 G$)

Cotisations
d'assurance-emploi
(17,2 G$)

Impôts
des sociétés
(29,2 G$)

b) **Répartition des dépenses du gouvernement fédéral, 2005-2006**

Dépenses directes de programmes

Principaux paiements de transferts aux particuliers

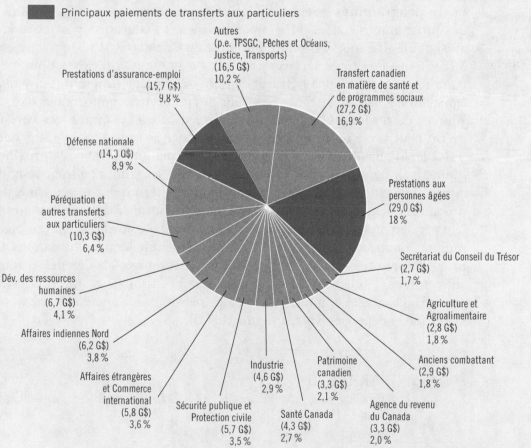

Prestations d'assurance-emploi
(15,7 G$)
9,8 %

Autres
(p.e. TPSGC, Pêches et Océans,
Justice, Transports)
(16,5 G$)
10,2 %

Transfert canadien
en matière de santé et
de programmes sociaux
(27,2 G$)
16,9 %

Défense nationale
(14,3 G$)
8,9 %

Péréquation et
autres transferts
aux particuliers
(10,3 G$)
6,4 %

Prestations aux
personnes âgées
(29,0 G$)
18 %

Dév. des ressources
humaines
(6,7 G$)
4,1 %

Secrétariat du Conseil du Trésor
(2,7 G$)
1,7 %

Affaires indiennes Nord
(6,2 G$)
3,8 %

Agriculture et
Agroalimentaire
(2,8 G$)
1,8 %

Affaires étrangères
et Commerce
international
(5,8 G$)
3,6 %

Industrie
(4,6 G$)
2,9 %

Patrimoine
canadien
(3,3 G$)
2,1 %

Anciens combattant
(2,9 G$)
1,8 %

Sécurité publique et
Protection civile
(5,7 G$)
3,5 %

Santé Canada
(4,3 G$)
2,7 %

Agence du revenu
du Canada
(3,3 G$)
2,0 %

Source : Secrétariat du Conseil du Trésor. Gouvernement du Canada. *Dépôt du budget principal des dépenses 2005-2006 et du budget supplémentaire des dépenses 2004-2005B.*

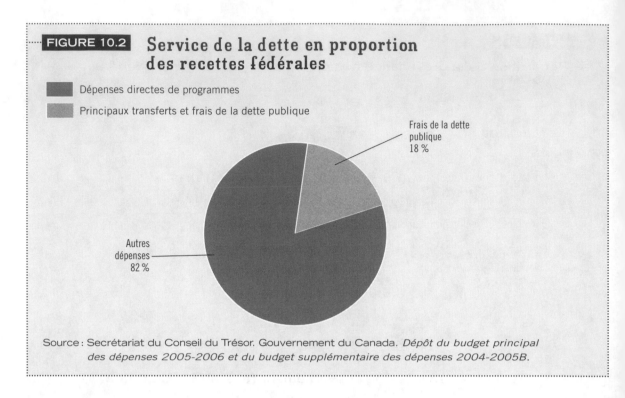

FIGURE 10.2 Service de la dette en proportion des recettes fédérales

■ Dépenses directes de programmes
■ Principaux transferts et frais de la dette publique

Frais de la dette
publique
18 %

Autres
dépenses
82 %

Source : Secrétariat du Conseil du Trésor. Gouvernement du Canada. *Dépôt du budget principal des dépenses 2005-2006 et du budget supplémentaire des dépenses 2004-2005B.*

Péréquation
Programme permettant de limiter les écarts de prospérité et de richesse entre les provinces.

Transfert canadien en matière de santé et de programmes sociaux (TCSPS)
Programme concernant la santé, l'éducation, l'aide sociale et les services sociaux.

provinces : la **péréquation** et le **Transfert canadien en matière de santé et de programmes sociaux** (TCSPS), qui a remplacé le Financement des programmes établis (FPÉ) pour la santé et l'éducation postsecondaire ainsi que le Régime d'assistance publique du Canada (RAPC), qui avait trait à l'aide sociale et aux services sociaux. La péréquation existe pour tenir compte des écarts de prospérité et de richesse entre les différentes provinces canadiennes, car ces écarts engendrent des différences importantes dans les sources de revenus. On appelle « assiette fiscale » la somme des revenus qu'on peut taxer ou imposer. L'Ontario est très industrialisée, l'Alberta possède du pétrole, et ainsi de suite. La péréquation permet aux provinces moins bien nanties d'obtenir des services publics comparables à ceux des autres. Les cinq provinces à revenu moyen déterminent une norme. Les provinces canadiennes qui sont au-dessous de la norme reçoivent des sommes leur permettant d'atteindre celle-ci. Si leur économie s'améliore, elles reçoivent moins. Comme autres dépenses du gouvernement fédéral, mentionnons, par ordre d'importance, les prestations d'assurance-emploi, la défense, d'autres subventions, l'aide aux autochtones, les subventions aux entreprises, les sociétés d'État, l'aide internationale, les pensions aux anciens combattants et les autres dépenses [voir la figure 10.1 b)].

TEMPS D'ARRÊT 10.1
Si la dette avait été nulle avant 1974-1975, à combien se serait-elle élevée en l'an 2005 ?

Revenus autonomes
Ensemble des revenus budgétaires d'une province moins les transferts du gouvernement du Canada.

Les principales sources des revenus budgétaires que le gouvernement du Québec prévoyait toucher en 2005-2006 étaient les impôts sur le revenu des particuliers. Ces impôts comptaient pour 36,7 % des **revenus autonomes,** c'est-à-dire l'ensemble des revenus budgétaires moins les transferts provenant du gouvernement du Canada [voir la figure 10.3 a)]. Suivaient les taxes à la consommation : les taxes sur les ventes, le carburant et le tabac représentaient environ 28 % des revenus autonomes. Puis venaient les cotisations au Fonds des services de santé, 11 %, et l'impôt sur les sociétés (l'impôt sur les bénéfices des sociétés, la taxe sur le capital, etc.), 9,4 %. Finalement, le Québec pouvait compter sur les revenus provenant des entreprises du gouvernement (comme la Société des alcools du Québec, Loto-Québec et Hydro-Québec), qui équivalaient à 9,8 % des revenus autonomes, sur les droits et les permis (sur les véhicules automobiles, les boissons alcooliques, les ressources naturelles, etc.) et sur des revenus divers (la vente de biens et de services, les intérêts, les amendes, les confiscations et les recouvrements), qui constituaient 5,0 % des revenus autonomes.

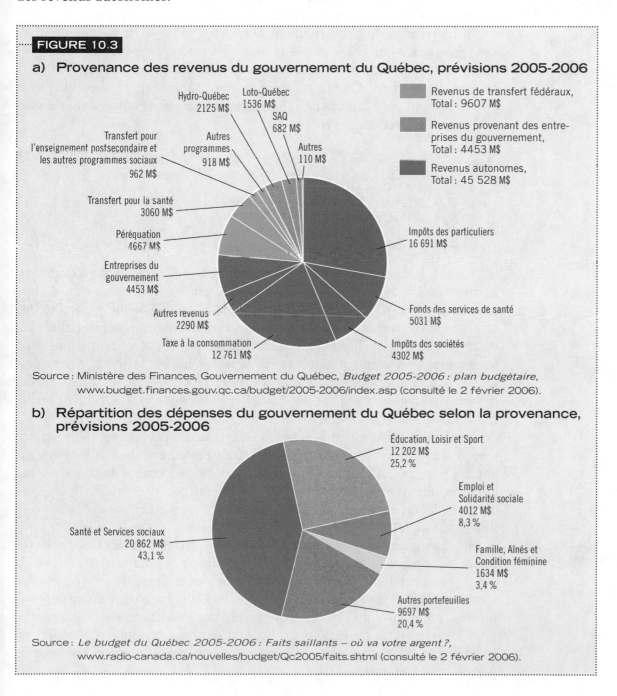

FIGURE 10.3

a) **Provenance des revenus du gouvernement du Québec, prévisions 2005-2006**

Hydro-Québec 2125 M$
Loto-Québec 1536 M$
SAQ 682 M$
Transfert pour l'enseignement postsecondaire et les autres programmes sociaux 962 M$
Autres programmes 918 M$
Autres 110 M$
Transfert pour la santé 3060 M$
Péréquation 4667 M$
Entreprises du gouvernement 4453 M$
Autres revenus 2290 M$
Taxe à la consommation 12 761 M$
Impôts des particuliers 16 691 M$
Fonds des services de santé 5031 M$
Impôts des sociétés 4302 M$

Revenus de transfert fédéraux, Total : 9607 M$
Revenus provenant des entreprises du gouvernement, Total : 4453 M$
Revenus autonomes, Total : 45 528 M$

Source : Ministère des Finances, Gouvernement du Québec, *Budget 2005-2006 : plan budgétaire*, www.budget.finances.gouv.qc.ca/budget/2005-2006/index.asp (consulté le 2 février 2006).

b) **Répartition des dépenses du gouvernement du Québec selon la provenance, prévisions 2005-2006**

Éducation, Loisir et Sport 12 202 M$ 25,2 %
Emploi et Solidarité sociale 4012 M$ 8,3 %
Santé et Services sociaux 20 862 M$ 43,1 %
Famille, Aînés et Condition féminine 1634 M$ 3,4 %
Autres portefeuilles 9697 M$ 20,4 %

Source : *Le budget du Québec 2005-2006 : Faits saillants – où va votre argent ?*, www.radio-canada.ca/nouvelles/budget/Qc2005/faits.shtml (consulté le 2 février 2006).

S'ajoutaient aux revenus autonomes les transferts du gouvernement du Canada : la péréquation, le FPÉ et les autres transferts liés aux accords fiscaux. Ces revenus représentaient 9607 millions de dollars sur un total de revenus budgétaires de 55 135 millions de dollars.

Quant aux dépenses, le Québec prévoyait consacrer 80 % de ses dépenses aux programmes. À eux seuls, la santé et les services sociaux, l'éducation et l'aide sociale comptaient pour 76,6 % des dépenses de programmes [voir la figure 10.3 b), p. 271]. Le service de la dette, pour sa part, représentait 17,5 % des dépenses totales.

Solde budgétaire
Différence entre les recettes d'un gouvernement et ses dépenses.

Budget équilibré
Situation budgétaire où les recettes égalent les dépenses.

Le **solde budgétaire** (voir le tableau 10.1) correspond à la différence entre les recettes d'un gouvernement et ses dépenses. Un **budget** est **équilibré** si les recettes sont égales aux dépenses. Un déficit est créé lorsque les dépenses excèdent les revenus ; on parle de surplus ou d'excédent budgétaire lorsque les recettes du gouvernement excèdent ses dépenses.

Solde de fonctionnement
Différence entre le solde budgétaire et le service de la dette.

Si les recettes du gouvernement permettent de couvrir uniquement ses dépenses autres que le service de la dette (les intérêts sur les emprunts), on dira que son **solde de fonctionnement** est nul. Cela signifie que, s'il n'avait pas de dette, donc d'intérêts à payer, son budget serait équilibré. Le gouvernement paye donc le prix des emprunts passés même si, pour l'année en cours, il couvre ses dépenses.

TEMPS D'ARRÊT 10.2
Quelle est la différence entre le solde budgétaire et le solde de fonctionnement ?

C'est la Banque du Canada (voir le chapitre 8) qui a pour tâche d'organiser le financement de la dette fédérale. Principalement, c'est au moyen d'obligations, de bons du Trésor, de titres au détail non négociables (surtout des obligations d'épargne du Canada) et d'emprunts en devises pour financer les réserves officielles de liquidités internationales que le gouvernement obtient les sommes manquantes pour payer ses dépenses. En fait, lorsqu'une personne dit : « J'achète une obligation », elle pourrait tout aussi bien dire qu'elle prête de l'argent au gouvernement. De plus, l'épargne des Canadiens étant insuffisante pour couvrir la totalité des emprunts du gouvernement, ce dernier doit emprunter aux institutions financières d'autres pays. On appelle « dette extérieure du gouvernement » la somme de ces emprunts. Par ailleurs, on entend souvent parler de besoins financiers du gouvernement. Ces besoins correspondent au montant du solde budgétaire. S'il est négatif, le gouvernement doit emprunter ; s'il est positif, le gouvernement peut rembourser une partie de la dette.

Dette fédérale
Dette du gouvernement fédéral uniquement.

Il ne faut pas confondre dette publique et **dette fédérale.** La dette publique comprend les dettes du gouvernement fédéral et des gouvernements provinciaux. Il est important de distinguer l'une de l'autre, car les sommes pouvant être empruntées auprès des Canadiens (leur épargne) sont limitées (voir plus loin l'effet d'évincement des investissements).

Qu'en est-il plus précisément de l'état des finances publiques fédérales et québécoises ? Pourquoi ce sujet est-il si populaire ? La prochaine section permettra d'y voir plus clair.

TABLEAU 10.1 Recettes et dépenses du gouvernement fédéral depuis 1974 (en millions de dollars)

Année	Recettes	Dépenses	Excédent (+) ou déficit (−) budgétaire
1974-1975	29 974	28 706	1268
1975-1976	31 817	35 640	−3826
1976-1977	35 479	38 816	−3337
1977-1978	36 667	44 010	−7343
1978-1979	38 275	49 129	10 854
1979-1980	43 408	52 791	−9383
1980-1981	48 667	63 170	−14 303
1981-1982	60 307	75 848	−15 583
1982-1983	60 662	89 396	−29 029
1983-1984	64 168	96 891	−28 734
1984-1985	71 056	109 493	−38 437
1985-1986	76 933	111 528	−34 595
1986-1987	85 931	116 673	−30 742
1987-1988	97 612	125 406	−27 794
1988-1989	104 067	132 840	−28 773
1989-1990	113 707	142 637	−28 930
1990-1991	119 353	151 353	−32 000
1991-1992	122 032	156 389	−34 357
1992-1993	120 380	161 401	−41 021
1993-1994	115 984	157 996	−42 012
1994-1995	123 323	160 785	−37 462
1995-1996	130 301	158 918	−28 617
1996-1997	140 896	149 793	−8897
1997-1998	153 162	150 350	3478
1997-1998	164 398	159 891	4508
1998-1999	168 167	165 576	2591
1999-2000	184 018	177 019	6999
2000-2001	188 090	197 303	9213
2001-2002	188 546	195 897	7351
2002-2003	192 814	195 595	2780
2003-2004	197 296	204 075	6779

Source : Statistique Canada, CANSIM, tableau 385-001.

10.2 Historique

Dans le chapitre précédent, nous avons étudié comment la théorie keynésienne avait modifié la perception du rôle de l'État dans l'économie. Entre 1950 et 1970, le gouvernement fédéral a enregistré 12 déficits et 8 surplus. Puis, à partir de 1970 et jusqu'en 1997, seuls des déficits ont été réalisés. Que s'est-il passé ?

Les déficits enregistrés avant 1970 pesaient peu dans l'économie puisqu'ils étaient tous inférieurs à 3 % du PIB. Comme à cette époque l'économie connaissait une croissance soutenue, cela a fait diminuer la taille de la dette exprimée en pourcentage du PIB. Cependant, après la Deuxième Guerre mondiale, ce ratio était de plus de 100 % alors qu'en 1970, la dette représentait moins de 30 % du PIB. En 1995-1996, ce ratio avait augmenté jusqu'à 71,7 % du PIB (voir le tableau 10.2). Comment peut-on expliquer ce soudain endettement massif ?

Certains déficits résultent de politiques fiscales discrétionnaires mises en place pour enrayer des récessions et stimuler la croissance. D'autres déficits découlent des stabilisateurs automatiques. Par exemple, au cours des graves récessions de 1982 et de 1990-1991, la faible croissance économique ainsi que le taux anormalement élevé de chômage ont ralenti automatiquement le taux d'augmentation des recettes fiscales et occasionné des déficits massifs. On les appelle des **déficits conjoncturels.**

Déficit conjoncturel
Déficit temporaire dû aux mauvaises performances de l'économie.

Cependant, les fluctuations économiques ne peuvent, à elles seules, expliquer l'évolution de la dette des gouvernements fédéral et provinciaux. En effet, on observe que, depuis le début des années 1970, les recettes fiscales sont systématiquement inférieures aux dépenses des gouvernements, et ce, même en période de croissance soutenue comme celle de 1983 à 1990. On parle alors de **déficit structurel.** On ne peut régler le problème de déficit structurel qu'en modifiant la structure des dépenses ou de la fiscalité. Une grande partie de ce déficit structurel vient de la mise en place de programmes sociaux généreux ainsi que des mesures adoptées afin d'atténuer les effets liés aux deux chocs pétroliers. En effet, à cette époque, le Canada a comblé la différence entre le prix du pétrole importé et le prix du pétrole intérieur afin que toutes les provinces puissent se procurer cette ressource au même prix. Cette décision, très coûteuse, a entraîné des déficits considérables. La dette fédérale nette s'élevait à 20 milliards de dollars en 1971. Elle a culminé à 588 milliards de dollars en 1997, et les intérêts payés sur cette dette s'élevaient à 42 milliards de dollars (voir le tableau 10.3, p. 276). En ce qui concerne la dette fédérale, 91 % de celle-ci est postérieure à 1971. Si on combine les dettes fédérale et provinciales (la dette publique), les gouvernements doivent 826 milliards de dollars. Sur chaque dollar payé en impôts et en taxes, 37 % servent non pas

Déficit structurel
Déficit qui se maintient même en situation de plein-emploi.

> **TEMPS D'ARRÊT 10.3**
> Selon vous, les surplus que fait le gouvernement fédéral sont-ils structurels ou conjoncturels ?

TABLEAU 10.2 **Dette fédérale en pourcentage du PIB (en millions de dollars)**

Année	PIB	Dette fédérale nette	Dette (en pourcentage du PIB)
1996	807 088	578 718	71,7
1997	833 070	588 402	70,6
1998	877 921	581 581	66,2
1999	901 805	574 468	63,7
2000	957 911	561 733	58,6
2001	982 420	545 300	55,5
2002	1 012 079	534 690	52,8
2003	1 048 895	526 492	50,2
2004	1 090 105	523 648	48,0

Source: Statistique Canada, Système des comptes économiques nationaux. *Dette de l'administration publique fédérale, pour l'année financière se terminant le 31 mars.*

à financer des services et des programmes, mais à payer des intérêts. Les taux d'intérêt ont monté en flèche au début des années 1980 (politique de lutte à l'inflation) et ont fait augmenter le service de la dette et les déficits. De toutes les dépenses fédérales, 18 % servent à payer des intérêts sur la dette fédérale.

Tous ces déficits accumulés par le gouvernement fédéral ont atteint des sommets inégalés en 1993-1994 : plus de 42 milliards de dollars pour cette seule année. La dette se met à augmenter de façon exponentielle. On n'emprunte que pour payer les intérêts ; il reste de moins en moins d'argent pour les programmes. Le gouvernement n'a plus le choix. Il doit s'attaquer résolument au problème des finances publiques sous peine d'en perdre totalement le contrôle. En 1995-1996, la dette représentait 71,7 % du PIB. Y avait-il lieu de s'alarmer ? À partir de quel niveau une dette peut-elle être qualifiée de « dommageable pour l'économie » ? De façon absolue, 600 milliards de dollars, par exemple, ne signifient pas grand-chose. C'est pourquoi il faut évaluer la dette de façon relative. En général, on la compare au niveau de l'activité économique, soit le PIB. De cette façon, on peut comparer la plupart des pays industrialisés sur une même base. La dette canadienne a grimpé jusqu'à 71,7 % du PIB en 1995-1996. Le Canada occupait alors le deuxième rang, derrière l'Italie, des pays du G-7 pour l'importance de sa dette publique. On considère comme acceptable une dette publique inférieure à 60 % du PIB (selon la règle de Maastricht). Le tableau 10.2 permet de constater une baisse constante de ce ratio au Canada, ce qui indique une nette amélioration de la situation. Une autre façon d'évaluer l'importance de la dette consiste à mesurer le ratio du service de la dette au PIB (voir le tableau 10.3, p. 276).

TABLEAU 10.3

Ratio du service de la dette au PIB (en millions de dollars)

Année	Service de la dette	PIB	Service de la dette/PIB (%)
1996	37 981	807 088	4,7
1997	42 046	833 070	5,0
1998	46 905	877 921	5,3
1999	44 973	901 805	5,0
2000	43 620	957 911	4,6
2001	32 614	982 420	3,3
2002	27 903	1 012 079	2,8
2003	25 628	1 048 895	2,4
2004	23 796	1 090 105	2,2

Source : Statistique Canada, CANSIM, tableau 385-001.

TEMPS D'ARRÊT 10.4

Dans chaque cas, déterminez s'il s'agit du déficit, du surplus ou de la dette.

a) En 1993, les dépenses gouvernementales ont dépassé de 42 milliards de dollars les revenus perçus.

b) Grâce aux surplus des dernières années, on peut l'abaisser.

c) En 2004, elle atteint un creux historique.

d) Nous nous sommes succédé de 1970 à 1997.

À l'époque des déficits successifs (de 1970 à 1997), les gouvernements ont eu tendance à faire des prévisions économiques optimistes afin de masquer les déficits élevés qu'ils prévoyaient. Dès 1993, ce petit jeu électoraliste a pris fin et le problème a été reconnu. On a alors fait des prévisions de croissance et de taux d'intérêt plus réalistes. Il était même permis de pécher par excès de prudence. La situation est devenue un peu plus transparente.

Suivront des hausses de taxes et d'impôts, résultat de la désindexation des tables, des compressions dans les transferts aux provinces et dans les subventions, et des compressions dans les programmes. Ces efforts ont été couronnés de succès. En 1998, le gouvernement fédéral réalise son premier surplus depuis près de 30 ans. C'est le premier pays du G-7 à y parvenir. Depuis, les surplus se sont succédé et ont augmenté, permettant ainsi à la dette nette (dette brute diminuée des avoirs financiers de l'État, par exemple, les prêts, placements et avoirs en devises) de diminuer (voir le tableau 10.2).

L'apparition de surplus soulève de nouvelles questions dans la collectivité. Que devrait en faire le gouvernement ? Réduire la dette comme il a déjà commencé à le faire, augmenter ses dépenses ou réduire les impôts? Pour répondre à cette question, il faut d'abord comprendre les conséquences de la dette sur l'économie canadienne.

Les problèmes liés à l'endettement

10.3 Le service de la dette et la politique économique

C'est un fait. Ce sont les frais d'intérêts qui ont contraint les gouvernements à mettre de l'ordre dans les finances publiques. Un pourcentage de plus en plus grand des dépenses fédérales (et de ses revenus) servaient uniquement à payer les intérêts sur cette dette astronomique (sur chaque dollar versé à Ottawa, 0,19 $ vont au service de la dette, une nette amélioration par rapport au 0,37 $ du début du siècle). Il restait donc de moins en moins d'argent pour financer la santé, l'éducation supérieure et l'aide sociale. De plus, les finances publiques étaient devenues totalement dépendantes des fluctuations du niveau de l'activité économique et des taux d'intérêt. Les stabilisateurs automatiques faisaient grimper le déficit en période de récession, ce qui augmentait la dette ainsi que les intérêts à verser. On empruntait donc davantage pour payer les intérêts. La moindre augmentation des taux d'intérêt faisait grimper le service de la dette de près de un milliard de dollars. Quelles étaient les conséquences de ce cercle infernal?

Tout d'abord, le gouvernement avait perdu sa capacité d'intervention en ce qui concerne les politiques budgétaire et monétaire. Le gouvernement n'avait plus la marge de manœuvre nécessaire pour utiliser son budget à des fins de stabilisation économique. Il avait perdu sa capacité de dépenser, de lever des impôts ou d'augmenter les taxes pour tenter de résoudre les problèmes économiques. La taxation n'avait jamais été aussi élevée, surtout pour le particulier. De plus, la dette contribuait à accroître les inégalités: les détenteurs d'obligations se trouvant parmi les groupes les plus riches de la société, et la fiscalité fédérale étant relativement proportionnelle, les paiements d'intérêts sur la dette accroissaient les inégalités de revenu puisque ce sont les mieux nantis qui les recevaient. Aujourd'hui, le gouvernement a retrouvé sa capacité d'intervention dans l'économie.

10.4 La dette extérieure

En 2000, une épée de Damoclès risque de précipiter la crise. Malgré des surplus encourageants, il suffirait qu'une surchauffe de l'économie américaine entraîne des hausses du taux d'intérêt pour que la situation redevienne difficile à gérer. La **dette extérieure** n'ayant jamais été aussi élevée, les

Dette extérieure
Emprunts réalisés auprès d'institutions financières étrangères.

intérêts à payer ne seraient pas réinjectés dans l'économie canadienne; notre richesse en serait d'autant amoindrie.

Cette dette extérieure n'est pas un actif financier pour les Canadiens. Le remboursement du capital et des intérêts se fait au prix d'un transfert de notre production réelle vers d'autres nations. En 2005, la dette extérieure n'a jamais été aussi faible de toute l'histoire. Le gouvernement retrouve donc une souplesse inégalée au regard de la dette.

10.5 L'effet d'évincement des investissements

Un autre problème sérieux concerne la rareté des capitaux et de l'investissement. L'une des façons de transférer la dette aux générations futures consiste à leur léguer un plus petit capital. On parle alors de l'**effet d'évincement** des capitaux. Pour attirer les capitaux financiers (bons, obligations, etc.) nécessaires au financement des déficits gouvernementaux, il faut des taux élevés. Ces mêmes taux ont cours sur les marchés, ce qui freine les dépenses d'investissement. Si cela se produit, les générations futures hériteront d'une économie dotée d'une plus petite capacité de production et, toutes choses étant égales par ailleurs, cela se traduira par une baisse de leur niveau de vie.

Que pourrait-il se produire? Premièrement, supposons que l'économie se situe au niveau de plein-emploi et que le budget fédéral est initialement équilibré. Supposons aussi que, pour une raison quelconque, le gouvernement augmente le niveau de ses dépenses. Pour ce qui est des possibilités de production, si l'économie fonctionne au niveau de plein-emploi, une plus grande production de biens publics entraîne nécessairement une diminution de la production de biens privés. Deuxièmement, les biens privés peuvent être destinés à la consommation ou à l'investissement. Si l'augmentation de la production de biens publics se fait au détriment de la production de biens de consommation privés, alors la génération actuelle supporte entièrement le fardeau d'un niveau de vie moindre. Mais si l'augmentation de la production de biens publics entraîne une réduction de la production de biens de production (à cause de l'investissement), alors le niveau de vie de la génération actuelle n'en sera pas modifié. Par contre, nos enfants et nos petits-enfants hériteront d'un capital moindre et en tireront des revenus moindres. Essayons de décrire ces deux scénarios plus concrètement.

Supposons d'abord que l'augmentation des dépenses gouvernementales est financée par une hausse de l'impôt sur le revenu des particuliers. On sait qu'une très grande partie du revenu est allouée à la consommation et que, par conséquent, les dépenses de consommation diminueront d'une valeur presque équivalente à la hausse d'impôts. Dans ce cas, le fardeau découlant de l'augmentation des dépenses gouvernementales retombe principalement sur la génération actuelle, qui aura accès à un moins grand panier de biens de consommation.

Supposons ensuite que l'augmentation des dépenses gouvernementales est financée par la hausse de la dette publique. Dans ce cas, le scénario diffère. Le gouvernement doit aller sur le marché monétaire et entrer en compétition avec les emprunteurs privés. Pour une offre de monnaie donnée, l'augmentation de la demande de monnaie fera augmenter les taux d'intérêt, c'est-à-dire le prix payé pour accéder à la monnaie. Des taux d'intérêt élevés découragent les investissements.

C'est pourquoi il est possible de conclure qu'une augmentation de la production de biens publics financée par des déficits risque davantage de se produire au détriment des investissements privés et d'avoir pour conséquence un transfert du fardeau aux générations futures. Deux considérations peuvent cependant alléger ou même éliminer le fardeau économique transmis aux générations ultérieures dans notre deuxième scénario.

Tout comme les biens privés, les biens publics peuvent également être destinés à la consommation et à l'investissement. Si l'augmentation des dépenses du gouvernement ne porte que sur des biens de consommation (comme des limousines pour les ministres ou du lait dans les écoles), alors notre conclusion tient toujours. Mais qu'en est-il si les dépenses gouvernementales portent principalement sur des investissements comme la construction d'autoroutes, de ports ou d'hôpitaux ? Ou si le gouvernement investit dans l'éducation et la santé ?

Tout comme les dépenses privées faites pour de la machinerie et de l'équipement, l'investissement public fait augmenter la capacité de production future de l'économie. C'est pourquoi le capital des générations futures n'est pas diminué, c'est sa composition qui est changée : plus d'investissement public et moins d'investissement privé.

Une autre considération a trait à notre postulat de départ, qui était que l'économie fonctionnait au niveau du plein-emploi. Si ce n'est pas le cas, une hausse des dépenses gouvernementales entraînera l'économie vers son plein potentiel de production sans sacrifier ni la consommation ni l'accumulation de capital.

L'utilisation des surplus

10.6 L'utilisation des surplus

Compte tenu des conséquences néfastes que la dette entraîne, il serait impérieux que le gouvernement utilise une part de ses surplus pour la réduire. Cependant, en remboursant sa dette auprès du public, le gouvernement transfère ses surplus aux mains des ménages et des entreprises qui peuvent, en retour, en disposer à des fins de consommation et d'investissement. Cette hausse potentielle des dépenses privées ne doit cependant pas être exagérée, sous peine de créer des pressions inflationnistes. En pratique, une portion considérable de ces fonds doit servir à l'achat d'autres valeurs sûres plutôt que de biens ou de services.

D'un autre côté, le surplus budgétaire peut avoir un effet plus anti-inflationniste si le gouvernement l'utilise pour rembourser une partie de sa dette auprès de la Banque du Canada. Ce surplus inutilisé signifie qu'un certain montant potentiel de dépenses est retiré du circuit de revenus et dépenses de l'économie. Si les surplus d'impôts ne sont pas réinjectés dans

LE DEVOIR.COM

L'excédent budgétaire d'Ottawa atteint 4,8 milliards

PC – Édition du mardi 23 août 2005

Ottawa – Le gouvernement fédéral a enregistré un excédent budgétaire de 4,8 milliards au cours du premier trimestre de l'exercice 2005-2006 terminé le 30 juin, dont 1,7 milliard pour le seul mois de juin, indiquent les plus récents chiffres du ministère des Finances publiés hier.

Les médias font toujours une grande place à l'état des finances publiques.

l'économie, ils ne pourront être dépensés. Il n'y a donc aucune possibilité que ces fonds créent des pressions inflationnistes qui affaibliraient l'effet restrictif du surplus lui-même.

Si l'économie se rapproche trop du plein-emploi, alors le gouvernement aurait intérêt à rembourser sa dette auprès de la Banque du Canada afin d'éviter la surchauffe susceptible de faire augmenter les taux d'intérêt et le service de la dette.

On n'a parlé que de déficits et d'endettement pendant de nombreuses années. Et, tout à coup, les gouvernements se sont retrouvés avec des surplus appréciables. La longue période de croissance suivant la récession de 1990 y a sûrement contribué, mais il ne faut pas oublier les grands sacrifices imposés à la population. C'est pour cette raison qu'il est si difficile de s'entendre sur l'utilisation des surplus. Compte tenu de l'épée de Damoclès que représente la dette, il peut être tentant d'affecter tous les surplus à sa réduction, du moins en ce qui concerne la dette étrangère. Toutefois, les contribuables canadiens sont parmi les plus taxés des pays industrialisés. Des réductions d'impôts seraient donc politiquement très rentables et stimuleraient la croissance économique. Par contre, des augmentations dans les dépenses sont exigées par de nombreux citoyens qui ont maille à partir avec le système de santé, l'assurance-emploi, l'aide sociale ou le système d'éducation. Le gouvernement doit donc faire des choix quant à l'utilisation des surplus. Chose certaine, les gouvernements doivent agir avec prudence.

10.7 La réduction de la dette

Bien que les gouvernements aient connu une crise majeure des finances publiques, certaines considérations doivent être prises au sérieux lorsqu'on parle de remboursement de la dette. Nous avons vu, dans la première section, que l'importance de la dette ne se mesure pas en valeur absolue, mais plutôt en fonction de la capacité de payer les intérêts qui en découlent. Cette capacité s'accroît avec l'augmentation du PIB et la baisse du ratio dette-PIB. La croissance a fait diminuer ce ratio. En 1995-1996, il était de 71,7 %, tandis qu'en 1999-2000, il avait diminué à 59 % et, en 2004, il était de 48 %.

Qu'en est-il de la conjoncture ? L'économie traverse depuis 1991 une longue période de croissance qui, en 2005, ne semblait pas encore sur le point de se terminer. Un remboursement important de la dette, surtout de la dette extérieure, a permis au gouvernement fédéral de consolider ses finances et de moins craindre l'avenir. De plus, l'effet restrictif d'une telle mesure permet d'éviter une surchauffe possible.

10.8 Une augmentation des dépenses

Au fédéral, l'atteinte de l'équilibre budgétaire et les surplus qui ont suivi sont les fruits des compressions effectuées dans les transferts aux provinces. Les systèmes de santé provinciaux se sont grandement détériorés : les listes d'attente s'allongent, les urgences sont engorgées, l'équipement est désuet, il y a pénurie dans certaines catégories de personnels, etc. Les universités n'arrivent plus à joindre les deux bouts, ce qui met en péril leur réputation sur le plan international. L'utilisation d'une partie des surplus pour améliorer ces secteurs semble une nécessité pour le Canada et le respect de ses valeurs. Il ne

LE DEVOIR

ÉDITORIAL, jeudi 15 décembre 2005, p. a6

LETTRES

La dette, que veut-on, au juste ?

Pierre Beaulne

Au fédéral, l'objectif est clair. Dans le budget Goodale de février dernier, le gouvernement disait vouloir ramener la dette fédérale (déficit accumulé) de 38,8 % du PIB en 2004 à 25 % dans dix ans.

＊＊＊

Dans la récente mise à jour, l'objectif a été révisé afin de viser un ratio de 20 % d'ici 2020. On peut noter, en premier lieu, que l'objectif est formulé en termes relatifs : c'est la réduction du poids de la dette dans l'économie qui est visée.

La dette suscite de nombreux débats sur la place publique.

faut toutefois pas commettre de nouveau les erreurs du passé. Les provinces devront faire des choix judicieux en fonction des problèmes les plus épineux. Il convient de ne pas perdre de vue que des dépenses récurrentes ne peuvent être financées par des surplus, car ces derniers risquent de fondre au cours de la prochaine récession. Les revenus du gouvernement ne pourraient alors couvrir ces dépenses, et la valse des déficits structurels reprendrait. Il est donc important d'établir des priorités en matière de dépenses.

Par exemple, l'assurance-emploi constitue un bon stabilisateur automatique. En réduisant grandement l'accessibilité à ce programme, le gouvernement fédéral est tombé dans la facilité. Le régime réalise des surplus de plusieurs milliards de dollars, ce qui suffira à surmonter la prochaine récession. Le gouvernement fédéral s'est donné le droit d'utiliser ces sommes à d'autres fins que celle du financement du programme, comme le remboursement de la dette, ou comme réserve pour les imprévus.

10.9 Une réduction des impôts

C'est principalement grâce à la hausse des impôts que les gouvernements canadien et provinciaux ont réussi à rétablir l'équilibre des finances publiques. Les entreprises d'ici sont très concurrentielles sur le plan de la taxation par rapport aux entreprises des autres pays. Néanmoins, les particuliers ont vu leur revenu disponible réel diminuer durant la décennie 1990. En 1993-1994, l'impôt sur le revenu des particuliers représentait 44 % des recettes budgétaires du gouvernement fédéral. En 1997-1998, il correspondait à 53 % des revenus de l'État et, en 2004, il en constituait 48 %. Le gouvernement pourrait alors diminuer le fardeau fiscal des particuliers à la condition de ne pas provoquer de surchauffe de l'économie. Une diminution trop rapide des impôts pourrait engendrer une hausse de la demande que l'économie ne pourrait absorber, ce qui provoquerait de l'inflation et, potentiellement, une hausse des taux d'intérêt. Cette hausse nuirait une fois de plus à l'état des finances publiques.

Comme on peut le voir, aucune décision n'est simple. Le gouvernement peut appliquer une ou plusieurs de ces mesures en tenant compte à la fois de l'état des finances publiques, de la conjoncture économique et des valeurs auxquelles tiennent les Canadiens.

LECTURE DIRIGÉE 10 ···· 1. Mettre à jour les données contenues dans ce texte.
2. Critiquer les objectifs et les recommandations de la Chambre de commerce à la lumière des informations contenues dans ce chapitre.

Analyse du budget 2005 : Dépenses de programmes hors contrôle

Les dépenses du gouvernement fédéral augmentent à un rythme tel qu'elles ne favorisent plus la croissance économique. Ce taux d'augmentation préoccupe sérieusement la Chambre de commerce du Canada. Le dépenses de programmes au niveau fédéral ont augmenté de 109,6 $ milliards au cours de l'exercice financier 1999-2000 à 141,4 $ milliards en 2003-2004, soit un taux de croissance annuel de 6,6 %. Au cours de la présente année fiscale, on prévoit une hausse énorme de ces dépenses, de 11,8 % par rapport à l'année précédente, de 2 % en 2005-2006 et de 5,1 % en 2006-2007.

▷

Des augmentations de cette envergure rendent toute réduction de la dette ou autre allègement fiscal apte à stimuler la prospérité économique des plus difficiles. La Chambre de commerce du Canada soutient que toute augmentation des dépenses de programmes doit être maintenue au taux de croissance de la population plus l'inflation, ce qui équivaut à environ 3 % par année.

Un élément crucial au contrôle des dépenses est la gestion efficace des coûts des soins de santé. Le gouvernement fédéral, les provinces et les territoires doivent unir leurs efforts et entreprendre une réforme des soins de santé afin de préserver le système. Il ne fait aucun doute que les dépenses en santé affectent les investissements dans d'autres secteurs importants comme l'enseignement et l'infrastructure. De plus, le gouvernement fédéral se doit de modifier la formule de péréquation car les récents changements ont mis en péril le système à longue échéance.

De plus, les dépenses relatives à l'appui régional ne contribuent pas de façon efficace au bien-être. De telles dépenses n'ont à toutes fins pratiques aucun effet bénéfique envers l'innovation, la productivité ou la croissance économique. En décembre 2003, le gouvernement a mandaté un comité interne d'entreprendre un examen de tous les programmes fédéraux, énonçant un objectif d'identifier (*sic*) des épargnes chaque année, jusqu'à concurrence d'au moins 3 $ milliards annuellement au bout de quatre ans. La Chambre du Canada appuie fermement cette initiative. Le budget 2005 présente les premiers résultats de cet examen : le comité a identifié (*sic*) des épargnes cumulatives de l'ordre de 11 $ milliards réalisables au cours des cinq prochaines années.

La Chambre du Canada insiste pour que ces épargnes soient réaffectées de façon efficace vers des secteurs prioritaires qui améliorent la productivité. Cela comprend l'enseignement supérieur, l'infrastructure et la réforme fiscale.

Le besoin de continuer à réduire la dette

La dette fédérale du Canada (déficit accumulé) a été réduite de 61,4 $ milliards depuis l'exercice financier 1996-1997. Au 31 mars 2004, la dette se chiffre à 501,5 $ milliards. Selon les projections, la dette fédérale en pourcentage du PIB passera à 38,8 % en 2004-2005, en baisse par rapport au sommet de 68,4 % enregistré en 1995-1996. Pour l'exercice 2003-2004, les frais de la dette publique consommaient 35,8 $ milliards, soit 19 cents pour chaque dollar de recettes. Les avantages de réduire la dette sont bien évidents : toute réduction soutenue facilite notre capacité de réduire les impôts et de mieux faire face aux effets économiques d'une population vieillissante.

Mesures fiscales appropriées : mise en œuvre trop lente

La Chambre de commerce du Canada appuie l'ensemble des mesures fiscales annoncées dans le budget. Cependant la mise en œuvre s'étend sur une période beaucoup trop longue dans la plupart des cas.

Un régime fiscal qui mobilise les forces créatives de l'économie et accroît les incitatifs au travail, à l'économie et à l'investissement ouvre la voie à la prospérité. En effet, à mesure que l'intégration économique s'accélère, les particuliers et les entreprises peuvent plus facilement tirer parti des débouchés économiques, où qu'ils soient. Cet état de fait renforce l'incidence de l'imposition sur les décisions d'investissement et de localisation.

Or, la majorité des pays industrialisés ont remanié leur régime fiscal pour s'assurer que leur juridiction (*sic*) conserve son attrait – essentiellement, qu'elle soit l'endroit rêvé pour les particuliers et les entreprises. Le Canada se doit d'en faire autant.

La politique fiscale canadienne devrait viser principalement la mise en place d'un régime fiscal propice au travail, à l'entrepreneuriat, à l'épargne, à l'investissement et à la prise de risques, encourageant ainsi la croissance économique à long terme et de façon durable.

Le gouvernement se doit de placer les réductions d'impôt des particuliers à la tête des priorités de son programme fiscal. La Chambre de commerce du Canada croit fermement que de plus importantes réductions pourraient être réalisées de façon plus ponctuelle si le gouvernement s'engageait à limiter les augmentations de dépenses de programmes à 3 % par année. Ainsi le gouvernement pourrait, comme il se doit, mettre immédiatement en place des mesures et politiques visant à améliorer la productivité, la compétitivité et le bien-être économique à long terme du Canada.

Source : La Chambre de commerce du Canada.
Analyse du budget 2005 : Dépenses de programmes hors contrôle (www.chamber.ca/cmslib/general/Budget2005AnalysisF.pdf).

TEMPS D'ARRÊT 10.5

Que feriez-vous à la place du gouvernement en ce qui concerne l'année en cours ? Pour ce faire : 1) mettez à jour les statistiques ; 2) analysez la conjoncture actuelle ; 3) décidez d'une politique expansionniste, restrictive ou neutre ; 4) décidez de modifier les dépenses gouvernementales, la fiscalité ou la dette.

Conclusion

Il faut espérer que les gouvernements deviendront plus sages à la suite de cette saga budgétaire. Malgré les déficits monstrueux qu'on pensait impossibles à résorber, le pays dispose maintenant de surplus budgétaires qu'il doit administrer de façon rationnelle. Les séquelles demeureront toutefois durant une longue période : la vulnérabilité par rapport aux taux d'intérêt, les tensions sociales, etc.

Dans le dernier chapitre, nous aborderons l'aspect international de nos échanges. Nous pourrons ainsi approfondir notre compréhension de la conjoncture et des politiques économiques en y ajoutant les fluctuations du taux de change du dollar canadien.

Schéma des principaux concepts

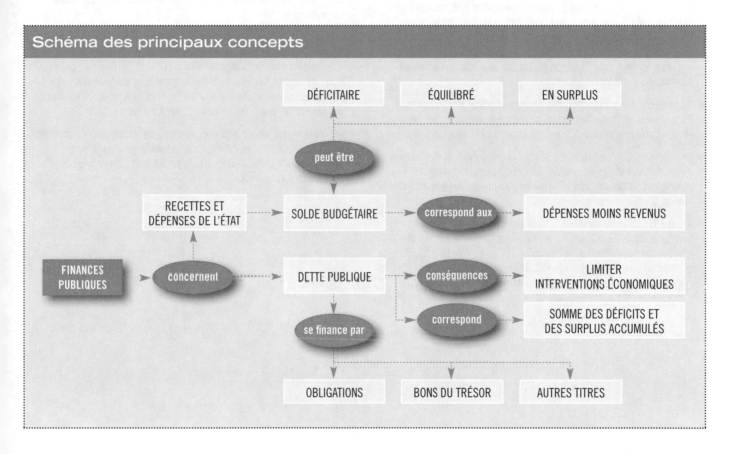

Résumé

- Les finances publiques correspondent à l'ensemble des transactions financières (les revenus, les dépenses et les emprunts) des administrations publiques.

- Un budget est un ensemble de prévisions de dépenses et de revenus pour un exercice financier donné. La principale source de revenus des gouvernements fédéral et québécois est l'impôt sur le revenu des particuliers. Le plus important poste de dépenses du gouvernement fédéral est celui des intérêts qu'il doit payer sur ses emprunts : c'est le « service de la dette ». Le gouvernement fédéral effectue également des transferts aux provinces : la péréquation et le programme de Transfert canadien en matière de santé et de programmes sociaux. Le gouvernement québécois consacre 80 % de ses dépenses aux programmes, dont 74,6 % vont à la santé, aux services sociaux, à l'éducation et à l'aide sociale.

- Un budget est équilibré quand les revenus égalent les dépenses. On parle de « déficit » lorsque les dépenses excèdent les revenus et de « surplus » lorsque les revenus excèdent les dépenses.

- Une dette gouvernementale est la somme des déficits et des surplus accumulés par un gouvernement. La dette publique correspond à la somme des dettes des administrations publiques : des gouvernements fédéral et provinciaux.

- Avant 1970, le gouvernement fédéral avait accumulé 12 déficits et 8 surplus. De 1970 à 1997, il n'a réalisé que des déficits, ce qui a fait grimper la dette fédérale à plus de 550 milliards de dollars. En 1995-1996, la dette représentait 71,2 % du PIB. Les déficits gouvernementaux étaient devenus structurels. Pour les enrayer, il fallait modifier la structure des dépenses (les programmes) et des revenus (la fiscalité).

- La dette élevée des gouvernements leur enlève la possibilité d'utiliser leur budget à des fins de stabilisation. Elle contribue aussi à augmenter les inégalités. La dette extérieure du Canada est parmi les plus élevées des pays industrialisés. Les conséquences en sont une perte d'autonomie, un transfert de richesse vers l'extérieur, une vulnérabilité importante relativement aux variations des taux d'intérêt et aux performances des autres pays. Parmi les autres conséquences d'une dette élevée, mentionnons l'effet d'évincement des investissements, lequel pourrait reporter le fardeau de la dette sur les épaules des générations futures.

- Lorsque le gouvernement dégage des surplus, il peut réduire la dette, dépenser davantage ou réduire les impôts. Pour effectuer ses choix, il doit d'abord analyser la conjoncture et l'état des finances publiques. Il doit éviter de créer une surchauffe, garder les contribuables et les entreprises compétitives sur le plan fiscal et assurer aux Canadiens des services et des programmes qui reflètent leurs valeurs.

- Les économistes plutôt libéraux choisiront de laisser plus de pouvoirs à l'État : augmenter les dépenses et réduire lentement la dette. Les économistes plus conservateurs préféreront diminuer les impôts, les dépenses et la dette.

Exercices

I BIEN COMPRENDRE LE VOCABULAIRE DE BASE

1 Comment appelez-vous :

a) l'ensemble des dépenses, revenus et emprunts des gouvernements ?

b) la différence positive entre les revenus et les dépenses ?

c) les intérêts qu'il faut payer sur la dette publique ?

d) les prévisions concernant les revenus et les dépenses d'un exercice financier ?

e) le système qui permet aux provinces moins bien nanties d'avoir des services publics comparables à ceux des autres provinces ?

f) la différence entre les revenus d'un gouvernement et ses dépenses autres que le service de la dette ?

g) la dette de toutes les administrations publiques ?

h) un déficit entraîné par un ralentissement de l'activité économique ?

i) un déficit qui persiste même si l'économie est près du plein-emploi ?

j) les emprunts effectués par les gouvernements auprès d'institutions des autres pays ?

2 Complétez les énoncés.

a) Un _____ correspond à la différence négative entre les revenus et les dépenses.

b) Le service de la dette correspond aux _____ qu'il faut payer sur la dette publique.

c) La dette correspond à la somme de tous _____.

d) Les _____ sont les revenus du gouvernement québécois ne provenant pas du gouvernement fédéral.

e) La perte d'investissement due aux hauts taux d'intérêt nécessaires pour financer les déficits gouvernementaux s'appelle _____.

II BIEN COMPRENDRE LA THÉORIE DE BASE

1 Cherchez l'erreur.

a) Depuis l'avènement de la théorie keynésienne, les gouvernements sont allés de déficit en déficit.

b) La principale source de revenus du gouvernement est l'impôt sur le revenu des particuliers suivi de près par l'impôt sur les sociétés.

c) Le gouvernement fédéral a éliminé sans mal son déficit en trois ans. On peut en conclure que ce n'était pas si difficile et se demander pourquoi il ne l'a pas fait avant.

d) La pire conséquence de la dette pour le gouvernement fédéral est sa vulnérabilité au regard des taux d'intérêt.

e) La péréquation sert à promouvoir le développement économique de toutes les provinces.

f) Un budget équilibré signifie que l'économie se porte bien.

g) Lorsque le solde de fonctionnement est positif, c'est que les finances publiques se portent bien.

h) C'est la théorie keynésienne qui a provoqué le surendettement des gouvernements.

i) Que le déficit soit structurel ou conjoncturel, il a les mêmes conséquences, soit l'endettement des gouvernements et l'augmentation du service de la dette.

j) La dette extérieure est plus grave que la dette intérieure, car elle coûte plus cher en intérêts.

k) La dette provoque une baisse d'investissement, car elle entraîne des anticipations pessimistes chez les entrepreneurs.

l) Il serait néfaste d'augmenter les dépenses des gouvernements tant que ceux-ci ont une dette.

m) Diminuer les impôts serait la façon la plus optimale de gérer les surplus.

2 Décrivez les situations suivantes en un court texte de moins de cinq lignes.

a) Vous êtes le ministre des Finances du gouvernement du Québec. Faites un mini-discours du budget.

b) Vous êtes un investisseur et la dette influe sur vos investissements.

III APPROFONDIR LES OUTILS D'ANALYSE ÉCONOMIQUE

1 Utilisez les théories économiques pour comprendre les différentes visions des finances publiques et adopter des politiques en conséquence.

a) Vous êtes un keynésien plutôt libéral.

b) Vous êtes un keynésien plutôt conservateur.

c) Vous êtes un économiste défendant des politiques axées sur l'offre.

d) Vous êtes un contribuable.

e) Vous êtes le PDG d'une grande entreprise.

f) Vous êtes un démuni.

2 Si vous deviez voter pour un parti politique en fonction de ses intentions concernant les finances publiques, quels seraient vos critères de sélection? Justifiez votre réponse.

L'ÉCONOMIE INTERNATIONALE

La mondialisation, le libre-échange et le protectionnisme

11.1 La mondialisation

11.1.1 Définition

Mondialisation
Libre circulation des ressources et des capitaux.

La **mondialisation** est un thème dominant de l'actualité économique. De nombreuses personnes mettent en doute les bienfaits censés découler de la libre circulation des ressources et des capitaux. Certaines craignent des effets secondaires, comme la domination politique, d'autres, de plus grandes fluctuations économiques. Le débat entre les partisans de la mondialisation et ses opposants se déroule sur plusieurs tribunes.

Pourtant, le développement des transports et des communications fait circuler l'information, la technologie, les capitaux, les ressources et les produits plus rapidement que jamais. Doit-on favoriser cette mutation de l'économie pour ainsi dire irréversible ? Doit-on l'encadrer ? Doit-on et peut-on l'empêcher ? Ce chapitre vise à informer le lecteur pour qu'il adopte une position plus éclairée sur cette question controversée.

Dans chacun des deux textes suivants, relevez les définitions, les faits indiscutables puis les arguments en faveur de la mondialisation et contre la mondialisation.

11.1.2 Les partisans

Attention, ceci est un texte d'opinion !

LA MONDIALISATION : FAUT-IL S'EN RÉJOUIR OU LA REDOUTER ?

I. Introduction

Le terme « mondialisation » possède une forte charge émotive. D'aucuns voient dans la mondialisation un processus bénéfique – qui contribuera de façon décisive au développement économique mondial – inévitable et irréversible. D'autres sont hostiles à ce processus, voire le redoutent, estimant qu'il accroît les inégalités au sein des pays et entre eux, menace l'emploi et le niveau de vie et entrave le progrès social. L'objectif de la présente étude, qui fait un tour d'horizon de certains aspects de la mondialisation, est d'indiquer aux pays comment tirer parti de ce processus, tout en évaluant avec réalisme le potentiel et les risques.

La globalisation, qui offre de grandes chances de parvenir à un développement authentiquement mondial, avance de façon irrégulière. Certains pays s'intègrent à l'économie mondiale plus rapidement que d'autres. Dans ceux qui ont pu s'intégrer, la croissance est plus forte et la pauvreté diminue. Sous l'effet de politiques tournées vers l'extérieur, les pays d'Asie de l'Est, qui figuraient parmi les plus pauvres de la planète il y a 40 ans, sont pour la plupart devenus dynamiques et prospères. À mesure que le niveau de vie augmentait dans ces pays, ils ont pu s'ouvrir à la démocratie et, sur le plan économique, accomplir des progrès dans des domaines comme l'environnement et les conditions de travail.

Dans les années 70 et 80, de nombreux pays d'Amérique latine et d'Afrique ont, contrairement à ceux d'Asie, poursuivi des politiques tournées vers l'intérieur, et leur économie a stagné ou régressé, la pauvreté a augmenté et une forte inflation est devenue la norme. Des événements extérieurs défavorables ont aggravé les difficultés de beaucoup d'entre eux, surtout en Afrique. Cependant, à mesure que ces pays modifiaient leur politique, leur revenu a commencé à augmenter. Une profonde mutation est en cours. L'encourager – et non l'inverser – est le meilleur moyen de stimuler la croissance, le développement et la lutte contre la pauvreté.

Les crises sur les marchés émergents dans les années 90 ont montré très clairement que les avantages de la mondialisation n'étaient pas sans contrepartie, à cause des risques, d'une part, d'instabilité des mouvements de capitaux et, d'autre part, de dégradation du tissu social, de l'économie et de l'environnement que pouvait engendrer la pauvreté. Pour toutes les parties prenantes, qu'elles viennent des pays en développement ou des économies avancées, ou, cela va de soi, qu'il s'agisse des investisseurs, c'est une raison non pas de revenir en arrière, mais de lancer les réformes nécessaires pour renforcer les économies et le système financier international de façon à accélérer la croissance et à réduire la pauvreté.

▷

Comment aider les pays en développement, les plus pauvres surtout, à rattraper leur retard ? La mondialisation accroît-elle les inégalités ou aide-t-elle à réduire la pauvreté ? L'instabilité menace-t-elle fatalement les pays qui s'intègrent à l'économie mondiale ? Voilà autant de questions qui, entre autres, sont abordées dans les sections ci-après.

II. Qu'est-ce que la mondialisation ?

La « mondialisation » est un processus historique qui est le fruit de l'innovation humaine et du progrès technique. Elle évoque l'intégration croissante des économies dans le monde entier, au moyen surtout des courants d'échanges et des flux financiers. Ce terme évoque aussi parfois les transferts internationaux de main-d'œuvre ou de connaissances (migrations de travail ou technologiques). La mondialisation comporte enfin des dimensions culturelle, politique et environnementale plus vastes qui ne sont pas abordées dans la présente étude.

Fondamentalement, la mondialisation n'a rien de mystérieux. Le terme est couramment utilisé depuis les années 80, c'est-à-dire depuis que le progrès technique permet d'effectuer plus facilement et plus rapidement les opérations internationales (commerciales ou financières). Il traduit le prolongement au-delà des frontières des pays des forces du marché qui ont opéré pendant des siècles à tous les niveaux d'activité économique (marchés de village, industries urbaines ou centres financiers).

Le marché favorise l'efficience grâce à la concurrence et à la division du travail (la spécialisation permet aux travailleurs et aux économies de se consacrer à ce qu'ils font de mieux). Grâce à la mondialisation des marchés, il est possible de tirer parti de marchés plus nombreux et plus vastes dans le monde. Cela signifie que l'on peut avoir accès à davantage de capitaux et de ressources technologiques, que les importations sont moins coûteuses et que les débouchés pour les exportations sont élargis. Cependant, les marchés ne garantissent pas nécessairement que cette efficience accrue profite à tous. Les pays doivent être prêts à lancer les politiques indispensables et, dans le cas des plus pauvres, ils peuvent, pour ce faire, avoir besoin de l'appui de la communauté internationale.

III. Croissance sans précédent et aggravation des inégalités : les tendances du revenu au XXᵉ siècle

La mondialisation n'est pas un phénomène récent. D'après certains analystes, l'économie était aussi mondialisée il y a 100 ans qu'aujourd'hui. Par contre, les échanges et les services financiers sont beaucoup plus développés et intégrés aujourd'hui. Il convient surtout de signaler que l'intégration des marchés financiers a été rendue possible grâce aux moyens de communication électroniques.

Au XXᵉ siècle, la croissance économique a été sans précédent : le PIB mondial par habitant a presque quintuplé. Cependant, cette croissance n'a pas été régulière, l'expansion la plus vigoureuse ayant été enregistrée pendant la seconde moitié du siècle, période de forte progression des échanges accompagnée d'un mouvement de libération du commerce – et en général, un peu plus tard, des flux financiers.

IV. Pays en développement : niveau d'intégration

Du fait de la mondialisation, les échanges et les marchés financiers mondiaux sont de plus en plus intégrés. Dans quelle mesure les pays en développement participent-ils à ce processus ? Les efforts qu'ils déploient pour rattraper les économies avancées donnent des résultats inégaux. [...] Depuis 1970, le revenu par habitant se rapproche vite dans un certain nombre de pays, surtout asiatiques, des niveaux atteints dans les économies avancées. Un nombre plus élevé de pays en développement n'ont enregistré que de faibles progrès, voire ont perdu du terrain. En Afrique, en particulier, le revenu par habitant a diminué par rapport aux pays industrialisés et, dans certains pays, a reculé en termes absolus. [...] les pays qui comblent leur retard sont ceux dans lesquels les échanges progressent fortement.

Examinons quatre aspects de la mondialisation :

- **Commerce international :** la part des pays en développement dans le commerce mondial a, dans l'ensemble, augmenté, passant de 19 % en 1971 à 29 % en 1999. Cependant il existe de grandes différences entre les principales régions. Par exemple, les résultats sont bons pour les nouvelles économies industrielles (NEI) d'Asie, alors qu'ils sont médiocres pour l'Afrique dans son ensemble. La composition des exportations des pays est également importante. Jusqu'à présent, la plus forte augmentation a été enregistrée par les exportations de biens manufacturés, mais la part dans les exportations mondiales des produits de base, comme les denrées et les matières premières, qui viennent souvent des pays les plus pauvres, a diminué.

- **Mouvements de capitaux :** [...] la mondialisation évoque pour le plus grand nombre un fort accroissement des apports de capitaux privés dans les pays en développement pendant la majeure partie des années 90. Il [le graphique 3] montre aussi que a) cet accroissement a suivi une période – dans les années 80 – où ces apports étaient particulièrement faibles ; b) les flux nets officiels d'« aide » ou d'assistance au développement diminuent sensiblement depuis le début des années 80 ; c) la composition des flux privés s'est sensiblement modifiée. L'investissement direct étranger occupe maintenant la première place. L'investissement de portefeuille et le crédit bancaire ont augmenté, mais ont été davantage instables, chutant fortement après les crises financières de la fin des années 90.

- **Migrations :** les travailleurs s'expatrient notamment parce que les perspectives d'emploi sont meilleures dans d'autres pays. On ne dispose jusqu'à présent que de peu de chiffres dans ce domaine, mais, au cours de la période 1965-90, la main-d'œuvre étrangère a augmenté de moitié environ dans le monde. La plupart des migrations se font entre les pays en développement. Toutefois, le flux de travailleurs migrants vers les économies avancées permettra sans doute un rapprochement des salaires au niveau mondial. Il est également possible que des travailleurs reviennent avec leurs compétences dans les pays en développement et que les salaires augmentent dans ces pays.

- **Diffusion des connaissances (et de la technologie):** les échanges d'informations sont un aspect souvent méconnu, mais qui fait partie intégrante de la mondialisation. Par exemple, l'investissement étranger direct est à l'origine non seulement d'une augmentation du capital physique, mais aussi de l'innovation technique. De façon plus générale, l'information sur les méthodes de production, les techniques de gestion, les marchés à l'exportation et les politiques économiques est disponible à un coût très faible et représente une ressource très précieuse pour les pays en développement.

Source: FMI. *La mondialisation : Faut-il s'en réjouir ou la redouter ?* 12 avril 2000, [www.internationalmonetaryfund.com/external/np/exr/ib/2000/fra/041200f.htm]. (consulté le 2 février 2006).

11.1.3 Les opposants

Attention, ceci est un texte d'opinion !

ALTERMONDIALISME

L'altermondialisation ou altermondialisme est un mouvement social qui revendique des valeurs telles que la démocratie, la justice économique, l'autonomie des peuples, la protection de l'environnement et les droits humains fondamentaux, pour qu'elles soient prépondérantes sur ce qu'il appelle la logique économique de la mondialisation néolibérale.

Le mouvement oscille entre un réformisme (par ex. la revendication d'une Taxe Tobin par Attac) et un « imaginaire de la rupture » qui se retrouve dans le slogan « *Un autre monde est possible* ». Il consiste en :

- une contestation de l'organisation interne, du statut et des politiques des institutions mondiales telles que l'OMC, le FMI, l'OCDE, le G8 et la Banque mondiale ;
- une recherche d'alternatives, globales et systémiques, à l'ordre international de la finance et du commerce.

Historique et structure

Le mouvement prend racine au début des années 80 dans les pays du Sud avec la lutte contre la dette, l'OMC, et les plans d'ajustement structurels du FMI ; mais il reste inaperçu en Occident. Il prend naissance en Europe, aux États-Unis et en Corée à partir de 1994 contre le chômage, la précarisation du travail et la remise en cause de la protection sociale. Les manifestations de Seattle en 1999 sont les premières manifestations mondiales altermondialistes. Elles sont suivies par le rassemblement de Gênes en 2001 (avec la mort d'un manifestant tué par balle par la police italienne) contre le sommet du G8 et les Forums sociaux mondiaux de Porto Alegre de 2001 à 2003 et de Mumbai en 2004. En novembre 2002 s'est également tenu le 1er Forum social européen à Florence, et 450 000 à 1 million de personnes ont défilé contre la guerre en Irak et *pour un autre monde*. En tant que lieux d'échanges et évènements médiatiques, les forums sont les espaces et les moments privilégiés du mouvement.

Composition

Le mouvement altermondialiste résulte de la convergence et de la multiplicité de mouvements. Il regroupe des personnes d'horizons très divers: paysannerie, couches populaires et petite bourgeoisie du Sud, pauvres et salariés précaires des pays industrialisés, syndicats ouvriers et enseignants, associations de consommateurs, de chercheurs, de jeunes, mouvements écologistes, anti-militaristes, féministes, communistes, marxistes, nationalistes, keynésiens et anarchistes...

[...]

Les altermondialistes cherchent à développer des réseaux internationaux (cf: la structure des mouvements ATTAC, ou Indymedia), notamment à travers des forums mondiaux, tel le Forum Social Mondial de Porto Alegre, afin d'y développer des synergies internationales entre les différents mouvements.

Orientations

Le terme anti-mondialisation a été le premier utilisé par les journalistes pour désigner le mouvement contestataire. En 1999, le terme *altermondialisme* ou *altermondialisation*, d'origine belge, fut introduit dans la francophonie pour mettre en avant le caractère favorable d'une partie du mouvement à une forme de mondialisation. Malgré l'attribution de tendances nationalistes et/ou anti-capitalistes au terme anti-mondialisation, la spécificité des deux termes reste assez imprécise.

La pluralité des orientations politiques au sein du mouvement est difficile à synthétiser. Ces orientations, parfois mutuellement contradictoires, peuvent être esquissées comme suit :

- Les réformateurs modérés qui sont partisans du libre-échange mais souhaitent que le marché soit régulé selon des impératifs sociaux et environnementaux. Ils sont par exemple généralement favorables à l'établissement de barrières douanières sur l'agriculture pour les pays du sud en invoquant le principe de souveraineté alimentaire.
- Les antilibéraux qui critiquent le modèle du libre-échange (cf. critique du libéralisme économique) veulent réformer en profondeur les bases de la logique économique, sur la base de critères sociaux et moraux. Ils proposent de taxer les flux de capitaux spéculatifs (Taxe Tobin).
- Les communistes et marxistes qui défendent une forme d'internationalisme. Cette partie des altermondialistes anticapitalistes s'oppose à la mondialisation économique capitaliste, qui serait celle de la classe bourgeoise, et prône la mondialisation des peuples (ou du prolétariat) selon un modèle social et solidaire.

▷

- Les souverainistes ou nationalistes, dans l'optique de protéger la nation du néo-libéralisme des marchés et de l'insécurité sociale qui selon eux en découle (chômage, délocalisation), de promouvoir la souveraineté alimentaire, d'empêcher le dumping social et la concurrence fiscale entre les pays, et prônent ainsi des mesures protectionnistes en matière d'économie.

Positions

Positions présentées comme altermondialistes

Si la diversité du mouvement s'avère efficace en tant que front de contestation, le manque d'homogénéité et de programme politique empêche le mouvement de canaliser ses partisans dans une voie unique. Cependant, une orientation commune se dégage sur des thèmes généraux comme la lutte pour le développement, les droits fondamentaux comprenant la souveraineté alimentaire, la paix et la démocratie. Avec un discours souvent idéaliste, l'altermondialisme se veut un moteur de lutte sociale. Il a désigné comme son principal adversaire idéologique le néo-libéralisme.

Leur critique part des rapports de pauvreté et de domination grandissant entre le Nord, principalement l'Amérique du Nord et l'Europe, et une partie des pays du Sud dont l'Afrique subsaharienne et les PMA. Les altermondialistes sont aussi préoccupés par la croissance des inégalités entre la proportion mondiale la plus riche et la plus pauvre, ainsi que par l'insécurité écologique comme la pollution industrielle, l'effet de serre, les OGM [...], les armes chimiques et nucléaires, ...

Les altermondialistes accusent également les grandes oligarchies transcontinentales et les organes financiers et commerciaux internationaux de favoriser, directement ou indirectement, des intérêts privés plutôt que l'intérêt général par la recherche de profits au détriment des facteurs sociaux et écologiques.

[...]

La pensée altermondialiste veut, d'une part, faire prendre conscience des méfaits qu'elle attribue au néo-libéralisme, déconstruire ce qu'elle appelle le dogme néo-libéral, et, d'autre part, proposer des réformes ou du moins des alternatives.

Critiques

Critique du marché mondial

Les altermondialistes considèrent que la mondialisation du marché n'est pas un synonyme de progrès humain ; elle ne profite pas équitablement à tous. Ils interprètent la croissance des inégalités et la pauvreté permanente dans le monde comme un effet pervers du libre marché mondialisé.

Les altermondialistes dénoncent particulièrement l'inégalité croissante entre la proportion des plus riches et des plus pauvres de la planète, qui a augmenté depuis 1960 [et] qu'ils attribuent à la mondialisation plutôt qu'aux causes internes à ces pays. Selon le rapport 2001 du PNUD, 1 % des plus riches mondiaux disposent d'un revenu cumulé égal à celui des 57 % les plus pauvres. De plus, pour 45 des 77 pays disposant d'une statistique sur l'inégalité de revenu, celle-ci a crû à l'intérieur des pays entre 1960 et 1990, renforçant les inégalités intra-nationales.

Est également critiquée la libéralisation des flux financiers et monétaires mondiaux qui a, selon eux, un effet déstabilisateur sur les économies locales et des conséquences humaines néfastes. Ils attribuent par exemple la crise argentine et la crise asiatique du sud-est à la fin des années 90 à cette libéralisation.

Position vis-à-vis des États et des organismes internationaux

Les altermondialistes considèrent que l'économie n'est pas régie par des lois économiques naturelles et immuables mais est le fruit de politiques conscientes des gouvernements qui délégueraient de plus en plus leur pouvoir au marché [...].

De leur point de vue, le marché réduirait l'homme et la nature à leur valeur marchande. Ils voient comme contrepoids des instances externes aux marchés comme les États, les organisations internationales ou, sans trop de précision sur sa représentation, la société civile. Bien que se disant favorables au développement d'organisations internationales, ils s'attaquent à celles qui cherchent à privatiser ou à réduire l'accès aux services publics, ainsi qu'à celles qui visent à déréguler l'économie.

[...]

Critique de l'OMC

Certaines organisations comme Oxfam dénoncent le fait que les intérêts des pays développés prennent le pas sur le développement dans les négociations commerciales (Communiqué Oxfam). La majeure partie des altermondialistes vont beaucoup plus loin en accusant l'OMC de prendre systématiquement des décisions non-équitables et partiales parce que favorables aux intérêts des entreprises transnationales et aux intérêts nationaux des pays riches. Par exemple, les accords régis par l'OMC seraient déséquilibrés en ce qu'ils permettraient aux produits des pays industrialisés d'accéder aux marchés du Sud, alors que les produits d'exportation principaux de ces derniers, comme l'agriculture, ne profitent pas de la réciprocité. Les altermondialistes y voient une destruction du marché intérieur des pays concernés et une dépendance accrue dans l'industrie des pays avancés. À noter que les altermondialistes reprochent inversement les délocalisations dans les pays en développement qui leur permettent de se créer une base industrielle et dans le secteur des services ; tout comme certaines de leurs composantes soutiennent la Politique Agricole Commune qui subventionne les exportations agricoles des pays riches.

[...]

Principalement, les altermondialistes appellent à plus de démocratie, plus de transparence et un nouveau rapport de forces plus favorables aux pays en développement et aux politiques locales.

Aussi, ayant une gouvernance basée principalement sur les ministres du Commerce des pays adhérents, l'OMC est critiquée pour son manque de préoccupation dans les domaines sociaux et environnementaux qui sont pourtant influencés par ses décisions.

Les accords concernant la propriété intellectuelle comme les ADPIC sont également critiqués lorsqu'ils sont relatifs aux biens « vitaux » (aliments, médicaments, eau) ou aux organismes vivants. Sont en particulier visés les OGM et le prix élevé de certains médicaments comme ceux contre le SIDA. Certains groupes ont par exemple développé le concept alternatif de brevet positif pour y remédier.

[...]

Critique du FMI

Pour les altermondialistes, les politiques menées par le FMI ont contribué de façon dramatique à des échecs économiques, sociaux et politiques dans un grand nombre de situations : notamment la crise asiatique de 1997, les transitions des économies russes et est-européennes à l'économie de marché, les réformes sud-américaines et la gestion des pays africains. Ils en veulent pour preuve la comparaison entre le bilan des économies qui ont suivi les prescriptions du FMI et celles qui les ont rejetées.

Les causes de l'échec sont attribuées à plusieurs facteurs, dont les intérêts de la communauté financière internationale, l'aveuglement des dirigeants par ce qu'ils appellent *le dogme du marché* néo-libéral et l'application de règles immuables ignorant les spécificités de chaque pays. Plus précisément, les altermondialistes dénoncent que les remèdes usuels prescrits par le FMI (libéralisation forcée avec privatisations et réduction du pouvoir de l'État) reposent sur l'hypothèse, qu'ils rejettent, que le marché aboutit à l'optimum, même après une période de transition douloureuse.

À travers les crises asiatiques et latino-américaines, le FMI est accusé également d'avoir menacé l'équilibre de l'économie par sa politique de libéralisation des capitaux, qui a permis les mouvements déstabilisants des capitaux spéculatifs. Les altermondialistes en appellent à une régulation des capitaux financiers.

Enfin, le FMI étant d'une part dirigé par des ministres de l'économie et des banquiers habitués au secret, et d'autre part, fortement influencé par les pays riches du Nord, les altermondialistes considèrent qu'il y a un manque de transparence et de démocratie dans l'institution.

Critiques des grandes firmes multinationales

L'altermondialisme s'oppose aux grandes multinationales comme Monsanto (producteur de graines génétiquement modifiées, ou OGM), qui ont tenté d'interdire l'étiquetage sur les produits. La figure emblématique de cette lutte est José Bové. Plus généralement, les altermondialistes s'opposent à tous les brevets sur le code génétique (ADN), au motif qu'on ne saurait breveter les êtres vivants.

Ils s'opposent aussi aux multinationales du médicament (Roche, Pfizer, etc.), qui, par leurs brevets et le prix de vente de leur médicament, empêcheraient les pays pauvres d'avoir accès aux soins. Les médicaments Diflucan® ou Triflucan® notamment de Pfizer permettraient de sauver des dizaines de millions de personnes malades du SIDA en Afrique.

Propositions

Les altermondialistes soutiennent souvent des idées réformatrices dans le domaine économique comme celles d'un allègement de la dette des pays pauvres, d'une taxation sur les transactions financières (Taxe Tobin), et promeuvent aussi un commerce équitable où le consommateur a la garantie que le producteur auquel il achète un bien possède un revenu qu'il considère comme « équitable ».

Les propositions concernant les droits de l'homme et de l'environnement sont également présentes chez beaucoup d'entre eux. En particulier, la question de la durée est posée : à quoi sert de se développer en exploitant de plus en plus intensivement des ressources qui ne se renouvellent pas et dont l'épuisement est prévisible si ce n'est *à aller plus vite dans le mur*? Le mot durable revient souvent dans les conversations, bien qu'autour de polémiques (développement durable, ou décroissance soutenable ?).

Les altermondialistes aspirent également à plus de démocratie mais les propositions concrètes sont très éparses, allant de la réforme des organisations internationales à l'instauration d'un parlement mondial.

Plus précisément, une liste de propositions couramment avancées par les altermondialistes, dont particulièrement le mouvement ATTAC, a été synthétisée dans le manifeste de Porto Alegre. On distingue les :

Propositions liées à des réformes économiques

- Annuler la dette publique des pays du Sud. L'argumentaire altermondialiste consiste à dire qu'ils l'ont déjà remboursée plusieurs fois via les intérêts, qu'elles ont été souvent contractées par un gouvernement précédent non démocratique afin de maintenir son pouvoir ou qu'elles sont le pendant de la dette écologique ou coloniale.

- Promouvoir le commerce équitable avec un nivellement par le haut des normes sociales telles que consignées dans les conventions de l'OIT. Reconnaître les droits économiques, sociaux et culturels énoncés à la conférence de Vienne de 1996. En particulier, reconnaître le droit à la souveraineté et à la sécurité alimentaire, à l'emploi, à la protection sociale et à la retraite. Remarque : le syndicat confédération paysanne demande que l'agriculture soit exclue totalement des négociations de libéralisation.

- Tirer un bilan exhaustif et indépendant des conséquences des décisions de l'OMC, du FMI et de la Banque mondiale.

- Exclure définitivement les domaines de l'éducation, de la santé, des services sociaux et de la culture des cycles de négociation de l'OMC et préserver les services publics menacés de libéralisation par l'accord général sur le commerce des services (AGCS) de l'OMC.

- Instaurer des taxes internationales sur les transactions financières, dont la taxe Tobin sur le marché des devises. D'autres variantes existent comme celles sur les investissements étrangers, sur les bénéfices consolidés des transnationales, sur les ventes d'armes ou sur les activités à forte émission de gaz à effet de serre.

- Démanteler les paradis fiscaux afin de contrer les évasions fiscales et le crime financier.

- Interdire toute forme de « brevetage » du vivant et de privatisation de biens communs de l'humanité, l'eau notamment.

[...]

Débats internes et déficits du mouvement

Le mouvement altermondialiste est confronté aujourd'hui à des débats d'orientation en son sein.

▷

Certains de ses acteurs s'interrogent sur la place du mouvement dans l'ensemble des luttes sociales d'émancipation. L'altermondialisme doit-il jouer un rôle antagoniste du néo-libéralisme comme l'était le communisme face au capitalisme, ou bien doit-il être une force d'opposition et d'adaptation à l'intérieur du système actuel ?

D'autre part, la question de la représentation politique est posée. La plupart des organisations altermondialistes refusant de créer un parti, le mouvement s'est axé comme un contre-pouvoir et fait appel à l'opinion publique, créant des groupes de pression et organisant des mouvements citoyens.

La question des alliances est constante. Les affinités sont grandes avec les mouvements anti-guerre et anti-fascistes. Certains altermondialistes, plus radicaux, sont alliés aux anti-capitalistes, voire aux anti-productivistes. Certaines organisations sont également proches de la pensée néo-keynésienne.

La question des résultats obtenus se pose aussi ; en quelques années d'existence peu d'avancées ont été obtenues sur les grandes propositions altermondialistes (dette du tiers-monde, taxe Tobin, droit à l'existence d'autres régulations que le marché, etc.). Cependant, les altermondialistes soulignent l'effet bénéfique du fait que les institutions néolibérales ne peuvent plus agir sans être critiquées. Et certaines avancées (telles que la mise à disposition à prix réduit des médicaments anti-sida) peuvent être en partie dues à l'activité des altermondialistes.

[...]

Source : Tiré d'un article de *Wikipédia* (l'encyclopédie libre), [fr.wikipedia.org/w/index.php?title= Alter-mondialisation&redirect=no] (consulté le 2 février 2006).

Pour bien comprendre la portée de ces deux textes argumentatifs, il est nécessaire de mieux connaître les institutions, le vocabulaire, les indicateurs et les théories concernant l'économie internationale. Les prochaines sections y sont consacrées. Après les avoir étudiées, vous serez plus en mesure d'évaluer les arguments contenus dans les textes qui précèdent. C'est pourquoi il sera important de les relire.

11.2 Le protectionnisme

11.2.1 Définition

Malgré l'importance des relations économiques internationales, les pays ont de tout temps limité de façon plus ou moins importante leurs échanges avec les autres pays. Le **protectionnisme** correspond à un ensemble de mesures destinées à limiter l'entrée de biens et de services étrangers dans un pays pour le soustraire à la concurrence étrangère. Ces mesures peuvent prendre différentes formes : des tarifs et des barrières non tarifaires dont les quotas. Nous allons étudier chacune de ces mesures et leurs effets sur le commerce international.

Protectionnisme
Ensemble de mesures destinées à limiter l'entrée de biens et de services étrangers.

Tarif
Taxe imposée sur les importations.

11.2.2 Les mesures protectionnistes

Les tarifs

Les **tarifs** sont des taxes à l'importation. On fait augmenter le prix du produit importé en lui imposant une taxe à l'entrée. Une fois taxé, le produit devient moins concurrentiel sur le marché intérieur, et les produits locaux ont un avantage sur la concurrence. Le but est de protéger les industries nationales. Les tarifs ont donc pour conséquence de limiter les quantités échangées et d'en augmenter le prix (voir la sous-section 11.2.4 sur les effets des mesures protectionnistes). Un gouvernement peut également imposer un tarif sur un bien qui n'est pas produit au pays dans l'unique but

Les États-Unis imposent des tarifs à l'égard du bois d'œuvre.

d'augmenter ses revenus. L'effet est le même : un prix plus élevé et, par conséquent, des quantités échangées moindres.

Les quotas

Quota
Limite imposée aux quantités importées d'un produit.

Les **quotas** constituent un autre moyen de limiter la concurrence étrangère. Le gouvernement détermine des quantités limites qui peuvent entrer au pays, qu'il s'agisse de chaussures ou d'automobiles étrangères, par exemple. Les quotas ont le même effet que les tarifs sur les quantités échangées et les prix (voir la section 11.2.4). Alors, pourquoi un gouvernement choisirait-il des quotas plutôt que des tarifs ? Les quotas déterminent exactement la quantité du produit venant de l'étranger. On peut donc calculer à l'avance la part du marché que les entreprises nationales pourront se partager. Il y a aussi des désavantages aux quotas, surtout en présence d'entreprises monopolistiques qui peuvent en profiter pour augmenter leurs prix. Par contre, l'utilisation des tarifs ne permet pas de connaître jusqu'à quel point ils limiteront les quantités importées. Bref, grâce aux quotas, on peut mieux gérer le niveau de concurrence.

Les autres barrières non tarifaires

Barrière non tarifaire
Toute mesure, autre que les tarifs, visant à limiter les importations.

Outre les quotas, il existe d'autres formes de **barrières non tarifaires.** Un gouvernement peut exiger des normes de qualité ou de sécurité très élevées pour les produits importés. Il peut ralentir le dédouanement par des procédures bureaucratiques très complexes. Il peut subventionner l'industrie locale de façon à la rendre plus concurrentielle. Il peut aussi adopter une politique d'achat préférentiel. Le gouvernement décide alors qu'il achètera dans les cas suivants : si les produits locaux sont à prix égal et si leur prix ne dépasse pas d'un certain pourcentage le prix des produits importés ; il peut aussi décider, tout simplement, d'acheter des produits locaux, peu importe leur prix. Toutes ces mesures favorisent et protègent les industries locales, d'où le nom de « protectionnisme ».

> **TEMPS D'ARRÊT 11.1**
> Pourquoi existe-t-il plusieurs types de mesures protectionnistes ?

11.2.3 Les justifications aux mesures protectionnistes

On peut se demander pourquoi les gouvernements sont si tentés d'adopter des mesures protectionnistes sous une forme ou une autre. Quels sont les arguments les plus souvent invoqués ?

Les emplois

Le principal argument invoqué pour justifier la mise en place de mesures protectionnistes concerne la protection des emplois. On peut considérer comme injuste la concurrence provenant de pays où les salaires sont très faibles et les autres conditions de travail médiocres ; ou bien la concurrence de pays où il y a absence de normes environnementales, ce qui diminue les coûts de production. Lorsque le taux de chômage augmente, les États sont très souvent tentés de sauvegarder à court terme des emplois en évitant la concurrence étrangère. Toutefois, à long terme, ce genre de raisonnement risque de faire chuter la productivité. Or, c'est en faisant augmenter la productivité qu'on augmente le niveau de la courbe des possibilités de production. Le panier de biens et de services dont dispose l'économie dépend en grande partie de l'efficacité avec laquelle elle produit. Encourager des industries peu productives (efficaces) réduit à long terme les possibilités de croissance économique. De plus, il s'ensuit souvent des mesures de représailles ou de rétorsion de la part des autres économies industrialisées. En effet, les subventions sont vues comme déloyales. Ce problème est à l'avant-scène des litiges présentés devant l'OMC. Souvent, ces mesures de représailles sont, en fait, une façon détournée de contourner le libre-échange. Mentionnons, par exemple, le conflit du bois d'œuvre entre le Canada et les États-Unis.

Les industries naissantes

On peut être contre le protectionnisme, mais vouloir laisser une chance à une industrie naissante, le temps qu'elle atteigne son seuil de rentabilité. Il s'agit de la protéger pendant une certaine période, le temps qu'elle développe son expertise, qu'elle forme sa main-d'œuvre ou qu'elle atteigne sa taille optimale. Par exemple, on veut développer l'élevage des autruches au Québec. Des mesures protectionnistes limitant ou interdisant l'importation de viande d'autruche pourraient laisser le temps à l'industrie de mieux connaître les contraintes et les techniques liées à un tel élevage au Québec. Elles permettraient également aux entreprises d'amortir le coût de leur équipement ou de développer le marché par une promotion dynamique qui ne serait plus nécessaire une fois l'industrie bien implantée.

Les facteurs culturels

Des facteurs culturels peuvent aussi expliquer la présence de mesures protectionnistes. Par exemple, au Québec, qui constitue un petit marché, il n'est pas toujours facile de réaliser les mêmes économies d'échelle que dans un pays comme les États-Unis. La protection de la langue française et de la culture québécoise justifie qu'on subventionne l'industrie culturelle québécoise ou qu'on limite, dans une certaine mesure, la concurrence provenant des autres pays. Sinon, il n'y aurait plus de magazines, plus d'émissions de télévision, plus de films québécois. Graduellement, l'industrie culturelle québécoise disparaîtrait.

La diversification de l'économie

Une autre raison fréquemment invoquée pour justifier des mesures protectionnistes est l'importance d'une certaine diversification de l'économie. Les pays ne produisant qu'un ou deux produits (comme le Brésil avec son café ou Cuba avec sa canne à sucre et son rhum) sont plus vulnérables à des fluctuations de l'offre, de la demande et, par conséquent, du prix de ces produits. C'est le même phénomène en matière de placements. Il serait fort imprudent de placer tous ses avoirs dans un seul titre. La moindre fluctuation de la valeur de ce titre influerait alors sur ses avoirs. Plus nous diversifions nos placements, moins la fluctuation d'un titre risque de nous toucher. En matière d'économie nationale, c'est un peu la même chose : ne posséder qu'une industrie revient à soumettre les prix et l'emploi à ses fluctuations. Il vaut donc mieux ne pas mettre tous ses œufs dans le même panier.

TEMPS
D'ARRÊT 11.2
Nommez le ou les motifs qui vous semblent les plus valables pour appliquer des mesures protectionnistes. Expliquez votre réponse.

11.2.4 Les effets négatifs des mesures protectionnistes

Analysons maintenant l'effet des tarifs, des quotas et des subventions sur une économie. Même si on ne tient pas compte des représailles possibles des autres pays, les mesures protectionnistes engendrent des effets néfastes pour l'économie, sauf dans les circonstances particulières mentionnées précédemment : une industrie naissante, la protection de la culture, la diversification économique. Pour comprendre les effets négatifs, nous utiliserons le modèle de l'offre et de la demande abordé dans le chapitre 3.

Les effets de l'imposition de tarifs

La figure 11.1 représente une économie fermée, c'est-à-dire qui ne recourt ni aux exportations ni aux importations. Les consommateurs achètent leurs t-shirts au prix P_1 et la quantité d'équilibre se retrouve à Q_1. Seule la production locale fournit des t-shirts aux consommateurs. Si l'économie s'ouvre au commerce international, la courbe de l'offre changera, O_2 prenant l'allure d'une droite horizontale, car le pays peut maintenant obtenir autant de t-shirts qu'il le désire, la production mondiale dépassant largement les besoins du pays. Le prix a peu d'influence sur la quantité offerte.

Dans une économie ouverte, puisque l'offre est plus grande, la quantité d'équilibre Q_2 sera supérieure et le prix P_2 sera moindre (voir la figure 11.1) que dans une économie fermée. Les producteurs locaux seront moins intéressés à fournir le marché intérieur étant donné le prix P_2 moindre. L'écart entre la production locale et Q_2 sera importé. Les consommateurs paieront moins cher leurs t-shirts. Maintenant, supposons que l'État impose un tarif de 5 $ pour répondre aux pressions de l'industrie locale du t-shirt. Le prix augmentera alors de 5 $, soit P_3. À ce prix, la quantité échangée Q_3 diminuera. Le prix sera plus élevé et la quantité échangée sera moindre que s'il n'y avait pas de tarif, mais elle sera supérieure à celle d'une économie fermée. Les producteurs locaux, n'ayant pas à payer le tarif, détiendront un avantage sur la concurrence provenant de l'étranger. Ils pourront accaparer une plus grande part du marché et verront leurs recettes augmenter.

Les consommateurs, quant à eux, auront accès à une quantité moindre de t-shirts et paieront plus cher, par rapport à la situation d'une économie ouverte. L'État percevra une recette équivalente au montant du tarif multiplié par la quantité importée.

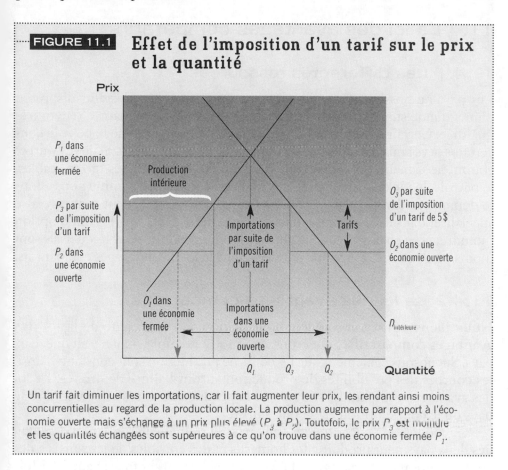

FIGURE 11.1 **Effet de l'imposition d'un tarif sur le prix et la quantité**

P_1 dans une économie fermée

P_3 par suite de l'imposition d'un tarif

P_2 dans une économie ouverte

Production intérieure

Importations par suite de l'imposition d'un tarif

Tarifs

O_3 par suite de l'imposition d'un tarif de 5 $

O_2 dans une économie ouverte

O_1 dans une économie fermée

Importations dans une économie ouverte

$D_{intérieure}$

Q_1 Q_3 Q_2 **Quantité**

Un tarif fait diminuer les importations, car il fait augmenter leur prix, les rendant ainsi moins concurrentielles au regard de la production locale. La production augmente par rapport à l'économie ouverte mais s'échange à un prix plus élevé (P_3 à P_2). Toutefois, le prix P_3 est moindre et les quantités échangées sont supérieures à ce qu'on trouve dans une économie fermée P_1.

11.3 Le libre-échange

11.3.1 Définition

Le **libre-échange** est l'absence de barrières (tarifs, quotas, etc.) dans le commerce international. De plus en plus, on entend parler de libre-échange et d'accords internationaux entre deux ou plusieurs pays afin de faciliter la circulation des marchandises et des capitaux. Malgré la tendance à vouloir protéger les industries locales de la concurrence internationale, on entend davantage parler de discussions, d'ententes et de regroupements entre pays dans le but de libéraliser les échanges internationaux depuis une dizaine d'années. Mentionnons l'Union européenne (UE), l'ancienne Communauté économique européenne (CEE), l'Organisation mondiale du commerce (OMC), qui a remplacé le GATT, l'Accord de libre-échange nord-américain (ALÉNA), l'Accord multilatéral sur l'investissement (AMI), le G8. Nous nous pencherons brièvement sur chacun d'eux dans la partie « Application ».

Libre-échange
Absence de barrières au commerce international.

Les mesures des échanges internationaux – explications et mesures

11.4 La loi des avantages comparatifs

11.4.1 Les différentes ressources

Les pays ne possèdent pas tous les mêmes ressources. Certains disposent d'une grande superficie de terres arables, d'autres d'une main-d'œuvre très qualifiée. Certains sont riches d'une seule ressource, comme le pétrole dans certains pays arabes, tandis que d'autres possèdent une diversité de ressources comme le Canada : la main-d'œuvre qualifiée, le capital, les terres arables, le pétrole, le nickel, la haute technologie, etc. Toutefois, comme nous allons le démontrer dans la sous-section suivante, tous les pays ont avantage à se spécialiser dans les domaines où ils détiennent un avantage (le coût d'option moindre) et à échanger leurs surplus contre des produits pour lesquels ils sont moins productifs. C'est ce que nous enseigne la loi des avantages comparatifs.

11.4.2 La loi des avantages comparatifs

Loi des avantages comparatifs
Théorie selon laquelle tout pays a avantage à se spécialiser dans les domaines où il détient des avantages comparatifs et à échanger ses surplus.

Nous allons utiliser un modèle pour démontrer la véracité de la **loi des avantages comparatifs.** Supposons, dans notre exemple, qu'il n'y ait que deux pays. Supposons également que les coûts de production sont constants. Ainsi, les courbes des possibilités de production auront l'allure de droites. La loi des avantages comparatifs stipule que la production doit s'effectuer dans le pays où le coût d'option est le plus faible.

Ce modèle est constitué de deux pays : le Québec et le Japon. Chacun des deux pays peut produire des homards et des consoles de jeux mais à des coûts différents (voir la figure 11.2). Au Québec, un homard vaut 0,05 fois

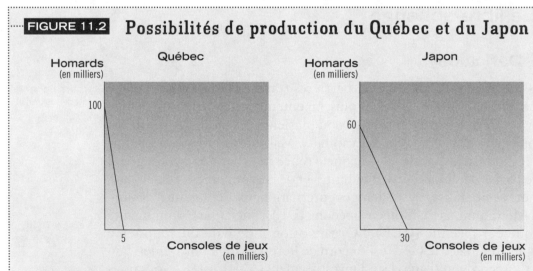

FIGURE 11.2 Possibilités de production du Québec et du Japon

Québec
Homards (en milliers)
100

5
Consoles de jeux (en milliers)

Japon
Homards (en milliers)
60

30
Consoles de jeux (en milliers)

Si le Québec utilise toutes ses ressources pour produire des homards, il en obtiendra cent mille. S'il emploie toutes ses ressources pour produire des consoles de jeux, il en produira cinq mille. Son coût d'option est donc 1 homard = 0,05 console de jeux ou 1 console de jeux coûte 20 homards. Le Japon, pour sa part, obtiendra soixante mille homards s'il consacre toutes ses ressources à cette production et, s'il les consacre à la production de consoles de jeux, il en produira trente mille. Son coût d'option est de 1 homard pour 0,5 consoles de jeux ou de 1 console de jeux pour 2 homards.

la valeur d'une console de jeux, tandis qu'une console de jeux vaut 20 homards. Au Japon, un homard vaut la moitié (0,5) d'une console de jeux et celle-ci vaut donc 2 homards.

TEMPS D'ARRÊT 11.3

Si la courbe des possibilités de production du Québec coupait l'ordonnée à 80 et l'abscisse à 10, quel serait le prix d'un homard en nombre de consoles de jeux?

Si, compte tenu de son efficacité, le Québec se spécialise dans la production de homards et s'y consacre entièrement, il produira cent mille homards, et si le Japon se spécialise dans la production de consoles de jeux et s'y consacre entièrement, il en produira trente mille. La production mondiale sera de cent mille homards et de trente mille consoles de jeux. Si les pays ne se spécialisent pas dans la production du bien qu'ils maîtrisent le mieux, la production mondiale sera moindre.

Supposons que le Québec produit soixante mille homards plutôt que cent mille; il pourra alors produire deux mille consoles de jeux. Supposons également que le Japon décide de produire trente mille homards; il peut alors produire quinze mille consoles de jeux. La production mondiale sera alors de quatre-vingt-dix mille homards et de dix-sept mille consoles de jeux (voir le tableau 11.1), donc moindre que si les deux pays se spécialisent chacun dans le domaine où ils détiennent un avantage comparatif.

TABLEAU 11.1 Production avant et après la spécialisation et l'échange (en milliers)

	Production avant la spécialisation		Production après la spécialisation		Production après l'échange	
	Homards	Consoles de jeux	Homards	Consoles de jeux	Homards	Consoles de jeux
Japon	30	15	0	30	35	26,5
Québec	60	2	100	0	65	3,5
Monde	90	17	100	30	100	30,0

11.4.3 Les termes de l'échange

En se spécialisant dans la production où leur productivité est la plus grande, les pays y gagnent. Ils peuvent exporter leurs surplus et, en fin de compte, en recourant au commerce international, ils obtiennent une quantité plus grande des deux produits. Par exemple, le Québec peut conserver soixante-cinq mille homards et, en échange de consoles de jeux, il peut vendre trente-cinq mille homards au Japon. Une question se pose: à quel prix se fera l'échange? Comme le coût d'option pour le Québec est de 20 homards pour une console de jeux, il n'acceptera jamais d'acheter une console de jeux japonaise à un prix supérieur à 20 homards. Du côté japonais, le coût d'option d'une console de

Termes de l'échange
Prix auquel se fait l'échange de produits entre pays.

jeux est de deux homards. Le Japon n'acceptera donc pas de vendre ses consoles de jeux à un prix moindre. Le prix auquel se fera l'échange est donc situé entre 2 et 20 homards pour une console de jeux. Les **termes de l'échange** dépendent en grande partie de la demande et de l'offre mondiale de ces deux produits. Si le homard se fait plus rare, alors le prix auquel s'effectuera l'échange sera plus près de deux homards pour une console de jeux. Les Québécois en sortiront gagnants. À l'opposé, si ce sont les consoles de jeux qui se font plutôt rares, alors le prix se rapprochera de 20 homards pour 1 console de jeux. Les Japonais seront favorisés par cette situation.

> **TEMPS D'ARRÊT 11.4**
>
> Un pays peut-il influer sur les termes d'un échange ?

On suppose maintenant, de façon tout à fait arbitraire, que l'échange s'effectue selon des termes se situant entre les 2, soit 1 console de jeux pour 10 homards. Dans le cas d'une production après spécialisation et après échange, le Québec se retrouve avec soixante-cinq mille homards et trois mille cinq cents consoles de jeux. Le Japon, pour sa part, conserve vingt-six mille cinq cents consoles de jeux et obtient trente-cinq mille homards. Les deux pays ont accès à plus de homards et de consoles de jeux (voir le tableau 11.1). En fait, les deux pays peuvent obtenir une plus grande quantité des deux produits à la suite de la spécialisation et de l'échange.

Le libre-échange n'est pas une nouveauté. Il représente des gains certains pour les pays qui privilégient la spécialisation et l'échange. Depuis quelques décennies, les pays ont multiplié les accords facilitant la libre circulation des marchandises. On comprend mieux maintenant pourquoi les pays mettent tant d'efforts à négocier des ententes de libre-échange.

Certaines limites s'imposent quant à la théorie des avantages comparatifs : la spécialisation, dans certains cas, est à proscrire (produits de base) ; l'importance de la diversification de l'économie ; de plus, l'avantage comparatif peut changer, ce qui peut rendre difficile une réorientation de la production si le pays s'est enfermé dans une spécialisation trop poussée ; les grands pays, en raison du potentiel de leur marché intérieur, ont moins besoin de se spécialiser.

11.5 Les outils de mesure

Nous avons étudié l'importance croissante des échanges internationaux, leurs effets positifs et négatifs. Nous allons maintenant nous doter d'instruments de mesure permettant d'évaluer quantitativement et qualitativement ces échanges : les coefficients d'ouverture et de couverture, la balance internationale des paiements et le taux de change.

11.5.1 Le coefficient d'ouverture

Nous avons mentionné à quelques reprises, dans les chapitres précédents, que le Canada possède une économie très ouverte. Sur quoi peut-on se baser pour dire qu'une économie est plus ou moins ouverte? On ne peut se contenter de la valeur absolue de ses exportations et de ses importations, car les économies de grande taille auraient toujours l'air d'être plus ouvertes.

Il faut donc relativiser la valeur des exportations et des importations en tenant compte de la taille de l'économie si on souhaite évaluer le degré d'ouverture d'un pays. Pour ce faire, il suffit de diviser la valeur des exportations par le PIB (le **coefficient d'exportations**) et de diviser la valeur des importations par le PIB (le **coefficient d'importations**). Pour l'année 2004, le coefficient d'exportation du Canada s'élevait à 38,1 % et son coefficient d'importation à 33,9 %. Le **coefficient d'ouverture** se calcule en faisant la moyenne des coefficients d'exportation et d'importation:

$$Coefficient\ d'ouverture = \frac{Coefficient\ d'exportation + Coefficient\ d'importation}{2}$$

$$= \frac{(38,1\% + 33,9\%)}{2} = 36,0\%.$$

Coefficient d'exportations
Ratio entre les exportations et le PIB.

Coefficient d'importations
Ratio entre les importations et le PIB.

Coefficient d'ouverture
Moyenne entre le coefficient d'exportations et le coefficient d'importations.

TEMPS
D'ARRÊT 11.5
Calculez le coefficient d'ouverture d'un pays dont les importations s'élèvent à 236 milliards de dollars et les exportations à 421 milliards de dollars, sachant que son PIB est de 800 milliards de dollars.

Si on compare les coefficients d'ouverture de tous les pays du G8, on constate que le Canada possède le coefficient d'ouverture le plus élevé, ce que le niveau de nos importations et de nos exportations ne révèle pas (voir le tableau 11.2).

Le Canada demeure donc plus vulnérable au regard de la conjoncture internationale que les pays dont le coefficient d'ouverture est plus faible.

TABLEAU 11.2 Coefficient d'ouverture des pays du G8			
Pays du G8 en 2004	A Coefficient d'exportations (en pourcentage) X/PIB	B Coefficient d'importations (en pourcentage) M/PIB	(A + B)/2 Coefficient d'ouverture (en pourcentage)
États-Unis	6,4	11,6	14,0
Canada	38,1	33,9	36,0
France	25,8	25,3	25,6
Italie	26,6	25,8	26,2
Allemagne	36,3	33,1	34,7
Japon	10,4	9,6	10,0
Royaume-Uni	28,0	28,0	28,0
Russie	30,2	13,0	21,6

Source: Coefficients calculés à l'aide de données tirées d'ATLASECO, *Le Nouvel Observateur*, 2004.

Plusieurs de ses décisions économiques et politiques dépendent davantage de ce qu'il se passe chez ses partenaires commerciaux plutôt que de ce qu'il se passe dans sa propre économie.

Les échanges internationaux ne se limitent cependant pas aux exportations et aux importations. Ils font référence aussi à la circulation des personnes, des technologies et des capitaux. La balance internationale des paiements, que nous allons maintenant étudier, tient compte de tous ces échanges.

11.6 La balance internationale des paiements

11.6.1 Définition

Balance internationale des paiements
Ensemble de statistiques reflétant le solde des diverses transactions d'un pays avec un autre.

La **balance des paiements** est un ensemble de statistiques reflétant le solde, pour une période donnée, des diverses transactions effectuées par un pays avec les autres pays. Elle se divise en plusieurs comptes particuliers, un pour chaque type de transaction. Nous allons maintenant les étudier.

11.6.2 Les principaux comptes

La balance des paiements se divise en deux grandes parties : le compte courant et le compte de capital. Dans ce dernier, on tient compte des variations des réserves en or et en devises que la Banque du Canada détient au nom du gouvernement canadien auprès du fonds de stabilisation des changes. Ce fonds est un organisme international qui détient des réserves en devises et en or des pays. Ces réserves servent essentiellement au financement des déficits de la balance des paiements. Nous en reparlerons plus loin. La somme des soldes du compte courant, du compte de capital et de la variation des réserves officielles donnent toujours zéro, puisque les réserves servent justement à équilibrer le compte de capital et le compte courant.

Le compte courant

Compte courant
Compte comprenant la balance commerciale des marchandises et les invisibles.

Balance commerciale
$X - M$.

Invisibles
Services et revenus de placements.

En premier lieu, nous allons étudier le **compte courant.** Celui-ci se compose de deux grands éléments : la **balance commerciale** de marchandises et les **invisibles.**

La balance commerciale

La balance commerciale correspond à la différence entre les exportations et les importations de marchandises. Par exemple, le Canada vend beaucoup de pâte à papier et importe des fruits tropicaux. On s'interroge pour savoir si la valeur des produits qu'il vend aux pays étrangers compense les dépenses effectuées en vue de se procurer les produits venant de l'extérieur du pays. On cherche à savoir si le pays vend plus à l'étranger qu'il n'achète des autres pays. Le taux de couverture (X/M) est un indicateur intéressant qui permet de comparer les pays à ce chapitre (voir le tableau 11.3).

Le tableau 11.3 permet de constater que le Canada s'en tire très bien. Ses exportations couvrent ses importations, c'est-à-dire qu'il exporte proportionnellement plus qu'il n'importe si on le compare aux États-Unis ou au Royaume-Uni. Le Japon domine à cet égard. C'est un pays reconnu pour être très protecteur et qui exporte beaucoup plus qu'il n'importe.

TABLEAU 11.3

Taux de couverture des pays du G8 (2004)			
Canada	118,2	Allemagne	115,8
États-Unis	55,5	Royaume-Uni	88,0
Japon	120,1	Italie	103,2
France	102,1	Russie	231,6

Source: Données tirées de l'OCDE, avril 2004,
Échanges internationaux de biens : Renseignements par pays,
www.oecd.org/infobycountry/0,2646,fr_2649_34241_1_1_1_2_1,00.html.

TEMPS D'ARRÊT 11.6

Qu'en est-il de la situation des États-Unis en matière de balance commerciale ?

Comme les pays n'utilisent pas la même monnaie, comment font-ils pour procéder à des échanges ? Prenons l'exemple d'une brasserie canadienne qui vend de la bière à des distributeurs américains. Ces derniers paieront en dollars américains. Cependant, le producteur de bière canadien, de son côté, utilise des dollars canadiens, car il doit payer ses employés, ses taxes et ses autres dépenses en dollars canadiens. Comment fait-il ? Il se rend dans une banque canadienne qui échange des devises (les monnaies étrangères) et il échange ses dollars américains contre des dollars canadiens. Cette exportation crée donc une demande pour le dollar canadien et fait augmenter la quantité de devises détenues dans les banques canadiennes. Il se passe exactement l'inverse lorsqu'une entreprise canadienne importe du café. Elle paye le producteur brésilien avec des réals qu'elle a obtenus auprès d'une banque canadienne en échange de dollars canadiens. Cela crée donc une offre de dollars canadiens, et la quantité de devises détenues par les banques canadiennes en sera d'autant réduite. Comme pour tout produit, toutes choses étant égales par ailleurs, lorsqu'au prix d'équilibre la quantité demandée dépasse la quantité offerte, le prix augmente. À l'inverse, si la quantité demandée est inférieure à la quantité offerte, le prix diminue. Le prix d'une monnaie exprimé dans une autre monnaie s'appelle le **taux de change** (voir le tableau 11.4, p. 304).

Taux de change
Valeur d'une monnaie établie par rapport à une autre monnaie.

TEMPS D'ARRÊT 11.7

a) Si les entreprises canadiennes exportent plus qu'elles n'importent, qu'arrivera-t-il à la quantité de devises détenues par le Canada ?

b) Justifiez votre réponse en comparant l'offre et la demande de dollars canadiens.

Comme on l'a vu, les échanges avec les autres pays dépassent grandement le cadre des importations et des exportations. Le compte courant comprend également beaucoup d'autres transactions regroupées sous le titre des invisibles.

TABLEAU 11.4

Taux de change du dollar canadien en dollars américains			
Janvier 2004	0,78 (1,29)	Octobre 2004	0,79 (1,27)
Février 2004	0,75 (1,33)	Novembre 2004	0,82 (1,22)
Mars 2004	0,75 (1,33)	Décembre 2004	0,84 (1,20)
Avril 2004	0,76 (1,31)	Janvier 2005	0,82 (1,22)
Mai 2004	0,73 (1,36)	Février 2005	0,81 (1,24)
Juin 2004	0,73 (1,36)	Mars 2005	0,80 (1,25)
Juillet 2004	0,75 (1,33)	Avril 2005	0,82 (1,22)
Août 2004	0,76 (1,31)	Mai 2005	0,80 (1,25)
Septembre 2004	0,77 (1,30)		

Source : Banque du Canada, taux de change, www.bankofcanada.ca/fr/taux/ (consulté le 15 juin 2005).

Les invisibles

Contrairement à la balance commerciale des marchandises, les invisibles regroupent des transactions intangibles comme celles relatives aux services et aux revenus de placements. Les services comprennent, entre autres, le compte de voyage, qui correspond à la différence entre l'argent dépensé par les étrangers en voyage au Canada et l'argent dépensé par les Canadiens voyageant à l'étranger. Pour des raisons culturelles, climatiques et liées aux infrastructures touristiques, les Canadiens voyagent davantage à l'étranger que les touristes étrangers ne viennent au Canada. Cela peut s'expliquer par le petit nombre de grandes villes, les distances impressionnantes et les hivers rigoureux. Même si on peut toujours améliorer l'infrastructure touristique ou faire de la publicité, il y aura, compte tenu du vieillissement de la population, de plus en plus de Canadiens qui passeront une partie de l'année sous des cieux plus cléments. C'est pourquoi le compte de voyage est presque toujours déficitaire. Quel effet cela peut-il avoir sur le dollar canadien ? Supposons qu'un Canadien prépare un voyage en France ou en Espagne ; il doit se procurer des euros. Il va donc dans une banque qui en détient et offre ses dollars canadiens contre les euros dont il a besoin. Dans le langage courant, on dit qu'il achète des euros. Au contraire, si un Japonais veut voyager au Canada, il ne pourra payer en yens ses dépenses effectuées au Canada. Il demandera (achètera) des dollars canadiens en échange de yens. L'offre de dollars canadiens pour se procurer

TEMPS D'ARRÊT 11.8

Qu'arrivera-t-il au taux de change du dollar américain, toutes choses étant égales par ailleurs, si le revenu personnel américain augmente plus rapidement que celui des autres pays ? Justifiez votre réponse en vous référant à l'offre et à la demande du dollar américain.

les devises nécessaires pour voyager à l'étranger surpasse la demande de dollars canadiens par les touristes en visite au Canada. Cela a pour effet de faire pression à la baisse sur le dollar canadien.

Les invisibles comprennent également d'autres services, comme l'expertise de SNC Lavalin ou de Bombardier à l'étranger, et le paiement de droits d'auteur et de brevets. Par exemple, si un livre français se vend au Québec, les distributeurs québécois paient la maison d'édition française en dollars canadiens. Celle-ci offre les dollars canadiens pour avoir des euros et payer les redevances à l'auteur du livre. Au contraire, si un spécialiste américain des tremblements de terre vient étudier la région de Charlevoix, alors il faudra le payer en dollars américains et, pour ce faire, offrir à une banque des dollars canadiens pour obtenir les devises nécessaires.

Encore une fois, le même raisonnement s'applique. Une augmentation des ventes de services canadiens à l'étranger correspond à une demande de dollars canadiens, tandis qu'une augmentation des services vendus au Canada par des étrangers correspond à une offre de dollars canadiens.

Finalement, les invisibles comprennent : 1) le paiement d'intérêts et de dividendes versés à des Canadiens par des étrangers, ce qui correspond à une demande de dollars canadiens ; 2) le paiement d'intérêts et de dividendes versés à des étrangers par des Canadiens, ce qui correspond à une offre de dollars canadiens. On appelle ce poste les « revenus de placements ». La dette extérieure (envers des étrangers) du Canada étant très élevée, nous devons verser, chaque année, beaucoup d'intérêts à l'étranger, alors que les étrangers versent peu d'intérêts à des Canadiens. Ce compte représente un déficit important pour le Canada.

Les revenus de placements comprennent également le versement de dividendes aux détenteurs étrangers d'actions canadiennes. L'investissement étranger au Canada est considérable. Par conséquent, l'économie canadienne verse beaucoup de dividendes à l'étranger (l'offre de dollars canadiens). Comme l'investissement canadien à l'étranger est beaucoup moins important, les dividendes en provenance de l'étranger sont beaucoup plus rares (la demande de dollars canadiens). Ce compte est également chroniquement déficitaire.

Enfin, on ajoute la balance des transferts courants : dons et argent envoyés par les familles immigrantes dans leur pays d'origine, aide économique offerte à certains pays, etc.

Traditionnellement, la balance des invisibles était un poste largement déficitaire si on additionne les services, dont les voyages et les revenus de placements. Ce poste était tellement déficitaire que nos surplus provenant de la balance commerciale étaient insuffisants pour le contrebalancer. Le compte courant (la balance commerciale plus les invisibles) était donc chroniquement déficitaire et faisait pression à la baisse sur le dollar canadien. Depuis 2001, en raison du surplus commercial, le compte courant est devenu excédentaire.

Le compte des capitaux

Outre le compte courant, la balance internationale des paiements canadienne comporte un compte enregistrant les rentrées et les sorties de capitaux : le **compte des capitaux**. Celui-ci comprend le **compte financier** et le **compte de capital**.

Compte des capitaux
Compte comprenant le compte de capital et le compte financier.

Compte financier
État des investissements et des prêts effectués avec les autres pays.

Compte de capital
Transfert direct de capitaux.

Le compte financier

Le compte financier fait état des investissements et des prêts effectués entre les pays.

Il tient compte des investissements directs, notamment de l'ouverture d'une filiale à l'étranger, des investissements de portefeuille et de l'achat d'actions dans le but de toucher des dividendes ou de faire des gains en capital. Par exemple, une entreprise étrangère qui ouvre une succursale au Canada fait un investissement direct. Par contre, un Japonais qui achète des actions de Bombardier fait un investissement de portefeuille.

ÉVITER LE PIÈGE

Le terme « investissement » dans le contexte de la balance internationale des paiements canadienne n'a pas le même sens que dans la comptabilité nationale. Ici, on parle de « capitaux financiers ». Lorsqu'un non-résident investit ou prête au Canada, cela entraîne une demande de dollars canadiens, car les emprunteurs et les entreprises canadiennes fonctionnent en dollars canadiens. Inversement, lorsque des Canadiens investissent à l'étranger ou prêtent des sommes sous forme d'obligations, par exemple, il y a une offre de dollars canadiens puisque les non-résidents doivent convertir les dollars canadiens en monnaie de leur pays. Ce compte est habituellement positif. Lorsqu'il y a remboursement des dettes des Canadiens, il y a une offre de dollars canadiens pour se procurer les devises nécessaires afin de remplir les obligations canadiennes. Inversement, si les non-résidents remboursent leurs dettes, il y a une demande de dollars canadiens. Les étrangers investissent beaucoup plus au Canada (la demande de dollars canadiens) que les Canadiens n'investissent à l'étranger (l'offre de dollars canadiens). Les États-Unis et le Japon ont de nombreuses entreprises ou filiales au Canada.

Les Canadiens empruntent également plus à l'étranger (la demande de dollars canadiens) que les étrangers n'empruntent au Canada (l'offre de dollars canadiens). La forte dette du gouvernement canadien a gonflé le poste des obligations du Canada, et le remboursement de cette dette correspond à une offre du dollar canadien. Le compte financier engendre donc des surplus importants. Ce compte est presque toujours positif. Toutefois, un investissement ou un emprunt n'est calculé que l'année où il est effectué. Les intérêts et les dividendes qu'il faudra ultérieurement verser contribueront néanmoins, chaque année, à diminuer le solde du compte courant.

Le compte de capital

Réserves officielles
Réserves constituées d'or et de devises, qui correspondent à la différence entre les soldes du compte courant et du compte des capitaux.

Le compte de capital comprend les transferts directs de capitaux, comme les successions et les pensions. Ce compte est également positif. Cela signifie qu'il y a plus de rentrées de devises au pays (la demande de dollars canadiens) que de sorties (l'offre de dollars canadiens). La variation des **réserves officielles** fait partie du compte financier. Ces réserves sont constituées d'or et de devises. Un solde négatif du compte courant et du compte de capital indique que le Canada a reçu moins de devises qu'il n'en a utilisées. Le Canada doit alors puiser dans ses réserves en devises sur le marché des changes et échanger cette ponction contre des dollars canadiens pour équilibrer ses paiements, ce qui se traduit par un signe (+) pour le poste de la réserve officielle de change. Au contraire, si la balance affiche un surplus, il offre des dollars canadiens pour racheter des devises avec des dollars canadiens sur les marchés des changes étrangers, ce qui se traduit par un signe (−) pour le poste de la réserve officielle de change. Normalement, ces variations des réserves officielles compensent les surplus ou les déficits de la balance des paiements, dont le solde, théoriquement, est toujours nul. Toutefois, de nombreuses transactions légales (les voyages) ou illégales (le trafic de drogue) ne sont pas comptabilisées. C'est pourquoi on ajoute au solde du compte courant et du compte de capitaux son inverse mathématique, qu'on appelle l'« écart statistique ». Cet écart est loin d'être négligeable : en 2004, il était de −6,8.

TEMPS
D'ARRÊT 11.9
Que signifie le signe négatif de l'écart statistique en 2004 ?

11.7 Le taux de change

11.7.1 Le taux de change – un prix

On définit le taux de change comme la valeur d'une monnaie établie par rapport à une autre monnaie. Par exemple, 1 \$CAN = 0,87 \$US ou 1 \$CAN = 0,5 euro. Il est déterminé par l'offre et la demande d'une monnaie.

TEMPS
D'ARRÊT 11.10
a) Si 1 \$CAN = 0,5 euro, combien vaut 1 euro en dollars canadiens ?
b) Si 1 \$CAN = 0,87 \$US, combien vaut 1 \$US en dollars canadiens ?

Nous venons de voir que toutes les transactions internationales pouvaient comporter une demande ou une offre pour une monnaie. Le tableau 11.5 (p. 308) résume les différentes transactions comprenant une offre ou une demande de dollars canadiens.

Le dernier élément du tableau montre que la Banque du Canada peut, elle aussi, influer sur le taux de change canadien en offrant ou en demandant des dollars canadiens. Ces transactions permettent de contrôler les variations trop brusques du cours du dollar. On dit que le taux de change canadien est administré. La Banque du Canada ne le laisse pas flotter tout à fait librement, mais elle ne le fixe pas non plus. Une augmentation de la demande (ou une diminution de l'offre) fera augmenter le taux de change, toutes choses étant égales par ailleurs. Une augmentation de l'offre de dollars canadiens (ou une diminution de la demande) fera diminuer le taux de change du dollar canadien, toutes choses étant égales par ailleurs. C'est donc dire que toutes les transactions comprenant une rentrée de dollars canadiens (comme les exportations, le tourisme étranger au Canada, les investissements et les placements étrangers au Canada ainsi que les intérêts et les dividendes perçus par des

Canadiens) font pression à la hausse sur le dollar canadien. D'un autre côté, toutes les transactions comportant une sortie de dollars canadiens (comme les importations, le tourisme canadien à l'étranger, les investissements et les placements canadiens à l'étranger ainsi que les dividendes et les intérêts versés à des non-résidents) font pression à la baisse sur le cours du dollar canadien.

TABLEAU 11.5 **Offre et demande de dollars canadiens**

Demande de dollars canadiens	Offre de dollars canadiens
Les exportations de biens	Les importations de biens
Les services, comme les voyages effectués par des non-résidents au Canada	Les services, comme les voyages effectués par des Canadiens à l'étranger
Le versement de dividendes et d'intérêts à des Canadiens par des non-résidents	Le versement de dividendes et d'intérêts à des non-résidents par des Canadiens
Les investissements et les autres placements étrangers au Canada	Les investissements et les autres placements canadiens à l'étranger
Demande spéculative de la Banque du Canada pour soutenir le dollar canadien	Offre spéculative de la Banque du Canada pour freiner une hausse trop rapide du cours du dollar canadien

11.7.2 Les facteurs économiques influant sur le taux de change

Le taux de change et l'inflation

L'inflation est un autre facteur pouvant influer sur le taux de change. Si l'inflation qui sévit dans un pays est plus élevée que celle qui est enregistrée chez ses partenaires commerciaux, les produits de ce pays se vendront relativement plus cher qu'ailleurs. Il exportera moins mais importera davantage, toutes choses étant égales par ailleurs. Cela se traduit par une diminution de la demande pour la monnaie de ce pays et une augmentation de l'offre, ce qui fera diminuer la valeur de la monnaie (le taux de change) de ce pays. L'inverse peut également se produire. Si les prix augmentent moins vite dans un pays que dans les autres pays, il exportera davantage et sa monnaie devrait prendre de la valeur. Toutefois, si le pays n'est pas en mesure de remplacer les importations coûtant plus cher en raison de la baisse du taux de change, il se peut que ses prix augmentent, surtout s'il est un gros importateur. Ce phénomène s'appelle de l'« inflation importée ».

Le taux de change et la dette extérieure du Canada

Comme on l'a vu précédemment, le Canada est un pays fortement endetté et sa dette extérieure est très importante. Les intérêts qu'on doit verser à l'étranger sont faramineux. Il existe également beaucoup d'investissements étrangers au Canada, et les entreprises rapatrient dans leur pays d'origine une partie de leurs profits sous forme de dividendes. Ces deux phénomènes entraînent une offre de dollars canadiens, ce qui crée une pression à la baisse sur le huard et explique, en partie, la tendance à la chute du dollar canadien au cours des deux dernières décennies.

Le taux de change et le niveau de l'activité économique

Un pays qui connaît une croissance importante importera davantage, occasionnera aussi plus de voyages à l'étranger, ce qui créera une pression à la baisse sur sa monnaie. Au contraire, si l'économie américaine connaît une croissance supérieure à la nôtre, alors le dollar canadien s'appréciera (ou augmentera de valeur), car les Américains achèteront davantage de nos produits et voyageront plus à l'extérieur puisqu'ils représentent notre principal partenaire commercial (ou client).

Le taux de change et le taux d'intérêt

Lorsque les taux d'intérêt sont plus élevés au Canada que dans les autres pays, ils attirent les placements des non-résidents, ce qui engendre une demande pour le dollar canadien à court terme.

ÉVITER LE PIÈGE

Ne pas confondre ce phénomène avec les investissements directs qui sont attirés par des taux d'intérêt faibles.

Le dollar devrait alors s'apprécier. Toutefois, à long terme, il faudra verser des intérêts aux non-résidents, ce qui engendrera une offre du dollar canadien récurrente et fera pression à la baisse sur le dollar canadien.

Le taux de change et les investissements étrangers

Pendant plusieurs années, le Canada a tenté par tous les moyens d'attirer les investissements étrangers afin de combler le déficit chronique de sa balance des paiements. Comme dans le cas des placements, cela provoque des effets pervers. À court terme, le dollar s'apprécie ou cesse de se déprécier mais, à long terme, les profits que les entreprises rapatrient créent une offre pour le dollar canadien, ce qui fait pression à la baisse sur notre monnaie.

Le taux de change et la spéculation

Finalement, la spéculation peut faire osciller le taux de change autour de la valeur que le dollar canadien devrait avoir, compte tenu de ses échanges internationaux. Il existe un marché de devises où les gens achètent et vendent des devises dans l'unique but de réaliser des gains financiers. La Banque du Canada fait également, à l'occasion, de la spéculation sur le dollar canadien dans le but d'éviter de trop grandes fluctuations de la devise canadienne. Par exemple, pour l'empêcher de chuter trop brusquement, elle utilisera les devises qu'elle détient en réserve pour racheter des dollars, créant ainsi une demande qui soutiendra notre monnaie. Pourquoi éviter les mouvements trop brusques du dollar ou vouloir en contrôler la valeur ? C'est pour éviter les conséquences négatives qui en découlent.

TEMPS

D'ARRÊT 11.11
Nommez les principaux facteurs qui peuvent influer sur le taux de change.

11.7.3 Les conséquences des variations du taux de change

La dépréciation du dollar canadien

Supposons que le taux de change passe de 1 $CAN = 0,5 euro à 1 $CAN = 0,4 euro. Supposons également que nos importations de Beaujolais (un vin de France) s'élèvent à 50 millions d'euros. Avant la **dépréciation,** cet achat coûtait 100 millions (50/0,5) de dollars canadiens. Après la dépréciation, il coûte 125 millions (50/0,4) de dollars canadiens, soit une augmentation de 25 millions de dollars. Cette hausse du prix des importations occasionnée par une baisse du taux de change se traduira par une baisse des importations.

> **Dépréciation d'une monnaie**
> Diminution du taux de change de cette monnaie.

AVANT LA DÉPRÉCIATION
1 $CAN = 0,5 euro
? $CAN = 50 millions d'euros
100 millions de dollars canadiens

APRÈS LA DÉPRÉCIATION
1 $CAN = 0,4 euro
? $CAN = 50 millions d'euros
125 millions de dollars canadiens

D'un autre côté, nos produits coûteront moins cher aux étrangers. Supposons que les Français nous achètent pour 50 millions de dollars de bière. Avant la dépréciation, il leur en coûtait 25 millions d'euros (50 × 0, 5) tandis qu'après, il leur en coûte seulement 20 millions d'euros (50 × 0,4). Nos exportations deviennent plus intéressantes pour les étrangers et, comme nos importations ont diminué, l'économie est doublement stimulée. Contrairement à ce qu'on pourrait penser, une dépréciation favorise la croissance et l'emploi. C'est la même chose pour le compte voyage. Un dollar déprécié incitera les Canadiens à voyager au pays et les non-résidents à venir chez nous, ce qui représente un autre stimulant pour notre économie. Les versements d'intérêts aux non-résidents nous coûteront toutefois plus cher, ce qui peut nuire aux finances de l'État, qui est fortement endetté.

L'appréciation du taux de change

Lorsque le dollar canadien s'apprécie trop fortement, il contribue à ralentir l'économie. Supposons que le dollar canadien passe de 1 $CAN = 0,60 $US à 1 $CAN = 0,80 $US. L'automobile américaine qui se vend 15 000 $US nous coûtait 25 000 $CAN avant la hausse du taux de change, et elle nous coûte maintenant 18 750 $CAN. Cela correspond à une baisse de prix en dollars canadiens et encourage donc les importations canadiennes. Au contraire, le poulet qu'on vendait aux Américains 6 $CAN/kg leur coûtait 3,60 $US (6 × 0,6) et leur coûte maintenant 4,80 $US (6 × 0,8). Cela ralentira les exportations canadiennes, dont le prix est plus élevé pour les non-résidents. La production et l'emploi chuteront au Canada. De plus, les Canadiens seront plus incités à voyager à l'étranger et les non-résidents à rester dans leur pays ou à voyager ailleurs, autre facteur pouvant ralentir l'économie canadienne.

D'autres conséquences des fluctuations du taux de change

La principale conséquence des fluctuations du taux de change est l'insécurité qu'elles engendrent. Les contrats ou les engagements libellés dans une autre devise peuvent gagner ou perdre de leur rentabilité du jour au lendemain, ce qui diminue alors le nombre de transactions. Voilà une autre raison qui justifie l'intervention de la Banque du Canada sur le marché des changes.

L'économie canadienne et l'économie mondiale

APPLICATION

11.8 Le commerce international canadien

11.8.1 Les clients et les fournisseurs

Les États-Unis sont le principal partenaire commercial du Canada (voir les tableaux 11.6 et 11.7, p. 312). En effet, en 2005, 80,7 % de nos exportations et 67,8 % de nos importations se faisaient avec nos voisins du sud. Cette forte concentration de nos échanges commerciaux avec les États-Unis nous rend très vulnérables. Nous sommes, en quelque sorte, dépendants de l'état de leur économie comme de leurs politiques (voir l'encadré à la page 312).

TABLEAU 11.6 **Clients du Canada en 2005**

Clients	Exportations (en millions de dollars)	Exportations (en pourcentage du total)
Allemagne	0,7	0,2
Chine	1,6	0,4
États-Unis	293,8	80,7
Autres pays de l'OCDE	12,5	3,5
Japon	7,7	2,3
Royaume-Uni	8,0	2,2
Autres	40,5	11,0
Total	**364,8**	**100,0**

Source : Données tirées de Statistique Canada, CANSIM, tableau 228-003.

TABLEAU 11.7 Fournisseurs du Canada en 2005		
Fournisseurs	Importations (en millions de dollars)	Importations (en pourcentage du total)
Chine	8,8	2,8
États-Unis	212,2	67,8
Autres pays de l'OCDE	23,9	6,3
Japon	9,1	2,9
Mexique	3,8	1,2
Royaume-Uni	8,35	2,7
Autres	35,7	16,3
Total	301,85	100,0

Source: Données tirées de Statistique Canada, CANSIM, tableau 228-003.

LE CANADA RISQUE DE DEVENIR TROP DÉPENDANT DES É.-U.

Le Canada a tellement profité de l'Accord de libre-échange nord-américain depuis onze ans qu'il risque de devenir trop dépendant de l'essor économique aux États-Unis, indique un rapport américain sur l'accord commercial.

À ses débuts, l'Aléna a suscité des craintes pour la souveraineté du Canada: ces appréhensions sont aujourd'hui pratiquement chose du passé, conclut le rapport d'un groupe d'experts de Washington. Mais on s'interroge de plus en plus sur la dépendance croissante du Canada à l'égard des exportations aux États-Unis. La même inquiétude vaut pour le Mexique.

Environ 85 % des exportations canadiennes et 90 % des exportations mexicaines aboutissent sur le marché américain, ce qui fait de ces deux pays les plus importants partenaires commerciaux des États-Unis, affirme le Centre américain des études stratégiques et internationales.

Par comparaison, environ 36 % des exportations américaines sont destinées au Canada et au Mexique.

Le risque d'une dépendance excessive n'est encore que « potentiel », estime Sidney Weintraub, économiste du centre et auteur du rapport, qui ajoute néanmoins qu'à la place du gouvernement canadien, il diversifierait quelque peu.

Chaque jour, des biens d'une valeur d'environ un milliard traversent la frontière canado-américaine, tandis que le commerce bilatéral Mexique-États-Unis vaut environ 500 millions US – ce qui représente environ 30 % du produit intérieur brut du Canada comme du Mexique.

De plus, environ 70 % des exportations canadiennes de produits manufacturés se font entre compagnies parentes, ce qui resserre encore davantage les liens entre l'économie canadienne et celle des États-Unis, note M. Weintraub.

Source: Presse canadienne (Toronto), *La Presse*, 21 août 2000.

TEMPS D'ARRÊT 11.12

Quels sont les dangers concrets de n'avoir qu'un seul partenaire commercial?

11.8.2 Les produits exportés et importés

Le tableau 11.8 dresse la liste des principaux produits exportés et importés au Canada. On peut constater que le Canada importe peu de produits énergétiques et de matériaux de construction. Il importe surtout de la machinerie et du matériel. En ce qui concerne nos exportations, les produits manufacturés, les produits automobiles et les pièces prédominent, contrairement à la croyance populaire, qui fait habituellement du Canada un exportateur de matières premières. Celles-ci ne représentent que le tiers de nos exportations totales.

TABLEAU 11.8 — Produits canadiens exportés et importés en 2004 (en millions de dollars)

Produits	X	M
Produits de l'agriculture et de la pêche	2358	1801
Produits énergétiques	6507	2317
Produits forestiers	3189	255
Biens industriels	6324	6306
Machines et équipements	7083	8800
Produits de l'automobile	6633	6371
Autres biens de consommation	1291	3884
Transactions spéciales commerciales	1514	399

Source : Statistique Canada, CANSIM, tableau 65-001-XJB.

11.9 La balance internationale des paiements du Canada en 2004

L'examen des seules importations et exportations d'un pays comme le Canada n'est pas suffisant. Il faut aussi tenir compte des échanges de services, des transferts de fonds, de ce que les Canadiens investissent à l'étranger, de ce que les étrangers investissent au Canada, etc. On appelle « balance des paiements » l'état annuel de toutes les transactions internationales d'un pays. Le tableau 11.9 (p. 314) décrit la balance des paiements du Canada en 2004.

11.10 Les accords

11.10.1 L'Accord général sur les tarifs douaniers et le commerce

C'est en 1947 que 23 pays, dont le Canada et les États-Unis, signèrent une première entente de libre-échange : l'Accord général sur les tarifs douaniers et le commerce (**General Agreement on Tariffs and Trade – GATT**). Le GATT s'articulait autour de trois principes : 1) un traitement égal et non discriminatoire pour tous les pays membres ; 2) la réduction des tarifs consécutivement à des négociations multilatérales ; 3) l'élimination des quotas d'importation et, durant les dernières années de son fonctionnement, l'élimination des barrières non tarifaires autres que les quotas. Avant son remplacement par l'Organisation mondiale du commerce (OMC), le GATT regroupait une centaine de pays dans des rondes de négociations pour libéraliser le commerce international.

GATT (General Agreement on Tariffs and Trade)
Rondes de négociations visant à favoriser le libre-échange entre les pays membres.

TABLEAU 11.9 — Balance internationale des paiements du Canada en 2004

LA BALANCE COURANTE				**28,8**
Balance commerciale			66,9	
Exportations	429,1			
Importations	361,1			
Balance des invisibles			−39,3	
Services		−6,6		
Voyages	−4,1			
Autres services	−3,8			
Revenus de placements		−25,7		
Intérêts	−25,3			
Dividendes et autres		−0,4		
Transferts			0,33	
LA BALANCE DES CAPITAUX				**−22,1**
Compte de capital			4,4	
Compte financier			−26,9	
Avoir des Canadiens			−83,8	
Investissements directs à l'étranger	−61,7			
Investissements de portefeuille	−18,5			
Prêts et dépôts	4,2			
Réserves officielles de liquidités internationales	3,4			
Autres créances	−2,8			
Engagements des Canadiens envers les non-résidents		56,9		
Investissement direct au Canada	20,1			
Actions de sociétés canadiennes	35,8			
Obligations canadiennes	20,1			
Autres engagements	−9,9			
ÉCART STATISTIQUE				**−6,8**

Source : Statistique Canada, CANSIM, tableaux 376-0001 et 376-0002.

La « ronde Kennedy » (1962-1967) fut appelée ainsi parce que la sixième ronde des négociations commerciales du GATT fut en grande partie l'initiative du président Kennedy. Ces négociations permirent des réductions tarifaires moyennes de l'ordre de 35 % sur des produits d'une valeur d'environ 40 milliards de dollars. La « ronde de Tokyo » (1973-1979) s'est singularisée par l'adoption d'une série de « codes de conduite » dont le but était de limiter l'usage des barrières non tarifaires et les abus en ce domaine.

La huitième ronde de négociations du GATT se tint à Punta del Este, en Uruguay (1986-1993). Les propositions discutées au cours de cette ronde comprenaient : 1) l'élimination des barrières commerciales et des subventions agricoles ; 2) l'élimination des entraves au commerce dans le domaine des services, dont la part dans le commerce international croît sans cesse ; 3) la fin des restrictions en matière d'investissement étranger ; 4) l'établissement et le renforcement des brevets, des droits d'auteur, des marques déposées et des droits sur la propriété intellectuelle sur le plan international.

Ces objectifs étaient ambitieux, mais le désaccord traditionnel entre l'Europe et les États-Unis en matière agricole ne s'est pas atténué ; il fut d'ailleurs exacerbé durant cette dernière ronde. C'est également durant cette ronde que l'OMC fut créée.

11.10.2 L'Organisation mondiale du commerce

L'**Organisation mondiale du commerce (OMC)** voit le jour en 1995. Cette organisation gère les accords commerciaux entre les pays membres, arbitre les conflits et supervise les politiques commerciales. Elle apporte également une aide technique aux pays en développement. De plus, elle coopère avec les autres organisations internationales. Ses principaux objectifs sont de favoriser les échanges internationaux en limitant les barrières tarifaires et non tarifaires ainsi que les procédures douanières. Elle se préoccupe autant des biens, des services, de la propriété intellectuelle (les droits d'auteur, la propriété industrielle) que du sujet controversé de l'environnement. Elle s'est d'ailleurs attaquée à la définition de règles communes pour déterminer l'origine d'un produit, plus spécifiquement en ce qui a trait aux produits de la mer et aux produits recyclés.

Organisation mondiale du commerce (OMC)
Organisation gérant les accords commerciaux entre les pays membres, arbitrant les conflits et supervisant les politiques commerciales.

Une autre étape déterminante de la libéralisation du commerce fut l'intégration économique, c'est-à-dire l'union des marchés de deux pays ou plus dans une zone de libre-échange. Mentionnons deux exemples : l'Union européenne et l'Aléna.

11.10.3 L'Union européenne

Le meilleur exemple d'intégration économique demeure sans conteste l'établissement de l'**Union européenne (UE)**, anciennement la Communauté économique européenne (CEE) ou le Marché commun. La CEE naquit en 1951. Elle comprenait alors la France, l'Allemagne fédérale, l'Italie, la Belgique, les Pays-Bas et le Luxembourg. Le Royaume-Uni, le Danemark et la république d'Irlande s'y joignirent en 1973 ; la Grèce en devint membre en 1981, puis ce fut le tour de l'Espagne et du Portugal en 1986, puis enfin de l'Autriche, de la Finlande et de la Suède en 1995. L'UE est un nouveau traité entre toutes ces nations.

Union européenne (UE)
Intégration économique de plusieurs pays d'Europe.

L'UE a atteint (non sans difficultés) la plupart de ses objectifs : promouvoir un progrès économique et social par la création d'un espace sans frontières intérieures, par le renforcement de la cohésion économique et sociale, et par l'établissement d'une union économique et monétaire comportant, à terme, une monnaie unique (voir la section suivante). Ce traité prévoit également une défense commune et un statut de citoyenneté de l'Union. Plus spécifiquement, il vise l'élimination entre les États membres des droits de douane et des quotas ou de leurs équivalents ; une politique commerciale commune, soit l'abolition des obstacles à la libre circulation des marchandises, des personnes, des services et des capitaux ; la protection de l'environnement ; une coopération au développement ; une politique commune dans le domaine des pêches et de l'agriculture ainsi que des transports ; une politique dans le domaine social comprenant un fonds social européen ; une contribution à la protection du consommateur ; des mesures dans les domaines de l'énergie, de la protection civile et du tourisme.

11.10.4 L'euro

Douze pays ont choisi l'euro. Le Danemark, le Royaume-Uni et la Suède ne l'ont pas adopté.

Le traité de Maastricht est à l'origine de l'Union économique et monétaire qui a donné naissance à l'**euro.** L'euro devait entrer en vigueur graduellement, sur une période transitoire s'étalant du 1er janvier 1999 au 31 décembre 2001, et sur une période finale allant du 1er janvier 2002 au 1er juillet 2002.

Dix pays s'étaient engagés sur la voie de l'euro : la Belgique, l'Allemagne, l'Espagne, la France, l'Irlande, le Luxembourg, les Pays-Bas, l'Autriche, le Portugal et la Finlande. En 2005, 12 pays utilisaient l'euro, la Grèce et l'Italie s'étant ajoutés. Seuls le Danemark, le Royaume-Uni et la Suède n'ont pas adopté l'euro.

Pendant la période transitoire, l'euro était divisé en unités monétaires nationales qui étaient des divisions décimales de l'euro. Par exemple, 1 FF équivalait à x centièmes d'euro. La conversion n'était pas toujours évidente pour le néophyte.

Pendant la période de transition, il n'y avait aucune obligation ni interdiction d'utiliser l'euro. Le consommateur pouvait choisir d'utiliser l'euro ou la monnaie nationale. Il y avait toutefois quelques exceptions à cette règle. Une entreprise pouvait payer en euros ses travailleurs qui, eux, devaient l'accepter. Si le gouvernement refusait de négocier en euros, le contribuable devait faire ses déclarations dans la monnaie nationale. Finalement, l'euro était la seule monnaie (en janvier 1999) permettant d'acheter des actions inscrites en Bourse.

Au cours de la période finale, le 1er février 2002, les pièces et les billets en euros eurent cours légal en même temps que les monnaies nationales pendant six mois ou moins. Les autorités ne croyaient pas qu'une longue période où les deux monnaies coexisteraient assurerait une meilleure préparation psychologique du consommateur, qui tarderait peut-être à adopter l'euro. Outre les problèmes psychologiques liés à la transition, des problèmes pratiques se posaient.

D'abord, mentionnons les problèmes de calcul. Les taux de conversion ont six chiffres significatifs. La conversion est loin d'être évidente. De plus, les consommateurs doivent s'habituer à des pièces et à des billets de taille et de valeur différentes. Par ailleurs, de nombreux prix sont fixés pour avoir un effet psychologique, par exemple, le nombre 99, ou pour réduire la quantité de monnaie à rendre. Plus grave encore est la valeur que le consommateur accorde à un produit selon le prix. S'il se trompe à la hausse, il risque d'y avoir un effet prix qui le fera consommer moins. S'il se trompe à la baisse, il y aura un effet revenu qui peut mener à la surconsommation. Les prix ont finalement été arrondis à la hausse par les marchands (selon des sources françaises).

Il n'en demeure pas moins que certains pays ont un attachement à leur monnaie nationale, symbole de leur souveraineté.

Pour contrer les problèmes liés au passage à l'euro, diverses mesures et recommandations ont été adoptées. Tout d'abord, le double affichage, en euros et en monnaie nationale, a aidé le consommateur à se familiariser avec les équivalences. Ensuite, pour instaurer un climat de confiance, on a créé un label euro certifiant que les commerçants qui l'affichaient se pliaient volontairement à six règles de conduite.

Malgré ces mesures, certains groupes demeuraient à risque : les illettrés, les handicapés visuels, auditifs et mentaux, et les exclus du réseau d'information et des services financiers, comme les personnes en difficulté économique et les personnes âgées. Pour ces groupes, l'information traditionnelle était insuffisante. Il fallait leur accorder une attention particulière.

En résumé, la conversion s'est faite en trois étapes :

- Du 1er janvier 1999 au 31 décembre 2001, les nouvelles émissions publiques furent exclusivement en euros, et les entreprises pouvaient fonctionner en euros. Cependant, les euros ne pouvaient être utilisés que sous la forme de monnaie scripturale (électronique).
- Du 1er janvier 2002 au 30 juin 2002, il y a eu double circulation : l'euro et la monnaie nationale. Les pièces et les billets en euros avaient cours légal.
- Au plus tard le 1er juillet 2002, le cours légal des monnaies nationales devait être aboli.

11.10.5 L'Accord de libre-échange nord-américain

Le premier accord de libre-échange entre le Canada et les États-Unis a été signé en 1986. Cet accord a intégré par la suite le Mexique avec la mise en place de l'**Accord de libre-échange nord-américain (ALÉNA)** signé en 1993 et entré en vigueur le 1er janvier 1994. La production combinée de la zone de libre-échange actuelle équivaut à celle de l'Union européenne. Cet accord a l'avantage, pour les États-Unis, de permettre de hausser le niveau de vie des Mexicains, ce qui peut freiner le problème de l'immigration mexicaine et de mieux encadrer les politiques environnementales. L'ALÉNA n'est pas une union douanière comme l'UE, car chaque pays peut contrôler à sa guise les tarifs qu'il souhaite imposer aux pays non membres. Les principaux objectifs de l'ALÉNA sont de favoriser le libre-échange, d'éliminer toutes les restrictions au commerce de biens et de services et de protéger la propriété intellectuelle. Contrairement à l'UE, cet accord ne vise aucune intégration politique ou monétaire.

Au Canada, le libre-échange avec le Mexique a été encore plus controversé que celui avec les États-Unis. Les critiques craignent ou dénoncent toujours les pertes d'emplois consécutives au déménagement au Mexique des entreprises qui veulent profiter des bas salaires et des normes environnementales et de santé et sécurité moins strictes. Les critiques redoutent également que les entreprises japonaises et sud-coréennes ne s'installent au Mexique pour profiter de la zone de libre-échange et mettent ainsi en danger les entreprises et les emplois canadiens.

Les partisans du libre-échange avec le Mexique s'appuient sur l'argument de base du libre-échange : la spécialisation selon les avantages comparatifs permettra au Canada d'obtenir une production totale plus élevée avec les

> **Accord de libre-échange nord-américain (ALÉNA)**
> Accord de libre-échange entre le Canada, les États-Unis et le Mexique.

mêmes ressources. Ils font également remarquer que cette zone encouragera les investissements du monde entier au Mexique, ce qui accroîtra la productivité mexicaine ainsi que son revenu intérieur. Une partie de cet accroissement servira à acheter des produits canadiens. Finalement, les défenseurs de ce traité affirment que certains emplois canadiens disparaîtront de toute façon vers les pays à bas salaires comme la Corée du Sud, Taïwan et Hong Kong. La zone de libre-échange obligera les entreprises canadiennes à être plus efficaces, ce qui améliorera leur compétitivité par rapport aux entreprises japonaises et à celles de l'UE.

Pourtant, tant les adversaires que les partisans de l'Aléna s'entendent sur un point : le libre-échange permettra de faire un front commun puissant en matière de commerce avec l'UE et l'Asie. L'accès au vaste marché nord-américain est aussi important pour les pays de l'UE que l'accès au marché européen pour le Canada, les États-Unis et le Mexique. Les observateurs croient que des négociations entre le bloc nord-américain et l'UE s'ensuivront certainement, et peut-être même que l'établissement d'une zone de libre-échange entre ces deux groupes de pays en découlera. Le Japon, ne voulant pas être laissé pour compte, sera obligé de réduire ses barrières tarifaires et non tarifaires.

Concrètement, en juillet 1997, une étude de l'administration Clinton évaluait que le Canada était nettement favorisé par l'Aléna. En fait, les échanges entre le Canada et les États-Unis avaient augmenté de 37 % depuis l'entrée en vigueur du traité. De plus, les exportations agricoles américaines au Mexique et au Canada avaient augmenté de 2,7 milliards de dollars. Elles étaient alors comparables aux exportations vers le Japon et beaucoup plus importantes que celles vers toute l'UE.

Cet accord a également eu des effets d'entraînement. Mentionnons la Coopération économique Asie-Pacifique (CEAP). Dix-huit pays se sont entendus pour libéraliser leurs échanges dans les prochaines décennies : Australie, Brunei, Canada, Chili, Hong Kong, Indonésie, Japon, Malaisie, Mexique, Nouvelle-Zélande, Philippines, Papouasie-Nouvelle-Guinée, Singapour, Corée du Sud, Taïwan, Thaïlande et États-Unis.

11.10.6 L'Accord multilatéral sur l'investissement

Accord multilatéral sur l'investissement (AMI)
Engagement des pays signataires à traiter les investisseurs et les investissements des pays membres de façon au moins aussi favorable qu'ils traitent leurs propres investisseurs et investissements.

L'**Accord multilatéral sur l'investissement** (**AMI**) a fait couler beaucoup d'encre. Rarement a-t-on vu une opposition si forte et si organisée à l'échelle mondiale. Voici les principaux éléments de cette tentative d'accord.

Le préambule du texte de l'Accord multilatéral sur l'investissement situe bien le cadre de la démarche.

« *[Prenant note des] [Exprimant leur soutien aux] [p]rincipes directeurs de l'OCDE à l'intention des entreprises multinationales et soulignant que l'application de ces principes, qui ne sont pas contraignants et dont le respect a un caractère volontaire, favorisera une attitude de confiance mutuelle entre les entreprises et les pays d'accueil et contribuera à un climat propice à l'investissement[1]. »*

1. Relations internationales. *Accord multilatéral sur l'investissement*, texte consolidé, février 1998, I. Dispositions générales, dernier paragraphe, www.finances.gouv.fr/pole-ecofin/international/ami98/index-d.htm (page consultée le 7 septembre 2000).

Les pays signant l'accord s'engagent à accorder aux investisseurs et à leurs investissements un traitement au moins aussi favorable que celui qu'ils accordent à leurs propres investisseurs et à leurs investissements ainsi qu'aux investissements des investisseurs provenant de pays n'ayant pas signé l'accord.

Voici les principaux engagements, selon le texte de février 1998 :

« Une partie contractante ne peut imposer, appliquer ou maintenir, l'une quelconque des obligations suivantes, ou faire appliquer un quelconque engagement, concernant l'établissement, l'acquisition, l'expansion, l'exploitation, la gestion, l'entretien, l'utilisation, la jouissance et la vente ou toute autre aliénation d'un investissement effectué sur son territoire par un investisseur [...] :

a) *exporter un volume ou un pourcentage donné de biens ou de services ;*

b) *atteindre un niveau ou un pourcentage donné de contenu national ;*

c) *acheter, utiliser ou privilégier des biens produits ou des services fournis sur son territoire, ou acheter des biens ou des services à des personnes situées sur son territoire ;*

d) *lier de quelque façon le volume ou la valeur des importations au volume ou à la valeur des exportations ou aux rentrées de devises résultant de cet investissement ;*

e) *limiter sur son territoire les ventes de biens ou de services que cet investissement permet de produire ou de fournir, en liant ces ventes au volume ou à la valeur des exportations ou des rentrées de devises résultant de cet investissement ;*

f) *transférer une technologie, un procédé de production ou un autre savoir-faire exclusif à une personne physique ou morale située sur son territoire, sauf lorsque l'obligation*

   – *est imposée ou l'engagement est mis à exécution par une juridiction judiciaire ou administrative ou par une autorité compétente en matière de concurrence pour corriger une violation alléguée des lois sur la concurrence ; ou*

   – *concerne les droits de propriété intellectuelle et est imposée de manière qui ne soit pas incompatible avec l'accord sur les ADPIC ;*

g) *localiser son siège, pour une région déterminée ou pour le marché mondial, sur le territoire de cette partie contractante ;*

h) *desservir exclusivement, à partir du territoire de cette partie contractante, une région déterminée ou le marché mondial pour un ou plusieurs des biens produits ou des services fournis ;*

i) *atteindre un niveau donné ou une valeur donnée de recherche-développement sur son territoire ;*

j) *recruter un niveau donné de nationaux ;*

k) *établir une coentreprise avec une participation nationale ; ou*

l) *atteindre un niveau minimum de participation nationale au capital autre que les exigences de détention de participations en actions nominatives concernant les directeurs ou les fondateurs de sociétés[2]. »*

L'accord traite de façon plus précise des monopoles, de la privatisation et des droits de propriété intellectuelle. En prenant connaissance de toutes

---

2. *Ibidem.*

ces interdictions, on comprend mieux le tollé de protestations qui s'est élevé contre cet accord.

À la lumière des acquis des 11 chapitres de ce livre, faites une critique (éléments positifs et négatifs) de l'AMI.

11.10.7 Le G8

En 1975, les chefs d'État de l'Allemagne, des États-Unis, du Japon, du Royaume-Uni , de la France et de l'Italie se réunissaient pour discuter des affaires du monde. Le Canada joignit le groupe l'année suivante. Ce groupe de sept pays fut appelé le « G7 ».

On appelle les rencontres de ces sept pays des « sommets ». Voici les termes des principales rencontres depuis 1995.

1995	Halifax	mode de fonctionnement de la Banque mondiale et du FMI
1996	Lyon	pays pauvres très endettés
1997	Denver	invitation à la Russie à se joindre au groupe
1998	Birmingham	premier sommet du G8
1999	Cologne	accord sur l'allègement de la dette de certains des pays les plus pauvres
2000	Okinawa	financement de la lutte contre les maladies infectieuses et charte sur les nouvelles technologies de l'information
2001	Gènes	fonds mondial de lutte contre le VIH/SIDA, le paludisme et la tuberculose et nomination d'un représentant pour l'Afrique
2002	Kananashis	engagement du G8 en faveur de l'Afrique et plan de travail concernant la lutte contre le terrorisme, le développement durable et l'accès de tous à l'éducation
2003	Évian	Afrique : eau, famine, santé, financement du développement, dette, science et technologie pour le développement durable, exploitation forestière illégale, environnement marin et sécurité maritime, sûreté nucléaire
2004	Sea Island	pas de déclaration finale, peu de progrès ; les États-Unis refusent de rencontrer les dirigeants du mouvement syndical international ; pas de questions sociales, sauf celles relatives au Moyen-Orient

LECTURE DIRIGÉE 11······ 1. Au cours de votre lecture, relevez les faits, les concepts, les modèles, et les théories appris dans les 11 chapitres de ce livre.
2. Révisez les notions mal comprises.
3. Relisez le texte.
4. Faites un résumé des principales mesures adoptées.

Conclusions des ministres des Finances du G8 sur le développement

1. Nous réaffirmons les engagements pris à notre réunion de février dernier visant à aider les pays en développement à atteindre leurs Objectifs du Millénaire pour le développement d'ici 2015, à déployer des efforts particuliers en Afrique où, aux taux actuels de progression, aucun des objectifs ne sera réalisé d'ici 2015, et à établir, pour les chefs d'État et de gouvernement du G8, les étapes à franchir selon nous pour approfondir la mise en œuvre du Consensus de Monterrey sur l'ouverture du système du commerce mondial ; l'efficacité accrue de l'aide ; la capacité d'absorption ; les niveaux accrus de l'aide ; et l'allégement de la dette.

2. Nous réaffirmons que, pour accomplir des progrès en matière de développement économique et social, il est essentiel que les pays en développement mettent en place des politiques pour la croissance économique, le développement durable et la réduction de la pauvreté ; des institutions et des politiques saines, axées sur la responsabilisation et la transparence ; la stabilité macroéconomique ; la transparence financière accrue, essentielle pour s'attaquer à la corruption, stimuler le développement du secteur privé et attirer les investisseurs ; un cadre juridique crédible ; et l'élimination des entraves à l'investissement privé, qu'il soit intérieur ou étranger.

3. Nous réaffirmons comme en février qu'il est crucial que la communauté internationale accroisse l'efficacité de l'aide. Plus particulièrement, les donateurs bilatéraux et multilatéraux doivent harmoniser leurs modes de fonctionnement, assujettir l'aide au respect des priorités des pays, et fournir des résultats mesurables. Les donateurs doivent également axer leur aide sur la réduction de la pauvreté, intensifier leurs efforts pour que l'aide ne soit pas liée, d'après les principes du Comité d'aide au développement (CAD), et distribuer l'aide d'une manière plus prévisible. Nous accueillons favorablement les progrès réalisés au Forum de haut niveau du CAD de l'Organisation de coopération et de développement économiques (OCDE), tenu à Paris en mars, et demandons au CAD de l'OCDE d'établir d'ici septembre prochain des objectifs ambitieux et atteignables par rapport à tous les indicateurs de progrès fixés à la réunion de mars.

4. Un résultat fructueux du programme de Doha pour le développement, notre priorité commune la plus élevée en matière de politique commerciale pour l'année à venir, apportera des bienfaits concrets et substantiels aux pays pauvres. La réunion des ministres qui se tiendra à Hong Kong en décembre constituera une étape cruciale vers un résultat fructueux du programme en 2006, qui permettra d'élargir de manière substantielle l'accès aux marchés pour les pays en développement ; d'établir le calendrier de l'élimination de toutes les mesures de soutien aux exportations qui faussent le commerce dans le domaine de l'agriculture ; et de procurer un traitement différentiel et particulier efficace aux pays en développement.

5. Tous les pays ne profiteront toutefois pas à court terme des réductions des entraves au commerce. Certains pays n'ont pas la capacité de produire et de fournir de manière compétitive des produits pour les marchés internationaux ; pour d'autres, les coûts de transition vers des marchés plus ouverts peuvent être substantiels. Nous sommes aussi conscients du fait que les pays pauvres sont confrontés à des problèmes particuliers et doivent avoir la marge de manœuvre nécessaire pour décider, planifier et échelonner les réformes de leurs politiques commerciales en harmonie avec les programmes de développement déterminés par les pays bénéficiaires eux-mêmes. Nous nous engageons à fournir un soutien qui permettra aux pays en développement de profiter de débouchés commerciaux. Nous demandons aux institutions financières internationales (IFI) de présenter des propositions, en prévision des assemblées annuelles, afin de fournir une aide supplémentaire aux pays et ainsi leur permettre de développer leur capacité commerciale et faciliter le rajustement de leurs économies, suivant une analyse systématique des coûts de transition, de façon qu'ils puissent profiter de marchés plus ouverts.

6. Afin de s'attaquer aux maladies qui nuisent à la croissance et exacerbent la pauvreté dans les pays en développement, il faudra non seulement renforcer les systèmes de soins de santé, mais aussi améliorer les traitements, incluant un accès universel au traitement du SIDA d'ici 2010 et le développement de vaccins, y compris contre le VIH et le paludisme. Nous avons accompli des progrès cette année au titre de la mise en œuvre de l'initiative mondiale pour un vaccin contre l'infection à VIH établie à Sea Island, et nous nous engageons à approfondir les efforts en ce sens, et à intensifier notre soutien aux vaccins et aux recherches médicales au moyen du fructueux modèle des partenariats public privé. Nous demandons un compte rendu d'ici la fin de l'année. Nous reconnaissons aussi que les engagements d'approvisionnement anticipé pourraient constituer un moyen efficace de favoriser la recherche, la mise au point et la production

▷

de vaccins contre le VIH, le paludisme et d'autres maladies. Nous avons demandé au ministre Siniscalco de consulter les institutions pertinentes, les gouvernements et l'industrie, en vue de mettre au point des propositions concrètes d'ici la fin de l'année.

7. L'Initiative améliorée en faveur des pays pauvres très endettés (PPTE) a permis jusqu'à maintenant de réduire considérablement la dette de 27 pays, et nous confirmons notre engagement à mettre en œuvre et à financer intégralement cette initiative. En outre, les pays du G8 ont fait davantage au plan individuel et ont réduit la dette bilatérale, allant même jusqu'à l'éliminer. Nous reconnaissons toutefois qu'il faut en faire davantage et nous nous sommes mis d'accord sur la proposition ci-jointe. Nous invitons tous les intervenants à soutenir ces propositions qui seront soumises aux assemblées annuelles du Fonds monétaire international (FMI), de la Banque mondiale et de la Banque africaine de développement.

8. Nous avons également reconnu à Monterrey qu'une augmentation substantielle de l'Aide publique au développement (APD) et des flux de capitaux privés sera nécessaire pour aider les pays en développement à atteindre les Objectifs du Millénaire pour le développement. Nous reconnaissons les efforts déployés par tous les donateurs, surtout ceux qui ont pris l'initiative de fournir et d'accroître l'APD et d'annoncer des majorations supplémentaires.

9. En particulier, nous nous réjouissons des progrès accomplis par l'UE vers la réalisation de l'objectif d'un ratio de 0,39 % de l'APD au revenu national brut (RNB) fixé à Barcelone ; de l'annonce par la France et le Royaume-Uni de calendriers en vue d'un ratio de 0,7 % de l'APD au RNB d'ici 2012 et 2013 respectivement ; et du récent accord en vertu duquel l'Union européenne (UE) vise un ratio de 0,7 % de l'APD au RNB d'ici 2015, assorti de l'objectif provisoire d'un ratio de 0,56 % de l'APD au RNB d'ici 2010 – et le doublement de l'APD de l'UE entre 2004 et 2010. Conformément à l'accord de l'UE, l'Allemagne (soutenue par des instruments novateurs) et l'Italie s'engagent à atteindre un ratio de 0,51 % de l'APD au RNB en 2010 et de 0,7 % en 2015. Nous nous réjouissons de la promesse des États-Unis de tripler l'APD accordée aux pays de l'Afrique subsaharienne et de presque doubler l'APD accordée à tous les pays en développement depuis 2000. Les États-Unis représentent maintenant environ 25 % de toute l'APD accordée aux pays de l'Afrique subsaharienne. De plus, nous sommes ravis du lancement du Millennium Challenge Account et du plan d'urgence du président pour lutter contre le SIDA. Nous sommes heureux de l'annonce du Japon, qui s'engage à doubler son APD à l'Afrique dans les trois prochaines années, et des plans budgétaires du Canada, qui prévoient le financement de l'engagement de ce pays à doubler ses niveaux d'aide entre 2001 et 2010, et à doubler l'aide à l'Afrique d'ici 2008. En outre, nous accueillons avec joie l'annonce de la contribution de 2,2 milliards de dollars de la Russie à l'Initiative en faveur des PPTE.

10. En prévision des décisions qui seront prises au Sommet du G8 de Gleneagles, nous continuons notre programme de travail sur la facilité de financement international (FFI) et son projet pilote, la FFI pour l'immunisation ; certaines propositions concernant les revenus contenues dans le Rapport Landau, y compris un projet pilote, qui sont appuyées et dirigées par la France et l'Allemagne, pour une contribution aux billets de transport aérien en vue d'appuyer des projets particuliers de développement et de refinancer la FFI ; le Millennium Challenge Account ; l'aide améliorée du secteur privé de la Banque africaine de développement ; et d'autres mesures de financement, pour que des décisions soient prises au sujet de la constitution d'un mécanisme de financement, et de sa participation, dans le but d'atteindre les Objectifs du Millénaire pour le développement.

11. Le Nigeria constitue la clé de la prospérité sur l'ensemble du continent africain. Nous nous réjouissons des progrès accomplis par le Nigeria en matière de réforme économique, comme a permis de le déterminer le cadre de surveillance intensifiée du FMI, nous avons constaté son passage au statut de pays bénéficiant uniquement de l'aide de l'Association internationale de développement (IDA), et nous encourageons ses dirigeants à poursuivre la réforme. Nous nous préparons à fournir une solution équitable et viable aux problèmes d'endettement du Nigeria en 2005, dans le contexte du Club de Paris.

Propositions par le G8 de l'annulation de la dette des PPTE

Les donateurs s'entendent pour compléter le processus d'allégement de la dette des pays pauvres très endettés en fournissant pour le développement des ressources additionnelles qui procureront un appui important aux efforts déployés par les pays en vue de réaliser les objectifs de la Déclaration du Millénaire, tout en veillant à ce que la capacité de financement des IFI ne soit pas réduite. Ces accords déboucheront sur une annulation complète des obligations en souffrance des PPTE envers le FMI, la Banque mondiale et la Banque africaine de développement. Les contributions additionnelles des donateurs seront attribuées à tous les bénéficiaires de l'IDA et du Fonds africain de développement (FAfD) selon les systèmes d'attribution en fonction du rendement actuellement en vigueur dans ces organisations. Ces mesures viendront appuyer leurs efforts en vue de la réalisation des Objectifs du Millénaire pour le développement et feront en sorte que l'aide est fondée sur le rendement du pays. Nous demandons à la Banque mondiale et au FMI de nous présenter un rapport sur l'accroissement de la transparence de tous les côtés, ainsi que sur la lutte contre la corruption, de manière que toutes les ressources soient effectivement consacrées à la réduction de la pauvreté. Nous estimons qu'une saine gouvernance, que la responsabilisation et la transparence sont essentielles afin de profiter des bienfaits de l'annulation de la dette. Nous prenons l'engagement de veiller à ce que le tout soit réaffirmé dans les futurs accords d'aide bilatérale et multilatérale à ces pays.

Les éléments clés sont les suivants :

- Les contributions supplémentaires des donateurs seront attribuées à tous les bénéficiaires de l'APD et du FAfD selon les systèmes d'attribution en fonction du rendement actuellement en vigueur dans ces organisations.

- Annulation complète de l'encours de la dette à l'IDA, au FAfD et au FMI au point d'achèvement de l'Initiative en faveur des PPTE.

- Pour la dette à l'IDA et au FAfD, l'annulation complète de l'encours de la dette sera accordée aux PPTE ayant atteint le point d'achèvement et dont la progression est conforme aux obligations établies dans le cadre de leurs programmes de remboursement, et les montants annulés seront déduits des flux bruts de l'aide qui leur est accordée. Les donateurs verseraient des contributions supplémentaires à l'IDA et au FAfD, selon des parts d'endettement convenues, de manière à compenser dollar pour dollar le capital et les intérêts auxquels il est renoncé au moyen de l'annulation de la dette. Des fonds supplémentaires seront dégagés immédiatement afin de couvrir la totalité des coûts de la période de la 14e reconstitution des ressources de l'IDA et de la 10e reconstitution des ressources du FAfD. Pour la période qui suivra, les donateurs s'engageront à couvrir la totalité des coûts pour toute la durée des prêts annulés, en versant des contributions en sus des reconstitutions périodiques des ressources de l'IDA et du FAfD.

- Des ressources existantes du FMI devront être utilisées pour annuler complètement l'encours de la dette au FMI sans nuire à sa capacité de financement. Dans les cas où d'autres obligations existantes et projetées d'allégement de la dette ne peuvent être satisfaites au moyen des ressources existantes du FMI (p. ex., Somalie, Liberia et Soudan), les donateurs s'engagent à fournir les ressources supplémentaires nécessaires. Nous demanderons que des contributions volontaires, y compris de la part de pays producteurs de pétrole, soient versées dans un nouveau fonds en fiducie à l'appui des pays pauvres confrontés aux chocs des prix des denrées de base et à d'autres chocs exogènes.

- À l'échelle mondiale et sur cette base, nous nous engageons à assumer la totalité des coûts pour le FMI, la Banque mondiale et la Banque africaine de développement. Nous fournirons sur la base d'un partage équitable du fardeau des ressources qui permettront de couvrir les coûts difficiles à prévoir qui dépassent les ressources existantes, pour le FMI, l'IDA et le FAfD, dans les trois prochaines années. Sous réserve d'une analyse approfondie menée par les institutions, nous affecterons de 350 millions à 500 millions de dollars à cette fin. Nous prenons aussi l'engagement, toujours sur la base d'un partage équitable du fardeau, de couvrir les coûts de pays qui pourraient accéder au processus d'aide aux PPTE, selon le fardeau de leur endettement à la fin de 2004. Nous demanderons aussi des contributions équivalentes d'autres donateurs de sorte que tous les coûts soient couverts et de manière à ne pas mettre en péril la capacité qu'ont ces institutions de s'acquitter de leurs obligations. Nous utiliserons les subventions comme convenu afin de veiller à ce que les pays ne se remettent pas immédiatement à accumuler des dettes extérieures insoutenables, et à contracter de nouveaux emprunts.

Nous invitons tous les intervenants à soutenir ces propositions qui seront soumises d'ici septembre aux assemblées annuelles du FMI, de la Banque mondiale et de la Banque africaine de développement.

Source : Ministère des Finances du Canada, *Activités internationales*, Londres, les 10-11 juin 2005.

Conclusion

La tendance à la mondialisation est inéluctable. C'est pourquoi il faut demeurer vigilant pour profiter de ses bons côtés et éviter les principaux dangers qu'elle comporte en matière de souveraineté, de culture, d'environnement et de conditions de travail. Nous avons vu que, s'ils sont bien encadrés, les échanges internationaux peuvent être bénéfiques à tous. Plus spécifiquement, le développement de l'économie canadienne dépend largement de ses relations économiques internationales.

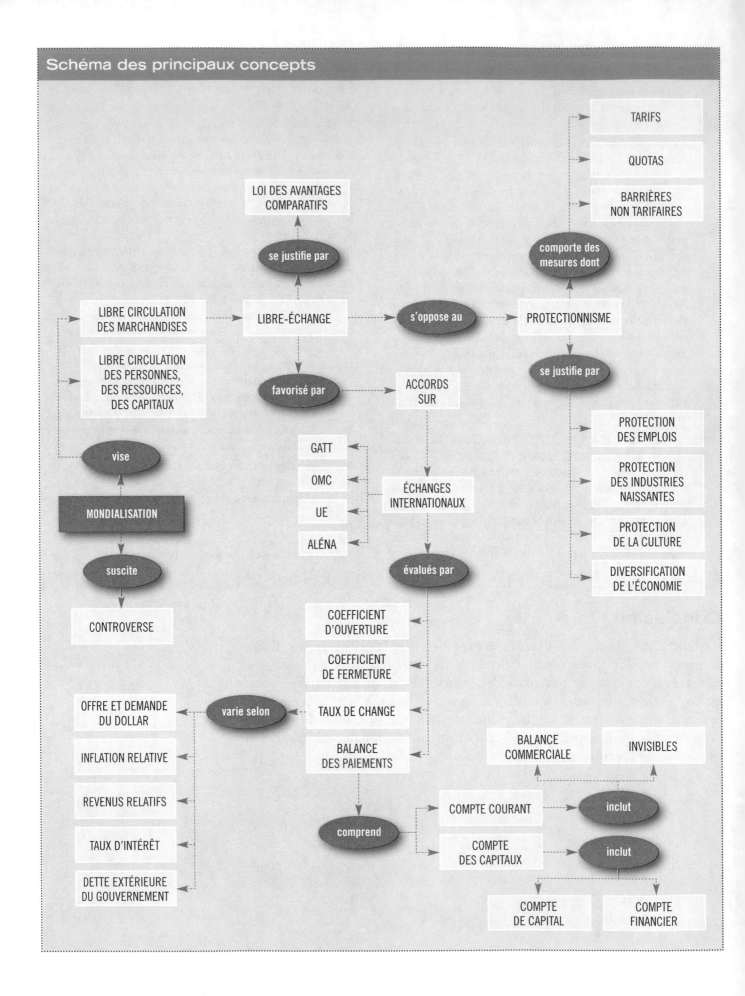

- La mondialisation correspond à la libre circulation des ressources et des capitaux. Certains en sont partisans, d'autres s'y opposent.

- Le protectionnisme correspond à un ensemble de mesures restreignant la circulation des biens et des services entre les pays dans le but de soustraire un pays à la concurrence venant des autres pays.

- Les mesures protectionnistes comprennent les tarifs, les quotas et les autres barrières non tarifaires (BNT). Elles ont pour effet l'augmentation des prix et la diminution des quantités échangées, contrairement à une situation de libre circulation.

- Les motifs invoqués pour justifier les mesures protectionnistes sont la protection des employés et des industries naissantes, les facteurs culturels et la diversification de l'économie.

- Le libre-échange correspond à l'absence de barrières au commerce international.

- La loi des avantages comparatifs permet d'affirmer que tous les pays ont intérêt à se spécialiser dans les domaines où ils possèdent un avantage et à échanger leurs surplus.

- Après la spécialisation et l'échange, la production mondiale ainsi que la quantité de biens et de services que possède chaque pays sont supérieures.

- Le coefficient d'ouverture est un indicateur tenant compte de la taille d'une économie. Il correspond à la moyenne des coefficients des exportations et des importations. Ceux-ci sont obtenus en établissant le rapport entre les exportations ou les importations et le PIB du pays.

- La balance des paiements est un ensemble de statistiques reflétant le solde des transactions effectuées par un pays avec les autres pays.

- La balance des paiements est divisée en deux comptes principaux : le compte courant et le compte des capitaux. Le compte courant comprend la balance commerciale, $X - M$, et les invisibles, qui regroupent les services, dont les voyages et les revenus de placements. Le compte des capitaux regroupe le compte de capital et le compte financier. Le compte de capital est constitué des transferts directs. Le compte financier fait état des investissements et des prêts effectués entre les pays. On y ajoute également la variation des réserves officielles. L'écart statistique permet de ramener le solde de la balance des paiements à zéro.

- Le taux de change est le prix d'une monnaie établi par rapport à une autre monnaie. Il dépend de l'offre et de la demande de la monnaie découlant des diverses transactions comptabilisées dans la balance des paiements.

- D'autres facteurs économiques influent également sur le taux de change : l'inflation relative, la dette extérieure du Canada, le niveau de l'activité économique, le taux d'intérêt et la spéculation.

- La dépréciation d'une monnaie (la baisse du taux de change) stimule la production et l'emploi, mais elle peut créer de l'inflation si on ne réussit pas à remplacer les importations par une production locale. L'appréciation d'une monnaie (la hausse du taux de change) fait pression à la baisse sur la production et l'emploi.

- L'économie canadienne est très ouverte. Toutefois, une très grande partie de ses échanges s'effectue avec les États-Unis, ce qui pourrait être un danger pour la souveraineté du Canada.

- Les matières premières comptent pour le tiers des exportations canadiennes. Le Canada importe surtout de la machinerie et du matériel.

- La balance des paiements canadienne est chroniquement déficitaire, surtout à cause du compte courant.

- Le GATT, remplacé maintenant par l'OMC, avait pour objectif de diminuer, voire d'éliminer les entraves au commerce international. Plusieurs rondes de négociations entre une centaine de pays ont porté sur l'élimination des tarifs, des quotas et des autres barrières non tarifaires.

- L'OMC gère les accords commerciaux entre les pays membres, arbitre les conflits et supervise les politiques commerciales. Ses objectifs sont de favoriser les échanges internationaux.

- L'Union européenne a pour objectif de promouvoir le progrès économique et social par la création d'un espace sans frontières intérieures, par le renforcement de la cohésion économique et sociale et par l'établissement d'une union économique et monétaire comportant, à terme, une monnaie unique : l'euro.

- L'euro est issu du traité de Maastricht et était la seule monnaie en vigueur dans les pays suivants en juillet 2004 : Belgique, Allemagne, Espagne, France, Irlande, Luxembourg, Pays-Bas, Autriche, Portugal, Italie, Grèce et Finlande.

- L'ALÉNA est un accord de libre-échange entre le Canada, les États-Unis et le Mexique. L'accord a été très controversé à cause des craintes liées aux pertes d'emploi potentielles, à l'environnement et à la santé et sécurité au travail. Du point de vue économique, le Canada en sort gagnant.

- Les pays qui auraient signé l'AMI s'engageaient à accorder aux investisseurs et à leurs investissements un traitement au moins aussi favorable que celui qu'ils accordent à leurs propres investisseurs et à leurs investissements ainsi qu'aux investissements des investisseurs n'ayant pas signé l'accord.

Exercices

I BIEN COMPRENDRE LE VOCABULAIRE DE BASE

1 Comment appelez-vous :

a) la libre circulation des ressources et des capitaux?

b) l'ensemble des mesures destinées à limiter l'entrée des biens et des services étrangers dans un pays pour le soustraire à la concurrence étrangère?

c) les mesures autres que les tarifs prises pour limiter la concurrence étrangère?

d) une entreprise trop récente pour avoir atteint son seuil de rentabilité?

e) l'absence de barrières au commerce international?

f) la monnaie unique qu'utilise l'Union européenne?

g) l'accord de commerce international liant le Canada, les États-Unis et le Mexique?

2 Complétez les énoncés.

a) Les tarifs sont des taxes à _____.

b) Outre les tarifs, les _____ et les _____ constituent d'autres façons de limiter la concurrence étrangère.

c) _____ est un exemple de barrière non tarifaire.

d) Les _____, _____, _____ et la _____ sont souvent des motifs invoqués pour justifier des mesures protectionnistes.

e) Une tentative très controversée d'accord international sur les investissements s'appelle _____.

f) La loi des _____ nous dit que tous les pays ont avantage à se spécialiser dans les domaines où leur coût d'option est moindre.

g) Les termes de l'échange dépendent en grande partie de _____ et de _____ des produits.

h) Le _____ mesure l'ampleur des échanges de marchandises d'un pays avec les autres.

i) Les coefficients d'exportations et d'importations tiennent compte du _____ du pays.

j) La _____ est un ensemble de statistiques reflétant le solde pour une période donnée de diverses transactions effectuées par un pays avec les autres pays.

k) Le _____ comporte deux grands éléments : la balance commerciale et les invisibles.

l) La _____ correspond à la différence entre les exportations et les importations de marchandises.

m) Le taux de couverture est le rapport entre _____ et _____.

n) Les _____ regroupent les transactions intangibles comme les services et les _____.

o) Les dépenses de voyage font partie des _____.

p) _____ est un exemple de services exportés par le Québec.

q) Le compte courant est surtout déficitaire à cause des paiements d'_____ et de _____.

r) Le compte des capitaux comprend _____ et _____.

s) Le _____ tient compte des investissements directs et de portefeuille.

t) Le compte de capital comprend les transferts directs comme _____, _____ et _____.

u) Les _____ sont constituées d'or et de devises.

v) L'écart statistique provient des _____ légales ou illégales qui ne sont pas comptabilisées.

w) On définit le _____ comme la valeur d'une monnaie établie par rapport à une autre monnaie.

x) La Banque du Canada intervient pour limiter les variations trop brusques du dollar canadien en _____ ou en _____ des devises. On appelle ces transactions l'offre ou la demande _____ du dollar canadien.

y) On appelle _____ une diminution du taux de change d'une monnaie.

z) On appelle _____ une augmentation du taux de change d'une monnaie.

aa) L'OMC a remplacé le _____.

bb) Autrefois appelée « marché commun » puis « communauté économique européenne (CEE) », elle s'appelle maintenant _____.

II BIEN COMPRENDRE LA THÉORIE DE BASE

1 Cherchez l'erreur.

a) La mondialisation est inévitable. Tous l'admettent et s'en réjouissent.

b) Le protectionnisme est un ensemble de mesures visant à protéger les travailleurs des pays en voie de développement.

c) Les tarifs font augmenter les prix et les quantités de marchandises échangées entre les pays.

d) Les quotas ont exactement le même effet que les tarifs.

e) Le protectionnisme protège les emplois à court et à long terme.

f) Le protectionnisme aide les entreprises à se développer.

g) Le libre-échange consiste à signer des accords garantissant l'absence de toute barrière au commerce international.

2 Décrivez les situations suivantes en cinq lignes.

a) Vous expliquez à un ami pourquoi vous vous opposez à l'AMI.

b) Vous essayez de convaincre votre père que l'ALÉNA peut avoir des effets positifs même s'il a perdu son emploi.

c) Vous allez faire un voyage en France et vous vous demandez si vous devez emporter des dollars pour acheter les euros dont vous aurez besoin.

d) Un camarade de classe mêle tout le temps OMC, ONG, OMG et MGS. Vous essayez de l'aider.

e) Vous vous réjouissez du taux de change actuel du dollar canadien.

f) Vous expliquez l'origine du déficit chronique de la balance des paiements.

3 Suivez les directives.

a) Quelle est la valeur du dollar canadien si :

1 euro	=	1,50 $CAN
1 $US	=	1,25 $CAN
1 £	=	2 $CAN
1 yen	=	0,0125 $CAN

b) Qu'arrivera-t-il au taux de change du dollar canadien, toutes choses étant égales par ailleurs :

1) si le Mexique double ses ventes de bière au Canada ?

2) si les Français découvrent les beautés du Grand Nord québécois et ses balades en traîneau à chiens ?

3) si la Banque du Canada hausse ses taux d'intérêt par crainte de l'inflation ?

4) si les Japonais décident d'investir massivement au Canada ?

5) si le gouvernement canadien rembourse sa dette extérieure ?

6) si la croissance économique américaine surpasse de beaucoup la croissance de l'économie canadienne ?

7) s'il se produit une montée rapide de l'inflation aux États-Unis ?

8) si le réchauffement de la planète hausse significativement les températures en hiver ?

9) si Hydro-Québec réussit à mettre au point une automobile électrique qu'elle vend à un prix très compétitif ?

10) si les consommateurs s'entichent des produits chiliens ?

Solutions aux Temps d'arrêt

Chapitre 1

Temps d'arrêt 1.1
- L'achat d'un tracteur est une ressource de type capital.
- Une visite chez l'esthéticienne est un service acheté par le consommateur.
- Le commis au dépanneur du coin est une ressource de type travail.
- Un sac de farine acheté à l'épicerie est un bien de consommation.
- Lorsque Carl démarre sa propre entreprise de dépannage d'ordinateurs, il fait preuve d'esprit d'entreprise, ce qui est une ressource pour l'économie.
- Le cours donné par un professeur est un service acheté par le gouvernement. Il satisfait directement un besoin, il ne sert pas à produire un bien ou un service.

Temps d'arrêt 1.2
- Au point D, l'économie produit 40 robots et 300 000 automobiles.
- Au point A, l'économie produit 100 robots et aucune automobile.
- Le point F correspond à une sous-utilisation des ressources. L'économie pourrait produire davantage.
- Le point G est impossible à atteindre à court terme s'il n'y a pas d'augmentation qualitative ou quantitative des ressources, car toutes les combinaisons possibles sur la courbe découlent d'une utilisation efficace des ressources.

Temps d'arrêt 1.3
a) Un fait.
b) Un jugement de valeur ou une opinion.
c) Une prédiction.
d) Une hypothèse, car il faut vérifier si la relation existe.
e) Un fait.

Temps d'arrêt 1.4
Prix de l'essence, de janvier à décembre 2005 (données fictives)

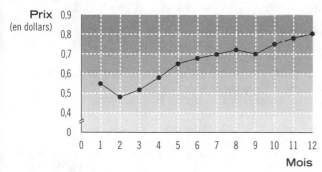

Temps d'arrêt 1.5
a) Une valeur.
b) Des connaissances scientifiques.
c) Une valeur.
d) Des connaissances scientifiques.
e) Une valeur.

Chapitre 2

Temps d'arrêt 2.1
a) Cet énoncé correspond à la question « Quoi produire ? » car les services offerts par les cliniques d'esthétique sont produits pour satisfaire les besoins exprimés par la population.
b) Cet énoncé correspond à la question « Quoi produire ? » car les automobiles sont des biens produits pour satisfaire les besoins exprimés par la population.
c) Cet énoncé ne correspond pas à la question « Quoi produire ? » car on ne parle pas de production mais de ce qu'il en coûte pour emprunter des sommes d'argent.
d) Cet énoncé ne correspond pas à la question « Quoi produire ? » car on ne parle pas de production mais de prix de vente.
e) Cet énoncé correspond à la question « Quoi produire ? » car les jeeps sont des biens produits pour satisfaire les besoins exprimés par la population.

Temps d'arrêt 2.2
a) Cet énoncé correspond à la question « Comment produire ? » car on parle d'une nouvelle manière de produire.
b) Cet énoncé correspond à la question « Comment produire ? » car on parle de produire là où la ressource est abondante.
c) Cet énoncé ne correspond pas à la question « Comment produire ? » parce qu'on parle plutôt de « Quoi produire ? ».
d) Cet énoncé ne correspond pas à la question « Comment produire ? » car on parle de la façon de consommer et non de la façon de produire.
e) Cet énoncé correspond à la question « Comment produire ? » car on parle d'un procédé de fabrication.

Temps d'arrêt 2.3
a) Quoi produire ?
b) Pour qui produire ?
c) Quoi produire ?
d) Comment produire ?
e) Comment produire ?
f) Quoi produire ?
g) Pour qui produire ?
h) Comment produire ?
i) Quoi produire ?
j) Quoi produire ?
k) Pour qui produire ?
l) Pour qui produire ?
m) Quoi produire ?
n) Comment produire ?
o) Comment produire ?
p) Pour qui produire ?

Temps d'arrêt 2.4
a) Les moyens de production sont des biens qui servent à la fabrication d'autres biens.
b) Un marteau, une ressource naturelle.
c) Les ressources physiques.

Temps d'arrêt 2.5
a) Il y a un surplus. Les prix chutent.
b) La demande augmente. Les prix augmentent.
c) L'offre est faible. Le prix est à la hausse.
d) Le prix diminue et les quantités vendues augmentent.
e) La demande de tabac chute, le prix diminue, ce qui rend cette production moins rentable pour les fermiers. Ceux-ci utiliseront leurs champs pour produire d'autres cultures, dont le maïs.

Temps d'arrêt 2.6
a) À un prix de vente donné du pétrole, le profit sera supérieur et incitera les producteurs à utiliser cette nouvelle technologie plus efficace.
b) La production s'effectuera là où les profits sont supérieurs, les coûts de production étant moindres car la ressource est abondante.

c) Les Japonais vivent entourés d'eau. La population est très dense. La terre est rare. Donc, on utilise la ressource la plus abondante, qui est la mer.

d) Les terres à cultiver sont abondantes, et la main-d'œuvre scolarisée coûte cher. Par contre, le capital est abondant.

Temps d'arrêt 2.7
a) Il correspond à la quantité produite de deux biens lorsque l'économie utilise efficacement toutes ses ressources.
b) Elle se situera à l'intérieur de la courbe.
c) Pour satisfaire le plus de besoins possible.

Temps d'arrêt 2.8
a) Inefficacité relative aux externalités. Ce ne sont pas les entreprises qui vont assumer les coûts liés à la disparition des forêts, mais toute la société.
b) À l'inefficacité relative à un bien public. Si l'État ne défendait pas le pays et ne faisait pas d'interventions dans le monde, peu de gens seraient prêts à payer pour un tel service.
c) À l'instabilité économique.
d) À l'inefficacité relative à un bien public.
e) À l'inefficacité relative à un bien public.
f) À la concurrence imparfaite. Les prix et quantités s'éloignent de l'équilibre: prix plus élevés, quantités moindres.
g) À l'inégalité dans la répartition des revenus. À la retraite, les inégalités de revenus s'accentuent.
h) À l'inégalité dans la répartition des revenus. Le marché du travail rejette ces personnes, ce qui accentue les inégalités.
i) À l'inefficacité relative aux externalités. Le développement du commerce dans Internet ne profite pas qu'aux entreprises, mais à l'économie dans son ensemble.
j) À l'instabilité économique. En plus de sa propre instabilité, l'économie canadienne est victime de l'instabilité de l'économie américaine.

Temps d'arrêt 2.9
La réforme agraire est la nouvelle répartition de la propriété des terres.

Chapitre 3

Temps d'arrêt 3.1
a) Des patins à roues alignées.
Du bœuf, de la volaille.
Une chemise, un polo.
Un four conventionnel.
De l'effort physique.
Du sirop de maïs.
Du similicuir.
De la similifourrure.
Du plastique.
Un ordinateur muni d'un modem.
b) Du dentifrice.
Une lampe pour rouler la nuit.
Une disquette.
Un disque compact.
De l'électricité, du gaz.
Du chlore.
De l'engrais.
Du carburant.
Une automobile performante.

Temps d'arrêt 3.2
a) L'effet de revenu.
b) L'effet de revenu.
c) L'utilité marginale décroissante.
d) L'effet de substitution.
e) L'effet de revenu.

Temps d'arrêt 3.3
a) Une baisse de la demande, une baisse des goûts et des besoins.
b) Une hausse de la demande, une augmentation des revenus.
c) Une hausse de la demande, une baisse du prix des biens complémentaires.
d) Une hausse de la demande, une hausse du prix des biens substituts.
e) La demande demeure la même ; le prix ne fait pas varier la demande, mais la quantité demandée.
La courbe ne s'est pas déplacée et le tableau est demeuré le même.

Temps d'arrêt 3.4
a) La quantité demandée, à cause du changement de prix du produit.
b) La demande, à cause du changement de prix d'un produit substitut.
c) La demande, à cause du changement dans les goûts et les besoins.
d) La demande, à cause du changement dans les goûts et les besoins.
e) La quantité demandée, à cause de l'augmentation du prix du produit.

Temps d'arrêt 3.5
a) Une baisse de l'offre à cause d'une hausse des coûts de production.
b) Une baisse de l'offre à cause d'une hausse des coûts de production.
c) Une augmentation de la quantité offerte, car le prix du produit fait varier la quantité offerte.
d) En raison des prévisions négatives anticipées, ils s'empresseront de vendre leur marchandise pendant qu'il est encore temps ; il y aura donc une augmentation de l'offre.
e) Une augmentation de l'offre, à cause d'une augmentation du prix d'un produit substitut.

Temps d'arrêt 3.6
a) Une pénurie de 100.
b) Un surplus de 300.
c) L'équilibre.

Temps d'arrêt 3.7
a) Une hausse de l'offre, un surplus, une baisse de prix.
b) De la mauvaise publicité, une baisse de la demande, un surplus, une baisse de prix.
c) Une baisse des coûts de production, une augmentation de l'offre, un surplus, une baisse de prix.
d) Une hausse des coûts de production, une baisse de l'offre, une pénurie, une hausse de prix.
e) Une baisse de la demande d'un produit substitut, un surplus, une baisse de prix.
f) Une baisse de la demande, un surplus, une baisse de prix.
g) L'obligation d'utiliser les stationnements périphériques, une augmentation de la demande, une pénurie, une hausse de prix.
h) La demande augmenterait, une pénurie, une hausse de prix.
i) Une baisse des coûts de production, une augmentation de l'offre, un surplus, une baisse de prix.
j) Une hausse de la demande, une pénurie, une hausse de prix.

Temps d'arrêt 3.8
Parce qu'ils créent une pénurie ou un surplus en s'éloignant du prix d'équilibre.

Temps d'arrêt 3.9
a) Une baisse de la demande, un surplus, une baisse de prix.
b) Une baisse de la demande, un surplus, une baisse de prix.
c) Une baisse de l'offre, une pénurie, une hausse de prix.
d) Une baisse de la demande, un surplus, une baisse de prix.
e) Une baisse de l'offre, une pénurie, une hausse de prix.

Chapitre 4

Temps d'arrêt 4.1
$(10 - 8)/8 = 25\%$

Temps d'arrêt 4.2
La farine que le consommateur achète au magasin pour ses propres besoins est un bien final. La farine qu'une entreprise achète pour fabriquer du pain est un bien intermédiaire, car elle sera transformée en pain et c'est ce pain, finalement, qui sera vendu au consommateur.

Temps d'arrêt 4.3
a) La vente d'un sac de pommes de terre de l'Idaho n'est pas comptabilisée dans le PIB parce que c'est une dépense effectuée pour acheter une production qui n'est pas d'origine québécoise.

b) La vente d'un tableau de Picasso n'est pas comptabilisée dans le PIB parce que c'est une transaction purement financière. De plus, il s'agit d'une production étrangère. À la limite, on pourrait parler de bien usagé.

c) Le versement d'indemnités à la suite d'un accident de la route n'est pas comptabilisé dans le PIB parce qu'il ne correspond pas à une dépense effectuée pour acheter une production. C'est un transfert.

d) L'achat de 100 actions de Bell n'est pas comptabilisé dans le PIB parce que des actions ne correspondent pas à un bien ou à un service. Cette transaction est purement financière.

e) Le pourboire versé à une serveuse de restaurant est comptabilisé dans le PIB. C'est une dépense (l'approche fondée sur les dépenses) faite pour se procurer les services de la serveuse Il fait partie de son salaire (l'approche fondée sur les revenus).

Temps d'arrêt 4.4
$$
\begin{aligned}
\text{Valeur ajoutée} &= \text{Recettes} - \text{Prix des biens intermédiaires} \\
&= \text{Prix du gâteau} - \text{Prix de la farine, des œufs,} \\
&\quad \text{du sucre et du beurre} \\
&= 6\$ - (0,15\$ + 0,05\$ + 0,25\$ + 0,55\$) \\
&= 6\$ - 1\$ = 5\$
\end{aligned}
$$

Temps d'arrêt 4.5
Les transferts ne sont pas calculés dans le PIB parce qu'ils ne correspondent ni à une dépense effectuée pour acheter une production ni à un revenu touché pour avoir participé à cette production.

Temps d'arrêt 4.6
a) L'achat d'un chaton à l'animalerie est une dépense de consommation faite dans le but d'acheter une production. Il faut donc l'inclure dans le calcul du PIB.

b) La vente d'un tracteur neuf à un fermier est incluse dans le calcul du PIB, car c'est une dépense d'investissement pour le fermier.

c) L'achat d'une maison neuve par une mère de famille est comptabilisée dans le PIB, car c'est une dépense d'investissement (par convention, la construction résidentielle est incluse dans les dépenses d'investissement). La dame achète une production de l'année.

d) L'achat d'une voiture de collection n'est pas inclus dans le PIB, car l'automobile correspond à un bien d'occasion. Ce n'est pas une production de l'année.

Temps d'arrêt 4.7
a) Le salaire versé à une gardienne sera comptabilisé dans le PIB (s'il est déclaré), car c'est un revenu touché pour avoir participé à la production d'un service.

b) Les profits des banques sont comptabilisés dans le PIB, car ils correspondent aux revenus touchés par les banques pour avoir participé à la production de services financiers.

c) Le versement par le gouvernement de bourses d'études n'est pas comptabilisé dans le PIB, car ces bourses ne constituent pas des revenus touchés pour avoir participé à la production.

d) Le loyer versé à votre propriétaire est inclus dans le calcul du PIB, car c'est la somme que vous payez pour vous procurer un service produit, soit l'accès à un logement.

Temps d'arrêt 4.8
$$
\begin{aligned}
\text{PIB} &= C + I_b + G + X - M = 160 + 40 + 30 + 15 - 10 = 235 \\
\text{PIB} &= \text{Salaires} + \text{Loyers} + \text{Intérêts} + \text{Bénéfices des entreprises} \\
&\quad + \text{Amortissement} + \text{Impôts indirects} \\
&= 160 + 5 + 5 + 20 + 20 + 25 = 235 \\
RI &= \text{PIB} - (\text{Impôts indirects} + \text{Amortissement}) \\
&= 235 - 45 = 190 \\
RP &= RI - \text{Bénéfices non répartis} - \text{Impôts sur le revenu} \\
&\quad \text{des entreprises} + \text{Transferts} = 190 + 15 = 205 \\
RD &= RP - \text{Impôts sur le revenu des particuliers} \\
&= 205 - 20 = 185 \\
RD &= C + É = 160 + 25 = 185
\end{aligned}
$$

Temps d'arrêt 4.9
- La plus forte croissance (l'augmentation de la production en pourcentage) a eu lieu en l'an 2000.
  En effet, la production a augmenté de 4 % en l'an 2000. C'est le taux le plus élevé.
- La plus faible croissance a eu lieu en l'an 2002, alors que la production diminuait de 1 %. On parle d'une croissance négative.

Chapitre 5

Temps d'arrêt 5.1
On ajoute les points manquants (chapitre 4). Dans la figure 1, on les relie avec une ligne brisée.

Temps d'arrêt 5.2
Les zones comprises entre les deux bandes verticales correspondent à des récessions.

Figure 1   PIB, 1961-2004

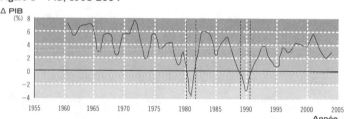

Temps d'arrêt 5.3
Sur ce graphique, on note que le taux de croissance varie en fonction du taux d'utilisation des capacités de production. Les creux et les sommets d'une courbe correspondent presque exactement à ceux de l'autre courbe.

Figure 2

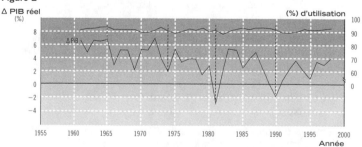

Temps d'arrêt 5.4
a) Facteur exogène.
b) Facteur exogène.
c) Facteur endogène.
d) Facteur exogène.

Temps d'arrêt 5.5
Un déplacement de l'offre agrégée correspond à une augmentation ou à une diminution de l'offre agrégée. Par conséquent, à un même niveau de prix, la production a augmenté ou diminué.

Temps d'arrêt 5.6
a) Événement structurel.
b) Événement structurel.
c) Événement conjoncturel.
d) Événement conjoncturel.

Temps d'arrêt 5.7

1976	7,2	Expansion	1991	10,4	Récession
1977	8,1		1992	11,3	Creux
1978	8,4		1993	11,2	Faible reprise
1979	7,5		1994	10,4	Expansion
1980	7,5		1995	9,5	
1981	7,6	Expansion	1996	9,7	
1982	11,0	Récession	1997	9,2	
1983	11,9	Creux	1998	8,3	
1984	11,3	Expansion	1999	7,8	
1985	10,5		2000	6,8	
1986	9,6		2001	7,2	
1987	8,9		2002	7,7	
1988	7,8		2003	7,6	
1989	7,5		2004	7,2	
1990	8,1				

Chapitre 6

Temps d'arrêt 6.1
a) Conjoncturel.
b) Structurel.
c) Naturel = plein-emploi = structurel + frictionnel.
d) Frictionnel.
e) Structurel.

Temps d'arrêt 6.2
a) Population active/Population âgée de 15 ans et plus
(Personnes occupées + Chômeurs)/Population âgée de 15 ans et plus
$(12 + 3)/20 \times 100$
$= 15/20 = 75\%$
b) Chômeurs/Population active $= 3/15 \times 100 = 20\%$

Temps d'arrêt 6.3
Un homme handicapé, appartenant à une minorité visible, sans diplôme, vivant en région éloignée, très jeune (entre 15 et 19 ans).

Temps d'arrêt 6.4
a) Les dépenses totales.
b) La demande globale est l'élément déterminant du niveau de production.

Temps d'arrêt 6.5
a) C'est le niveau de production qui tend à se maintenir ; il ne varie que si les dépenses fluctuent.
b) La variation des stocks est nulle ; les dépenses d'investissement sont égales à l'épargne, et la demande globale est égale au niveau de production.

Temps d'arrêt 6.6
a) Multiplicateur $= 1/(1 - 0,8) = 5$
200 millions de dollars $\times 5 = 1000$ millions de dollars.
Donc, le PIB augmentera de 1000 millions de dollars.
b) Si les dépenses en biens et en services augmentent de 200 millions de dollars, il faudra plus de gens pour produire ces biens et ces services. Il y aura plus de profits... Ces nouveaux revenus vont à leur tour être en partie épargnés, en partie dépensés. Cela fera à nouveau augmenter les dépenses, mais dans une moindre mesure puisqu'une partie des revenus sera mise de côté. Cette nouvelle augmentation des dépenses entraînera une augmentation de production, d'emplois, de revenus, de consommation, et ainsi de suite, jusqu'à ce que la hausse des dépenses soit nulle. Alors, l'effet final sur le PIB sera égal au multiplicateur (5), qui dépend de la PmC (0,8), multiplié par le montant initial d'augmentation des dépenses, soit 200 millions de dollars $\times 5 = 1000$ millions de dollars.

Temps d'arrêt 6.7
Le chômage entraîne des coûts économiques et sociaux importants : une perte de production potentielle, un effet négatif sur les finances publiques, une perte de revenus et de richesse pour le travailleur en chômage, des problèmes de santé, la criminalité, la violence familiale et l'éclatement des familles.

Temps d'arrêt 6.8
La hausse de production a stimulé la croissance de l'emploi. Le taux de chômage a connu son plus bas niveau depuis 10 ans. Le secteur informatique est le plus dynamique, bien que tous les secteurs d'activité, sauf le secteur primaire, aient connu une période de croissance. On peut parler d'une véritable période d'expansion.
Le secteur primaire ne s'est pas rétabli à cause d'une baisse de revenus et de catastrophes naturelles comme des inondations. La croissance de l'emploi à temps plein est à l'honneur. Les travailleurs profitent des bonnes conditions du marché du travail pour améliorer leur condition : le chômage frictionnel est en hausse. La main-d'œuvre étant moins abondante, les exigences des employeurs sont moindres, et les plus jeunes comme les plus âgés en profitent ainsi que les personnes moins instruites. Les exportations ont stimulé l'économie, et l'effet multiplicateur a joué. Le nombre de travailleurs découragés a diminué, ce qui fait augmenter la population active, mais l'économie est capable d'absorber cette hausse.

Chapitre 7

Temps d'arrêt 7.1
La stagflation représente une situation qui combine une inflation supérieure à 3 % et un taux de chômage élevé.

Temps d'arrêt 7.2
Ces indices révèlent que la température au mois de mars est trois fois plus élevée à Cuba qu'au Canada et deux fois plus élevée en Caroline du Sud qu'au Canada.

Temps d'arrêt 7.3
Les aliments représentent 16,89 % du budget du Canadien moyen ; c'est le poids qu'on donne à cette composante dans le calcul de l'IPC d'ensemble.

Temps d'arrêt 7.4
Voir le tableau 7.2 : multiplier chacun des indices de prix par leur pondération et faire la somme de tous ces produits.

Temps d'arrêt 7.5
Non, car l'indice des prix ne nous renseigne pas sur le niveau des prix mais sur l'évolution des prix. On peut cependant préciser, si on calcule le taux d'inflation de ces trois provinces, dans laquelle le niveau des prix a le plus augmenté.

Temps d'arrêt 7.6
a) 36 000 × (120,7/118,4) = 36 699,32
b) 10 × (120,7/118,4) = 10,19

Temps d'arrêt 7.7
Terre-Neuve: 2,2/120,7 = 1,8 %
Québec: 2,3/118,4 = 1,94 %
Ontario: 2,3/123,3 = 1,87 %

Temps d'arrêt 7.8
2005   100 = x
2035   550 = 1 000 000
Ainsi, on effectue le produit croisé: (1 000 000 × 100)/550 = x
Réponse: x = 181 818,18 $

Temps d'arrêt 7.9
1966
1979-1980
1990-1991

Temps d'arrêt 7.10
Les chocs pétroliers.

Temps d'arrêt 7.11
a) Une inflation importée.
b) Une inflation par la demande.
c) Une inflation par les coûts (les intrants).

Temps d'arrêt 7.12
On a besoin du taux d'intérêt nominal et du taux d'inflation (le taux d'intérêt nominal moins le taux d'inflation).

Temps d'arrêt 7.13
La spirale inflationniste se produit quand les prévisions relatives à l'inflation entraînent des hausses de salaires et de prix.

Chapitre 8

Temps d'arrêt 8.1
a) Réserve de valeur, facilement transportable (faciliter les échanges).
b) Faciliter les échanges (facilement transportable), étalon.
c) Réserve de valeur.
d) Réserve de valeur, étalon.
e) Étalon.

Temps d'arrêt 8.2
L'or était suffisamment rare pour avoir de la valeur. Il était suffisamment abondant pour les besoins du commerce; il était homogène, facilement transportable, difficile à contrefaire. Bref, il avait toutes les qualités requises pour jouer le rôle de monnaie.

Temps d'arrêt 8.3
La valeur d'une monnaie n'est justement pas sa valeur intrinsèque. La monnaie a cours légal. Les gens ont pleinement confiance dans le fait qu'ils peuvent obtenir des biens ou des services en échange de monnaie ou utiliser cette monnaie pour payer leurs dettes. Sa valeur dépend de ce qu'on peut obtenir en l'échangeant.

Temps d'arrêt 8.4
La raison d'être d'une banque centrale est de réglementer les emprunts et la monnaie pour assurer une saine évolution de la vie économique de la nation.

Temps d'arrêt 8.5
Ce n'est pas une entreprise mercantile. C'est une institution gouvernementale régissant le crédit et la monnaie.

Temps d'arrêt 8.6
Elles acceptent les dépôts et accordent des prêts.

Temps d'arrêt 8.7
La demande de monnaie comme actif liquide varie selon le taux d'intérêt, tandis que celle qui est détenue à des fins de transaction est indépendante du taux d'intérêt.

Temps d'arrêt 8.8
Quand une institution financière vous accorde un prêt, elle ajoute le montant du prêt au solde de votre compte. Votre capacité de dépenser dans l'économie est plus grande après le prêt qu'avant celui-ci.

Temps d'arrêt 8.9
Elle l'a fixé à 2 %, c'est-à-dire qu'elle ne garde en liquide que 2 % de la valeur de ses dépôts. Dans le bilan initial, son encaisse est bien supérieure à la norme qu'elle s'est fixée. Elle possède une encaisse équivalant à 200 % de ses dépôts.

Temps d'arrêt 8.10
Cela veut dire que la population et les entreprises ont la possibilité de dépenser 66 milliards de dollars.

Temps d'arrêt 8.11
a) 1. Une augmentation de l'offre de monnaie entraîne une diminution du taux d'intérêt.

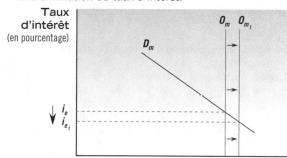

2. Une diminution de l'offre de monnaie entraîne une augmentation du taux d'intérêt.

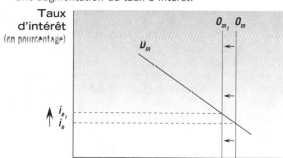

3. Une augmentation de la demande de monnaie entraîne une hausse du taux d'intérêt.

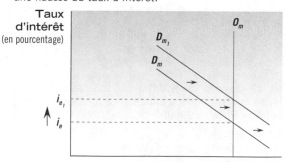

4. Une diminution de la demande de monnaie entraîne une baisse du taux d'intérêt.

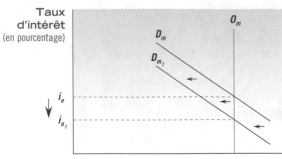

b) Le taux d'intérêt augmente lorsqu'il y a rareté de la monnaie et il diminue lorsque la monnaie est abondante.

Temps d'arrêt 8.12
C'est un indicateur de la monnaie de transaction. Il nous renseigne sur la capacité de dépenser à court terme dans l'économie.

Chapitre 9

Temps d'arrêt 9.1
- Arguments contre : licenciements massifs, détresse et brisure de nombreux foyers ; inégalités très importantes entre riches et pauvres : 41 millions de citoyens américains ne disposent pas d'assurance-maladie publique ; décrochage scolaire, chômage chronique, exclusion, hausse de criminalité, tabagisme, toxicomanie, prostitution, augmentation du taux de suicide chez les jeunes, taux de grossesse élevé chez les adolescentes, etc. ; en dépit de la croissance économique, le taux de pauvreté infantile a atteint son plus haut sommet en 17 ans. « Les gouvernements ont réussi à éliminer ou réduire leur déficit, mais ils l'ont fait au prix d'une hausse du taux de pauvreté au Canada », révèle le dernier rapport du Conseil du bien-être social ; démantèlement des services sociaux, de santé et d'éducation (salles d'urgence engorgées, professionnels de la santé submergés, écoles qui manquent de livres, etc.).
- Arguments pour : encourager l'initiative, la transparence, la responsabilité financière ; s'opposer au népotisme ; considérer la prospérité des pays qui ont adopté le néolibéralisme ; diminuer les conflits de travail et le chômage ; considérer les déficits des grandes sociétés d'État, la corruption ; se rendre compte que les riches paient une grande part des impôts ; éviter de revenir au capitalisme sauvage.

Temps d'arrêt 9.2
Les cotisations à l'assurance-emploi et au régime des rentes sont des stabilisateurs.

Temps d'arrêt 9.3
Supposons une PmC = 0,8 (toute autre supposition est équivalente). Le multiplicateur est alors de 5 = (1/(1 − PmC) = 1/(1 − 0,8). Une réduction des dépenses gouvernementales de 20 milliards de dollars fera diminuer le PIB de 20 × 5 = 100 milliards de dollars. Une diminution des impôts de 20 milliards de dollars fera augmenter les dépenses de consommation de 20 × 0,8 = 16 milliards de dollars. Cette hausse des dépenses de consommation fera augmenter le PIB de 16 × 5 = 80 milliards de dollars. L'effet net sur le PIB sera donc de −100 + 80, soit une baisse de 20 milliards de dollars. La baisse initiale de 20 milliards de dollars fait diminuer le PIB de 20 milliards, donc le multiplicateur est 1.

Temps d'arrêt 9.4
- Avantages : réduction des fluctuations économiques ; possibilité d'agir plus rapidement que d'autres politiques ; possibilité de cibler des secteurs d'activité.

- Inconvénients : possibilité d'être utilisée à des fins politiques ; lenteur de la mise en place ; les cycles économiques n'étant pas d'égale durée, il peut y avoir une accumulation de déficits.

Temps d'arrêt 9.5
- Avantages : indépendance par rapport à la politique ; efficacité accrue pour lutter contre l'inflation plutôt que contre le chômage.
- Inconvénients : stimulation de l'économie moins efficace ; effet plus long à se faire sentir ; dépendance par rapport aux anticipations et ne s'applique pas régionalement.

Temps d'arrêt 9.6
- Avantages : possibilité d'être utilisées en période de stagflation ; peuvent s'attaquer à des problèmes structurels ; peuvent contrer les marchés noirs.
- Inconvénients : lutte contre la stagflation payée par les travailleurs ; augmentation des inégalités.

Chapitre 10

Temps d'arrêt 10.1
521,618 milliards de dollars.

Temps d'arrêt 10.2
Le solde budgétaire fait la différence entre les recettes et les dépenses du gouvernement. Le solde de fonctionnement correspond à la différence entre les recettes gouvernementales et les dépenses autres que le service de la dette.

Temps d'arrêt 10.3
Sans être une situation de plein-emploi, les dernières années ont été des années de prospérité économique. Si le gouvernement devait réussir à maintenir ces surplus en des années de récession économique, on pourrait alors dire qu'il s'agit d'un surplus structurel ; dans le cas contraire, on parlerait plutôt de surplus conjoncturel.

Temps d'arrêt 10.4
a) Déficit.
b) Dette.
c) Dette.
d) Déficits.

Temps d'arrêt 10.5
Réponse personnelle.

Chapitre 11

Temps d'arrêt 11.1
Parce qu'elles n'ont pas toutes les mêmes motifs et les mêmes effets. Les tarifs et les quotas font augmenter les prix et diminuer les quantités échangées. Les quotas permettent de déterminer exactement la quantité du produit venant de l'étranger. On peut donc calculer à l'avance la part du marché des entreprises nationales. Les tarifs, pour leur part, génèrent des revenus pour le gouvernement. Les autres barrières non tarifaires sont des façons détournées de pratiquer le protectionnisme.

Temps d'arrêt 11.2
Protéger les industries naissantes le temps qu'elles atteignent leur maturité ; diversifier l'économie pour ne pas être à la merci des fluctuations de l'offre ou de la demande d'un seul produit ; protéger la langue, les acquis sociaux, comme le système de santé, l'industrie culturelle, etc.

Temps d'arrêt 11.3
80 000 homards = 10 000 consoles
1 homard = 10/80 console = 0,125 console.

Temps d'arrêt 11.4
Un pays ou un groupe de pays peut contrôler l'offre ou la demande d'un produit ; l'OPEP, par exemple, peut contrôler le prix du pétrole.

Temps d'arrêt 11.5
236/800 = 29,5
421/800 = 52,62
(29,5 + 52,62)/2 = 41,06 %

Temps d'arrêt 11.6
Les États-Unis sont très déficitaires. Ils importent beaucoup plus qu'ils n'exportent puisque leur coefficient de couverture est égal à 55,5, le plus petit des pays du G7.

Temps d'arrêt 11.7
a) Elle augmentera.
b) Les exportations correspondent à une demande de dollars canadiens tandis que les importations correspondent à une offre de dollars canadiens. La demande est plus forte que l'offre et, comme elle est payée en devises, cela fait augmenter la quantité de devises détenue par le Canada.

Temps d'arrêt 11.8
Le revenu personnel augmentant plus rapidement, les Américains importeront plus de produits et voyageront davantage à l'étranger, ce qui constituera une offre de dollars américains. Alors, la valeur du dollar américain diminuera.

Temps d'arrêt 11.9
Il signifie que des entrées de dollars canadiens équivalant à 6,8 G$ n'ont pas été comptabilisées.

Temps d'arrêt 11.10
a) 1 euro = 2 $CAN
b) 1 $US = 1,15 $CAN

Temps d'arrêt 11.11
L'inflation, la dette extérieure du Canada, le niveau de l'activité économique, le taux d'intérêt et la spéculation.

Temps d'arrêt 11.12
Notre économie est alors à la merci des fluctuations économiques de ce pays, surtout si le coefficient d'ouverture est élevé. L'inflation, le chômage et les ralentissements économiques de ce pays peuvent se propager chez nous.

Glossaire

Demande de travail : La demande de travail correspond aux emplois offerts par les entreprises selon le salaire. Chapitre 3, p. 81

Demande du marché : La demande du marché correspond à la somme de toutes les demandes individuelles. Chapitre 3, p. 67

Demande globale : Ensemble des dépenses effectuées par les agents économiques pour se procurer la production de l'économie de l'année en cours. Chapitre 4, p. 102

Demandeur : Un demandeur est une personne physique ou morale qui souhaite acheter un produit ou une ressource. Chapitre 3, p. 58

Densité de population : Nombre d'habitants par kilomètre carré. Chapitre 2, p. 32

Dépenses de consommation : Dépenses effectuées par les consommateurs pour se procurer des biens et des services. Chapitre 4, p. 103

Dépenses d'exportations : Dépenses effectuées par les non-résidents pour se procurer la production de l'année en cours. Chapitre 4, p. 105

Dépenses d'importations : Dépenses effectuées pour se procurer la production provenant d'autres économies. Chapitre 4, p. 105

Dépenses d'investissement brutes : Dépenses totales effectuées par les entreprises pour se procurer de la machinerie et de l'outillage ; comprend également les dépenses liées à la construction et à la variation des stocks. Chapitre 4, p. 104

Dépenses d'investissement nettes : Dépenses d'investissement brutes moins l'amortissement. Chapitre 4, p. 104

Dépenses gouvernementales : Dépenses effectuées par les administrations publiques pour se procurer la production de l'année en cours. Chapitre 4, p. 104

Dépréciation d'une monnaie : Diminution du taux de change de cette monnaie. Chapitre 11, p. 310

Déréglementation : Diminution du nombre de règlements et de lois qui entravent la libre circulation du capital. Chapitre 6, p. 169

Désaisonnalisation : Procédé par lequel on transforme les indicateurs pour tenir compte des facteurs saisonniers. Chapitre 4, p. 116

Dette extérieure : Emprunts réalisés auprès d'institutions financières étrangères. Chapitre 10, p. 277

Dette fédérale : Dette du seul gouvernement fédéral. Chapitre 10, p. 272

Dette publique : Ensemble des sommes dues par les administrations publiques (les gouvernements). Chapitre 9, p. 242

Dividendes : Partie des bénéfices versée aux actionnaires. Chapitre 4, p. 109

E

Économie : Activité exercée par les êtres humains pour combler leurs besoins illimités à l'aide de ressources limitées. Chapitre 1, p. 4

Économie axée sur l'offre : Économie considérant l'offre agrégée comme le principal déterminant du niveau de l'activité économique. Chapitre 9, p. 256

Économie centralisée : Économie dans laquelle la propriété des moyens de production est collective et dont la réponse aux questions fondamentales est apportée par la planification. Chapitre 2, p. 39

Économie de marché : Économie de concurrence où les prix apportent les réponses aux questions fondamentales. Chapitre 2, p. 41

Économie de subsistance : Économie primitive où les besoins exprimés relèvent de la survie. Chapitre 2, p. 46

Économique : Science qui étudie l'économie. Chapitre 1, p. 4

Effet de revenu : L'effet de revenu ou de richesse fait en sorte que l'on peut acheter plus d'un produit lorsque son prix diminue sans pour autant sacrifier la consommation d'un autre produit. Chapitre 3, p. 62

Effet de substitution : L'effet de substitution se produit lorsque le consommateur achète davantage d'un produit parce que son prix diminue plutôt que d'acheter un de ses substituts. Chapitre 3, p. 62

Effet d'évincement : Perte d'investissements découlant des taux d'intérêt élevés nécessaires pour attirer les capitaux requis pour financer la dette. Chapitre 10, p. 278

Effet multiplicateur : Le fait que la variation totale du PIB d'équilibre soit supérieure à la variation initiale de la demande globale. Chapitre 6, p. 176

Esprit d'entreprise : Contribution indirecte à la production de biens et de services ; c'est l'organisation de la production. Chapitre 1, p. 6

Étalon : Unité de comparaison. Chapitre 8, p. 217

Euro : Nouvelle monnaie des pays membres de l'Union européenne. Chapitre 11, p. 316

Exportations nettes : Différence entre les exportations et les importations. Chapitre 4, p. 105

Externalité : Coût ou bénéfice découlant d'une production, assumé ou réalisé par la société mais non par l'entreprise responsable. Chapitre 2, p. 44

F

Facteur exogène : Facteur non économique ou qui émane d'une autre économie. Chapitre 5, p. 136

Facteurs démographiques : Facteurs liés à la population : taille, composition, etc. Chapitre 5, p. 136

Fait : Réalité incontestable et vérifiable. Chapitre 1, p. 13

Finances publiques : Ensemble des opérations effectuées par les gouvernements concernant leurs recettes et leurs dépenses et le financement de leurs emprunts. Chapitre 10, p. 268

Fluctuations économiques : Variations du niveau de l'activité économique, c'est-à-dire du PIB réel. Chapitre 5, p. 132

Flux circulaire des revenus et des dépenses : Dans le modèle keynésien, le fait qu'un dollar dépensé correspond à un revenu pour une autre personne qui, à son tour, le dépensera même si ce n'est qu'en partie. Chapitre 6, p. 174

G

GATT (General Agreement on Tariffs and Trade) : Rondes de négociations visant à favoriser le libre-échange entre les pays membres. Chapitre 11, p. 313

Goulot d'étranglement : Passage difficile qui provoque le ralentissement d'un processus. Par exemple, un poste de péage sur l'autoroute. Chapitre 5, p. 137

H

Homogène : Un produit est homogène quand il est identique d'un producteur à l'autre. Chapitre 3, p. 60

Hyperinflation : Inflation si élevée qu'elle enlève toute valeur à la monnaie. Chapitre 7, p. 191

Hypothèse : Énoncé sous forme de réponse à une question soulevée. Chapitre 1, p. 13

I

Impôts indirects : Taxes qui accompagnent le produit. Chapitre 4, p. 109

Indicateur économique : Statistique qui renseigne sur un aspect de l'économie. Chapitre 4, p. 96

Indice : Nombre qui établit le rapport entre deux valeurs. Chapitre 4, p. 95

Indice implicite des prix (IIP) : Indice reflétant la hausse moyenne des prix. Chapitre 4, p. 116

Inflation : Hausse du niveau des prix. Chapitre 7, p. 190

Inflation importée : Inflation découlant de l'augmentation du prix des produits importés ou de la dépréciation de notre monnaie. Chapitre 7, p. 203

Inflation par la demande : Inflation découlant d'une demande agrégée trop forte par rapport aux capacités de production des entreprises. Chapitre 7, p. 199

Inflation par les coûts : Inflation découlant d'une augmentation des coûts de production qui déplacent la courbe de l'offre agrégée vers la gauche. Chapitre 7, p. 200

Inflation par les intrants : Augmentation des prix consécutive à l'augmentation du prix des matières premières ou des biens intermédiaires. Chapitre 7, p. 200

Inflation par les salaires : Inflation qui survient lorsque l'économie va bien, ce qui encourage les travailleurs à revendiquer de plus fortes hausses salariales. Chapitre 7, p. 203

Institution financière : Entité qui accepte les dépôts et accorde des prêts. Chapitre 8, p. 223

Intérêts : Montant versé aux prêteurs. Chapitre 4, p. 109

Invisibles : Services et revenus de placements. Chapitre 11, p. 302

J

Jugement de valeur : Jugement qualifiant de « désirable » ou de « non désirable » une situation ou un fait. Chapitre 1, p. 13

L

Laffer : Économiste soutenant une théorie selon laquelle, à partir d'un certain taux d'imposition, les recettes fiscales commencent à diminuer. Chapitre 9, p. 257

Libre-échange : Absence de barrières au commerce international. Chapitre 11, p. 297

Loi de la demande : La loi de la demande nous dit qu'il existe une relation inverse entre le prix et la quantité demandée. Chapitre 3, p. 62

Loi des avantages comparatifs : Théorie selon laquelle tout pays a avantage à se spécialiser dans les domaines où il détient des avantages comparatifs et à échanger ses surplus. Chapitre 11, p. 298

Loi d'Okun : Relation entre le taux de chômage conjoncturel et le niveau de production potentiel. Chapitre 6, p. 177

Loyers : Montant versé pour l'utilisation d'un bien appartenant à un autre. Chapitre 4, p. 108

M

Macroéconomique : Branche de l'économique qui a pour objet les performances globales de l'économie. Chapitre 1, p. 5

Marché des ressources : Le marché des ressources est le lieu de rencontre entre les offreurs et les demandeurs de ressources. Chapitre 3, p. 80

Marché monétaire : Le marché monétaire correspond à l'offre et à la demande de monnaie. Chapitre 3, p. 84

Masse monétaire M1 : Monnaie fiduciaire hors banque en plus des dépôts à vue dans les banques. Chapitre 8, p. 226

Mesures discrétionnaires : Réglementations visant à accentuer ou à ralentir l'effet des stabilisateurs automatiques. Chapitre 9, p. 251

Microéconomique : Branche de l'économique qui a pour objet le fonctionnement d'un agent économique ou d'une industrie. Chapitre 1, p. 5

Mobilité des ressources : Capacité d'une ressource d'être transférée d'une production à une autre. Chapitre 1, p. 11

Modèle keynésien : Modèle expliquant les diverses relations entre la demande globale et le niveau de production. Chapitre 6, p. 170

Modèles : Les modèles sont des abstractions qui permettent d'isoler certaines variables pour mieux les étudier. Chapitre 1, p. 18

Mondialisation : Libre circulation des ressources et des capitaux. Chapitre 11, p. 288

Monnaie : Outil servant à faciliter les échanges, jouant le rôle d'étalon et permettant d'accumuler de la richesse. Chapitre 8, p. 216

Monnaie fiduciaire : Monnaie basée sur la confiance dont la valeur nominale est supérieure à la valeur intrinsèque. Chapitre 8, p. 218

Monnaie marchandise : Monnaie qui a une valeur d'usage en plus de sa valeur d'échange. Chapitre 8, p. 218

Monnaie scripturale : Jeu d'écritures comptabilisant les débits et les crédits. Chapitre 8, p. 219

Multiplicateur : Nombre par lequel on multiplie une variation initiale des dépenses pour connaître son effet total sur le PIB d'équilibre. Chapitre 6, p. 175

Multiplicateur complexe : Multiplicateur qui tient compte de toutes les fuites dans l'économie. Chapitre 6, p. 176

Multiplicateur du budget équilibré : Multiplicateur des variations des dépenses ou des recettes de l'État lorsque ce dernier cherche à équilibrer son budget. Le multiplicateur est égal à 1. Chapitre 9, p. 252

N

Néolibéralisme : École de pensée prônant que l'État doit jouer un rôle restreint dans l'économie. Chapitre 9, p. 242

Numéraire : Billets de banque et pièces métalliques. Chapitre 8, p. 219

O

Offre : L'offre est la relation qui existe entre le prix d'un produit et les quantités que les producteurs désirent vendre. Chapitre 3, p. 68

Offre agrégée : Valeur de la production selon le niveau des prix. Chapitre 6, p. 170

Offre de travail : L'offre de travail correspond au nombre de travailleurs à la recherche d'un emploi selon le salaire offert. Chapitre 3, p. 81

Offreur : Un offreur est une personne physique ou morale qui souhaite vendre un produit ou une ressource. Chapitre 3, p. 59

Organisation mondiale du commerce (OMC) : Organisation gérant les accords commerciaux entre les pays membres, arbitrant les conflits et supervisant les politiques commerciales. Chapitre 11, p. 315

P

Paiement de transfert : Somme versée par les administrations publiques sans contrepartie en ce qui concerne la production. Chapitre 4, p. 100

Pénurie : Une pénurie existe quand les quantités offertes sont inférieures aux quantités demandées à un prix particulier. Chapitre 3, p. 72

Péréquation : Programme permettant de limiter les écarts de prospérité et de richesse entre les provinces. Chapitre 10, p. 270

Personnes occupées : Personnes occupant un emploi. Chapitre 6, p. 161

Phénomène conjoncturel : Lié à la demande agrégée. Chapitre 5, p. 143

Phénomène structurel : Indépendant de la demande agrégée. Chapitre 5, p. 143

PIB d'équilibre : Niveau de production qui tend à se maintenir dans l'économie. Chapitre 6, p. 172

PIB nominal : PIB calculé en fonction des prix de l'année en cours. Chapitre 4, p. 113

PIB réel : PIB calculé en fonction des prix d'une année de référence. Chapitre 4, p. 114

PIB réel *per capita* : PIB réel divisé par le nombre d'habitants dans une économie. Chapitre 4, p. 121

Planification : Façon de gérer l'activité économique en dressant la liste des ressources et des besoins et en allouant les ressources en fonction des priorités. Chapitre 2, p. 39

Plein-emploi : Situation observable au sommet d'un cycle économique. Chapitre 6, p. 154

Politique monétaire : Mesures prises par la Banque du Canada, pour influer sur l'économie et, surtout, combattre l'inflation à partir des taux d'intérêt. Chapitre 9, p. 262

Politiques de main-d'œuvre : Mesures prises par l'État pour adapter la main-d'œuvre aux besoins du marché du travail. Chapitre 9, p. 258

Politiques de marché : Mesures prises par l'État concernant la main-d'œuvre ou la concurrence. Chapitre 9, p. 258

Politique discrétionnaire : Modification de la fiscalité ou des dépenses de l'État dans le but de ralentir (politique fiscale restrictive) ou de stimuler (politique fiscale expansionniste) l'économie. Chapitre 9, p. 252

Politiques favorisant la concurrence : Mesures prises par l'État pour limiter le pouvoir des syndicats et des grandes entreprises de manière à abaisser les prix. Chapitre 9, p. 258

Pondération : Poids en pourcentage qu'on accorde à chacun des groupes de produits en fonction de l'importance qu'ils représentent dans le budget du consommateur canadien moyen. Chapitre 7, p. 193

Population active : Nombre de personnes qui occupent un emploi ou qui en cherchent un activement. Chapitre 6, p. 158

Population inactive : Personnes qui ne travaillent pas et ne cherchent pas activement du travail. Chapitre 6, p. 161

Possibilités de production : Ce qu'une économie peut produire en utilisant efficacement toutes ses ressources. Chapitre 1, p. 9

Pouvoir d'achat : Ensemble de biens et de services que le consommateur peut acheter avec son revenu. Ce pouvoir d'achat dépend du niveau des prix. Chapitre 7, p. 198

Précarisation : Instabilité. Chapitre 6, p. 164

Prix d'équilibre : Le prix d'équilibre est le prix auquel il n'y a ni surplus ni pénurie sur un marché. Chapitre 3, p. 72

Prix du marché : Prix auquel se vend ou s'achète un produit sur un marché. Chapitre 4, p. 99

Prix plafond : Un prix plafond est un prix maximal fixé par l'État. Chapitre 3, p. 77

Prix plancher : Un prix plancher est un prix minimal fixé par l'État. Chapitre 3, p. 78

Production potentielle : Production que l'économie pourrait atteindre s'il n'y avait pas de chômage conjoncturel. Chapitre 6, p. 176

Productivité : Efficacité du processus de production. Chapitre 5, p. 137

Produit intérieur brut (PIB) : Valeur au prix du marché de l'ensemble des biens et des services finaux produits par une économie au cours d'une période précise. Chapitre 4, p. 99

Produit national brut (PNB) : PIB auquel on ajoute les revenus de placements nets des non-résidents. Chapitre 4, p. 111

Propension marginale à consommer (PmC) : Fraction de tout changement de revenu qui fait augmenter ou diminuer la consommation. Chapitre 5, p. 140

Propension moyenne à consommer (PMC) : Fraction du revenu consacrée aux dépenses de consommation. Chapitre 5, p. 140

Protectionnisme : Ensemble de mesures destinées à limiter l'entrée de biens et de services étrangers. Chapitre 11, p. 293

Q

Quantité demandée : La quantité demandée est la quantité que désire acheter un consommateur à un prix particulier. Chapitre 3, p. 61

Quantité d'équilibre : La quantité d'équilibre correspond à la quantité échangée au prix d'équilibre. Chapitre 3, p. 73

Quantité offerte : La quantité offerte est la quantité que désire vendre un producteur à un prix particulier. Chapitre 3, p. 70

Question fondamentale : Choix que doit exercer une société compte tenu de ses ressources limitées. Chapitre 2, p. 33

Quota : Limite imposée quant aux quantités importées d'un produit. Chapitre 11, p. 294

R

Rareté relative : Insuffisance relative découlant de besoins illimités par rapport à des ressources limitées. Chapitre 1, p. 8

Ratio : Rapport entre deux grandeurs où un ou deux éléments peuvent être variables. Chapitre 4, p. 94

Réserves officielles : Réserves constituées d'or et de devises, qui correspondent à la différence entre les soldes du compte courant et du compte des capitaux. Chapitre 11, p. 306

Ressources : Moyens dont la société dispose pour produire des biens et des services. Chapitre 1, p. 6

Ressources humaines : Activités humaines servant à la production de biens et de services. Chapitre 1, p. 6

Ressources naturelles : Ressources provenant de la terre : le sol et le sous-sol. Chapitre 1, p. 7

Ressources physiques : Objets servant à la production de biens et de services. Chapitre 1, p. 6

Revenu disponible (RD) : Revenu personnel moins les impôts sur le revenu des particuliers. Chapitre 4, p. 110

Revenu personnel (RP) : Ensemble des revenus touchés par les individus. Chapitre 4, p. 110

Revenus autonomes : Ensemble des revenus budgétaires d'une province moins les transferts du gouvernement du Canada. Chapitre 10, p. 270

S

Salaire : Montant versé par l'employeur à l'employé en contrepartie de sa participation à la production. Le salaire est le prix du travail. Chapitre 3, p. 82

Salaire minimum : Le salaire minimum est un prix plancher sur le marché du travail. Chapitre 3, p. 82

Sciences humaines : Science qui étudie l'organisation collective des êtres humains. Chapitre 1, p. 4

Service : Produit intangible. Chapitre 1, p. 5

Service de la dette : Remboursement de la dette et paiement des intérêts sur la dette. Chapitre 10, p. 268

Solde budgétaire : Différence entre les recettes d'un gouvernement et ses dépenses. Chapitre 10, p. 272

Solde de fonctionnement : Différence entre le solde budgétaire et le service de la dette. Chapitre 10, p. 272

Sommet : Phase du cycle économique où, après une période d'expansion, le PIB cesse de croître et où le taux de croissance est nul. Chapitre 5, p. 134

Spécialisation : Action de limiter ses activités à un domaine en particulier. Chapitre 2, p. 47

Spirale inflationniste : Situation où l'inflation s'alimente d'elle-même. Chapitre 7, p. 206

Stabilisateurs automatiques : Programmes gouvernementaux qui minimisent les fluctuations économiques sans autres interventions de l'État. Chapitre 9, p. 251

Stagflation : Présence simultanée de chômage et d'inflation. Chapitre 7, p. 190

Substitut : Un produit est un substitut d'un autre quand il peut le remplacer parfaitement. Chapitre 3, p. 59

Subvention : Transfert public aux entreprises. Chapitre 4, p. 109

Surplus : Un surplus existe quand les quantités offertes sont supérieures aux quantités demandées à un prix particulier. Chapitre 3, p. 72

Système économique : Mode d'organisation d'une société visant à répondre aux questions fondamentales. Chapitre 2, p. 35

T

Tarif : Taxe imposée sur les importations. Chapitre 11, p. 293

Taux : Ratio de deux variables préétablies faisant référence à une définition connue. Chapitre 4, p. 94

Taux d'activité : Rapport entre la population active et la population civile âgée de 15 ans et plus. Chapitre 6, p. 158

Taux de change : Valeur d'une monnaie établie par rapport à une autre monnaie. Chapitre 11, p. 303

Taux de chômage : Rapport entre le nombre de chômeurs et la population active, soit le rapport entre le nombre de personnes en quête d'un emploi et le nombre de personnes qui travaillent ou cherchent du travail. Chapitre 5, p. 146

Taux de croissance : Variation du PIB calculée en pourcentage. Chapitre 4, p. 115

Taux d'escompte : Taux d'intérêt imputé par la Banque du Canada aux banques à charte pour les prêts d'une journée. Chapitre 9, p. 255

Taux d'inflation : Variation de l'IPC calculée en pourcentage d'une période à l'autre. Chapitre 7, p. 196

Taux d'intérêt : Le taux d'intérêt est le prix sur le marché monétaire. Chapitre 3, p. 84

Taux d'utilisation des capacités de production : Niveau (en pourcentage) de la capacité de production qui est réalisée. Chapitre 5, p. 145

Termes de l'échange : Prix auquel se fait l'échange de produits entre pays. Chapitre 11, p. 300

Théorie des anticipations adaptatives : Théorie supposant que les travailleurs et les entreprises tentent d'intégrer l'inflation lorsqu'ils négocient les salaires ou fixent les prix. Chapitre 7, p. 202

Théorie des anticipations rationnelles : Théorie soutenant que les travailleurs et les entreprises peuvent prévoir les variations de l'inflation et les devançant en réclamant des hausses de salaires ou en fixant les prix. Chapitre 7, p. 203

Transfert canadien en matière de santé et de programmes sociaux (TCSPS) : Programme concernant la santé, l'éducation, l'aide sociale et les services sociaux. Chapitre 10, p. 270

Travail : Activité physique ou mentale vouée directement à la production de biens et de services. Chapitre 1, p. 6

Travailleurs découragés : Personnes désirant travailler mais qui ont cessé de chercher activement du travail parce qu'elles sont convaincues qu'elles n'en trouveront pas. Chapitre 6, p. 160

U

Union européenne (UE) : Intégration économique de plusieurs pays d'Europe. Chapitre 11, p. 315

Utilité marginale : L'utilité marginale est la satisfaction procurée par la consommation d'une unité supplémentaire d'un produit. Chapitre 3, p. 62

V

Valeur ajoutée : Différence entre le prix du produit et le coût des biens intermédiaires entrant dans sa production. Chapitre 4, p. 101

Variables corrélées : Variables qui varient ensemble. Chapitre 1, p. 16

Variation de la demande : Une variation de la demande se produit quand la quantité demandée n'est plus ce qu'elle était à un prix déterminé. Chapitre 3, p. 63

Index

Sources des photographies